한국사상선 22

한용운
신채호

담대한 수행과 치열한 혁명

한국사상선 22

한용운
신채호

백지연 · 김진균 편저

담대한 수행과
치열한 혁명

창비
Changbi Publishers

창비 한국사상선 간행의 말

나날이 발전하는 세상을 약속하던 자본주의가 반문명적 본색을 여지없이 드러내며 다수의 삶을 고통으로 몰아간 지 오래다. 이제는 인간 문명의 기본 터전인 지구 생태를 거세게 위협하는 시대에 이르렀다. 결국 세상의 종말이 닥친다 해도 놀랄 수 없는 시대의 위태로움이 전에 없던 문명적 대전환을 요구한다는 각성에서 창비 한국사상선의 기획은 시작되었다. '전환'이라는 강력하게 실천적인 과제는 우리 모두에게 다른 삶의 전망과 지침이 필요하며 전망과 지침으로 살아 작동할 사상이 절실함을 뜻한다. 그런 사상을 향한 다급하고 간절한 요청에 공명하려는 기획으로서, 창비 한국사상선은 한국사상이라는 분야를 요령 있게 소개하거나 새롭게 정비하는 평시적 작업을 넘어 어떤 비상한 대책이기를 열망하며 구상되었다.

사상을 향한 요청이 반드시 '한국사상'으로 향할 이유가 되는지 반문하는 이들도 있을지 모른다. 사상이라고 하면 플라톤 같은 유구한 이름으로 시작하여 무수히 재해석된 쟁쟁한 인물과 계보로 가득한 서구사상을 으레 떠올리기 때문이다. 우리가 겪는 위기가 행성 전체에 걸친 것이라면 늘 그래왔듯 서구의 누군가가 자기네 사상전통에 기대 무언가 이야기하지 않았을까, 그런 것들을 찾아보는 편이 더 효율적이지 않을까 하는 생각은 사실 오래된 습관이다. 더욱이 '한국사상'이라는 표현 자체가 많은 독자들에게 꽤 낯설게 느껴질 법하다. 한국의 유교사상이라거나 한국의 불교사상 같은 분류는 이따금 듣게 되지만 그 경우는 유교사상이나 불교사상의 지역적 분화라는 인상이 강하다. 한국사상이 변모하고 확장하면서 갖게 된 유교적인 또는 불교적인 양상으로 이해하는 방식은 익숙지 않을 것이기에 '한국사상'에 대한 우리의 공통감각은 여전히 흐릿하다고 말할 수 있다.

하지만 이런 사정이야말로 창비 한국사상선 발간의 또 다른 동력이다. 서구사상은 오랜 시간 구축한 단단한 상호참조체계를 바탕으로 세계 지성계에서 압도적 발언권을 유지하는 한편 오늘날의 위기에 관해서도 이런저런 인식의 '전회turn'라는 형식으로 대응하고 있다. 그럼에도 그 위상의 이면에 강고한 배타성과 편견이 작동하고 있음을 지적하는 목소리가 높다. 무엇보다 지금 이곳 — 그리고 지구의 또 다른 여러 곳 — 의 경험이 그들의 셈법에 들어 있지 않고 따라서 그 경험이 빚어낸 사상적 성과 역시 반영되지 않는다는 느낌은 갈수록 커져왔다. 서구사상에서 점점 빈번해지는 여러 전회들이 결국 그들 나름의 뚜렷한 한계 안에서 이루어지는 뒤집기 또는 공중제비에 불과하다는 인상도 지우기 어렵다. 정치, 경제, 문화 등 여러 부문에서 그렇듯이 이제 사상에서도 서구가 가진 위상은 돌이킬 수 없이 상대화되고 보편의 자리는 진실로 대안에 값하는 사상을 향한 열린 분투에 맡겨졌다.

그런가 하면 '한국적인 것' 일반은 K라는 수식어구를 동반하며 부쩍 세계적 이목을 끌고 있다. K의 부상은 유행에 민감한 대중문화에서 시작되어서인지 하나의 파도처럼 몰려와 해변을 적셨다가 곧이어 다른 파도에 밀려가리라 생각되기도 한다. '한류'라는 지칭에 집약된 이 비유는 숱한 파도가 오고 가도 해변은 변치 않는다는 암묵적 전제에 갇혀 있지만, 음악이든 드라마든 이만큼의 세계적 반향을 일으킨다면 해당 분야의 역사를 다시 쓰면서 더 항구적인 영향을 남길 수 있다고 평가받아야 한다. 중요한 것은 이제 한국적인 것이 무시 못 할 세계적 발언권을 획득하면서 단순히 어떻게 들리게 할까가 아니라 무엇을 말할까에 집중할 수 있게 된 점이다. 대중문화에 이어 한국문학이 느리지만 묵직하게 존재감을 발하는 이 시점이 한국사상이 전지구적 과제를 향해 독자적 목소리를 보태기에 더없이 적절한지 모른다.

그러기 위해 한국사상은 스스로를 호명하고 가다듬는 작업을 함께 진행해야 한다. 이름 자체의 낯섦에서 알 수 있듯 한국사상은 그저 우리 역사에 존재했던 여러 사상가들의 사유들을 총합하는 무엇이 아니라 상당 정도로 새로이 구성해야 하는 무엇에 가깝다. 창비 한국사상선은 문명전환을 이룰 대안사상의 모색이라는 과제를 중심으로 이 작업에 임하고자 했는데, 이는 거꾸로 바로 그런 모색이 실제로 한국사상의 면면한 바탕임을 발견하는 과정이기도 했다. 여기 실린 사상가들의 사유에는 역사와 현실을 탐문하며 새로운 삶의 보편적 비전을 구현하려 한 강도 높은 실천성, 그리고 주어진 사회의 시스템을 변혁하는 일과 개개인의 마음을 닦는 일이 진리에 속하는 과업으로서 단일한 도정이라는 깨달음이 깊이 새겨져 있다. 이점은 오늘날 한국사상의 구성과 전승이 어떤 방식으로 지속되어야 할지 일러준다. 아직은 우리 자신에게조차 '가난한 노래의 씨'로 놓인 이 사유들을 참조하고 재해석하면서 위태로운 세계의 '광야'를 건널 지구적 자원이자 자기 삶의 실질적 영감으로 부단히 활용하는 실천을 통해 비로소 한국사상의 역량은 온전히 발휘될 것이다.

창비 한국사상선이 사상가들의 핵심저작을 직접 제공하는 데 주력한 이유도 여기에 있다. 학구적 관심이 아니라도 누구든 삶과 세계에 대해 사유하고 발언할 때 펼쳐 인용하고 되새기는 장면을 그려본 구성이다. 이제껏 칸트와 헤겔을 따오고 맑스와 니체, 푸꼬와 데리다를 언급했던 만큼이나 가까이 두고 자주 들춰보는 공통 교양서가 되기를 기대한다. 그러기 위해 원문의 의도를 훼손하지 않는 범위에서 되도록 오늘날의 언어에 가깝게 풀어 싣고자 노력했다. 핵심저작 앞에 실린 편자의 서문은 해당 사상가의 사유를 개관하며 입문의 장벽을 낮추는 역할에 더하여, 덜 주목받은 면을 조명하고 새로운 관점을 보탬으로써 독자들의 시야를 넓혀 각자 또 다른 해석자가 되도록 고무한다. 부록과 연보는 사상가를 둘러싼 당대적·세계적 문맥을 더 면밀히 읽는 데 도움이 되고자 한다.

사상선 각권이 개별 사상가의 전체 저작에서 중요한 일부를 추릴 수밖에 없었듯 전체적으로도 총 30권으로 기획되었기에 어쩔 수 없이 선별적이다. 시기도 조선시대부터로 제한했다. 그러다 보니 신라의 원효나 최치원같이 여전히 사상가로서 생명을 지녔을뿐더러 어떤 의미로 한국적 사상의 원류에 해당하는 분들과 고려시대의 중요 사상가들이 제외되었다. 또 조선시대의 특성상 유교사상이 지나치게 큰 비중을 차지한 느낌도 없지 않을 것이다. 하지만 조선의 유학 자체가 송학 내지 신유학의 단순한 이식이 아니라 중국에서 실현된 바 없는 독특한 유교국가를 만들려는 세계사적 실험이었거니와, 이 시대의 사상가들이 각기 자기 나름으로 유·불·선 회통이라는 한반도 특유의 사상적 기획에 기여하고자 했음이 이 선집을 통해 드러나리라 믿는다.

조선시대 이전이 제외된 대신 사상선집에서 곧잘 소홀히 되는 20세기 후반까지 포함하며 이제껏 사상가로 이야기되지 않던 문인, 정치인, 종교인을 다수 망라한 점도 본서의 자랑이다. 한번에 열권씩 발행하되 전부를 시대순으로 간행하기보다 1~5권과 16~20권을 1차로 배본하는 등 발간 방식에서도 20세기가 너무 뒤로 밀리지 않게 배려했다. 1권 정도전에서 시작하여 30권 김대중으로 마무리되는 구성에 1인 단독집만이 아니라 2, 3, 4인 합집을 배치하여 선별의 아쉬움도 최대한 보충하고자 했으나, 사상가들의 목록은 당연히 완결된 것이 아니고 추후 보완작업을 기대해야 한다. 그럼에도 이 사상선을 하나의 '정전'으로 세우고자 했음을 굳이 숨기고 싶지 않다. 다만 모든 정전의 운명이 그렇듯 깨어지고 수정되고 다시 세워지는 굴곡이야말로 한국사상의 생애주기에 꼭 필요한 일이다. 아니, 창비 한국사상선 자체가 정전 파괴와 쇄신의 정신까지 담고 있음에 주목해주시기를 바란다. 특히 수운 최제우와 소태산 박중빈 같은 한반도가 낳은 개벽사상가를 중요하게 배치한 점은 사상선의 고유한 취지를 한층 부각해주리라 기대한다.

　창비 한국사상선은 1966년 창간 이래 60년 가까이 한국학에 남다른 관심을 기울여온 계간 『창작과비평』, 그리고 '독자와 함께 더 나은 세상을' 꿈꾸어온 도서출판 창비의 의지와 노력이 맺은 결실이다. 문명적 대전환에 기여할 사상, 그런 의미에서 단순히 개혁적이기보다 개벽적이라 불러야 할 사상에 의미 있는 보탬이 되고 대항담론에 그치지 않는 대안담론으로서 한국사상이 갖는 잠재성을 세계의 다른 구성원들과 공유하는 계기가 된다면 더없는 보람일 것이다. 오직 함께하는 일로서만 가능한 이 사상적 실천에 독자 여러분의 많은 관심과 참여를 부탁드린다.

2024년 7월
창비 한국사상선 간행위원회 일동

차례

【 신채호 】

한용운

한용운(1879~1944)의 초상.

'님'을 기다리는 '새세상'의 이야기
한용운 사상의 시대성과 변혁성

혁명가, 승려, 그리고 시인

만해 한용운(1879~1944)은 근대 불교개혁운동과 독립운동을 이끈 실천적인 종교인인 동시에 시집 『님의 침묵』(1926)을 통해 오랫동안 독자들의 사랑과 존경을 받아온 시인이다. 충남 홍성에서 태어난 한용운은 일찍이 출가의 뜻을 품고 구도의 길을 모색하여 스물일곱살에 백담사에서 득도했다. 동경 조동종대학曹洞宗大學(현 코마자와대학교)에서 짧은 유학생활을 경험하고 돌아온 그는 일본 식민지 불교정책에 항거하는 임제종 운동을 적극적으로 펼치게 된다. 조선 불교정책의 파격적인 쇄신을 주장하는 『조선불교유신론』(1913)과 불경의 대중적 보급을 목표로 한 『불교대전』(1914)을 출간하고, 불교계의 대표로 3·1운동을 주도하면서 「조선독립에 대한 감상의 개요」(1919)를 옥중에서 집필했다.

3·1운동은 한용운에게 종교가 사회운동과 연결되는 긴요한 접점을 제공했다. 불교 대중화와 민족운동의 길을 모색하던 한용운은 『십현담주해十玄談註解』와 『님의 침묵』을 탈고하면서 종교적이고 문학적인 깨달음을 국난

극복과 구세·평등의 사상에 연결하는 중요한 계기를 얻게 되었다. 그중에 서도『님의 침묵』은 불교적 구세와 평등의 가치를 추구했던 그의 사상적 여정에서 대중을 설득하고 감동시키는 문학의 언어를 발굴하는 결정적 전환점을 만든 역작이다. 종교운동과 사회운동, 언론 활동과 작품 창작을 다방면으로 병행하면서 뜻있는 사람들을 모아 민족독립과 새로운 세상을 만들어가려는 평생의 노력이 본격적으로 개화한 순간이라고 할 수 있다.

조지훈趙芝薰이 말한 대로 "혁명가와 선승과 시인의 일체화"[1]는 불교학자와 혁명가, 시인의 면모를 아우르는 한용운의 개성을 잘 드러내는 표현이다. 종교가 민중들의 삶 속에 자리하는 참된 사상적 거처가 되기를 바랐던 한용운은 당대 불교의 제도적 개혁을 통해 민중이 살기 좋은 세상을 만드는 데 기여하고자 했다. 민중적 관점을 바탕으로 한 불교사상의 쇄신으로써 식민지체제를 극복하고자 했던 그의 사상적이고 실천적인 노력은 신간회 활동을 근간으로 하여 독립운동과 민족운동으로 연결되는 한반도 변혁운동의 중요한 흐름을 형성한다. 불교사상이 지닌 구세와 평등의 개념을 서구 근대 민주주의 개념과 적극적으로 비교하면서 이를 국가독립의 문제와 평화의 담론으로 잇는 논의의 확장성은 한용운 사상의 고유한 시대성과 변혁성을 잘 보여준다. 해방 직전까지 조선 불교의 정체성을 확립하려는 취지에서 한반도의 불교 역사 서술을 기획했던 그는 불교사상을 기반으로 평생 '나라만들기'의 과제와 씨름했다고 할 수 있다.

이 책에서는『조선불교유신론』과「조선독립의 서」그리고『님의 침묵』과 연동되는 한용운의 핵심 저작을 소개한다. 불교사상과 불교개혁운동, 독립운동과 사회운동, 교육론과 문학적 사유를 살필 수 있는 글들을 통해 한반도 근대를 관통하는 다양한 전통사상과 서구 근대사상의 접점들을 목도할 수 있으리라 생각한다. 특히 한용운이 심혈을 기울인 청년교육과 마

---

1   조지훈「민족주의자 한용운」,『증보한용운전집』4권, 신구문화사 1979, 362면.

음 수양의 문제를 다룬 글들은 문명전환기의 사상적 과제와 인문교육의 중요성을 환기하는 주제로 오늘의 독자들에게 다가올 것이다.

'지혜'의 종교, 민중 속으로 들어가다

『조선불교유신론』은 세계사적 변화 속에서 조선 불교가 문명의 주춧돌로서 종교적 책임을 다해야 한다는 주장으로 시작한다. 이 책은 서계여徐繼畬의 『영환지략瀛環志略』(1848)과 양계초梁啓超의 『음빙실문집飮氷室文集』(1902)을 참고하여 사회진화론의 흐름을 검토하면서 서구 근대철학의 흐름과 견줄 수 있는 불교의 자유와 평등, 구세의 이념을 현실적 개혁안과 결합하여 설명한 명저다.[2] 제목에 담긴 '유신維新'의 정의는 '파괴'의 과정과 연계하여 "구습 중에서 시대에 맞지 않는 것을 고쳐서 이를 새로운 방향으로 나아가게"[3] 하는 것으로 강조된다.

『조선불교유신론』이 서구철학의 동향을 예민하게 주시하면서 인류문명을 선도할 '지혜의 종교'로 불교의 현재성을 강조한 점은 특히 주목된다. 불교가 말하는 진아眞我는 '각자 하나의 자유스러운 진정한 자아'로서 진여眞如(사물이 지닌 본연의 모습, 우주 만유의 본체인 평등하고 차별이 없는 절대 진리)를 깨닫는 데 궁극의 목표를 둔다. 한용운은 이것이 양계초나 칸트가 이야기한 '자아' 개념보다 폭넓으며, 개인과 사회의 대립을 전제하는 서구적 이

---

2   정혜정은 한용운의 불교유신사상이 한국불교의 전통 사유를 계승하면서도 서구 근대의 자유주의, 평등, 박애, 구세주의 세계주의, 사회진화론, 사회주의의 개념을 비판적으로 통찰하고 불교적으로 재해석했음을 강조한다. 정혜정 「만해 한용운의 불교유신사상에 나타난 '주체적 근대화'와 마음수양론」, 『불교학연구』 51호, 2017년 6월. 『조선불교유신론』에 담긴 불교사상의 실천성과 근대적 인식을 평가한 글로는 다음을 참고할 것. 염무웅 「만해 한용운론」, 『창작과비평』 1972년 겨울호; 김광식 「불교의 근대성과 한용운의 대중불교」, 『한용운 연구』, 동국대학교출판부 2011; 이선이 『근대 문화지형과 한용운 다시 읽기』, 소명출판 2020.

3   한용운 『조선불교유신론』, 불교서관 1913, 16면(이 책 49면).

분법의 사유를 넘어선다고 본다. 이 책에서 논의된 구세사상 역시 근대 민주주의 이론의 평등 개념과 비교해볼 만하다. "만인에게 보편적으로 공통되는 진정한 자아"의 개념은 "하나가 곧 만, 만이 곧 하나"[4]라는 깨달음으로 자연스럽게 연결된다. 또한 궁극적으로 '부처와 중생 사이에 한계를 그을 수 없다'라는 불교적 인식은 민주주의의 평등 논의와 맞닿는다. 데카르트, 플라톤, 루소 등의 서구 철학을 경유하여 한용운이 불교의 개념에서 강조하는 '평등'은 '진리'의 가치와 연결되며, 단순한 현상 인식에 머물지 않는다. '구세' 역시 표면적인 현상의 개량을 뜻하지 않고 근본적으로 '중생을 구제'하는 것을 목표로 하는 개념이다. 특히 '구하는 자와 구함을 받는 자가 평등하다'라는 가르침은 한용운의 구세·평등 사상의 주요 골자다. 이는 동학사상을 포함하여 한반도에 뿌리내린 민중적 종교와 철학 사상 속에서 면면히 이어지고 심화된 '평등'을 새롭게 환기하는 과정이기도 하다.

「불교의 장래와 승니의 결혼문제」에 담긴 '중추원 헌의서'와 '통감부 건백서'는 대중적으로 제법 알려진 글이다.[5] 물론 구세와 평등을 중시하는 대승불교의 차원에서 승려의 결혼은 이미 한용운 전에도 다양한 방식으로 거론되어왔지만, 한용운에게 시급한 것은 고달픈 민중을 위해 삶의 한복판에 종교가 뛰어들어 사회적 역할을 담당해야 한다는 점이었다. 중생 구세의 지침은 입니입수入泥入水(진흙탕의 물속으로 들어가기)라는 대승의 사유에 기반하는데, 이는 종교가 국가와 민족, 사회에 적극적 관심을 가져야 한다는 뜻을 담고 있다.

『조선불교유신론』에서 논의된 불교적 경세 실천은 자본주의 근대와 식민체제에 대한 예리한 통찰에 기반한다. 한용운에게 물질생활의 변혁이 도래한 식민지근대의 현실은 서구사상의 옹호로 돌파할 수 있는 것도 아

---

4   한용운, 앞의 책 9면(이 책 41면).
5   국권 강탈 전후로 일본 기관에 제출된 한용운의 건의서는 일제 불교정책과의 긴장 관계에서
     제도 개혁이 가능한 지점들을 뚫어보려는 현실적인 시도로 읽힌다.

니며, 전통적 윤리 도덕으로 해결할 수 있는 것도 아니었다. 그는 자본주의 근대의 물질적 폭발력 앞에서 딜레마에 처한 인간의 처지를 오래 숙고했다. "오늘의 세계는 반이 넘게 황금을 경쟁하는 힘 위에 떠 있다고 해도 과언이 아니다. 그리하여 문명이 온갖 금력에 의해 이루어지고, 성패의 갖가지 실마리가 이익을 다투는 데에 말미암게 마련이다. 진실로 생산이 없으면 세계가 혹은 파괴되기도 하고 한 나라가 혹은 망하기도 하고 개인은 개인대로 살 수 없는 판국이다. 사람과 생산의 관계는 고기와 물의 관계와도 같다"[6]라는 대목에서 불교의 혁신은 실질적인 자본주의의 토대에서 도모될 수밖에 없으며 '생산'을 외면할 수 없다는 점이 강조된다. 이와 더불어 승려들의 생계와 교육, 그리고 공동체의 결성과 국가 발전에 이바지하는 비전의 공유는 근대에 적응하는 동시에 근대를 극복하는 이중과제적인 문제의식을 담고 있다.

근대 물질문명의 발달이 가속화되고 개별 인간들의 욕망도 무한 확장하는 가운데 그에 상응하는 정신문명의 고취가 그 어느 때보다도 긴요해짐임을 한용운은 잘 알고 있었다. "불교는 유심론의 위에 선 것이라 할지나 실상은 불교로서 보면 심心과 물物은 서로 독립지 못하는 것입니다. 심이 곧 물이요, 물이 곧 심이외다〔空卽是色, 色卽是空〕"[7]에서는 자본주의 물질문명에 대한 한용운의 민감하고 예리한 통찰을 느낄 수 있다. 그가 보여준 근대 자본주의에 대한 종교적 통찰은 이 시대를 '물질개벽의 시대에 상응하는 정신개벽이 필요한 시대'로 인식하는 소태산少太山의 사유와 맞닿는다. 물질적 개벽 역시 사람의 의지와 마음이 개입하여 이룬 것이라고 볼 때 이에 상응하는 정신개벽이 이루어져야 하는 것이다.

그런 점에서 『조선불교유신론』이 언급하는 교육과 마음 수양의 항목 역시 새롭게 볼 필요가 있다. 승려들에게 경전만이 아니라 교양학으로서

---

6   한용운 「승려의 인권회복」, 앞의 책 55면.
7   한용운 「내가 믿는 불교」, 『개벽』 45호, 1924년 3월 1일(이 책 53면).

의 '보통학'과 '사범학'을 고루 가르쳐야 한다는 실질적 제안이 바로 그것이다. 평소에도 청년 교육에 관심이 깊었던 그는 승려들에게도 보통 사람들이 배우고 익히는 인문학적 지식과 교양이 절실히 필요함을 환기한다.[8] "교육을 진보시키고 흥성케 만드는 자는 마땅히 불도를 이룩하리라"[9]는 그의 신념은 청년교육과 마음 수양에 대한 여러 칼럼들에 개진되어 있다.

『조선불교유신론』은 발표 당시 실질적인 불교정책에 곧바로 반영되는 성과를 얻지 못했지만, 이후 불교계 청년운동, 개혁운동, 항일운동을 이끄는 기폭제가 되면서 당대의 사회운동에 접점을 만들었다. 후일 발표한 「조선 불교의 개혁안」(1931, 이 책 54~69면)에서도 식민지체제의 사찰령寺刹令[10]의 탄압과 간섭을 극복하고 종교를 미신으로 간주하는 속류적 유물주의, 관념적인 무정부주의, 난해한 허무주의와 대결하는 '대중불교'의 건설이 중요한 과제로 제기되었다. 『조선불교유신론』이 제기한 불교개혁의 과제는 이후 소태산의 『조선불교혁신론』으로 이어지며 승단의 개혁을 기반으로 한 사회 변혁운동의 흐름과 이어진다.[11] 사원과 승려의 생계에서부터 승려의 조직과 교육까지 두루 아우르는 철학과 실천적 지침은 근대사회의 지속가능성, 복지 등과 직접적으로 연결된다. 그런 점에서 『조선불교유신론』은 종교 탐구를 바탕으로 제대로 된 나라를 만들고 민중의 살림살이를 운영하려는 '나라만들기'의 지향점을 표방한다고 할 수 있다.

---

8   한용운은 승려에게도 외국 유학이 필요하며, 승려들이 미국이나 유럽의 문물을 직접 현지에서 터득함으로써 세계사적인 안목을 지녀야 한다고 강조한다. 한용운 「승려의 교육」, 『조선불교 유신론』, 22~23면.

9   같은 글 23면.

10   사찰령은 1911년 일제가 조선 불교를 통제하고 관리하기 위해 제정한 법령이다. 사찰의 설립, 병합, 이전, 폐지, 재산 관리 등을 총독부의 허가 사항으로 두었다.

11   김혜광은 소태산 박중빈의 『조선불교혁신론』이 한용운의 저작에 영향을 받았음을 시사하면서 당시 한용운을 포함하여 여러 승려가 제기한 불교개혁 논의에 대해 소개하고 있다. 김혜광 교무 「조선불교혁신론 해제」, 『소태산 대종사의 조선불교혁신론』, 원불교출판사 2020, 89~101면. 한용운과 소태산을 비교하며 한말불교의 개혁사상을 점검한 글로는 한기두 「불교유신론과 불교혁신론」, 『창작과비평』 1976년 봄호 참고.

중도의 실천과 불교사회주의의 모색

3·1운동의 민족대표 33인으로 참여한 한용운은 옥중에서 당시의 세계 정세에 대한 예리한 판단을 바탕으로 조선의 독립 문제를 호소하는 글을 작성했다.[12] 세간에 「조선독립의 서序」라는 제목으로 널리 알려진 이 글은 "자유는 만유萬有의 생명이요 평화는 인생의 행복이다"라는 강렬한 문장으로 시작된다. 이 힘찬 선언문에는 조선이 세계 모든 나라와 어깨를 나란히 하여 "현대 문명을 함께 나눌 만한 실력이 있"는 문명국임이 분명하게 강조된다. 한용운은 자유와 평화의 관계를 찬찬히 따져가며 일본의 국권침탈을 논리적으로 비판하면서, 조선독립선언의 동기로 조선 민족의 실력, 세계 대세의 변천, 민족자결 조건을 또렷하게 서술한다. 그에 따르면 '참된 자유'는 "다른 사람의 자유를 침해하지 아니함을 경계로 삼"는 것이기에 '약탈적 자유'는 "평화를 깨뜨리는 야만적 자유"이며 "자존의 범위를 넘어서 남을 배척하는 것은 배척이 아니라 침략"인 것이다.[13]

오늘날 세계평화의 관점에서 새겨 읽는 이 글의 면모가 새삼 중요하다. 독일의 패전이 갖는 의미와 폴란드, 체코, 아일랜드의 독립선언이 지닌 의미를 논술하면서 '평화'의 기운이 대세임을 강조하는 점이 눈에 띈다. 한용운은 "조선 민족의 독립자결은 세계의 평화를 위함이요, 또한 동양 평화에 대해서도 중요한 관건이 되는 것"[14]이라고 강조한다. 조선독립이 단순히 특정 국가를 창설하는 문제가 아니라 "고유의 독립국이 다시 복구되는

12　일본의 제국주의적 침략행위를 규탄하면서 민족독립의 근거와 자유 평등의 개념을 밝힌 「조선독립에 대한 감상의 개요」(1919년 7월 10일)는 서대문형무소에서 집필한 글이다. 이후 「조선독립에 대한 감상의 대요」(『독립신문』 1919년 11월 4일자)라는 제목으로 전문이 게재되었으며 「조선독립의 서」라는 제목으로 널리 알려지게 되었다.

13　한용운 「조선독립의 서(序)」(이 책 118~31면).

14　같은 책, 127면.

독립"[15]임을 분명히 하면서, 세계평화, 동양평화의 중요한 기반이 된다는 측면을 들여다보는 것은 일국의 관점에 갇히기 마련인 일반의 시야를 단번에 트이게끔 해준다.

한용운은 출옥 후 불교의 사회화를 위하여 법보회를 발기하고 학생, 청년을 대상으로 독립사상에 대한 강연을 개최하여 많은 호응을 얻었다.[16] 그의 사회운동에서 주목할 내용은 민족협동전선인 신간회에 참여한 사실이다.[17] 민립대학 설립운동과 물산장려운동에 적극적이었던 한용운은 당시 사회주의 노선에서 비판받던 물산장려운동이 사회주의 혁명이론이나 유물사관에도 배치되지 않는다고 주장하며, 민족협동전선의 건설을 적극적으로 요청했다. 유림과 천도교에 대한 제언을 비롯하여, 여성운동과 농민운동, 조선인의 만주 이주, 세계평화에 대한 다수의 논설 역시 신간회 활동 전후로 활발하게 발표되었다.

한용운의 신간회 활동은 민족독립이라는 목표 속에서 다양한 주장을 지닌 사회운동의 방향을 창조적으로 수렴하려는 중도적인 문제의식을 보여준다. 민족주의와 사회주의 간의 대립이 격렬할 때 한용운은 민족적 해방이 우선이니 "사상계를 사상으로 구제하지 말고 오직 실행으로, 현실을 본 실행으로 하여나갈 것"[18]을 강하게 주장했다. 「혼돈한 사상계의 선후책」(1925)에서는 민족주의와 사회주의 간의 공동전선의 필요성을 제창했는데, 극단적인 계급지상주의를 비판하면서 조선에서는 민족운동이 우선이

---

15   같은 책, 129면.

16   1923년 4월 18일 종로 청년회관에서 열린 강연회에서 한용운은 '자조'라는 연제로 "자유의 민족" "행복을 누리는 민족"의 미래를 제시하며 사람들을 감동시킨 바 있다. 민립대학 설립 운동을 지원하는 이 강연에서도 그는 자신의 '참자유'와 '참행복'을 찾는 길이 민족의 공동 적 과제 속에서 구현될 수 있다고 호소했다. 관련 기사 「民大期成(민대기성)의 人講演(대강 연)」, 『조선일보』 1923년 4월 20일자.

17   한용운은 신간회 창립총회에서 중앙집행위원으로 피선되었고 또한 1927년 6월 10일 서울 지역 경성지회 회장으로 선출되어 신간회 창립부터 중추적 역할을 담당했다.

18   한용운 「혼돈한 사상계의 선후책」(이 책 132면).

며, 사회혁명은 국가를 가지고 민족이 독립된 후에 이루어진다고 설득했다.[19]

신간회 해소와 맞물려 사회주의적 반종교운동이 거세게 일어나자 한용운은 불교 관련자로서만 비판한 것이 아니라, 속류적 유물론을 극복하려는 고차원적인 발상과 전환을 요구한다. 당시 반종교운동은 종교개혁을 기반으로 체제변혁을 지향했던 한용운이 보기에 근본적이고 심각한 사안이었다. 「조선 불교의 개혁안」(1931)에도 이러한 위기감이 반영되어 있다. 조선 불교가 일제의 사찰령으로 인해 심하게 간섭받고 세계적으로는 반종교운동의 맥락에서 위기에 처해 있는 만큼 불교만을 위한 불교개혁이 아니라 조선 민족의 정신과 생활의 형태를 개량하기 위한 불교개혁이 절실했던 것이다. 한용운은 무엇보다도 교도들의 생계가 제대로 보장되어야 한다고 주장하면서, 불교가 생활에서 곤궁하면 반종교운동의 도전을 방어하기 어렵고 불교 청년운동을 하는 지도계급의 활약도 기대하기 어렵다고 호소한다.

그런 점에서 한용운이 「석가의 정신」(1932)에서 언급한 바 있던 '불교사회주의'는 갑자기 등장한 말이라기보다 그가 평생 추구해온 중도의 실천노선 속에서 숙성되고 연마된 것이다. "기독교 사회주의가 학설로서 사상적 체계를 이루듯이 불교 역시 불교사회주의가 있어야 옳을 줄 압니다."[20] 석가의 경제사상을 '불교사회주의'로 명명하는 그의 구상은 맑스와 유물론에 대한 나름의 이해 속에 도모된 것으로 보인다.[21]

---

19   신간회와 직접적으로 관련된 한용운의 논설은 다음과 같다. 「신간회 해소 가부론」(『별건곤』 37호, 1931년 2월 1일), 「민족적 대협동기관 조직의 필요와 그 가능성 여하」(『혜성』 창간호, 1931년 3월 1일), 「표현단체 재건설 여부」(『조선일보』 1932년 1월 3일자).

20   한용운 「석가의 정신」(이 책 72면).

21   한용운이 불교사회주의에 대해 따로 저술할 생각을 갖고 있다고 말했지만 이후 별도로 체계적인 논술이나 저작을 후속으로 발표한 것은 아니다. 그러나 불교사회주의에 대한 고민과 구상은 「내가 믿는 불교」 「세계 종교계의 회고」 「삼본산회의를 전망함」 등에서 드러난다.

세계적인 반종교운동의 위기를 자각하는 「세계 종교계의 회고」[22]에서도 유물론의 이해와 불교사회주의의 구상 맥락이 좀더 또렷하게 드러난다. 한용운은 국내외로 본격화된 반종교운동이 오히려 기성 종교로 하여금 종교의 본질을 새롭게 각성하게 만들 것이라 보았다. 종교를 미신이라 주장하는 계급론자에게 그는 불교가 추구하는 평등과 구세야말로 사회주의의 진정한 이상과 통할 수 있다고 설득한다.[23] 한용운은 "어느 시대를 물론하고 일반 대중에게는 종교심이 있는 것이니까 정말 민중 속으로 들어가면 종교는 그 기저를 잃어버리는 수가 없"[24]다고 강조한다. 사회주의자들이 종교를 "미신의 신기루요, 객관적 존재의 진리가 아니며, 비과학적으로 대중을 속이는 것"으로 선도하지만, 실제 반종교 운동자가 맑스를 신앙하는 것이나 신앙적 종교심의 발로는 마찬가지라고 보았다. 결국 중요한 것은 민족해방이라는 목표 속에서 종교운동과 사회운동을 융합하여 실천적인 지침을 도모하는 것이다.

1920~30년대에 한용운이 관여한 다양한 사회활동을 보면 그야말로 민중을 위한 '나라다운 나라'를 만들기 위해 '변혁적 중도'의 길을 꾀했다고 볼 수 있다.[25] 그는 농민 구제와 여성 평등, 그리고 만주 유이민의 처지 개

---

22 『불교』 93호, 1932년 3월.

23 가톨릭을 포함한 일부 기독교 신앙이 '기독교 사회주의'라는 이름으로 반종교운동에 대응하는 방식에 대해서도 한용운은 비판적이다. 그에 따르면 사랑과 구세를 내세우는 자선사업과 친선사업은 오히려 각자의 종교운동 안에 갇혀서 낡은 공상적 사회주의의 오류를 되풀이하는 것으로써 과학적 사회주의 사상에 입각한 반종교 운동에 제대로 대응할 수 없다.

24 한용운 「조선 불교의 개혁안」, 『불교』 88호, 1931년 10월.

25 변혁적 중도는 한반도의 분단체제 극복을 위해 제기된 정치적인 실천노선으로서 극단적 노선을 배제하고 광범위한 대중이 참여하여 체제변혁의 길을 도모하는 과정을 뜻한다. 급진성을 대표하는 '변혁'과 보편성을 드러내는 '중도'의 결합은 부분적 개혁에 안주하지 않는 체제변혁을 도모한다. 자본주의 세계체제와 연동된 분단체제의 인식을 필요로 한다는 점에서 변혁적 중도의 계보는 탈식민체제의 극복과 연동되어 '한반도식 나라만들기'의 과정 속에서 전개된 우리 근대사의 중요한 사상과 실천을 맥락화하는 기준이 될 수 있다. 관련 글로 다음 저작을 참고. 백낙청 『근대의 이중과제와 한반도식 나라만들기』, 창비 2021; 백낙청 『변혁적 중도의 때가 왔다: 나라다운 나라를 어떻게 만들까』, 창비 2025.

선, 나병 구제의 대책 등 민중을 위한 세부적이고 다양한 모색을 제안했다. 삶의 구체적인 변혁을 통해 민족 공동의 과제로 나아가고 이를 바탕으로 인류 문명에 기여하고자 했던 그 길은 그의 표현대로 기꺼이 '고난의 칼날에 서서' 난제를 감당하는 작업이었다. 민중 속 종교심 고취의 방도를 고민하며 한반도에만 국한되지 않는 세계적 시야에서 문명전환의 가능성을 탐구했던 그의 사상적 행로가 현재적인 각성을 주는 것도 이러한 모색에 기반한다.

『님의 침묵』이 쓰는 '새세상'의 이야기

『조선불교유신론』과 3·1운동, 그리고 『님의 침묵』으로 연결되는 사상의 전개는 종교와 사회, 문학이 이루는 융합적인 실천의 과정이기도 하다. 종교가 민중들의 고통을 헤아리고 실질적인 사회변혁의 중심에 서는 여정의 핵심에 바로 『님의 침묵』이 이룬 문학적이고 사상적인 성취가 있다. '님'의 상징에 담긴 종교적 구도와 세속의 사랑, 조국에 대한 지극한 마음은 이념과 진영을 넘어서는 중도적 실천의 자각을 문학적인 상징으로 수렴한다.

문학사적 의미로도 『님의 침묵』은 독보적인 시적 성취를 거두었다. 『님의 침묵』은 당대의 특정한 문예 사조나 문단 흐름에 구속되지 않고, 민족적 감수성을 현실의 문제의식과 결합하여 독자적인 형태로 포착한 시집이다.[26] 「군말」에서 「독자의 후기」까지 책 전체가 일관되게 지니고 있는 것은 '님'에 대한 사유와 성찰이다. 특히 「군말」은 '님'의 상징이 불교적 사유와

---

[26]   한용운은 근대 자유시의 최초로 명명되는 주요한의 「불노리」보다 앞서 『유심』에 신시 형태의 「心」을 발표한 바 있다. 김용옥은 『님의 침묵』이 "조선인의 내면에 흐르는 시정(詩情)의 자연적 유로(流露)인 동시에 근대시의 독창적 아키타입을 형성하는 형이상학적 세계"를 보여준다고 평한다. 김용옥 『만해 한용운, 도올이 부른다』 1, 통나무 2024, 131면.

연동됨을 선명히 드러내준다. '님'은 사랑하는 대상인 동시에 조국이기도 하고 석가이기도 하다. 이 '님'의 존재는 각각이 숭배하는 특정 대상이나 편협한 감정에 머물지 않는다.

『님의 침묵』을 읽을 때 주목되는 것은 님을 향한 시적 화자의 간절한 마음과 더불어, 그 님이 '침묵'하고 있는 상황에 대한 시적 포착이다. "님은 갔습니다. 아아 사랑하는 나의 님은 갔습니다. 푸른 산 빛을 깨치고 단풍나무 숲을 향하여 난 작은 길을 걸어서 차마 떨치고 갔습니다"에서 '님이 갔다'라는 현실적 자각은 부단한 수행과 노력을 통하여 '보내지 아니하였습니다'라는 성찰로 전환되면서 '님을 기다린다'의 결심을 생성한다.

『님의 침묵』이 보여주는 깨달음의 순간, 그리고 기다림을 기약하는 자세는 이 시집이 성취하는 시대의식의 현재성을 생생하게 전달한다. 님이 침묵하고 부재하는 현실은 기다림의 의미를 생성하는 역동적인 현재가 될 수 있다. 그런 의미에서 백낙청은 한용운이 보여주는 진정한 문학적 현대성이 그 님의 '침묵'을 노래했다는 데 핵심이 있다고 강조한다. 지금까지 우리는 국가와 민족, 사랑하는 사람, 종교적 대상 등 '님'의 상징성을 헤아리는 데에 집중해왔는데, 그보다는 '님'을 '침묵하는 존재'로서 파악하는 데 시의 궁극적 의미가 있다는 것이다. "3·1운동의 드높은 시민의식과 그 시민의식의 기막힌 빈곤을 동시에 체험했고 체험할 줄 알았던 시인"은 그의 시대를 '님의 침묵'의 시대로 포착하는 현대적 성취를 이루어냈다.[27] '침묵'의 현실에서 그 이유를 읽고 '기다림'의 자세를 끌어내는 사유와 실천이야말로 이 시집이 지니는 사상사적, 문학사적 의미를 새롭게 하는 근거가 된다.

『님의 침묵』에서 '님'의 사상은 우리 고유의 사상사 속에서 해석할 수 있는 다양한 문맥을 창조한다. 『님의 침묵』보다 앞서 집필된 『십현담주해』

---

27   백낙청 「시민문학론」, 『민족문학과 세계문학 1: 인간해방의 논리를 찾아서』, 창비 2011, 68~69면.

는 불교의 선사상을 문학적으로 용해하는 중요한 실험을 보여줌으로써 『님의 침묵』과 상호 영향관계 속에 살필 수 있다.[28] 개벽사상의 관점에서 한용운의 '님' 사상을 해석한 조성환의 논의도 흥미롭다. 그에 따르면 『님의 침묵』은 생명 사상을 기반으로 한국인의 종교적 정서를 탁월하게 표현하고 있다는 점에서 최제우와 최시형의 "ᄒᆞᄂᆞᆯ님" 개념을 잇고 나아가서 한국사상사의 한 획을 긋고 있다.[29] 그렇게 본다면 한용운이 추구한 불교사상과 문학사상의 변혁성은 한반도의 고유한 사상적 운동사에서 새롭게 읽을 수 있다. 특히 소태산 박중빈이 물질개벽의 시대에 현재 인류가 겪는 문제를 근원적으로 해결할 방안으로서 정신개벽을 강조하는 면모는 한용운이 이야기했던 종교적 가치의 문명적 탐구와 자연스럽게 맞닿는다.

오늘날 우리는 한용운의 사상과 문학에서 무엇을 배울 수 있을까. 3·1운동을 기점으로 '백년의 변혁'을 돌아볼 때 민중의 뜻을 담은 수많은 항쟁과 혁명이 분출되어왔다. 식민지 시기의 독립운동에서 해방과 분단 이후 4·19와 5·18, 1987년 6월 항쟁과 2016~17년 촛불항쟁, 그리고 '빛의 혁명'을 통해 진전된 민주주의의 새로운 여정은 한용운이 강조한 '새 희망의 정수박이'를 발견하는 과정이기도 하다. 세계사적 흐름 속에서 근대 문물과 현실을 자각하는 동시에 그것의 변혁과 극복을 부단히 꿈꾸던 그의 사상적인 응전 과정은 우리 시대 고유한 사상의 역사를 맥락화한다는 점에서도 중요하다. 국권을 상실한 고난의 시기에 깨달음과 마음 수양을 통해 민중의 삶 속에 있고자 한 그의 사유와 기록은 한반도 사상가들의 계보에서 새롭게 우리의 독서를 요청한다.

---

28 서준섭은 『님의 침묵』에 『십현담주해』가 보여준 선의 세계의 침잠과 선적 사유가 놓여 있다고 보며 두 책이 서로를 비추는 거울과 같다고 설명한다. 서준섭 「한용운의 『십현담주해』 읽기」, 『십현담주해』, 어의운하 2023, 140~41면.

29 조성환 「만해 한용운의 님의 형이상학: 한국사상사의 맥락에서 본 『님의 침묵』」, 백영서 엮음 『개벽의 사상사』, 창비 2022, 199면. 저자는 이 글에서 한용운 시에 나타난 '님'이 품은 '생명'의 의미와 사상사적 맥락을 퇴계와 해월, 김지하의 시학과 연결하여 해석한다.

일러두기

1. 국립국어원 표기 규정을 따르되, 일부 표기에는 가독성과 당대의 맥락을 고려했다.
2. 각주는 모두 편저자의 것이고, 원주는【 】안에 표기했다.
3. 각 글의 제목은『증보 한용운전집』의 편집을 참고하고 필요할 경우 원제를 각주에 밝혀놓았다.
4. 참고 문헌은 각 논설 및 산문의 경우『증보 한용운 전집』(신구문화사 1979)을 기초로 현대본 번역(정해렴 편역『한용운 산문선집』)을 참고하여 손보았다. 또한 한문 번역은『조선불교유신론』(이원섭 역주, 2007년 운주사 개정판) 일부를 발췌 번역하되 최근 번역된 완역판(최경순 옮김『조선불교유신론』, 민족사 2015)을 부분적으로 참고했다.

1장
불교사상의 시대성과 불교유신의 참뜻

조선불교유신론[1]

서문

나는 일찍이 우리 불교를 유신維新하는 문제에 뜻을 두어 얼마간 가슴속에 성산成算(일이 성사될 가능성)을 지니고도 있었다. 그러나 일이 뜻 같지 않아 당장 세상에 능히 실행할 수는 없어서 시험 삼아 한 무형의 불교의 새 세계를 자질구레한 글 속에 나타냄으로써, 스스로 쓸쓸함을 달래고자 한 것이다.

무릇 매화를 생각하면서 갈증을 멈추는 것[2] 또한 양생養生의 한 방법이

1　『조선불교유신론(朝鮮佛敎維新論)』(불교서관 1913)의 번역은 이원섭 역주『조선불교유신론』(2007년 운주사 개정판)을 저본으로 하여 최경순 옮김『조선불교유신론』(민족사 2015)의 역본도 함께 참고했다. 이 책에서는「서문」「서론」「불교의 성질」「불교의 주의」「불교의 유신은 파괴로부터」「통감부 건백서」를 발췌 수록했으며 역서의 각주 설명은 필요 시 축약했다.

2　병사들이 갈증으로 고생하는 것을 본 조조(曹操)가 좀더 가면 매화나무 숲이 있다고 말하

긴 하지만, 이 논설은 진실로 매화의 그림자에 지나지 않는다. 나의 목마름의 "불꽃"이 전신을 이렇게 태우니, 부득불 이 하나의 매화 그림자로 만석萬石의 밝은 샘 구실을 시킬 수밖에 없다.

요즘 불가에서는 가뭄이 매우 심한데, 알지 못하겠다. 우리 승려 동지들도 목마름을 느끼고 있는지. 과연 느끼고 있다면 이 매화의 그림자로 비쳐주시기 바란다. 그리고 여섯 바라밀다[3] 중 보시가 제일이라고 들었다. 나도 이 매화의 그림자나마 보시한 공덕으로 능히 지옥쯤은 면하게 되지 않을까.

경술년(1910) 12월 8일 밤

지은이 씀

서론

이 세상에 어찌 성공과 실패가 그 자체로서 존재하겠는가. 오직 사람에 의거하여 결정될 뿐이다. 온갖 만사가 어느 하나도, 사람의 노력 여하에 따라서 소위 성공도 되고 실패도 되고 하지 않는 것이란 없는 법이니, 만약 일이 자립하는 힘이 없고 사람에 의존할 뿐이라면, 일의 성패 또한 결국은 사람의 책임일 따름이다.

옛사람이 말하기를, 일을 꾀하는 것은 사람에게 있고, 일을 이루는 것은 하늘에 있다고 했다. 이것을 따져서 말해보면, 사람에게 성공하기에 족한 노력이 있어도 하늘이 이를 실패로 돌리기도 하고, 사람에게 실패할 만한 노력밖에 없는데도 하늘은 이를 성공시키기도 한다는 뜻이 된다. 아, 이것

자, 군인들 입에서 저절로 군침이 돌아 조금이나마 갈증을 해소했다는 이야기를 토대로 한다.

3 깨달음에 도달하기 위해 보살이 행하는 여섯가지 수행으로, 보시, 지계, 인욕, 정진, 선정, 지혜를 말한다.

이 사실이라면 사람으로 하여금 흥이 깨지고 낙담케 함이 무엇이 이보다 더하겠는가.

하늘이 이같이 사람이 꾀하는 일의 성패를 좌우한다고 하면, 이는 사람으로 하여금 그 지닌 바 자유를 완전히 상실케 하는 결과가 된다. 그리고 나는 사람으로 하여금 그 자유를 완전히 상실케 하는 어떤 존재가 있다는 것은 들어본 일도 없고 목격한 일도 없다.

저 소위 하늘이란 형태 있는 하늘을 말함인가. 아니면 형태 없는 하늘을 가리킴인가. 만약 형태가 있는 하늘을 말함이라면, 어찌 저 위에 나타나 있어서 그 푸르고 푸른 모습이 우리 눈에 비치는 그것이 아니겠는가. 이미 형태가 있고 보면, 하늘도 현상의 하나인 것이 되고, 그렇다면 자유의 법칙을 따라 다른 것을 침범할 수 없는 점에서 다른 현상들과 조금도 차이가 없다는 것을 감히 단언하는 바이다. 생명을 지닌 것들이 엄청나게 많아 그 수효를 헤아릴 수 없는 터에, 어찌 모두가 대단치도 않은 한 유형물에 의해 성패를 지배당하는 일이 있겠는가.

만약 형태 없는 하늘을 가리키는 것이라면, 이는 하늘의 도리를 말함이요, 우리가 이르는 하늘은 아닌 것이니, 하늘의 도리란 기실 진리의 뜻이 된다. 그리고 성공할 만한 이치가 있어서 성공하고, 실패할 만한 이치가 있어서 실패하는 것, 이것이 바로 진리임에 틀림없다. 그렇다면 성공은 본래 스스로의 힘으로 성공한 것이며, 실패는 본래 스스로의 힘으로 실패한 것이 된다. 그러므로 일을 이루는 것은 하늘에 있다고 말할 여지가 없다.

형태가 있는 뜻의 하늘이건 형태가 없는 의미의 하늘이건 그것이 다 같이 해당되지 않음이 이와 같다. 그럼에도 불구하고 성패가 하늘에 달려 있다고 말하는 사람은, 하늘 있음만 알고 사람 있음을 알지 못하는 것이라 하겠다. 그런 말을 꺼내기가 무섭게 그 이름이 이미 노예의 명단에 오르고 마는 것이니, 어찌 스스로 자기를 사랑하지 않음이 이같이 심할 수 있으랴. 만약 문명인으로 하여금 이런 말을 하는 사람을 오래된 무덤 속으로부터 끌어내어 자유를 포기한 죄를 책망케 한다면 변호하고자 해도 변호할 길이 없을 것이다.

진실로 하늘이 일의 성패와 관계없음이 이와 같다면 만물의 수효가 많다 해도 이런 이치를 파악하면 될 뿐이다. 일을 꾀함이 나에게 있다고만 이를 것이 아니라, 일을 이루는 것도 나에게 있다고 해야 하리니 이런 취지를 이해하는 사람은 자기를 책망하되 남을 책망하지 않고, 스스로 자기를 믿되 자신 아닌 다른 것(하늘 따위)을 믿지 않을 것이다. 세상에서 사리를 논하는 사람들은 이런 도리를 가지고 종지宗旨를 삼음이 옳을 것이다.

오늘의 세계는 과거의 세계가 아니며 미래의 세계도 아니요, 어디까지나 현재의 세계다. 그럼에도 불구하고 어찌하여 천만년 이전의 일을 연구하는 이가 있고, 천만년 뒤의 일을 연구하는 이도 있어서, 천지 사이의 형이상·형이하의 문제치고 연구하여 유신하지 않을 것이 없어서 학술의 유신을 외치는 이가 있고, 정치의 유신을 외치는 이가 있고, 종교의 유신을 외치는 이가 있고, 그 밖에도 각 방면에서 유신을 부르짖는 소리가 천하에 가득하여, 이미 유신을 했거나 지금 유신을 하고 있거나 장차 유신을 하고자 하는 사람들이 헤아릴 수 없이 계속 생기고 있는 상태임에도 불구하고 유독 조선의 불교에 있어서는 유신의 소리가 조금도 들리지 않으니, 모르겠구나, 과연 무슨 징조일까. 조선 불교는 유신할 것이 없는 탓일까, 아니면 유신할 만한 것이 못 되는 까닭일까. 곰곰이 생각해보나 그 이유를 알지 못하겠다. 아, 그러나 이것은 역시 알 수 있는 일이다. 어디까지나 책임은 나에게 있을 것임이 틀림없다.

조선 불교의 유신에 뜻을 둔 이가 없지 않으나 지금까지 드러남이 없는 것은 유독 무엇 때문인가. 하나는 천운에 돌리고, 하나는 남을 탓함이 그 원인일 것이 분명하다. 나는 "일을 이룸이 하늘에 있다"는 주장에 의혹을 품게 된 후에 비로소 조선 불교 유신의 책임이 천운이나 남에게 있는 것이 아니라 나에게 있는 것임을 알았다.

그런 후에 책임을 회피할 수 없음을 문득 깨닫고 유신해야 할 까닭을 생각하기에 이르렀다. 그리하여 이 유신론을 써서 스스로 경계하는 동시에 이를 승려 형제들에게 알리는 터이다. 이 유신론이 문명국 사람의 처지에서 보기에는 실로 보잘것없는 것으로 비칠 것이다. 그러나 조선 승려의 앞날을 생각하는 처지에 선다면 반드시 조금은 채택할 것이 없지도 않으리라 생각된다. 무릇 거짓 유신이 있은 후에 참다운 유신이 비로소 나타나는 것이니, 이 유신론이 후일에 가서 거짓 유신의 구실을 하게 된다면 필자의 영광이 이보다 더함이 없겠다.

불교의 성질

오늘의 불교 유신을 논하고자 하는 사람은 마땅히 먼저 불교의 성질이 어떤지를 살피고, 이것을 현재의 상태와 미래의 상황에 비추어 검토해야 하며, 그런 다음에야 이 문제를 다룰 수 있다. 왜 그런가. 금후의 세계는 진보를 그치지 않아서 진정한 문명의 이상에 도달하지 않고는 그 걸음을 멈추지 않을 추세에 있으며, 만약 불교가 장래의 문명에 적합하지 않을 경우에는 죽음에서 살려내는 기술을 터득하여 마르틴 루터나 크롬웰 같은 이를 지하에서 불러일으켜 불교를 유신코자 한다 해도 반드시 실패할 것이기 때문이다. 그래서 불교가 종교로서 우수한지 어떠한지와, 미래 사회에 적합할지 어떠할지를 곰곰이 생각하게 되는데, 불교는 인류 문명에 있어서 손색이 있기는커녕 도리어 특출한 점이 있다는 것이 나의 결론이다.

이에 불교의 성질을 두가지 면에서 말해보고자 한다. 첫째로 들 것은 종교적인 성질이다. 사람이 종교를 믿는 것은 무엇 때문인가. 우리들의 가장 큰 희망이 여기에 있기 때문일 것이다. 희망은 생존과 진화의 밑천이라고도 할 수 있으리니, 만약 희망을 지니지 않는다면 우리는 아무렇게나 게으르게 살아서, 그날그날을 편히 넘기는 것으로 만족할 것임에 틀림없다. 그렇다면 누가 정신과 육체를 괴롭혀가면서 일을 하려 하겠는가. 따라서 희망이라는 것이 없으면 사람이건 사람이 아닌 사물이건 이 세상에 존재하는 모든 것이 거의 없어질 것이며, 설사 존재한다 해도 황폐해지고 방탕하고 악해져 예전의 모습은 찾을 길이 없을 것이다. 필시 지옥을 연상시키는 생활과 야만이라고 할 수밖에 없는 행위가 나타나 참담하고 추악하기 끝이 없을 것이며, 그렇게 되면 소위 문명인들은 어느 외진 곳으로 피하여 숨을 죽이고 생존의 의욕을 상실하고 말 것이다.

그러기에 행여나 희망이 크지 못할까 걱정한 나머지 욕심낼 만한 달콤한 것을 무형의 세계에 만들어놓고, 답답한 중생들로 하여금 믿게 하고 희망을 걸게 한 것이 불교를 제외한 여러 종교의 발상의 온상이 되었다. 예수교의 천당, 유대교가 받드는 신, 마호메트교(이슬람교)의 영생 따위가 이것이니, 다 세상을 깊이 근심한 데서 나온 것이라고 해야 할 것이다.

그러나 어디까지나 속임수의 말로 일관하여 천당이 과연 있는지 없는지, 받드는 신이 정말인지 거짓인지, 영생의 약속이 사실인지 어떠한지에 대해 조금도 냉정히 검토함이 없이 아무것도 모르는 채 미신을 지녀 내려오니, 이는 사람을 이끌어 우매의 구렁으로 몰아넣는 것이라 아니할 수 없다. 이 문제에 대해선 민중의 지혜에 부당한 제약을 주는 것이라는 비난이 이미 철학가들 입에서 끊이지 않는 터라, 더 이상 언급할 필요를 느끼지 않는다.

그러나 구차스러운 말을 꾸며 미신을 변호하는 이들은 이렇게 말한다. "미신인 사실은 인정하나, 여러 사람의 정신을 하나로 통일하는 효능을 인정해야 한다. 11세기 이래 구미 각국에서 전개된 놀라운 업적들을 보지 못했는가. 이것은 태반이 그 미신이라는 종교의 힘이었던 것이니, 미신이 세계에 끼친 공로가 어찌 크다고 하지 않으랴."

그것은 그렇다. 그러나 정치가로 역사상 아주 저명하여 오늘까지 미담의 주인공이 되고 있는 사람치고 어느 누가 무수한 사람의 피를 흘리게 한

끝에 그 공을 자기 한 몸에 거두어들이지 않은 자가 있는가. 저 정치가들이 만약에 미신으로 민중의 정신을 세뇌하지 않았던들 생명에 대한 애착을 박탈하여 사지에 몰아넣어버릴 수는 없는 터였기에, 백방으로 획책하여 미신으로 사람의 생명을 낚는 미끼로 삼고, 또 사람의 생명으로 적을 쓰러뜨리는 총알을 삼았던 것이니, 예부터 오늘에 이르기까지 수천만이 한두개의 미신에 속아 두번은 누릴 수 없는 목숨을 잃었는지, 그 수효를 어찌 헤아릴 수 있겠는가. 사람으로 미신에 한 가닥의 희망을 걸 수밖에 없다는 것은 비애 중의 비애임에 틀림없다. 미신은 인류에게 공이 있는 듯도 보이지만, 기실 폐해가 너무나 큰 것이다.

불교는 그렇지 않다. 중생이 미신에서 헤어나지 못할까 두려워하는 까닭에, 경經에 "깨달음으로 준칙을 삼는다"고 하였고, 또 중생으로 하여금 부처님의 지혜의 바다에 들어가게 하기 위함이라 하였으며, 정각正覺·정변지正徧智의 주장이 모두 그런 취지였으니, 이 점에서 부처님이야말로 철저하셨다고 하겠다.[4] 이 세상에 나타나심으로부터 6년에 걸친 고행과 49년의 설법과 열반涅槃[5]과 일상생활에서의 모든 동정(일거일동一擧一動과 일어일묵一語一默)에 이르기까지 어느 하나가 중생으로 하여금 미혹에서 떠나 깨달음에 이르게 하려는 뜻 아님이 있었겠는가.

천당·지옥의 주장과 불생불멸不生不滅의 말이 있기는 있는 터이나, 그 취지인즉 다른 종교와 다르다. 무엇이 다른가. 경에 이르기를 "지옥과 천당이 다 정토淨土가 된다"고 하셨고, 또 "중생의 마음이 보살의 정토"라 하셨다. 이것으로 미루어 생각하면, 불교에서 말하는 천당은 상식으로 생각되는 그런 천당이 아니라 자기 마음속에 건설되는 천당이며 지옥도 자기

---

4   정각(正覺)·정변지(正徧智). 부처님이 두루 깨달아 모름이 없는 것으로, 둘은 같은 말이다.
5   여기서는 부처님의 죽음을 뜻한다. 원문의 곽시쌍부(槨示雙趺)는 '관 밖으로 두 발을 내밀다'라는 뜻으로, 부처님이 열반에 드신 후에 수제자인 가섭이 달려오자 부처님이 관 속에서 두 발을 내밀어 알았다는 뜻을 표시했다는 전설이 있다.

마음속의 지옥임을 알 수 있다.

무릇 헤아릴 수 없이 많은 세계와 그 속에 있는 삼라만상이 모두 중생들의 마음속에 갖추어져 있으므로, 부처님께서 설하신 8만 4천의 법문도 우리의 마음을 떠나 별다른 것이 따로 있음이 아닌 것이니, 자기와는 아무 관계도 없는 천당이니 신이니 하는 따위를 받드는 소위 미신과 그 거리가 어떻다 하겠는가. 또 불생불멸은 다른 종교의 영생 따위와는 다르다. 그것은 참으로 원만한 깨달음 세계의 주인공이며, 불교를 대표하는 유일무이한 개념이다. 저 죽은 자를 모두 살려놓는다는 따위는 어둡고 우매하기 그지없는 밥통들이나 하는 소리다. 세로로는 과거·현재·미래〔三世〕를 포함하되 오래다 하지 않고, 가로로는 시방十方[6]에 걸치되 크게 여기지 않아서 멀리 감각기관과 그 대상을 초탈하여 고요하면서도 항상 비추는 것을 진여〔眞如〕라 이른다. 이 진여는 결국 불변의 뜻이니, 이것이 어찌 생사와 관련이 있겠는가.

중생이 이런 다시없는 보배를 마음속에 간직하고 있으면서도 스스로 미혹하여 알지 못하는 까닭에 우리 부처님께서 대자대비한 마음으로 이들을 위해 설법하시었다. 다만 중생의 근기根機[7]가 각기 다르므로 쓰여진 방편이 여러 가지이긴 했으나 궁극의 목표는 각자가 지닌 진여를 깨닫게 함에 있었던 것이다. 이렇게 목적에 도달하면 수단은 잊고 마는 것이매, 이것이야말로 고기를 잡고 통발을 잊음이요, 달을 보고 그것을 가리킨 손가락을 망각함이라 할 만하다. 그러나 통발과 손가락을 미신이라고는 못 할 것이니 방편은 방편대로 역시 귀중함이 사실이다. 이에 중생들이 비로소 7척[8] 남짓한 몸으로 수십년[9] 동안 이 세상에 산다는 것이 다 허망함을 알아 불생

6 　불교에서 사방(四方), 사우(四隅, 모퉁이), 상하(上下)를 통틀어 이르는 말.

7 　불교에서 교법(教法)을 받을 수 있는 중생의 능력을 이르는 말.

8 　옛날의 척(尺)은 요즘과 달라서, 『논어』에 '육척지고(六尺之孤, 부왕을 여읜 나이 어린 군주)'라는 말이 있듯이 과히 크지 않음을 표시한 말이다.

9 　수십년. '수십구갈(數十裘葛)'이라는 원문의 구갈은 해(年)의 뜻. 겨울에는 갓옷(裘)을 입고

불멸의 경지를 영원한 참된 자아에게 구하게 된다. 이런 희망이 과연 다함이 있겠는가, 없겠는가. 어찌 유독 미신을 지닌 뒤에야 희망을 가질 수 있다고 하겠는가. 불교는 지혜로 믿는 종교요, 미신의 종교가 아님을 알아야 한다.

둘째는 불교의 철학적 성질이다. 철학자와 종교가가 왕왕 서로 충돌하여 상대를 용납하지 않는 것은 미신과 진리가 본래 상극인 까닭이다. 종교가들이 한결같이 미신에 얽매여, 종교가로 하여금 지금부터 1세기 안에 천지로부터 종적을 감추게 만들 것이 확실하다. 불교가 어찌 이런 미신적인 종교들과 한 운명을 같이하겠는가.

불경에 복과 지혜가 아울러 갖추어졌다 하셨고, 또 일체종지一切種智라 하셨다. 일체종지라 함은 자기 마음[眞如]을 깨달아 투철하고 막힘이 없어서 모르는 것이 없다는 말이니, 보편적인 이치를 샅샅이 캐내어 모르는 것이 없는 경지에 도달하려는 것이 철학자들의 궁극 목표가 아니겠는가. 다만 철학자들은 포부는 크되 힘이 모자라 허덕이고 있으나, 우리 부처님에게 있어서야 무슨 어려움이 있으랴. 철학의 대가가 누군지 알고자 하면 석가를 제쳐놓고 다른 대가가 없을 것이니, 나를 믿지 못하겠다고 말한다면 동서양 철학이 불교와 합치되는 것을 들어 대략 검토해보겠다.

중국인 양계초梁啓超는 이렇게 말했다.

불교·기독교의 두가지가 다 외국에서 발생한 종교로서 중국에 들어왔는데 불교가 널리 퍼진 데 대해 기독교가 퍼지지 못한 것은 무슨 때문인가. 기독교는 오직 미신을 주로 하여 그 철리哲理가 천박해서 중국 지식층의 욕구를 만족시키지 못한 데 대해, 불교의 교리는 본래 종교이면서 철학인 양면을 갖추고 있었으니, 그 증도證道(바른 지혜로써 깨달은 진리)의 구경究竟은 깨닫는 데 있고, 도道에 들어가는 법문은 지혜에 있고, 수도하여 힘을

여름에는 갈포[葛]를 입는 것에서 '해'의 뜻을 나타내게 된 것이다.

얻음은 자력에 있으니 불교를 예사 종교와 동일시해서는 안 된다. 불교의 학문이 중국에 들어옴으로부터 그 가르침이 모두 갖추어진 그다음에야 중국 철학이 이채異彩를 띠게 되었다.

이것으로 보면 중국 철학이 발전하게 된 것은 실로 불교의 덕택임을 알 수 있다.

아, 불교가 조선에 들어온 지도 이제 1천5백여년이 지났다. 만약 어떤 사람이 1천5백여년 동안 이 조선 땅에서 살다가 간 사람들에게 중국은 저렇거니와 불교를 들여온 후에 조선 철학은 얼마나 발전했는가라고 묻는다면 무어라 할 것인가. 똑같이 손을 안 트게 하는 약[10]이건만 어떤 사람은 이를 써서 장수가 되었고 어떤 사람은 이것을 사용하면서도 솜 빠는 일을 면치 못했으니, 생각건대 이 약을 어떻게 쓰는가는 사람의 책임으로, 손을 트지 않게 하는 약에게 무엇을 원망하겠는가.

독일의 철학자 칸트는 말했다.

"우리 일생의 행위가 다 내 도덕적 성질이 겉으로 나타난 것에 지나지 않는다. 그러므로 내 인간성이 자유에 합치하는가 아닌가를 알고자 하면 공연히 겉으로 나타난 현상만을 가지고 논해서는 안 되며, 응당 본성의 도덕적 성질에 입각하여 논하지 않으면 안 되는 것이니 도덕적 성질에 있어서야 누가 조금이라도 자유롭지 않은 것이 있다고 하겠는가. 도덕적 성질은 생기는 일도 없어지는 일도 없어서 공간과 시간에 제한받거나 구속되거나 하지 않는다. 그것은 과거도 미래도 없고 항상 현재뿐인 것이니, 사람이 각자 이 공간과 시간을 초월한 자유권(본성)에 의지하여 스스로 도덕적 성질을 만들어내게 마련이다. 그러기에 도덕의 이치로 미루어 생각하

---

10 '손을 안 트게 하는 약'은 『장자(莊子)』「소요유(逍遙遊)」에 나오는 이야기다. 송(宋)나라에 손이 안 트는 약을 알고 있는 사람이 있어서 대대로 솜 빠는 일을 하고 있었다. 어떤 사람이 백금(百金)을 주고 이 약을 알아내어 그것으로 오(吳)나라를 위해 사용하여, 월(越)나라와 겨울에 물에서 싸워 크게 이겨 그 자신 또한 크게 출세했다. 같은 약도 쓰는 사람에 따라 하나는 세탁업을 못 면하고, 하나는 부귀를 부렸다는 의미다.

면 엄연히 멀리 현상 위에서 벗어나 그 밖에 서 있음을 보게 된다. 그렇다면 이 진정한 자아는 반드시 항상 활발하고 자유로워서 육체가 언제나 필연의 법칙에 매여 있는 것과는 같지 않음이 명백하다. 그러면 소위 활발하고 자유롭다는 것은 무엇인가. 내가 착한 사람이 되려 하고 악한 사람이 되려 함은 다 내가 스스로 선택하는 데서 생겨나는 생각이다.

자유의지가 선택하여 정하고 나면 육체가 그 명령을 따라 착한 사람, 나쁜 사람의 자격을 만들어내는 것이니, 이것으로 생각하면 우리 몸에 소위 자유성自由性과 부자유성不自由性 두가지가 동시에 병존하고 있음이 이론상 명백한 것이다."

양계초는 이 주장을 이렇게 해설했다. 부처님 말씀에 소위 진여眞如라는 것이 있는데, 진여란 곧 칸트의 진정한 자아여서 자유성을 지닌 것이며, 또 소위 무명無名이라는 것이 있는데, 무명이란 칸트의 현상적인 자아에 해당하는 개념이어서 필연의 법칙에 구속되어 자유성이 없는 것을 뜻한다. 또 부처님 말씀에 '우리가 무시無始[11] 이래로 진여·무명의 두 종자種字[12]를 지니고 있어서 그것이 성해性海[13]와 식장識藏[14] 속에 포함되어 서로 훈습薰習[15]하게 마련이다. 그리하여 범부는 무명으로 진여를 훈습하는 까닭에 반야지般若智[16]를 그르쳐 식識을 삼고, 도를 배우는 자는 또한 진여로 무명을 훈습하는 까닭에 식을 전환시켜 반야지를 이룬다'고 하였다. 송대의 유학자들이 이 뜻에 따른 범례를 사용하여 중국의 철학을 조직하였으므로 주자는 의리義理의 성性과 기질의 성을 나누어 뜻을 풀어 밝힌 『대학』에서 말

---

11   아무리 거슬러 올라가도 그 시점을 알 수 없는 상태를 나타내는 말.
12   불교의 유식종(唯識宗)에서는 만유의 모든 현상이 아뢰야식(阿賴耶識)에서 발생한다고 보는데, 종자는 아뢰야식 가운데 들어 있는 것을 뜻한다. 아뢰야식은 모든 경험과 업의 결과를 저장하는 무의식적인 의식을 뜻한다.
13   진여(眞如)의 이성이 넓고 깊음을 바다에 비유한 말.
14   모든 중생은 불성(佛性)을 지니고 있음을 이르는 말.
15   우리의 일체의 행동이 그대로 사라지지 않고 마음속에 어떤 영향을 남기는 작용.
16   현실의 실상을 관조하는 지혜를 가리킴.

하기를, '명덕明德은 사람이 하늘에서 받은 것으로 허령불매虛靈不昧[17]해서 모든 이치를 구비하여 온갖 일에 따라서 작용하는 당체當體이다. 다만 기품氣稟의 구애와 인욕人慾의 가림으로 인해 때로 어두워지는 수가 있다'고 했다.

그러나 부처님의 이 진여는 일체 중생이 보편적으로 지닌 본체本體요 각자가 제각기 한 진여를 지니는 것은 아니라 했고, 칸트는 사람이 다만 진정한 자아를 가지고 있다고 했다. 이것이 그 차이점이다. 그러므로 부처님 말씀에 '한 중생이라도 성불하지 못하는 자가 있으면, 나도 성불하지 못한다' 하셨으니, 모든 사람의 본체가 동일하다고 보기 때문이다. 이런 태도는 중생을 널리 구제하자는 정신에 있어서 좀더 넓고 깊으며 더없이 밝다고 할 만하다.

이에 대해 칸트는 만약 선인이 되고자 하는 의욕만 있으면 누구나 선인이 된다고 했으니, 그 본체가 자유롭다고 믿었기 때문이어서, 수양이라는 면에서 볼 때 좀더 절실하고 행하기 쉬운 특징이 있었다. 이에 비겨 주자의 명덕설明德說 같은 것은 만인이 동일한 본체를 지니고 있는 상황을 지적하지 못했는데, 이것이 부처님에게 못 미치는 점이라 하겠고, 또 말하기를 이 명덕이 기품의 구애와 인욕의 가림을 받는다 하여 자유로운 진정한 자아와 부자유스러운 현상적 자아의 구분에 있어서 한계가 명료치 않았으니, 이것이 칸트에 비겨 미흡한 점이다. 칸트의 본의本意에 의하면, 진정한 자아는 결코 다른 무엇에 의해 구애되든지 가리어지든지 하는 것이 아니었으며, 구애를 받고 가림을 받으면 그것은 자유를 상실한 것이라 하였다.

양계초가 부처님과 칸트의 다른 점을 언급한 것을 보건대 반드시 모두가 타당하다고는 여겨지지 않는다. 왜 그런가. 부처님은 천상천하天上天下에 오직 나만이 존귀하다 하였는데 이것은 사람마다 각각 하나의 자유스

---

17   잡스러운 생각이 없이 마음이 신령하여 어둡지 않다는 뜻.

러운 진정한 자아를 지니고 있음을 밝히신 것이다. 부처님께서는 모든 사람에게 보편적인 진정한 자아와 각자가 개별적으로 지닌 진정한 자아에 대해 미흡함이 없이 언급하였으나, 다만 칸트의 경우는 개별적인 그것에만 생각이 미쳤고 만인에게 보편적으로 공통되는 진정한 자아에 대해서는 언급을 하지 못하였다. 이것으로 미루어보면 부처님의 철리哲理가 훨씬 넓음을 알 수 있다.

부처님이 성불했으면서도 중생 때문에 성불하시지 못한다면, 역시 중생도 이미 중생이 되어 있으면서 부처님 때문에 중생이 될 수 없음이 명백하다. 왜 그런가. 마음과 부처와 중생이 셋이면서 차별이 없으니 누가 부처이고 누가 중생인가. 기실은 상즉상리相卽相離하고 부즉불리不卽不離하여,[18] 하나가 곧 만, 만이 곧 하나라고 할 수 있다. 부처라 하고 중생이라 하여 그 사이에 한계를 긋는다는 것은 다만 공중의 꽃이나 제2의 달[19]과도 같아 기실 무의미할 뿐이다.

영국의 학자 베이컨이 말했다.

"우리의 정신은 울퉁불퉁한 거울과 같다. 그리하여 대상이 와서 비치는 경우 혹은 뾰족이 나온 곳에 비치기도 하고, 혹은 움푹 패인 데에 비치기도 한다. 이에 있어서 동일한 대상이라도 비치는 데가 다르기에 주관主觀의 관찰에 잘못이 없을 수 없으니, 이것이 오류를 범하는 첫째 원인이오. 또 오관五觀[20]이 감각하는 것은 대상의 본바탕이 아닌 그것의 거짓 모습이니 이것이 오류를 범하는 둘째 원인이다. 그리고 우리의 체질이 각기 다른데, 이것이 오류를 범하는 셋째 원인이다."

베이컨의 이 학설은, 정력을 기울여 사색하고 체험을 통해 확인하고 난 뒤에 말한 이론이어서 『능엄경楞嚴經』의 교리와 적잖게 유사한 데가 있다.

---

18 서로 떠나지 않는 것과 서로 떠나는 것, 두 관계가 붙지도 않고 떨어지지도 않음을 뜻한다.
19 진실이 아닌 오인한 것.
20 다섯 감각 기관, 즉 눈·귀·코·혀·피부로 오근(五根)이라고도 불린다.

그 경에 이르되, "비유컨대 만약 한 사람이 있어서 깨끗한 눈으로 갠 하늘을 바라보면, 오직 맑은 하늘만이 보일 뿐 다른 아무것도 눈에 띄지 않는다. 그러나 그 사람이 까닭 없이 눈동자를 움직이지 않고 응시한 끝에 피로해지면, 하늘에 헛것의 꽃이 보이게 된다"고 하였다. 깨끗한 눈과 피로한 눈은 곧 베이컨의 울퉁불퉁한 거울의 뜻이 된다. 이와 같이 뾰족이 나오고 움푹 들어간 거울인 까닭에 같은 물건도 비치는 것이 달라진다는 베이컨의 이론은, 하늘이 깨끗한 눈에는 하늘로 비치고 피로한 눈에는 꽃으로 보인다는 경의 말씀과 같다고 할 것이다.

또 경에 이르기를 "몸과 감각이 둘 다 허망하다"고 하셨으니, 감각의 대상과 감각하는 여섯 기관(六根)[21]이 모두 거짓 모습일 뿐 실체가 아닌 까닭에 "둘이 다 허망하다"고 하신 것이다. 베이컨은 감각의 대상이 되는 객관이 실체가 아님은 알았으나 감각하는 여섯 기관이 그 대상과 한가지로 실체가 아님은 몰랐던 것이니, 이는 베이컨이 부처님보다 부족한 점이다.

경에 또 이르기를 "한 물속에 해 그림자가 비쳤는데, 두 사람이 같이 물속의 해를 보고 나서 각각 동서로 간다고 하면, 해도 각각 두 사람을 따라간다. 그리하여 한 해는 동쪽으로 가고 한 해는 서쪽으로 가서 햇빛에는 일정한 기준이 없다"고 하셨는데, 베이컨의 제3원인이란 것도 이와 같은 뜻으로 해석된다.

프랑스의 철학자 데카르트는 이런 생각을 지니고 있었다.

'만일 각자가 자기 나름 믿는 바의 진리가 있을 경우, 그 스스로 견지하여 일가를 이루게 되고, 자기 소신과 다른 용납할 수 없는 주장을 하는 자가 있으면 대항하여 공격하게 된다. 그리하여 서로 주고받으며 토론하면 상당한 시일이 지난 뒤에는 완전한 진리가 결국 그 사이에서 생겨날 것이다. 왜 그런가. 지혜에 고하·대소의 차이가 있기는 하지만 그 본성은 동일

---

21   '오관'에 의(義)를 더한 것이다.

하며, 진리의 성질이 또 순수하여 잡스러움이 없는 까닭이다. 동일한 본성의 지혜로 순수하여 잡스러움이 없는 진리를 구함에 있어서 힘써 이 일에 종사하는 경우, 어찌 방법은 달라도 한 결론에 도달하지 않겠는가. 그러므로 처음에는 사람마다 이론이 다르다 해도 반드시 서로 웃으며 손을 잡는 날이 있을 것이다.'

데카르트의 이런 이론은 『원각경圓覺經』의 내용과 완전 부합된다. 데카르트가 '각기 믿는 바 진리' 운운한 것은 경에 '견해가 장애가 된다'고 한 것과 같고, '서로 대항하여 공격한다'고 한 것은 경에서 '여러 환幻을 일으켜 환을 제거한다'고 한 것에 해당하고, '완전한 진리' 운운한 것은 경에서 '궁극의 진리를 얻는다'고 한 것과 일치하고, '본성은 동일하다' 운운한 것은 경에서 '중생과 국토가 동일한 법성法性[22]이다'라고 한 것과 합치하고, '방법은 다르나 같은 결론에 도달한다'고 한 것은 '지혜와 어리석음이 통틀어 반야般若가 된다'고 한 것과 같은 취지이다.

본성에 어찌 둘이 있으며, 이치에 어찌 차이가 있겠는가. 둘이 있을 수 없는 본성으로 차이가 없는 이치를 탐구할 경우 반드시 한곳에서 손을 잡게 될 것임은 의심할 여지가 없다. 넷과 넷이 모여 여덟이 된다는 것은 불변의 수학적 진리지만, 산술에 아주 어두운 어린이는 혹은 일곱이라고 하고, 혹은 아홉이라는 대답도 하게 된다. 일곱이나 아홉이라는 대답은 견해가 장애 구실을 하여 사실이 아닌 헛것(幻)을 본 것이라 아니할 수 없다.

그런 헛것을 점차 제거하기에 성공하면 온 세상의 어린이치고 하나도 여덟이라 아니할 어린이는 없을 것이다. 진리란 넷과 넷이 모여 여덟이 된다는 이런 예와 비슷하다고 하겠다. 아마 데카르트는 전생에서 『원각경』을 많이 읽은 사람이었던 모양이다.

이 밖에 플라톤의 대동설大同說, 루소의 평등론, 육상산陸象山(육구연)과

---

22   만유(萬有)의 본체. 변화하는 현상 속에서 변하지 않는 이법(理法).

왕양명王陽明의 선학禪學은 부처님 사상에 부합하는 바가 있다.

이상은 동서양의 철학이 불교와 일치하는 면을 대강 더듬어본 것이다. 그러나 나는 서양 철학자의 저서에 관한 한 조금도 읽은 바가 없고, 어쩌다가 눈에 띈 것은 여러 사람들의 손에 의해 번역된 이 책 저 책에 실려 있는 그 편린에 지나지 않는 것을 보았을 따름이다. 그 전모를 보지 못한 것이 못내 안타까울 뿐이다.

그러나 동서고금의 철학에서 금과옥조로 삼아온 내용이 역시 불경의 주석 구실을 하고 있는 데 불과함은 논할 필요도 없는 일이겠다. 왜냐하면 이상에서 인용한 몇몇 철학자들은 다 철학계에서 각고 노력하여 온오蘊奧(학문의 깊이)를 이루어 명가名家의 지위에 오른 사람들이니, 그들이 참다운 철학자들임을 짐작할 수 있는데, 만약 이치가 (사람이나 장소에 따라) 다르다면 모르지만 다르지 않은 바엔 이 참된 철학이 다른 참된 철학과 조금도 어긋남이 없을 것이며, 만약 이치가 (시대에 따라) 변한다면 모르지만 변하지 않는 바엔 지금의 참된 철학이 옛날의 참된 철학과 조금도 어긋남이 없을 것이니, 이미 몇몇 철학자의 학설이 부처님의 뜻과 일치함을 안 바에는 이상에 든 몇몇 철학자가 아닌 다른 몇몇 철학자 또한 어찌 그 학설이 부처님의 뜻과 일치하지 않음을 단언하겠는가. 차이 있는 학설임에도 불구하고 견강부회牽强附會하여 구차하게 같은 이론이라고 하는 것은 아니다. 사람마다 지닌 불성佛性이 같고 진리가 원래 하나인 까닭에 방법과 과정이 달라도 동일한 결론으로 돌아가고 만 갈래가 하나를 받들게 되는 것이니, 불교는 철리哲理의 큰 나라라 하겠다.

무릇 중생계가 다함이 없기에 종교계가 다함이 없고, 철학계가 또한 다함이 없는 것이다. 다만 문명의 정도가 날로 향상되면 종교와 철학이 점차 높은 차원으로 발전하게 될 것이며, 그때에는 그릇된 철학적 견해나 그릇된 신앙 같은 것이 어찌 다시 눈에 띌 까닭이 있겠는가. 종교요 철학인 불교는 미래의 도덕·문명의 원료품原料品 구실을 착실히 하게 될 것이다.

이 세상에 주의主義가 없이 이루어지는 일이란 없으니, 만약 어떤 일에 주의가 서지 않는 경우는 어지럽고 헛되어 공전空轉해서 성인의 지혜를 가지고도 일을 처리해 성공으로 이끌지 못하게 될 것이다. 이에 비해 주의가 일단 정립되면 추세를 파악하기 쉬움이 마치 수레에 실은 장작을 보는 것같이 명백하여 앞날의 길흉·화복을 대개 자리에 앉은 채 짐작하게 될 것이다. 그러므로 일을 논하는 이는 마땅히 먼저 그 주의를 알고 나서 갈팡질팡함이 없어야 될 것이다. 불교의 주의는 크게 나누어 둘로 잡을 수 있으니하나는 평등주의平等主義요, 하나는 구세주의救世主義가 그것이다.

평등주의는 불평등에 반대되는 주의이다. 고금천하에 불평등한 예는 어찌 그리도 많이 눈에 띄고 평등한 예는 아주 드문지 모르겠다. 같은 현인賢人이건만 안연顏淵은 요절하고 중유仲由는 형을 받았으며, 같은 미인이건만 달기妲己는 요사스러웠고 초선貂蟬은 충성스러웠으며,[23] 같은 영웅이건만 워싱턴은 성공하고 나폴레옹은 귀양살이로 막을 내렸다. 그리고 같은 만물이지만 어떤 것은 나고 어떤 것은 죽으며, 어떤 것은 강한 반면 어떤 것은 약하다. 이리하여 불평등이 불평등과 서로 어울려서 무수한 불평등을 빚어내고 있는 실정이니, 항상 생각이 불평등의 연유에 미칠 때마다 마음에 근심이 일어 눈물을 짓지 않는 때가 없는 것이 나의 심경이다.

그러면 평등의 도리란 어떤 것인가. 장수·요절, 선·악, 성·패, 강·약 등이 같아서 하나가 됨을 이름인가. 그렇기도 하고 그렇지 않기도 하다. 이러하고 이러하니 만약 불평등한 견지에서 바라본다면 무엇 하나 불평등하지

---

[23] 안연은 공자의 수제자이고, 중유는 공자의 제자 중 한 사람이다. 또한 달기는 은나라 주왕의 비(妃)이고, 초선은 후한 사람으로 왕윤의 양녀였는데 동탁에게 시집가서 동탁을 죽이려 한 일로 유명하다.

않음이 없을 것이며, 평등한 견지에서 바라본다면 무엇 하나 평등하지 않음이 없을 것이다. 그러면 불평등한 견지란 어떤 것인가. 사물·현상이 이른바 필연의 법칙에 의해 제한받음을 이르는 것이다. 평등한 견지란 무엇인가. 공간과 시간을 초월하여 얽매임이 없는 자유로운 진리를 이르는 것이다.

과연 그렇다면 안연·중유의 요절과 수형受刑이라든지, 달기·초선의 요사스러움과 충성됨이라든지, 워싱턴·나폴레옹의 성공과 실패라든지, 만물의 생·사·강·약 따위가 다만 현상이 필연의 법칙에 의해 제한받은 것에 지나지 않음을 알 수 있다. 이와는 달리 공간·시간을 초월하는 궁극의 진리에 이르러서는 요절·형벌, 요사스러움·충성됨, 성공·실패, 생·사, 강·약 등의 제한을 일찍이 받은 적이 있을 리가 없다. 소자첨蘇子瞻[24]이 말했다. "변화하는 처지에서 바라보면 천지도 한 순간을 머물지 못하고, 불변의 처지에서 바라보면 사물과 내가 다 무진장임을 알게 된다"고. 이것은 현상과 진리의 연유에 있어서 진상을 명백히 파악한 것이라고 할 만하다. 요컨대 소위 평등이란 진리를 지적한 것이며, 현상을 말한 것이 아님을 알아야 한다.

우리 부처님께서는 중생들이 불평등한 거짓된 현상에 미혹하여 해탈하지 못함을 불쌍히 여기신 까닭에 평등한 진리를 들어 가르치셨던 것이니, 경에 "몸과 마음이 필경 평등하여 여러 중생과 같고 다름이 없음을 알라"고 하셨고, 또 "유성有性 무성無性[25]이 한가지로 불도佛道를 이룬다"고 하셨다. 이런 말씀은 평등의 도리에 있어서 매우 깊고 매우 넓어서 일체를 꿰뚫어 남김이 없다고 하겠다. 어찌 불평등한 처지와 판이함이 이리도 극치에 이른 것인고.

---

24 소자첨은 송대(宋代)의 문호로 이름은 식(軾)이다. 여기 인용된 글은 그의 『적벽부(赤壁賦)』에 나오는 말이다.
25 불성이 있는 것과 없는 것.

근세의 자유주의와 세계주의가 사실은 평등한 이 진리에서 나온 것이라 할 수 있다. 자유의 법칙을 논하는 말에, "자유란 남의 자유를 침범하지 않는 것으로써 한계를 삼는다"고 한 것이 있다. 사람들이 각자 자유를 보유하여 남의 자유를 침범치 않는다면 나의 자유가 다른 사람의 자유와 동일하고 저 사람의 자유가 이 사람의 자유와 동일해서 각자의 자유가 모두 수평선처럼 가지런해질 것이며, 이리하여 각자의 자유에 사소한 차이도 없으므로 평등의 이상이 이보다 더한 것이 무엇이 있겠는가.

또 세계주의는 자국과 타국, 이 주와 저 주, 이 인종과 저 인종을 논하지 않고 똑같이 한 집안으로 보고 형제로 여겨, 서로 경쟁함이 없고 침탈함이 없어서 세계 다스리기를 한 집을 다스리는 것같이 함을 이름이니, 이와 같다면 평등이라 해야 할 것인가, 아니라 해야 할 것인가.

이런 논의가 오늘에 있어서는 비록 실현성 없는 공론에 지나지 않는다 해도 이후 문명의 정도가 점차 향상하여 그 극에 이르는 날이 오면 장차 천하에 시행될 것임은 새삼 논할 여지가 없는 줄 안다. 왜냐하면 그 원인이 있으면 그 결과가 있고, 또 그 도리가 있으면 그 사실이 있게 마련이어서, 물건에 그림자가 따르고 소리에 울림이 응하는 것과 같기 때문이다. 그러므로 진리의 추세를 거부하고자 해도 솥을 들어 올리는 힘과 산을 쪼개는 대포를 가지고도 감당할 수 없을 것이다. 그렇다면 금후의 세계는 다름 아닌 불교의 세계라고 할 수 있다. 무슨 까닭으로 불교의 세계라고 하는 것인가. 평등하기 때문이며, 자유롭기 때문이며, 세계가 동일해지기 때문에 불교의 세계라고 이르는 것이다. 그러나 부처님의 평등정신이 어찌 이에 그칠 뿐이겠는가. 무수한 화장세계華藏世界[26]와, 이런 세계 속에 있는 하나하나의 물건, 하나하나의 일을 하나도 빠뜨림이 없이 모두 평등하게 만드시는 것이다.

---

26 연화장세계(蓮華藏世界)라고도 한다. 석가모니의 진신인 비로자나불(毘盧遮那佛)의 세계다.

이상에서 불교의 평등주의에 대해 서술했거니와, 불교의 또 하나의 특징인 구세주의란 무엇인가. 그것은 이기주의의 반대 개념이다. 불교를 논하는 사람들이 흔히 불교는 자기 한 몸만을 위하는 종교라고 하거니와, 이는 불교를 충분히 이해한 것이라고 할 수 없다. 왜냐하면 자기 한 몸만을 위하는 것은 불교와는 정반대의 태도인 까닭이다. 『화엄경華嚴經』에서 이르기를 "나는 마땅히 세계와 일체 악취惡趣[27] 중에서 영원토록 일체의 고통을 받으리라"고 하시고, 또 이르기를 "나는 마땅히 저 지옥·축생·염라왕 등의 처소에 이 몸으로써 인질을 삼아 모든 악취의 중생을 구속救贖[28]하여 해탈을 얻게 하리라"고 하셨다. 그 밖의 모든 말씀과 모든 게偈[29]가 중생을 구제하고자 하는 뜻에서 벗어남이 없었으니 이것이 과연 그 한 몸만을 위하는 길이겠는가. 아, 부처님이야말로 구세의 일념에 있어서 철저히 하셨던 것이니, 우리 중생들은 무엇으로 이 은혜에 보답하랴.

요堯임금은 순舜 같은 어진 이를 못 얻는 것을 근심하시고, 순임금은 우禹 같은 어진 이를 못 얻는 것을 근심하시고, 우禹는 밖에 나가 홍수를 다스릴 때 세번이나 대문 앞을 지나면서도 집 안에 들어가지 않으셨고, 공자는 진陳·채蔡의 접경에서 고난을 겪으셨고, 예수는 거리에서 사형을 당하셨으니, 이는 모두 세상을 건지고자 하는 지극한 생각에서 나온 일들이었다. 어찌 세상을 구제하지 않고 천추千秋에 걸쳐 꽃다운 향기를 끼치는 이가 있을 수 있겠는가. 그러나 그 원력의 크고 많은 점이라든지 자비의 넓고 깊음에 있어서 불교와 같은 것은 일찍이 없었다. 진실로 그 한 몸만을 위하는 허물을 논한다면 소부巢父·허유許由·장저長沮·걸익桀溺·하조장인丈人·양주楊朱의 무리와 선도仙道를 배우는 사람들이 이에 해당될 것이다.[30] 부

27　악한 중생이 태어나는 지옥·아귀·축생 등의 세계.

28　남의 죄나 고통을 대신 받아 구원함.

29　가타. 부처님의 설법을 요약하여 운문으로 만든 글.

30　소부는 요임금 시대에 살았던 전설상의 은자다. 허유 또한 전설상의 은자로 기산에 살았는데, 요 임금이 천하를 양보하려 했으나 거절했다는 말이 전한다. 장저, 걸익, 하조장인은 모

처님 같은 이는 실로 유일무이한 구세주이심이 명백하다.

불교의 유신은 파괴로부터

유신維新이란 무엇인가, 파괴의 자손이다. 파괴란 무엇인가, 유신의 어머니이다. 세상에 어머니 없는 자식이 없다는 것은 능히 말할 줄 알지만, 파괴 없는 유신이 없다는 점에 이르러서는 아는 사람이 없다. 어찌 비례比例의 학문에 있어서 추리推理해서 이해함이 이리도 멀어지는 것일까.

그러나 파괴라고 해서 모두를 무너뜨려 없애버리는 것을 뜻하지 않는다. 다만 구습 중에서 시대에 맞지 않는 것을 고쳐서 이를 새로운 방향으로 나아가게 한다는 것뿐이다.

그러므로 이름은 파괴지만 사실은 파괴가 아니다. 그래서 좀더 유신을 잘하는 사람은 좀더 파괴도 잘하게 마련이다. 파괴가 느린 사람은 유신도 느리고, 파괴가 빠른 사람은 유신도 빠르며, 파괴가 작은 사람은 유신도 작고, 파괴가 큰 사람은 유신도 큰 것이니, 유신의 정도는 파괴의 정도와 정비례한다고 할 수 있다. 유신에 있어서 가장 먼저 손대야 하는 것은 파괴임이 확실하다.

이제 어떤 사람이 큰 종기를 앓아 여러 의사에게 보여 치료한다고 하자. 이때 그 종기가 저절로 터져서 병이 스스로 낫기를 기다릴 뿐 손 쓸 바를 모르는 사람은 의사로서의 도리를 모르는 것이니까 논외로 돌리겠다. 그러나 이 정도는 아니라 해도 대강 침구鍼灸를 가함으로써 겉으로 그 피부만 아물게 하고 근원을 제거하지 않아서 일시적인 효과나 기대하는 것은 의사로서 용렬한 자이다. 이런 사람이 어찌, 치료에서 손을 뗀 며칠 사이에 종기에 남아 있는 피와 독이 피부 안에서 곪아터져서 병자의 고통이 의사

두 『논어』에 나오는 은자다. 양주는 주(周)나라 말기의 학자로 이기설(利己說)을 주장했다.

의 치료를 받기 전보다 심하고 죽을 때가 다가오는 것을 알겠는가.

그러나 명의는 그렇지가 않다. 군살을 베고 엉긴 피를 빼어 그 독을 제거하고 그 병의 뿌리를 뽑은 다음에, 증세에 따라 약을 주어서 점차 완전히 아물게 하여 병자로 하여금 처음부터 종기를 앓지 않은 것처럼 만든다. 저 용렬한 의사가 만약 살을 베어 피를 빼고 조금도 동정하지 않는 광경을 보았던들 자못 놀라고 괴히 여겨 생각하기를, 사람을 죽이는 행위여서 희망이 없다고 하지 않겠는가. 그러나 완치된 후에 비교해본다면 누가 성공하고 누가 실패했는지, 누가 우수하고 누가 못한지를 지혜로운 자나 어리석은 자나 똑같이 가릴 수 있을 것이다.

무릇 파괴는 살을 베고 피를 빼내는 것과 같으니, 유신을 꾀함에 있어서 마땅히 파괴를 앞세워야 함이 의사가 살을 베고 피를 빼는 것과 같다. 유신을 말하면서 파괴를 기피하는 이는, 남쪽에 있는 월나라에 가려 하면서 마차를 북으로 모는 것과 다를 바가 없다. 이런 사람은 유신을 능히 해내지 못할 것이니 승려의 보수파가 유신을 감당할 수 있을지 짐작되고도 남는다.

무릇 누가 일이 더욱 오래 유지되면서도 폐단이 안 생기기를 바라지 않겠는가. 그러나 세월이 더욱 깊어지고 보면 어디서 오는지 모르는 폐단이 뜻하지 않은 곳에서 발생하여 급속도로 악화해 예전의 면모가 없어지고 만다.

우리 조선에 불교가 들어온 지도 1천5백여년이나 되었다. 오랜 시일을 거치며 폐단이 생기고, 폐단이 다시 폐단을 낳아 지금에 이르러서는 폐단이 그 극치에 달했다. 그런데 앞에서도 말한 바와 같이, 소위 폐단이란 실로 파괴해야 할 자료일 뿐인데도 불구하고 파괴해야 할 자료를 지닌 채 피상적인 개량이나 추구한다는 것은 있을 수 없는 일이다. 무릇 불교의 유신에 뜻을 둔 이라면 유신하지 못함을 걱정할 것이 아니라, 파괴하지 못함을 걱정해야 할 것이다.

제目

엎드려 생각건대, 승려의 결혼을 부처님의 계율이라 하여 금한 것이 그 유래가 오래되었으나, 그것이 백가지 법도를 유신維新하는 오늘의 현실에 적합지 않은 것은 말할 나위도 없는 일입니다. 만약 승려로 하여금 결혼 금지를 풀지 않게 한다면, 정치의 식민과 도덕의 생리와 종교의 포교에 있어서 백해무익할 것입니다. 이것은 모든 사람이 다 말할 수 있는 일이라 꼭 그 도리를 밝힐 것까지는 없겠으나, 순서상 되풀이해서 말해두는 것이 좋을까 합니다.

불교와 연관시켜서 이를 말한다면, 그 깊은 진리와 광대한 범위는 실로 결혼 여부로 손상되거나 이익되거나 하는 바가 아닙니다. 다만 부처님께서는 중생들이 미혹을 떠나 깨달음을 얻고 악을 고쳐 선을 행하도록 바라셨으나, 중생의 근기가 각기 달라서 한 방법으로 인도하실 수는 없으셨으므로, 형편상 부득불 천하에서 정을 제거하고 욕망을 끊어버린 사실들을 모두 연설하셨던 것이니, 각기 좋아하는 것을 좇도록 인도하시고자 희망하셨기 때문이었습니다. 그렇다면 부처님의 계율에 있는 결혼 금지는 본디 방편의 하나에 불과한 것일 뿐, 불교 궁극의 경지와는 거리가 먼 것이니 이를 제거한들 어찌 손상됨이 있겠습니까.

거기에다가 남녀 간의 욕심이란 지혜로운 자와 어리석은 자가 다 같이 있는 것이어서, 만약 일생 결혼하지 못하도록 금한다면 이 금혼으로 인해 폐단이 생겨서, 폐단은 자꾸 폐단을 낳을 것입니다. 실은 조선 승려들도 결혼 금지를 푸는 것이 낫다는 것을 모르는 것이 아닙니다. 다만 하루아침의 말로 천년의 구습을 타파할 수는 없어서 마음 가득 의구심을 품고 해가 다 가도록 주저하고 있는 실정입니다. 조정의 법령으로 금혼을 해제하고자 바란 까닭에 금년 3월에 사실을 들어 전前 중추원中樞院에 청원했습니다.

그러나 아직도 아무런 조처도 없고, 승려들의 의구심은 더욱 깊어만 가서 환속하는 자가 날로 많아지고 전도傳道가 날로 위축되고 있으니, 속히 금혼을 풀어 교세를 보존하는 것과 어느 쪽이 낫겠습니까. 많은 승려들이 태도를 바꾸어 결혼해 아이를 낳게 한다면, 그것이 정치·도덕·종교계에 끼치는 영향이 오히려 크지 않겠습니까. 이런 이유로 하여 이에 감히 소견을 개진하오니, 깊이 살피신 다음에 승려의 결혼 금지 해제의 사실을 특별히 부령府令으로 반포하시어서, 대번에 천년의 누습을 타파하여 세상에 드문 치적을 이루시기 바랍니다.

정치는 혁신함이 제일입니다. 이 일이 비록 작은 듯하면서도 사실은 중대한 일이니, 다행히도 빨리 조처하셨으면 합니다. 간곡히 기원해 마지않습니다.

명치明治 43년(1910년) 9월

통감 자작子爵 사내정의寺內定義 귀하

내가 믿는 불교[31]

나는 불교를 믿습니다. 아주 일심一心으로 불교를 지지합니다. 그것은 불교가 이러한 것이 되는 까닭입니다.

(1) 불교는 그 신앙이 자신적自信的입니다. 다른 어떤 교회와 같이 신앙의 대상이 다른 무엇(예를 들면 신이라거나 상제라거나)에 있지 않고, 오직 자아自我에 있습니다. 석가의 말씀에 '심즉시불心卽是佛, 불즉시심佛卽是心'이라 하였으니, 이것은 사람들이 다 각기 그 마음을 가진 동시에 그 마음이 곧

---

31   『개벽』 45호, 1924년 3월 1일자 인터뷰의 일부를 싣는다.

불佛인즉 사람은 오직 자기의 마음 즉 자아를 통해서만 불을 성成하리라는 것이외다. 그러나 여기에서 말하는 소위 '자아'라 함은 자기의 주위에 있는 '사람'이나 '물物'을 떠나서 하는 말은 아닙니다. 사람과 물을 통해서의 '자아'입니다. 즉 사람 각각의 오성悟性³²은 우주만유를 자기화할 수 있는 동시에 자기 역시 우주만유화할 수 있는 것이외다. 이 속에 불교의 신앙이 있습니다. 그러므로 불교의 신앙은 다른 데 비하여 예속적이 아니외다.

(2) 불교의 교지敎旨는 '평등'입니다. 석가의 말씀에 의하면 사람이나 물物은 다 각기 불성을 가졌는데, 그것은 평등입니다. 오직 미오迷悟(미혹과 깨달음)의 차이가 있을 뿐입니다. 그러나 그 소위 미·오의 차라 하는 것도 미迷의 편으로서 오悟의 편을 볼 때에 차이가 있으려니 하는 가상뿐이요, 실제로 차이가 있는 것은 아닙니다. 깨달으면 마찬가지입니다.

(3) 근래의 학설로나 주의主義에 있어 가장 문제가 되는 것은 유심론과 유물론이외다. 그런데 다만 피상으로 볼 때에는 불교는 유심론의 위에 선 것이라 할지나 실상은 불교로서 보면 심心과 물物은 서로 독립지 못하는 것입니다. 심이 곧 물이요, 물이 곧 심이외다[空卽是色, 色卽是空]. 고로 불교가 말하는 '심'은 물을 포함한 심이외다. 삼계유심三界唯心, 심외무물心外無物이라 하였은즉, 불교의 '심'이 물을 포함한 심인 것은 더욱이나 분명합니다. 그러면 하필 왜 심이라고 특별히 칭하는가. 그것은 특히 우리 사람을 두고 말하면, 물 즉 육肉이 마음을 지배하는 것보다 즉 마음이 몸을 지배하는 편이 많아 보이는 까닭이외다.

그러면 불교의 사업은 무엇인가. 이른바 박애博愛요 호제互濟입니다. 유정무정有情無情, 만유를 모두 동등하게 사랑하고 서로 돕자는 것입니다. 유독 사람에게 한할 것이 아니라 일체의 물을 통해서 하는 것입니다. 제국주

---

32   칸트는 감성적 직관의 대상을 생각하는 능력을 오성(悟性)이라 설명하는데, 불교에서는 이렇듯 대상에 의해 촉발되는 인식으로서의 오성이 내적 자발성에서 유래하여 깨달음에 이르는 과정을 주목한다.

의니 민족주의니 하는 것이 실세력을 갖고 있는 오늘에 있어서 이러한 박애, 이러한 호제를 말하는 것은 너무 현실과 멀게 느껴지는 말이라 할지 모르나 이 진리는 진리이외다. 진리인 이상 이것은 반드시 사실로 명백하게 나타날 것이외다.

요컨대 불교는 그 신앙에 있어서는 자신적이요, 사상에 있어서는 평등이요, 학설로 볼 때에는 물심을 포함, 아니 초절超絶한 유심론이요, 사업으로는 박애, 호제인바, 이것은 확실히 현대와 미래의 시대를 아울러서 마땅할 최후의 무엇이 되기에 족하리라 합니다. 나는 이것을 꼭 믿습니다.

조선 불교의 개혁안[33]

1. 서언

조선 불교의 개혁은 공상적 이론을 떠나서 역사적 필연의 실행기에 제회際會하여 있다. 아직도 산간에 있어서 시대를 이해하지 못하는 완고한 승려라든지, 다소의 시무時務를 안다는 보수주의자는, 인순고식因循姑息[34] 자연 성장적 개량주의를 사수하고 있는 것이 사실이다. 그러나 방장方裝의 포대砲臺와 같이 축적하여 있는 청년불도靑年佛徒의 회포懷抱라든지, 급한 물살처럼 흘러내리는 사방의 정세로 보아 조선 불교의 개혁운동은 어떠한 형식으로든지 폭발되지 않으면 안 될 것이다.

천오백년의 장구한 역사를 가진 조선 불교는 조선 문화에 대하여 어떠한 공헌이 있었는가. 한마디로 말하자면 불교를 떠나서 조선 문화를 말할 수 없다. 건축, 회화, 조각, 국민문학, 온갖 국속國俗, 습관, 언어 내지 지명

---

33 『불교』 88호, 1931년 10월.
34 낡은 관습이나 폐단을 벗어나지 못하고 당장의 편안함만을 취함.

〔산명山名, 수명水名, 촌명村名 등〕모든 일에 불교의 혜택을 받지 않은 것이 없고, 세계적 위인이 될 만한 인물로도 원효元曉·의상義湘·대각大覺(의천)·보조普照(지눌)·서산西山·사명泗溟 등이 있고, 세계적으로 자랑할 만한 깊이 있고 무게에 있어서 한 민족으로서 한 국가로서 이렇다고 내어놓을 만한 것이 조선에 무엇이 있는가. 있다면 해인사의 장경판藏經板이 있고, 불국사 석굴암의 미술품이 있고, 기타 한글 경판, 회화, 건축 등 불교에 관한 근소한 몇 가지가 있을 뿐이다.

조선에 불교가 들어온 후로 신라, 고려에 있어서 전성시대가 되었다. 그때에는 조선 고유의 문화도 별로 없었고 한漢 문화의 수입도 희박하였으므로 불교의 문화가 어느 곳에 투입되지 않은 데가 없었다. 그리하여 조선의 산하山河와 인문人文은 의식적·무의식적으로 혼연渾然히 불교화하게 되었다. 지금까지 유전적·습관적으로 전래하여 있으므로 기세간器世間(인간 세상)과 인문에 있어서도 그러하고, 정신상 특히 신앙심에 이르러서는 그 근원을 불교에 두지 않은 것이 없다. 가령 형식에 있어서는 비종교인이라 할지라도 신앙적 동태는 불교적이며, 또 신앙의 방면을 전환하여 다른 종교를 믿을지라도 신앙심의 본원은 불교적 습관 혹은 유전에서 나왔을 것이다.

불교는 조선과 조선인의 모든 생활에 대하여 능히 분리할 수 없다. 그러므로 조선 민족의 정신적 동향과 생활의 형태를 개량 혹은 혁신하려면 그에 대한 역사적 영도권을 가지고 있는 불교의 개혁이 먼저 앞장서야 마땅하다. 다시 말하면, 조선인의 정신과 생활의 신세계를 개척하려면 조선인의 정신과 생활의 형이상적形而上的 산파업産婆業인 불교가 먼저 혁신되어야 한다.

조선 불교는 어떠한 현상이 되어 있는가. 내적 조건과 외적 정세 모든 것을 종합하여보면 실로 위기일발 백척간두에 서 있다. 왜 그러냐 하면, 신라·고려 이래로 그렇게 현란한 광명을 놓던 불교가 이조 말엽 이후로 압박에 압박을 받고 부패에 부패를 가하여 가까스로 남은 것은 미신의 형해形 骸뿐이요, 다소의 명승고석名僧高釋이 없는 것은 아니지만 실로 봉모인각鳳 毛麟角[35]이다. 최근에는 시대를 통찰하고 사물을 비판하여 불교의 혁신을 이끄는 새로운 인물이 없지 않으나, 아직도 사찰의 실권을 장악한 자는 시무時務를 모르는 옛날 인물 아니면 인순고식因循姑息의 평범한 인물이 많고, 소위 본산 주지 중에는 관변에 아부하여 사악하고 비열한 행동으로 불교의 개신운동을 저해하는 일당들이 몰락 과정에 있으면서 아직도 다 청산되지 못하였다.

외적 정세로는 특수 사정을 가진 조선에서 더욱 이중적인 특수의 사정 즉 사찰령의 간섭을 받게 되고, 공산주의자의 반종교 행위는 이론으로 행동으로 날마다 농후하여가고, 기타 유물주의·무정부주의·허무주의 등등의 모든 조류가 회산양릉懷山襄陵[36]하여, 종교와 종교를 압도하고도 남을 것같이 보인다.

이러한 위기에 맞닥뜨려 내적 조건과 외적 정세가 온통 불리한 조선 불교가 다시 살아날 길은 무엇인가.

2. 통일기관의 설계

교단이나 비非교단을 물론하고 집단적 운용은 반드시 통일을 요하느니, 왜 그러냐 하면 집단적 운용은 일정한 지도 원리가 있고 행동 강령의 프로그램이 있어서 순서적으로 진전하지 아니하면 안 되는 까닭이다. 집단의 운용은 일신一身의 운용과 같은 것이니, 일신의 운용은 마음의 영도를 받아서 오관五官과 지체肢體(팔다리와 몸)가 각각 기능을 다하여 서로 착란錯亂

---

35   봉황의 깃털과 기린의 뿔이라는 뜻으로, 보기 힘든 매우 희귀한 물건을 이르는 말이다.

36   광활하게 산을 에워싸고 언덕을 넘는다는 의미로 회양지재(懷襄之災)와 함께 쓰임. 『서경 (書經)』에 나오는 홍수에 잠기는 재해를 뜻한다.

치 않으니, 만일 심식心識의 통일적 영도가 없으면 오른손으로 왼손을 상하게 하고 시각으로 청각을 교란하여 도저히 완전한 인격적 행동의 질서를 유지하지 못할 것이다. 마찬가지로 단체적 행동이 통일이 되지 아니하면 집단적 의의가 성립되지 않는 것이니 어찌 그 소기의 목적을 이루리오.

조선 사찰이 전통적으로 각각 나뉘어[各立] 통일이 되지 못한 것은 말할 것도 없고, 근래에 통일기관을 의미한 종회宗會·교무원敎務院이 있으나 다만 이름뿐이요, 통일의 실적을 수확하지 못하여 불교의 통일적 사업에 막대한 지장이 되느니, 그 원인을 한마디로 말하면 승려의 자각 부족이라 할 것이다. 그러나 가령 승려의 자각이 충실하다 할지라도 기관 조직의 내용이 상당한 기능을 가지지 못하면 통일의 목적을 이루기 어려울 것이다.

조선 불교의 통일기관은 현재의 31본산을 영도할 만한 실권의 내용을 가지지 않고, 막연한 개념적 규약만으로는 언제까지든지 지상공문紙上空文[37]에 돌아가고 말 것이다. 그러면 31본산을 영도할 만한 실권은 어떠한 것을 가리키는 것인가. 그것은 매우 간단하니, 통일기관에서 31본산 주지를 임면하고 소위 사법寺法을 통일하여 통일기관의 명령에 복종하는 의무를 부여하면 족한 것이다. 이것이 사찰령 이후에 관청의 임면을 받게 되는 것을 무상의 광영光榮으로 생각하여, 관변에 두 무릎을 꿇고 첨미나종諂媚說從[38]하여 주지의 지위를 보존하기에 아득바득한 비열한 자의 안목으로 보면, 불교 자체의 기관에서 주지를 임명하고 해임하는 것이 일종의 변칙으로 생각되는 동시에, 또한 공포를 느껴서 사력을 다하여 반대할지도 모른다. 공포를 느껴 반대하는 이들은 다름 아닌 관변에 아첨하여 그 자리를 보전코자 하는 자로서 물론 인격을 갖추지 못한 자이다. 불교의 통일기관에서 주지를 임면하게 되면 정당한 인물 본위로 할 것인즉 기성 주지 중에서 인격을 갖추지 못한 자는 급격한 몰락을 당할 것이니, 저들이 반대하며

---

37   아무런 결과도 기대할 수 없거나 실행이 불가능한 헛된 글.
38   아첨하고 떠보는 것을 좇는 모습을 가리킨다.

법석을 부리는 것은 실로 괘씸하면서도 불쌍하고 가련하다. 그러나 구름 틈의 빛[隙雲]이 하늘의 해를 가리지 못하고 잔설이 따뜻한 봄[陽春]을 대적하지 못하는 것이니, 가증스러운 소인배가 어찌 당당한 조선 불교가 앞으로 나아가 밝게 비추는 빛[前途光明]을 막으리오.

종교 단체가 자치적으로 그 교단의 임원을 임면하는 것은 당연 이상의 당연이다. 불교 단체가 스스로 통일의 최고 기관을 두고 그 기관으로부터 각 절의 주지를 임면하고 일체의 교무를 영도하는 것이 무슨 불가한 것이 있으리오.

통일기관의 표현 방식으로는 총본산總本山과 교무소敎務所의 두 방식이 있을 것이니, 총본산이라는 것은 현재의 본산 중에서나 혹 그 외의 하나의 절을 택하여 각 본산의 위에 임하는 총본산을 삼아서, 그 총본산에서 각 주지를 임면하고 일반 교무를 지도하여 스스로 통일기관이 됨이요, 교무소라는 것은 현재의 본산 제도를 그대로 두고 조선 불교의 전체를 대표하는 총기관을 따로 두어서 사찰 주지의 임면과 일반 교도의 영도와 기타 불교의 모든 행위를 대표하는 것이다.

두가지의 방식 즉 총본산과 교무소가 표현의 형식은 다르나 통일기관의 직능을 행하기는 마찬가지이다. 그러나 조선 불교계의 오늘날 정세로는 현존의 본산제를 그대로 두고, 따로 교무소 같은 것을 설치하는 것이 일반 승도의 인심 수습에 다소 편리할 것이다.

통일기관 표현 방식의 어떤 것을 물론하고 통일기관의 원칙에 있어서 각 사 주지 임면권을 가지지 않으면 안 되고, 각 사법을 개정하여 통일기관의 명령에 복종하도록 해야 할 것이다.

3. 사찰의 폐합廢合

신라·고려의 불교 전성시대에는 사찰의 대부분이 도회지와 촌락에 있었다. 이조 중엽으로부터 유교의 세력이 발전됨을 따라 정치적·사회적으로 불교에 압박을 가하게 되었다. 불교가 점점 쇠미하여 생활이 어려운 지경에 이르매 자연히 도회지를 떠나 산간으로 들어가지 않을 수 없게 되었다. 그러므로 도회지와 촌락의 사찰은 점점 훼폐毁廢되고 불교의 수도 감소되매, 남은 승도는 일반 사회로부터 억눌리고 쫓겨나 산간의 사찰에 서식하지 않으면 안 되게 되었다. 그리하여 산간에서 산간으로 한적하고 외진 곳에 치우쳐 불교와 인간사회와 완전히 격리되었다.

세월이 흐르면서 불교 스스로도 불교는 으레 산간에만 있는 것으로 알고, 일반 사회에서도 불교는 세간과 교섭이 없는 것이 교리적 원칙인 줄로 오해하게 되었다. 지금에 있어서도 불교가 도회에서 포교를 한다든지 불교 기관에서 사회적 사업을 하는 것을, 일종의 경이 혹은 불교적 본질의 파괴로 생각하는 사람이 승려와 속인을 물론하고 그 수가 자못 적지 않다.

산간의 사찰은 세상을 떠난 수도지로서 필요가 있는 것인즉, 산간의 고요하고 깨끗한 곳에 다소의 수도원을 두는 것은 가능한 일이나, 불교의 전체를 깊은 산골 외진 땅에 두어 중생을 제도하고 만물을 이롭게 하는 뜻을 위반하는 것은, 도를 닦는 데 방해되는 길〔魔行外道〕에 불과하다.

그리하여 사찰은 높은 봉우리에서 산꼭대기로, 깊은 산골짜기에서 벽지로 그 위치는 궁극에 달하고, 큰 절에서 작은 절로, 암자에서 토굴로 분리 또 분리하여 사찰은 남보다 못한 생활의 개인적 근거지가 되고 말았다.

지금에 이르러 남은 절과 외딴 암자의 현상은 어떠한가. 재산의 수입이 없거나 큰 절 부근이던 곳은 텅 빈 곳도 많거니와, 그 외에 상당한 수입이 있는 곳에는 이도 저도 아닌 주지住持 혹은 감원監院[39]이 있어서 다소의 수입으로 사생활에 충당할 뿐이요, 불교의 모습은 낡은 절과 오래된 암자의 티끌과 흙에 묻힌 불상, 불구 등이 바람에 갈리고 비에 씻긴 잔해뿐이다.

---

[39]   선사에서 주지를 대신해 절의 재산을 맡아보는 승직.

그러한 절과 암자는 불교를 위한 존재가 아니요, 개인의 염세적인 생활을 위해서 필요할지는 몰라도 불교 발전에는 하등의 필요가 없을 뿐 아니라 도리어 불교 통일에 방해가 되고, 세인에게 비난의 자료를 공급하게 되느니, 그러한 절과 암자의 존재 의의는 조금도 없는 것이다.

그뿐 아니라 아무리 외딴 암자와 남은 절이라 할지라도 그 자산의 전부 즉 기지基址·산림·토지·건물 등을 합하면 실로 상당한 거액이 될 것인즉 전조선의 그것을 총합하면 얼마만 한 거액에 달할 것을 예단하기 어렵지 아니하다.

산간에 산재하여 불교의 발전에 필요가 없고, 따라서 수도의 처소로 사용하지 못할 절과 암자는 모두 폐지하고 지리상 기타 필요한 사정에 의해서 몇 개의 절과 암자가 합병하는 것도 무방하다. 그리하여 쓸모없이 흩어진 재산을 수합하여 불교의 전체를 위하여 적당히 사용한다면 얼마나 필요할 것인가.

각지에 산재한 쓸모없는 사암寺庵을 그대로 두어서 지금의 현상을 유지한다면, 첫째로 이전 세대의 신시信施[40]를 공연히 허비하여 개인의 염세생활을 조장하여 승려들이 옳지 않은 업을 짓게 하는 것이요, 둘째는 불교 발전의 경영상 그만한 재원을 손실하는 것인즉, 적당히 사암의 폐합을 행한다면 실로 일거양득의 성과를 얻을 것이다.

4. 교도의 생활보장

교도의 생활 보장이라면 그 범위가 광대하여 요령을 포착하기 어려운 막연한 문제가 될 것이다. 왜 그러냐 하면, 많은 교도의 생활을 일일이 보장하기는 불가능한 까닭이다. 그러나 지금 불교를 발전시키려면 교도의

---

40   신앙심이 있어 금전이나 곡식 등을 절에 바치는 행위를 가리킨다.

생활을 보장하지 않으면 안 되는 때가 되었다. 세계에 밀려드는 유물주의에 치우쳐 인간사회의 모든 일보다 생활의 보장이 제일 선결 문제가 되느니, 유물주의에 대한 이론의 가부는 별문제로 하고 많은 사람들이 생활의 보장을 토대로 하고, 동일한 선상에서 유물주의에 돌진하는 것이 사실인 이상, 종교로서 유심론이나 유신론만을 전개하여 생사의 갈림길에서 투쟁하는 대중에게 보복함으로써 복종시키기만 일삼는 것은 종교의 본의가 아닐 것이다. 종교는 많은 사람들을 지도하여 그들의 행복을 증진하는 데에 본질적 의의가 있는 것이다.

불교는 시時·처處·중생衆生의 근기를 따라 제도濟度의 방편을 달리하느니, 부처님은 처음에 대승법을 설교하다가 5천명이 떠난 자리를 보시고 다시 삼승법을 설교하였으며,[41] 녹원鹿苑[42]에서는 대소반만大小半滿[43]의 경전을 풀어 밝히고 이연하반泥蓮河畔[44]에서는 『열반경涅槃經』을 설하셨으며, 바라문婆羅門에 대해서는 바라문법婆羅門法을 말씀하시고, 외도外道[45]에 대해서는 외도법外道法을 말씀하시니, 시대와 처소와 속세를 살아가는 사람들의 근기를 따라 방편의 운용이 다르신 것이다.

이는 시대 사조의 추이를 따라서 교리의 본령이 변하는 것이 아니라, 다만 이 시대 많은 사람들의 욕구에 응하여 일이 되게끔 방편을 조화한다는 것이다. 오늘날 대중의 갈망이 생활 보장에 있는 이상 그들의 생활 문제를 상관하지 않고 자기의 교리만을 선포하려 하면, 이것은 사회 현실의 행복

---

41   대승은 모든 중생의 구제를 목표로 하는 반면, 삼승은 성문승(聲聞乘), 연각승(緣覺乘), 보
      살승(菩薩乘)의 세가지 길을 뜻한다. 대승불교는 모든 중생이 부처가 될 수 있다는 일불승
      (一佛乘) 사상을 강조한다.
42   녹야원(鹿野苑, 녹원)은 석가모니가 다섯 비구를 위하여 처음으로 설법한 곳이다.
43   부처님의 일대 교설을 반자·만자의 2교로 판별하여 소승은 반자교, 대승은 만자교라 했다.
44   이연하반은 니련선하(尼連禪河, Nairanjana) 강가를 뜻한다. 부처님이 이 강에서 목욕하고
      강을 건너 불타가야로 가서 보리수나무 아래서 성도했다고 한다.
45   불법(佛法) 밖에 있는 길 또는 바른 도(道)에서 벗어난 길로서, 불교 교리와 수행법을 따르
      지 않는 타 종교나 철학을 가리킨다.

을 등지고 홀로 비현실적인 천국天國을 향하는 것인즉, 일체 중생을 대상으로 하여 구제하고 교화하는 대大종교의 권화權化(타일러 감화시킴)가 어찌 이에 그치리오.

사찰의 고정 재산을 유통流通 재산으로 변경하고 각 절의 재산을 융통融通 합치하여 통일기관으로부터 그것을 적당히 운용하되 그것으로 소비사업 이외에 적당한 생산기관을 만들어 그 시설의 직접 간접으로 교도의 생활을 보장한다면 상당한 좋은 성과를 얻을 것이다. 물론 사찰의 재산을 융통하고 모아서 어느 정도의 거액에 달한다 할지라도 그것의 운용 시설로 전체 교도의 생활을 보장할 수는 없다. 그러나 호리병 속 술이 큰 강물을 술맛으로 변하지 못하게 하더라도 능히 삼군三軍의 마음을 움직이느니, 불교가 일을 이루려는 동향이 교도의 현실욕구에 조화된다면 중생의 마음이 그로 쏠리어 환영하고 그에 집중될지라, 한가지 일의 실행이 열마디의 공론空論보다 낫다.

만일 불교로서 이전처럼 신도信徒·단도檀徒[46]의 명복을 빈다든지, 가끔 불사佛事를 구실로 그들의 시재施財(시주로 재산을 바침)만을 여러 방향으로 수취하여 교인 무리의 축적을 기도하고 일반 교도의 곤궁을 도외시한다면, 불교의 도제중생度濟衆生하는 본의가 아닐 뿐 아니라 생활선상의 분화구噴火口에서 죽을 고비를 여러 번 넘기며 목숨을 구하는 적색赤色 프로(프롤레타리아) 대중의 결사적 반종교운동을 어찌할 것인가. 또는 생활의 파멸을 당하여 죽으려 해도 죽지 못하는 참경에 있는 많은 이들이 불단 아래에 와서 향을 불사르고 경을 외울 수 있으며, 지도 계급에 있는 청년 승도들이 운동 선상에서 활약할 수가 있겠는가. 오늘날 지식 계급의 불교 청년들이 생활의 길을 얻지 못하여 승려도 속인도 아닌 기로에서 방황하는 자가 적지 아니한 것을 목격할 수 있다. 그리하여 교도의 생활 보장은 불교를 널리

---

46   시주의 무리, 베풀어서 주는 사람들.

펴서 알리는 지침을 보장해주는 추진기가 된다.

5. 경론의 번역

언어와 문자의 의의는 사람과 사람 사이에서 서로의 의사를 이해하고 인식하게 하는 데에 그 필요와 가치가 있다. 의의와 상형이 다른 외국의 언어나 외국의 문자로 능히 자국인에게 일반적으로 보급할 수 없으며, 변천이 현격하게 다른 고대의 언문言文으로 능히 현대인에게 보편적으로 이해시킬 수 없다. 그뿐 아니라 같은 언어 문자라 할지라도 그 구성의 평이하고 난삽함에 따라 보급의 지속에 영향이 매우 크다.

불교 경전의 전부를 합하여 대장경大藏經이라 하느니, 대장경은 그 분량이 방대할 뿐 아니라 전부 한문으로 되어서 한문을 전공하던 교육 이전에도 일반에게 보급할 가능성이 없었던 것인데, 하물며 한문을 숭상하지 않을뿐더러 한문 배척의 소리가 날로 높아가는 이때에 배우기 어려운 한문 경전으로 일반에게 선포하기는 거의 불가능하다.

포교의 직접 방식은 언어와 문자의 두가지가 있으나 언어 즉 설교는 특수 시설에 대한 일시적 집합에 한하여 그 효능을 내는 것이요, 보편적 또는 항구적으로는 문자가 아니면 안 되느니, 각 종교계에서 대중에게 보급될 만한 가장 평이한 문자로 그 교의를 해석하여 일반인들에게 선포하느니 그 의의가 어찌 크지 않으리오.

우리 불교는 팔만장경八萬藏經이라는 실로 호한왕양浩瀚汪洋[47]한 교리의 서적이 있으나 극소수의 전문가 이외에는 그를 이해하는 자가 없으니, 그것은 다른 연고가 아니라 난해한 한문으로 되고, 또는 인쇄 반포가 되지 못하여 깊은 산 외진 절에 쌓여 있을 뿐인 까닭이다.

---

47   책의 권수와 내용이 헤아릴 수 없이 크고 규모가 방대함.

오늘날 불교를 선포하려면 평이한 한글 혹은 한글과 한문을 호용互用하여 번역·편찬·창작 등을 행하기를 장려해야 하며, 번역은 경전 그대로를 직역 혹은 의역하는 것이요, 편찬은 경전 혹은 타인의 저서에서 가려서 뽑는 것이요, 창작은 물론 새 의장意匠[48]으로 저작하는 것이다. 번역도 아직 조선에서 대장경의 전부를 번역하기는 그야말로 시기상조다. 우선 그 내용이 비교적 간단명료하고 많은 이들에게 보급하기에 적당한 경전을 지극 평이하게 번역하고, 혹은 각 경전에서 더욱이 금과옥조가 될 만한 성인들의 말과 오묘한 뜻의 요점을 골라 간추려 팜플렛 혹은 단행본으로 간명하게 번역한다. 창작은 다방면이 있겠으나 주로 불교 교리가 시대사조에 적응한 점을 많이 지적하고 논거하여 광대 심원한 불교 교리가 중생을 제도하는 방편을 모두 갖추고 있음을 일반에게 알려주는 것이 가장 필요하다.

이러한 일에는 물론 상당한 비용을 요구하게 되는데 그 비용은 불교의 총기관에서 지출하되 불교 사업의 완급으로 보아서 마땅히 다른 비용보다 가장 솔선해서 지출해야 한다. 조선 불교로서 교리를 문자로 인쇄 선포하지 않고 먼저 다른 일에 힘을 쓴다는 것은 근본을 버리고 하찮은 것만 취하게 되는 것이니 모름지기 힘쓸지니라.

6. 대중불교의 건설

불교의 대상은 물론 모든 중생[一切衆生]이다. "모든 중생은 모두 불성이 있다[一切衆生 皆有佛性]." "유정 무정이 모두 다 부처가 된다[有情無情悉皆成佛]." 이것이 불교의 이상이므로 불교는 모든 중생의 불교요 산간에 있는 사찰의 불교가 아니며, 계행戒行을 지키고 선정禪定을 닦는 승려만의 불교가 아니다. 하루아침에 많은 소를 대던 광액도아廣額屠兒가 그 자리에서 성불

---

48 시각을 통해 미감을 일으키는 것. '디자인'의 일본식 번역어라고 할 수 있다.

成佛하였고,[49] 축생도畜生道의 용녀龍女[50] 또한 찰나에 성불하였느니, 불도佛道를 이룸에 어찌 취사와 간택이 있으리오. 불교가 출세간出世間의 도道가 아닌 것은 아니나, 세간世間을 버리고 세간에 나는 것이 아니라 세간에 들어서 세간에 나는 것이니,[51] 비유컨대 연蓮이 비습오니卑濕汚泥(진흙 습지)에 나되 비습오니에 물들지 아니하는 것과 같다. 그러므로 불교는 염세적厭世的으로 고립독행孤立獨行하는 것이 아니요, 구세적救世的으로 입니입수入泥入水[52]하는 것이다.

재래의 조선 불교는 역사적 변천과 사회적 정세에 의하여 다만 사찰의 불교, 승려의 불교로만 되어 있었다. 이것은 불교의 역사적 쇠퇴의 일시적 현상에 지나지 아니하는 것이니 어찌 이것을 불교의 교의敎義라 하리오. 불교도는 마땅히 이러한 현상에 대하여 단연 타파하지 아니하면 안 될 것이니 '산간에서 가두로' '승려로서 대중에'가 오늘날 조선 불교의 슬로건이 되어야 한다. 대심보살大心菩薩[53]은 일체 중생을 제도하기 위하여 먼저 성불하지 않는다는 것이 그들의 서원誓願이다. 그리하여 그들은 지옥중생地獄衆生을 제도하기 위하여 지옥에 들어가고 아귀餓鬼를 제도하기 위하여 아귀도餓鬼道에 들어가며, 일체 중생을 제도하기 위하여 고해화택苦海火宅[54]에 침륜생사淩淪生死[55]하느니 어찌 거룩하지 아니하리오. 그러므로 대중을 떠나서 불교를 행할 수 없고, 불교를 떠나 대중을 제도할 수 없는 것

49 　부처님이 있던 당시 소를 잡던 백정이 칼을 놓으며 바로 그 자리에서 성불하였다는,「선어록(禪語錄)」에 나오는 이야기다. 부처님의 법에서는 추하고 천한 직업이 없다는 뜻이다.

50 　축생도는 육도(六道)의 하나이자 삼악도(三惡道)의 하나. 죄업(罪業) 때문에 죽은 뒤에 짐승이 되어 괴로움을 받는 세계로서 십계(十界)의 하나이다. 용녀는 관세음보살의 시종이다.

51 　출세간(出世間)은 현실의 번뇌로부터 벗어난 깨달음과 해탈의 경지를 말하고, 세간(世間)은 현실의 번뇌와 고통이 있는 세계를 말한다.

52 　진흙에 들어가고 물속에 들어간다는 뜻으로 중생세계로 들어가 함께한다는 의미다.

53 　보살의 큰 자비심을 뜻하거나 지혜의 광명으로 중생을 비추어 구제하는 대세지보살(大勢至菩薩)의 뜻도 지닌다.

54 　번뇌와 고통이 가득한 이 세상.

55 　고통이 많은 세계에 뛰어들어 태어나고 죽음을 되풀이하며 돌고 도는 일.

이다.

대중불교大衆佛敎라는 것은 불교를 대중적으로 행한다는 의미니, 불교는 반드시 애愛를 버리고 친親을 떠나서 인간사회를 격리한 뒤에 행하는 것이 아니라, 인간사회의 모든 현실을 조금도 잃지 않고 번뇌 중에서 보리菩提[56]를 얻고, 생사 중에서 열반涅槃을 얻는 것인즉 그것을 인식하고 실천하는 것이 곧 대중불교의 건설이다.

그러나 대중불교의 건설은 그러한 이론으로만 가능한 것이 아니요, 그만한 시설과 실행이 필요한 것이다. 시설이라는 것은 불교의 사회교육적 시설을 이름이요, 실행이라는 것은 불교도의 자체가 사회적으로 진출하여 불교 교화를 몸소 실행하고 실천하는 것이다. 사회교육적 시설은 불교의 교화가 대중 계층에 파급할 만한 시설을 말함이니, 보편적 독자를 얻을 만한 불교적 문예작품, 불교 교화에 대한 실사實寫 및 창작 영화, 선전적 삐라 및 팜플렛의 무료 반포, 불교 도서관의 공개, 노농층勞農層에 대한 사회적 시설, 기타 대중적 교양에 필요한 시설을 말함이요, 불교도의 실행이라 함은 불교도 스스로가 대중불교를 건설하기 위하여 먼저 등장登場하는 인물이 되지 아니하면 안 될 지니, 불교도로는 속계진세俗界塵世(속세)와 떨어져 백운유수白雲流水[57]의 청정도량淸淨道場[58]에서, 때로는 정定에 들고[59] 때로는 천공天供(하늘에서 내리는 공양)을 받을지라도 대중과의 교섭이 없으면 부처님의 이르신 바 소승외도小乘外道[60]에 지나지 못하는 것이다. 불교도는 마땅히 자미득도 선도타인自未得度先度他人[61]을 체인體認(마음 깊이 받아들

---

56 불교 최고의 이상인 불타 정각의 지혜.
57 속세의 일에 얽매이지 않고 초연함을 가리킨다.
58 불교 수행과 포교 활동이 이루어지는 깨끗하고 정결한 장소. 번뇌와 속됨이 없는 곳.
59 반야의 지혜를 얻고 성불하기 위하여 마음을 닦는 수행에 든다는 뜻.
60 자신의 해탈에만 힘을 쏟고, 다른 사람을 이익 되게 하는 것은 등한시한 채 이기적·은둔적 행태와 경전의 주석적인 연구에만 몰입하는 초기 불교에 대한 비판을 담고 있는 말이다.
61 자신은 깨달음을 얻지 못했지만 타인의 깨달음을 위해 마음을 다한다.

임)하여 스스로 입니입수入泥入水하여 교화에 앞장섬이 마땅하다.

요컨대 대중불교를 건설하려면 산간 암혈에서 청정하게 스스로 지내던 승려의 인습을 타파하고 모든 부처와 보살의 방편력方便力[62]을 몸소 행하고 실천하여 불교의 교화敎化로 모든 중생의 행복을 증진하지 아니하면 안 될 것이다.

7. 선교禪敎의 진흥

선교를 떠나서 불교를 말할 수 없느니 선교는 곧 불교, 불교는 곧 선교다. 선禪은 불교의 형이상적 순리를 이름이요, 교敎는 불교적 언문을 이름이니, 교로써 지智를 얻고 선으로써 정定을 얻는 것이라. 정을 얻어야 바야흐로 생사고해生死苦海를 건너서 열반피안涅槃彼岸에 이르게 되는 것이요, 교를 말미암지 아니하면 중생을 제도하는 보벌寶筏[63]의 지침을 얻을 수가 없는 것이다. 그러므로 선과 교는 새의 두 날개와 같아서 하나를 빠뜨릴 수 없으니, 불교의 성쇠는 선교의 흥하고 쇠하는 것에 영향을 준다.

조선 불교는 역사적으로 보아 교가 성하였고, 선은 상대적으로 보잘것없었다. 교에서는 역대 학자가 배출되어 교리를 해명함에 특별히 힘써 저술이 상당히 많을 뿐 아니라 그 내용의 질에 있어서도 찬연한 광명을 놓은 것이 많이 있고, 불교 기관에서도 의식적으로 그것을 장려하고 실행하였다. 그러나 그것도 경론의 주해와 해석에 치중하였다. 금일에 이르기까지도 각지의 사찰에는 불교 강원講院이 있어서 청년 승려를 교육하나, 그 제도가 조금도 개량되지 못하여 난해한 한문으로 된 수많은 경론을 스스로 배우고 해석하는 난삽한 방식으로 많은 세월을 허비하게 되느니, 사방무일사四方無一事[64]의 불교적 성대聖代에 있어서 세속과 떨어져 한가로운 날

---

62 중생의 근기에 맞춰 다양한 방법으로 진리를 깨닫게 하는 능력.
63 훌륭한 배(船), 즉 삶의 중요한 가르침을 비유하는 말이다.

들을 보내는 때에는 별로 문제가 없었을 것이다. 그러나 어지러운 시대에 중생 업보의 인연이 빙빙 돌아 사바세계는 실로 복잡다단해졌다. 사회는 역사적 필연의 진전이 무르익고 만사는 변증법적 유물론의 조상組上[65]에서 해부되어 종교 부인否認의 이론 투쟁, 반종교운동의 실현 등등이 교의 발전을 가로막을 뿐 아니라 각 종교로도 나는 옳고 남은 그르다는 견지에서 서로 배격하여, 기회만 있으면 타교의 허약을 이겨서 자교의 진전을 꾀하느니, 환경의 정세는 불교의 위기를 짓지 아니하는 것이 없을 만큼 되었다. 이러한 때를 당하여 불교 전공의 교육 방식을 개혁하여 전일보다 사반공배事半功倍[66]의 좋은 결과를 얻지 아니하면 안 될 것이다.

불교 전문 교육을 새롭게 고치는 데는 먼저 교과서를 편집하여 교학敎學에 편리케 하고, 교수 방법을 학교 교육에 준하여 학습의 시간과 연구의 정력을 절약하는 것이 간이한 방법이 될 것이요, 따라서 보급에 유효할 것이다.

선禪으로 말하면 신라·고려 이후 금일에 이르도록 개인적 선학자로 널리 알려진 뛰어난 사람이 적은 것은 아니나, 불교가 전적으로 그를 장려하고 보급한 일은 별로 그 예가 많지 않고, 따라서 체계 있는 저술이 적었다. 근세에 와서는 더욱 침미沈微하여 선禪의 존재를 거의 인식하지 못할 만큼 되었다가 지난 수십년 동안 선풍禪風이 다소 가다듬어 일어나서 각 사에서 의식적으로 장려도 하고 선학자도 그 수가 적지 아니하다. 그러나 지도의 이론과 교수의 방법이 규율적으로 통제되지 못하여 선가의 풍규風規(풍습상의 규정)가 자못 정연하지 못하게 되었다. 선은 교외별전敎外別傳,[67] 이심전심以心傳心이니만큼 체계적 문자와 이론이 그리 중요치 않다고 할는지도 모르고, 독립불기獨立不羈 일초직입一超直入이니만큼[68] 규율적 제도가 사족

---

64 주변이 아무런 일 없이 고요함을 이르는 말이다.
65 도마 위, 어떤 일이 눈앞에 당하여 비난이나 논의 따위가 행해질 장면을 비유적으로 이르는 말이다.
66 힘을 덜 들였는데도 효과가 크다는 의미다.
67 경전 바깥의 특별한 전승을 가리키는 말로서, 마음과 마음으로 뜻을 전함을 말한다.

蛇足이 될는지 모르나, 집단적으로 대중을 교양教養함에는 교수 이론과 선학 이론을 지키는 규제가 구체적으로 정비되지 아니하면 안 될 것이다.

요컨대 교에 대해서는 교과서를 편집하고 교수 방법을 개량하며, 선禪에 대해서는 지도 이론을 통일하고 규율적 제도를 완비하여 교학과 보급에 편의를 꾀하자는 것이다. 그리하여 강원講院·선원禪院은 전조선의 적당한 처소에 구분하여 불교의 총기관으로부터 이를 경영관리하여 제도를 획일할지니, 이것이 선교 진흥의 꼭 필요한 길이 될지니라.

8. 결론

이상의 7조로 조선 불교 개혁안을 마치게 되었다. 그러나 이것은 조선 불교의 현실에 비추어 과도기적 개혁안이 될 것이요, 물론 근본적 개혁안은 아니다. 이 개혁안의 실시는 불가능도 아닌 동시에 용이한 일도 아니다. 다만 불교도의 자각 여하에 있을 뿐이다.

석가釋迦의 정신[69]

(1) 석가는 무엇을 어떻게 구제하실까

문 석가께서 먼 2천4백여 년 전에 인도에 태어나시지 말고 만일 오늘날 조선 천지에 태어나셨더라면 우리들이 당한 이 현실을 바라보고 조

---

68 독립불기(獨立不羈)는 독립하여 남에게 속박되지 않음을 뜻하고, 일초직입(一超直入)은 선종에서 깨달음을 즉시적으로 얻는 경지를 뜻한다.

69 『삼천리』 4권 1호, 1932년 1월. 원제는 「대성(大聖)이 오늘 조선에 태어난다면?: 한용운 씨와 석가를 말함」이며 기자와 문답한 내용이다. 이 책에서는 인터뷰 내용이 보충된 『증보 한용운 전집』(신구문화사 1979)에 실린 「석가의 정신: 기자와의 문답」을 다듬어 소개한다.

선 사람의 구제를 위하여 발을 벗고 나서지 않았겠습니까?

답   발을 벗고 나서다니요?

문   열렬한 민족주의자가 되어서 무슨 결사운동結社運動을 한다든지 그렇지 않으면 하다못해 길거리에서 연설 한마디 하거나 어두운 골목에서 삐라 한장이라도 돌리거나.

답   조선 일만을 아니하시겠지요.

문   어째서?

답   부처님은 생生과 사死를 초월하셨거니와 생물과 비생물이나 시간과 공간도 모두 초월하셨습니다. 말하자면 전우주의 혁명을 기도하는 것이 부처님의 이상이었으니까, 비단 조선 한곳만을 위하시어 분주하시지 않았을 것입니다.

문   그러면 민족의 한계도 국경도 혈통도 전혀 부정하신단 말씀입니까? 그렇더라도 실지로 2천4백여년 전 석가는 비참한 인도의 민중을 구제하기 위하여 스스로 인도의 길거리에 나타나서 인도 의복을 입고 인도말을 쓰면서 얼굴에 초색草色을 띤 인도 사람을 붙잡고서 혹은 설교하고, 혹은 인도하고… 그래서 구제를 하려 하지 않았습니까?

답   그야 전인류의 구제에 착수하시는 첫걸음으로 손 가까운 곳에 마침 인도 사람이 생활하고 있었으니까 그러하신 것이지, 특별히 터키 사람이나 영국·독일 사람들이 있는 속에서 유독 인도인만을 골라가지고서 구제하신 것은 아닙니다. 부처님 앞에는 일체의 제한과 일체의 후박厚薄이 없습니다. 그이가 구제운동을 일으킨 것은 전우주의 만유萬有가 오직 그 대상이 될 뿐이었습니다. 사람과 나는 새와 기어 다니는 짐승은 물론, 산천초목이나 하해어별河海魚鼈까지, 또 눈에 보이는 것이나 육안에 보이지 아니하는 것까지 온 만유를 모두 구제하려 하신 것입니다.

문   구제, 구제 하시니 무엇을 어떻게 구제하려 하셨습니까? 가령 사람을 따져놓고 말할지라도 인류의 구제라면 그는 '네가 착하여라' '남이 왼뺨을 때리거든 오른뺨까지 내어 밀어라' '거짓말을 말아라' 하는 식의 도덕적, 유심적唯心的인 운동밖에 더 착수한 것이 무엇이 있겠습니까? 가령 인도의 가난한 사람을 위하여 가난하게 살게 하는 그 근본 제도를 개혁하려 하였다든지 포악한 위정자가 있었다면 그를 죽이거나 쫓거나 하는 실제 혁명가다운 일을 한 것이 무엇이 있었습니까?

답　부처님은 그때 그 지독한 인도의 계급 제도를 타파하시기에 분주하셨습니다. 인도같이 계급 제도가 심한 곳이 어디 있었습니까? 이 무서운 네 가지 계급, 그를 제일착으로 타파하여 만민 평등을 실현케 하셨습니다.

문　그 수단이라 하면 역시 설교 중심이었겠지요?

답　그때는 교통이 발달되지 못하여서 널리 집단적 운동을 일으킬 수는 없었으므로 철환천하轍環天下[70]하면서 일흔아홉의 마지막 돌아가시던 날까지 혹은 길가에 시민을 모아놓고 혹은 당면의 인물을 찾아가서 설복하여 자기의 이상을 실현하시기에 분주하셨지요.

문　태고니까 그 방법이 가능하셨는지는 모르지만, 만일 지금도 그런 전술, 전략을 가지고 그 운동이 성공되리라고 보십니까?

답　그때는 그렇더란 말이지요.

문　석가 철학의 진리는 어떠하였건 좌우간 그분이 오늘 이 시간에 조선 서울 종로 부근에 사신다면 조선인의 모든 현실 생활을 바라보고 또 만주에서 일어나는 중일中日 관계와 국제연맹 등, 열국 간의 정치 관계를 바라보고 손을 싸매고 앉았을 것이겠습니까?

이러한 정경 속에서도 역시 하늘에 뜬 별이나 생각하고 인생의 사死나 생生을 유한하게 생각하고 계실 것입니까? 백의족속白衣族屬이란 관념도, 가난하니까 어떻게 하면 살까 하는 의식도 모두 그 머리엔 없을 것이겠습니까?

---

[70]　수레를 타고 천하를 돌아다닌다는 뜻으로 교화(敎化)를 위하여 세상을 돌아다니는 것을 이른다. 공자가 교화를 위하여 중국 천하를 섭렵한 데서 유래했다.

답   그러나 이것은 정치운동을 한다거나 혁명사업에 착수하고 아니하는 것이 문제의 초점이 아닙니다. 부처님의 진리는 이 세상 사람이 다 잘살자는 거기에 있습니다. 그러니까 잘살기 위한 행위를 누가 부인하리까마는 다만 부처님은 전세계 인류 중 유독 조선 사람만을 구제하여야 하겠다는 사상을 가지신 것은 아닐 것입니다. 또한 조그마한 국경이나 혈족에 구분을 지으실 이가 아닙니다. 천하의 모든 인류는 모두 평등하고 자유로운 거기에 이상이 있었을 따름이었겠습니다. (후략)

(2) 불교사회주의란

문   석가께서 지금 오늘 점심 때쯤 광화문 거리를 지나다가 큰 부자를 만났다고 합시다. 그때에 어찌했겠습니까?

답   경전經典에 "두벌 옷을 가졌거든 벗어주라"고 하였습니다. 물론 그리하셨겠지요. 대체로 석가께서는 재산의 축적을 부인합니다. 경제상의 불균등을 배척합니다. 당신 자신도 늘 풀로 옷을 지어 입으시고 설교하며 돌아다니셨습니다. 소유욕이 없이 살자는 것이 그분의 이상입니다. 선한 자, 악한 자라 함이 소유욕에서 나온 가증할 고질(병)이 아닙니까?

문   석가의 경제사상을 현대어로 표현한다면?

답   불교사회주의라 하겠지요.

문   불교의 성지인 인도에는 불교사회주의라는 것이 있습니까?

답   없습니다. 그렇지만 나는 이 이상을 가지고 있습니다. 그러므로 나는 최근에 불교사회주의에 대하여 저술할 생각을 가지고 있습니다. 기독교에 기독교 사회주의가 학설로서 사상적 체계를 이루듯이 불교 역시 불교사회주의가 있어야 옳을 줄 압니다.

문   불교사회주의! 장차 저술을 통하여 그 내용을 뵙고자 합니다마는 그러면 석가께서 2천4백여 년 후인 오늘날 조선에 나셨더라면 우리들은 늘 듣는 공산주의자가 되기 쉬웠을 듯합니다.

답   …

문   석가께서 오늘 조선에 나섰더라면 조선 옷에 조선 짚신을 신고 조선말을 하시면서 조선 산천에 떨어지는 우로雨露를 마시고, 그리고 조선인이 지키는 법률과 의무를 지키고 계셨을 터이니, 역시 민족사상이 그 머리에 없었다고 할 수 없을 줄 압니다.

답   생활이야 부인할 수 있겠습니까. 그렇지마는 우주의 혁명을 일야日夜 염두에 두시는 분에게 무슨 지역적으로 국한한 특수운동이 있었겠습니까.

(3) 만고에 거룩한 석가의 정신

문   석가여래는 어떠한 사람입니까?

답   물론 세상 사람들이 모두 아는 바이겠지마는, 지금으로부터 2497년 전 즉 기원전 565년 인도 정반왕淨飯王의 태자로 태어났던 사람이지요.

문   석가가 처음으로 불도佛道를 닦으시게 된 동기는 어디 있었습니까?

답   석가가 아직 29세 되는 젊었을 때의 일이었습니다. 그 당시 인도 정반왕의 태자의 몸으로 하루는 궁중에서 신하를 데리고 궁성 밖으로 순회를 하며 산책하던 때의 일이었습니다. 처음으로 성 동문 밖에 이르니 어떤 여인 하나가 갓난 어린아이 하나를 업고 지나치는 것을 보았고, 그다음 서문 밖에 이르러 이번에는 병든 사람 하나가 수레를 타고 죽어가는 앙상한 모양으로 보기에도 가엾이 되어 지나쳐 가는 것을 보았고, 또 남문 밖에 이르러서는 아주 늙어서 백발이 휘날리고 파리해 보이는 노인 하나가 지팡이를 이끌고 겨우 걸어가는 모양을 보았고, 그다음에 또 북문에 이르러서는 사람이 죽어서 상여가 지나가는 것을 보았던 것입니다. 즉 '동생東生, 남로南老, 서병西病, 북사北死' 하는 것을 사문순회四門巡廻 하시다가 바라본다음부터는, 여기에서 석가는 사람이 나서 몇 날을 못 살고 무수한 고생을 하다가 머지않아 죽어버린다는 것을 마음속에 깊이 느끼었던 것입니다. 그럼으로 해서 사람은 영원히 죽지 않을 수 없을까 하는 생각을 가지기 시작하였습니다. 그것이 처음으로 석가의 사상을 낳게 만든 첫 동기라고 하겠지요.

　　문　　그러면 불교의 진리는?

　　답　　앞에서 말한 그러한 동기에서 그는 차츰 눈을 널리 뜨기를 시작하였으니, 그다음에는 인도의 4대 계급을 보고 그중에서도 특히 바라문〔兩班〕의 전횡을 보고 ── 여러분이 아시다시피 지금도 그러하지마는 그 당시의 인도로 말하면 세계의 어느 나라보다도 계급 차별이 심한 나라였으므로 ── "사람은 누구나 다 마찬가지다. 그뿐 아니라 유정·무정은 일반이라", 무엇이든지 다 평등하다는, 다시 말하면 모든 생물에 이르기까지 이 우주 간에 있는 만물은 모두가 꼭 같다는, 지금 시대의 말로 표현한다면, 우주의 만물은 절대로 평등하다는 만고에 없는 위대한 이 부르짖음은, 주의로 치더라도 이러한 커다란 주의가 어디 있겠습니까. 오늘날 와서도 겨우 사람은 평등하다는 말은 하여도 모든 생물, 심지어 만물은 절대 평등하다는 이론도 없거니와, 그러한 생각조차도 못하고 있습니다. 2천 수백여년 전의 인물인 석가가 이러한 생각을 벌써 하였었다는 것을 떠올리면 도저히 오늘날 우리들로서는 그의 위대한 그 사상에 탄복할 수밖에 없습니다. 또 그다음으로는 불교 이외의 모든 종교나 옛날부터 오늘날에 이르기까지 모든 사람들은 기껏해야 사람 이상으로 하느님을, 즉 천天을 믿어왔으며, 또 거기에다 각각 그 종교의 진리를 두고 있지마는, 석가는 말하기를 (그 제자들에게) "너희들이 나를 따르려거든 얼마든지 따라도 좋다. 그러나 너희들은 나〔釋迦〕를 믿지는 말고 너희들 자신(마음 가운데)을 믿으라"는 말을 하였습니다. 다시 말하면, "우주 만물은 사람(마음)이 창조하는 것"이라고 말씀하였습니다. 여기에서도 또한 석가의 위대한 그 진리를 엿볼 수 있지마는, 더구나 일국의 태자의 몸으로 모든 부富며 귀貴며 영화를 한 몸에 누리고 있던 석가가, 귀유천자貴有天子로 부유사해副有四海하던 그가 단연 모든 속세의 호화와 부귀와 사치를 걷어차버리고 깊은 산중으로 들어가 수도를 하였다는 것은 오늘날 우리가 생각하여볼 때에도 실로 갸륵하고도 위대한 어른의 행한 바 일이라고 아니할 수 없습니다.

문 석가가 입산수도하기까지에는 얼마나 큰 고난의 길을 더듬었습니까?

답 물론 왕자의 몸이라, 그렇게 위대한 사상을 가지기 시작하자, 아버님 되시는 정반왕은 크게 근심하며 모든 수단으로 아들의 마음을 돌려보리라고 생각하여, 그때 인도 안에서 미인을 모두 불러들여서 그 아들의 무릎 위에서 갖은 아양을 다 부리게 하여, 매일같이 침식을 잊고 사색과 고민 속에서 지내는 그의 마음을 위로하며 환심시키는 등 별별 수단을 다 써서 그의 행동을 막으려 했으나, 그는 마침내 어느 날 밤중에 성내의 모두가 잠자는 틈을 타서 몰래 성을 넘어 산중으로 들어갔지요.

문 몇 해 동안이나 수도하셨습니까?

답 입산 수도하기를 3년, 나이 서른에 처음으로 성도成道하고 나와서 수하에 제자를 거느리고 돌아다니기를 3년, 전후 6년을 헐벗고 굶어가며 완전히 부처님이 되어서 세상에 나왔던 것입니다.

문 석가가 세상을 떠난 지는 어느 때입니까?

답 80세 되던 때까지 걸식을 하시다가 그만 돌아가셨지요. 쌍수雙樹 밑에서 돌아가셨습니다. 그때에 그 앞에는 그중 가깝게 지내던 제자 아난阿難 외에 중도衆徒가 있었지요. 그 제자들 앞에서 석가는 "나의 육체는 죽어가더라도 내가 말하는 진리는 영원히 살아 있다"고 하였습니다. 그래서 불교의 문자로 열반涅槃하였다고 말했던 것입니다. 우리는 오늘날에 와서 아마 그의 사상과, 사람으로서는 행하기 어려운 바(더구나 일국의 태자의 몸으로서)를 보며 석가의 위대성을 먼저 말하지 않을 수 없을 줄 압니다. 그뿐만 아니라 또 한가지 만고에 빛나는 명구를 부르짖었으니 석가가 처음 모태에서 으악 소리를 지르면서 나오자 일곱 걸음을 옮겨놓으면서 한 말인 '천상천하 유아독존天上天下 唯我獨尊'이란 것입니다. 하늘 위에나 하늘 아래에서 오직 내가 제일 잘났다는 이 말은 공전절후한 유명한 말입니다. 또 한가지 그 빛나는 업적은 입산 수도 후에 남긴 팔만장경八萬藏經이니 이것 역시 오늘날까지 내려오면서 너무나 유명한 것입니다. 이 팔만장경은 조선에도 합천 해인사에 지금 남아 있습니다.

문　　그러면 석가는 결혼한 일은 없습니까?

답　　아니오. 일찍이 장가를 들었던 것입니다. 그래서 29세에 벌써 아들까지 하나 낳았습니다.

다시금 말하거니와, 첫째 석가가 부르짖은 유정, 무정은 인간이란 "무엇이든지 평등하다" 하는 말이며, 둘째 무량 세계를 주창한 것이며, 셋째 "우주 만물은 사람(마음)이 창조하였다"는 것이며, 넷째로 "부처가 능히 남을 제도할 수 있다"는 말이며, 다섯째로 "귀유천자하고 부유사해"한 몸으로 80세까지 팔만장경을 술하였다는 말이며, 여섯째로 생후 7보를 옮겨놓으며 "천상천하 유아독존"이라고 부르짖은 것은 실로 석가의 위대한 점이 아니라 할 수 없습니다.

선과 인생[71]

1. 선의 의의

선禪이라면 불교에만 한하여 있는 줄 아는 것이 보통이다. 물론 불교에

71　『불교』 92호, 1932년 2월.

서 선을 숭상하는 것이 사실이다. 그러나 선을 일종의 종교적 행사로만 아는 것은 오해다. 선은 종교적 신앙도 아니요, 학술적 연구도 아니며, 고원한 명상도 아니요, 침적沈寂한 회심灰心도 아니다. 다만 누구든지 하지 아니하면 아니 될 것이요, 따라서 누구든지 할 수 있는 지극히 평범하고 필요한 일이다. 선은 전인격의 범주가 되는 동시에 최고의 취미요 지상의 예술이다. 선은 마음을 닦는 즉 정신수양의 대명사이다. 그러면 마음은 무슨 필요로 닦으며 어떠한 방식으로 닦느냐는 것이 순서의 문제일 것이다.

2. 신의 필요

마음을 닦는 필요는 이러하다. 유심론과 유물론의 근본 문제는 말하지 말고, 즉 성인成人에 있어서는 육체와 행위가 모두 마음의 명령에 복종하는 것은 사실이다. 그러면 육체의 동작과 행위의 동향動向이, 그 책임에 있어서 육체와 행위 그 자체보다 그 육체와 행위를 사주使嗾한 마음이 모든 책임을 지게 되는 것이다. 공원의 꽃을 꺾는 어린이가 있다면, 그 꽃을 꺾는 직접 책임이 어린이의 손에 있는 것 같지만, 실로 그 책임은 어린이의 마음에 있는 것이다. 노변에 앉아 있는 불구의 걸인에게 돈 한푼을 주는 것은 그 사람의 육체의 작용이 아니라 그 사람의 자선심의 발동이다. 유명한 공산당선언은 맑스 엥겔스의 손에서 나온 것이 아니라 맑스 엥겔스의 머리에서 나온 것이다. 유물론자의 금과옥조로 아는 유물사관은 부하린의 펜에서 나온 것이 아니라, 부하린의 마음에서 나온 것이다. 불란서를 위하여 적장의 간담을 서늘케 하던 것은 작고 어린 잔 다르크의 미모가 아니라 용감한 잔 다르크의 정신이었다. 남강의 언덕 촉석루 아래의 작은 묘에서 저문 날의 향연기香烟氣와 함께 제사를 받는 것은 기생으로 장삼이사를 송영送迎하던 논개의 화용월태花容月態가 아니라, 나라를 사랑하기 위하여 일명만고一暝萬古 옥쇄화비玉碎花飛[72]의 순국을 마친 논개의 의절이다. 죄에 있어서 범행자보다 교사자敎唆者의 죄가 더 큰 것이다. 공에 있어서 초연 탄우硝烟彈雨(격렬한 전쟁터) 중에서 악전고투하던 만골고萬骨枯[73]의 무명 영웅보다, 운주유악運籌帷幄[74] 좌영우진左營右陣을 호령하던 성공한 한 장수의 공이 더 거룩하게 되는 것이다. 그러므로 사람의 모든 책임은 마음에 있는 것이다. 따라서 사람의 모든 권리도 마음에 있는 것이다. 악한 사람의 악한 사람 되는 것도 마음에 있는 것이요, 착한 사람의 착한 사람 되는 것도 마음에 있는 것이요, 매국노도 마음에 있는 것이요, 애국지사도 마음에 있는 것이다. 그러고 보면 마음은 인생의 만사를 모두 이끌고 지도하는 심왕心王이 아닌가. 물을 맑게 하기 위하여 근원을 다스리고, 나무를 무성하게 하기 위하여 뿌리를 북돋우는 것과 같이 사람의 행사를 정돈하기 위하여 먼저 마음을 닦는 것이 아니할 수 없는 필요한 일이 되느니, 이에 이르러 선의 필요는 명료하게 되느니라. 그러면 선은 불교인에게만 필요한 것이 아니요, 사자士者 농자農者 공자工者 상자商者 그 밖의 어떠한 사람에게도 필요한 것이다.

3. 선의 방식

정신 수양 즉 선의 필요가 이상과 같다면, 그 선의 방식 즉 마음을 닦는 형태는 과연 어떠한 것인가. 위에 말한 것과 같이 종교적 신앙도 아니요, 학술적 연구도 아니요, 고원한 명상도 아니요, 침적한 회심도 아니라면 과연 그 선의 형태는 어떠한 것인가. 마음을 닦는 형태를 말하기 전에 먼저 마음 자체의 형태를 말하는 것이 순서일 것이다.

72　하나의 목숨을 바쳐 오래 오래 옥이 부서지고 꽃이 흩날린다는 뜻으로 영웅적인 인물의 비극적인 죽음이나 순국을 비유하는 말이다.

73　만명의 군사가 싸움터에서 죽은 결과로서, 일장공성만골고(一將功成萬骨枯)에서 나온 말이다.

74　장막 속에 들어가 모든 계획을 꾸민다는 말이다.

물론 마음은 물질이 아니다. '유有'도 아닌 동시에 또한 '무無'도 아니다. 그러므로 마음에 대하여 형태를 말한다는 것이 타당한 말이 아니다. 그러나 언어 문자에 나타내려면 형식을 빌려서 하지 아니할 수가 없다. 마음은 대개 허령虛靈[75]하여서 조금도 '유有'가 없지마는 실로 만법을 구비하여서 하나도 갖추지 아니한 것이 없다. 허령한 고로 용납지 못하는 것이 없고, 갖추지 아니한 것이 없는 고로 하나도 치우쳐 있는 것이 없다. 본연의 법성法性으로 보면 담연공적湛然空寂[76]하여 명상名相[77]과 형색이 없으나, 흐름을 따르며 이치를 얻는 중생의 성품으로 보면 일체 만법이 구비하여 진망선악眞妄善惡[78]의 모든 법이 생멸부단生滅不斷[79]하는 것이다. 옛사람이 마음을 말할 때에 마음을 거울과 물에 비하였으니, 실로 비유를 잘한 것이다. 거울은 맑고 비어서 아무 의식이 없지마는 능히 만상萬像을 비추느니, 그러나 티끌이 끼어서 그 밝은 것을 가리면 비추는 힘을 잃어버리는 것이다. 그렇다고 거울의 밝은 것이 근본적으로 없어지는 것이 아니라, 다만 티끌에 가리어졌을 뿐인즉, 그 때를 벗기면 그 밝은 것이 도로 나타나서 전과 같이 호래호현胡來胡現 한래한현漢來漢現하게[80] 되는 것이다. 물도 또한 그러하여 물의 성性은 본래 맑고 고요한 것이지마는 진토가 섞이면 흐려지고 바람을 만나면 움직이는 것이다. 그러나 진토가 섞인다고 물의 성性까지 흐려지는 것은 아니요, 바람을 만난다고 물의 성까지 움직이는 것은 아니다.

75　잡된 생각이 없이 마음이 신령한 것, 포착할 수는 없으나 그 영험이 불가사의함을 뜻한다.

76　불교용어로 텅 비어서 고요하다는 뜻으로, 일체의 분별과 집착이 텅 비어 존재하지 않는 상태다.

77　불교에서 망상을 일으키고 미혹하게 하는, 들리고 보이는 모든 것을 뜻한다.

78　진리와 허망, 선과 악을 가리키는 말로서, 불교에서는 이 같은 이분법적 집착을 경계해야 한다고 말한다.

79　모든 존재가 생겨났다 사라지기를 반복하지만, 그 과정이 끊이지 않고 연속적으로 이어지는 것을 말한다.

80　오랑캐가 오면 오랑캐가 나타나고 한족이 오면 한족이 나타난다는 뜻이다. 어떤 대상이 드러나면 그 대상의 본질이 그대로 나타나는 상황이나 이치를 가리킨다.

진토만 가라앉으면 맑아지고 바람만 자면 고요하여지는 것이다. 마음도 그러하여 본성은 허령담적虛靈湛寂[81]하지만 망념妄念이 일어나면 굴러서 화택火宅(번뇌 가득한 세상)과 지옥을 건설하게 되는 것이다. 그 망념을 쉬고 본성을 나타내는 것이 이른바 마음을 닦는 것이다.

마음을 물에 비하면, 마음을 닦는 것도 물을 맑게 하는 데 비하는 것이 좋을 것이다. 흐린 물을 맑게 하자면 그 물의 자체를 안정하게 하여서, 진토로 하여금 스스로 가라앉고 물로 하여금 스스로 맑아지게 하는 외에 다른 도리가 없을 것이다. 왜 그러냐 하면, 그 물을 맑게 하기 위하여 진토를 건져내려고 물의 내부를 움직이면 진토는 건져내어지지 않고 물은 점점 더 흐려지는 까닭이다. 그러면 흐린 물을 맑게 하는 데는 무슨 방법이나 기술을 요구하느니보다 차라리 아무 방법도 기술도 없이 물의 본성 그대로를 안정시키는 것이 곧 방법이 아닌 방법이 되고 기술이 아닌 기술이 될 것이다.

그러면 마음을 닦는 방법 즉 선도 그러한 것이다. 선에 있어서도 화두話頭를 드는 이외에는 무슨 방법이든지 방법을 쓰는 것은 금물이다. 망념을 제하기 위하여 망념을 물리치고자 하는 마음을 일으키면 망념을 물리치고자 하는 그 생각이 도리어 망념이 되어서 망념을 제하지 못할 뿐 아니라 망념을 더하게 되는 것이요, 선을 잘하리라는 생각이라든지 쉽게 깨달으리라는 생각이라든지 무릇 어떠한 좋은 생각이라도 일으키기만 하면 곧 망상에 떨어지고 마는 것이다. 그러므로 선에 있어서는 나쁜 생각만을 망상이라고 하는 것이 아니라 좋은 생각도 망상이다. "불착불구不著佛求 불착법구不著法求 불착승구不着僧求"[82]라고 하였으니, 불법승佛法僧 즉 삼보三寶[83]같이 좋은 것이 없지마는, 삼보에도 집착하지 말라고 하였거늘 하물며

---

81 마음에 잡념이 없이 맑고 고요함을 말한다.
82 진리를 탐구하는 과정에서 특정한 대상이나 개념에 얽매이지 않고, 그 본질을 있는 그대로 파악해야 함을 강조하는 말이다.

다른 생각이리오. 마음을 닦는 것은 마음의 본체 즉 허령담적 그대로를 보유하는 것이다. 그러나 아무 모착처摹捉處(본뜰 대상)가 없이 마음의 본체를 보유한다는 것은 너무 막연한 일이어서 하근중생下根衆生[84]으로 하여금 현애상懸崖想[85]을 내게 하기 쉬운 고로 부득이 화두의 방편을 설명하여 일종의 방법을 삼게 되었으니, 화두 즉 '무無' '시심마是甚麼'[86] '만법귀일 일귀하처萬法歸一 一歸何處'[87] 등 소위 1천7백 공안公案[88]이라는 것이 일종의 '의정疑情'[89]을 일으키게 하는 방편에 지나지 못하는 것이다. 화두에 의하여 의정을 일으키고 의정에 의하여 망념을 제하고, 망념의 제거에 의하여 심心이 통일되고, 심식心識의 통일에 의하여 심체가 자명하느니, 선의 유일한 방법은 화두뿐이다. 그러나 화두라는 것은 선학자의 의정을 일으키기 위하여 고의로 강설強設한 것이 아니라, 노파심절老婆心切한(간절한) 제불제조諸佛諸祖[90]의 직시명답直示明答한 법어이다. 그러나 그러한 법어를 말하는 즉시 스스로 깨달아 얻지 못하는 하근학자下根學者들이 그것을 의정에 붙여서 다소의 세월을 소모한 후 혹은 스스로 깨닫거나 혹은 영원히 깨닫지 못하는 수도 있다. 이후의 학자들은 그러한 공안을 인용하여 화두를 삼게 되었으니, 화두라는 것은 학자로 하여금 의정을 시키기 위하여 일부러 만든 것이 아니라 조금도 의정할 것이 없이 직절명시直截明示[91]한 법어를 하

---

83 불교의 귀의 대상이자 근본적인 세가지 보물을 가리킨다. 불보(佛寶), 법보(法寶), 승보(僧寶).

84 불법을 받아들이고 이해하기 어려워하는 중생.

85 불법을 배우거나 실천하는 데 어려움이 있을 것이라고 지레짐작하여 포기하려는 약한 마음 상태.

86 불교 선종의 화두로 '이것이 무엇인가'라는 뜻.

87 만가지 법이 하나로 돌아가는데 하나는 어디로 돌아가는가라는 뜻으로서, 결국 만물이 하나의 근원적 이치로 돌아간다는 의미다.

88 선종에서 수행의 핵심이 되는 화두를 말함.

89 다른 생각들이 전혀 나지 않는 짧은 순간에 일어나는 의심.

90 모든 부처와 모든 조사(祖師)를 가리킴.

91 곧고 바르게 드러내어 보임을 뜻하며, 선종에서 화두를 제시하거나 법문을 전할 때 핵심적 진리를 직접 알려주는 방식.

근중생이 스스로 알지 못하여 의정을 하게 되는 것이다. 그것이 이른바 화두가 되었으니, 화두라는 것은 선의 목적이 아니라 선의 방편이다. 화두를 들어 의정하는 상태는 어떠한 것인가. 그것은 지적 작용으로 연구하는 것도 아니요, 다만 무의식으로 침묵하는 것도 아니다. 지적 작용으로 연구를 하면 '도거掉擧(함부로 행동함)'의 허물을 범하고, 무의식으로 침묵하는 것은 '혼침昏沈(혼미한 정신)'의 허물에 떨어지는 것이다. 그러므로 선의 상태를 '성성적적惺惺寂寂(맑은 정신)'이라 하느니, 성성은 혼침의 허물을 퇴치하는 것이요, 적적은 도거의 허물을 방알防遏(막음)하는 것이다. 그리하여 정채精彩를 군세게 붙잡아서 화두에 대한 의정을 그처럼 활발한 상태에서 냉적冷寂 즉 차고 고요하게 하는 것이니, 의정하는 상태를 가리켜 '여대화취상사如大火聚相似'[92] '여의천장검 섬진불립如依天長劍纖塵不立'[93] 등의 말로 형용하였다.

그러고 보면 선禪이라는 것은 마음을 써서 연구하는 것도 아니요, 마음을 쉬어서 무기공無記空[94]에 떨어지는 것도 아니다. 다만 화두에 의정만을 활착맹기活着猛起[95]할 뿐이다.

마음을 닦는 것, 즉 정신 수양에 대해서는 불교의 선만 있을 뿐 아니라, 유교에도 있고 예수교에도 있으니, 유교에는 맹가孟軻의 '구방심求放心'과 송유宋儒의 '존양存養'이 그것이요, 예수교에는 예수가 요르단 하변河邊에서 40일간 침획명상沈畫冥想한 것이 그것일 것이다. 다만 그 내용의 방식이 다소 다를 뿐이다.

---

92   큰 불덩어리 같은 진리에 통하여 큰 깨달음을 얻음.
93   진리는 하늘에 걸린 날카롭고 긴 검과 같아 티끌조차 머무르지 못한다는 뜻으로서, 깨달음이란 절대적이고 순수하며 어떤 것도 머무를 수 없는 경지라는 의미다.
94   생각, 의식과는 별개로 일어나는 것으로 신체의 생리작용에 가깝다.
95   살아 있는 가운데 거세게 일어남.

4. 선과 구방심

구방심求放心은 방심을 구한다는 말이니 곧 방심 즉 산심散心을 거둔다는 뜻이다. 맹가孟軻는 성선설을 주장하였으니, 인성人性은 본래로 착한 것이지만 인욕에 가리어져서 악한 일을 행하게 되느니, 인욕을 막으면 본성의 천리天理가 스스로 밝아질지라. 고로 인욕이 장차 싹틀 때에 막고 천리를 본연에 둔다는, 즉 알인욕어장맹 존천리어미연遏人慾於將萌 存天理於未然의 필요를 역설하게 되었다. 알인욕존천리遏人欲存天理[96]를 실행하려면 방심을 구하지 아니하면 아니 된다는 것이니, 방심은 즉 방종산일放縱散逸[97]한 마음을 가리킨 것이다. 방심은 물욕에 교폐되어서 본성을 지키지 못하고 경境을 따르고 욕欲을 좇아서 방종불기放縱不羈한 심원의마心猿意馬[98]인고로 그러한 방심을 구하여서 비로소 본성의 천리를 발휘할 수 있다는 것이다. 구방심은 곧 마음을 닦는 것이요, 곧 정신 수양이 되는 것이다. 그러나 맹가는 구방심의 필요를 말하였으나 구방심의 방법을 말하지 아니하였다. 그러면 후학은 과연 무엇에 힘을 기대어 구방심을 실행할 것인가. 한마디로 구방심을 말하기는 쉽지마는 사실로 구방심을 실행하기는 용이한 일이 아니다. 구방심에 대한 구체적 방법이 없는 것이 유감이 아니라고 할 수가 없다. 그것이 마음을 닦는 실행에 있어서 선에 미치지 못하는 큰 원인이다. 그뿐 아니라 구방심이라는 의의는 제멋대로 흩어진 마음을 도로 거두어들인다는 뜻이니, 여하한 방법으로든지 이미 방산한 마음을 환수할 수는 없는 것이다. 방산한 마음은 허령虛靈한 마음의 체體에서 이발已發[99]한

---

96   인간의 사사로운 욕심은 막고 하늘의 이치, 즉 하늘의 뜻을 잃지 않고 붙들고 있어야 한다는 뜻.
97   물욕에 휘둘려 마음을 지키지 못하고 제멋대로 흐르는 상태를 뜻한다.
98   마음은 원숭이 같고 생각은 말과 같다. 마음이 안정되지 않아 생각을 집중할 수 없다는 말.
99   성리학에서 희로애락 같은 감정이나 도덕적 원리가 이미 마음에 나타나 발현된 상태를 가리킨다.

마음의 용用이다. 그러면 담적한 마음의 체를 지켜서 다시 방산되지 않게 하는 것은 가능하나, 이발의 용이 된 방심을 도로 구할 수는 없는 것이다. 수심修心의 도에서 맹가의 구방심은 선에 미치지 못할 뿐 아니라 송유宋儒의 존양에도 불급不及하는 것이다.

5. 선과 존양

  존양성찰存養省察은 심성의 체용體用(본체와 작용)에서 선후의 연쇄관계를 가지게 되느니, 존양은 심성을 미발未發[100]의 앞에 함양하는 것이요, 성찰은 장래의 제際에 성찰의 공을 가하여 그것으로 하여금 방일放逸·오류의 폐가 없게 하는 것이니, 여기에서 말하고자 하는 것은 존양에 대한 것이다. 존양은 구방심에 비하여 구체적이요 합리적이어서, 수양의 도道로는 일층 진보된 학설이다. 위에 말한 것과 같이 구방심은 이발已發의 방심을 추구한다는 의미이니, 학설에 있어서 조솔미비粗率未備[101]할 뿐만 아니라 방심을 여하히 구한다는 실행의 방식을 말하지 아니하여서, 후세 학자로 하여금 더위잡을[102] 끝이 없게 되었다. 그러나 존양이라는 것은 이발已發의 심心을 추구 회수한다는 것이 아니다. 심의 체를 미발의 앞에 존양하여 장래를 예비하는 것인즉, 그 논리에 있어서 구방심보다 합리성을 발견할 수 있다. 그러나 그것은 존양의 방식에 있어서 하등 구체적 이론이 없다. 그러면 도연徒然한 영정침묵寧靜沈默[103]으로 존양의 공을 거둘 것인가. 혹은 침묵 명상으로 존양의 목적을 달할 것인가. 막연한 표준만을 세워놓고 그 표준점에 도달하는 도정을 지시하지 아니하면, 그 학설이 체계 있는 존재로서

---

100   외부 자극이나 감정이 발현되기 이전으로 인간의 본래 마음이 치우침 없이 완전한 도덕적 균형을 이루는 상태를 뜻한다.
101   거칠고 미비하며 아직 갖추지 못한 상태.
102   높은 곳에 오르려고 끌어 잡는 것.
103   마음이 번뇌와 욕망에서 벗어나 고요함에 머무는 수행의 경지.

타인에게 실익을 줄 수가 없는 것이다. 그러므로 존양은 구방심보다 진보된 것이나 논리와 방법이 완비한 선禪에는 미치지 못하는 것이다.

6. 선기禪機

영산회상에서 부처님이 백만억 대중을 모으시고 법을 설說하실새 돌연히 일지화 一枝花를 들어서 대중에게 보였다. 대중은 다 망연하여 그 뜻을 알지 못하였으되 오직 가섭迦葉 한 사람이 미소하였다. 이것은 만겁萬劫의 지기知己요 일세의 쾌사다. 선기禪機에서 가장 평화스럽고 가장 숭고한 일이다. 선기라는 것은 어떠한 형식으로 나타나든지 그 자체의 묘미에 있어서 우열이 있는 것은 아니다. 다만 그 움직이는 경애境涯(처지)에 대하여 보는 자가 주관적으로 그 기봉機鋒[104]의 이둔완급利鈍緩急을 평정하게 되는 것이다.

문수보살文殊菩薩은 검劍을 잡고 불교를 핍박하였다. 형식에 있어서 그것은 확실히 불계 중의 오역죄[105]를 범한 것이다. 그러나 검광불광劍光佛光이 비일비이非一非二한 데 이르러, 문수의 악검핍불握劍逼佛(칼을 쥐고 부처를 위협하다)은 오역의 죄를 범한 것이 아니라 불세출의 선기禪機로 화하였다. 그러나 문수의 악검핍불은 완전히 오역죄를 범하지 아니한 것이 아니다. 다만 문수는 일찍이 안중에 불을 보지 못하고 수중에 검을 보지 못하였고 심중에는 불을 핍하는 의식이 없었다. 다시 말하면 문수는 검을 잡고 불을 핍하였으나, 밖으로 그 상相이 없었고 안으로 그 마음이 없었으므로 오역죄가 성립될 요소가 없었다.

임제臨濟의 할喝[106]과 덕산德山의 방棒[107]은 선기에 있어서 특별한 명물

---

104 선문설법(禪門說法)의 하나로, 설법을 할 때 언행이나 사물로 교의를 암시하여주는 비결이다.

105 불교의 다섯가지 악행. 무간지옥에 떨어지는 죄라 하여 오무간업(五無間業)이라고도 한다.

이다. 임제의 법문法門은 언제든지 할喝뿐이요, 덕산의 법문은 언제든지 방뿐이다. 임제는 어느 학자의 어느 질문에 대하여서도 할을 썼고, 덕산은 어느 학자의 무슨 문법에 대하여서든지 방을 썼다. 그리하여 입제의 할은 할마다 법에 당치 아니함이 없고, 덕산의 방은 방마다 법에 어김이 없다 한다. 그러나 임제의 할은 할마다 어리석은 고함이요, 덕산의 방은 방마다 무분별한 몽둥이였다. 왜 그러냐 하면, 임제의 할은 할을 쓰는 마음이 없었고, 덕산의 방은 방을 쓰는 상相이 없었다. 바꾸어 말하자면, 임제의 할은 한마디의 무심한 소리에 지나지 못하고 덕산의 방은 한가지의 무정한 고목에 지나지 못하였다. 사량복탁思量卜度[108]의 지해知解(깨달아서 앎)가 없는 무심한 할인 고로 어느 법에 통하지 아니함이 없고, 친소애증親疎愛憎[109]의 착상이 없는 이상離相[110]의 방인 고로 맞지 아니하는 법이 없었다. 그러므로 할은 진정한 치할痴喝(어리석은 고함)이라야 되고 방은 완전한 맹방盲棒(눈먼 방망이질)이라야 되는 것이다. 만일 그렇지 아니하여 할과 방에 지해知解와 착상이 있으면 그것이 이른바 영리한 치할이요 총명한 맹방이다. 그러한 방할은 선기에 있어서 십만팔천길(路)이다.

중국의 황산곡黃山谷은 당시 선학으로 유명한 회당선사晦堂禪師를 찾아보고 법을 물었다. 회당선사는 곤하면 잠자고 목마르면 차 마시는 등의 심상한 말로 대답하였다. 황산곡은 회당선사에게 법을 물을 때에 물론 기이한 말을 들을 줄로 기대하였다가 심상한 말로 대답함을 듣고는 마침내 의심을 내어서, 자기와 교분이 두텁지 못하여서 법의 묘리를 다 말하지 않는

---

106 할(喝)은 고함치는 소리, 일갈을 뜻한다. 임제는 중국 선종의 분파인 임제종을 말하며 '할'은 불법의 진리를 순간적으로 깨닫게 하는 선문답 기법이다. 수행자의 어리석음을 타파하고 진리를 드러내기 위한 벽력 같은 외침으로, 찰나의 깨달음을 통해 진리를 드러낸다.
107 선림(禪林)에서 수행자를 지도하는 데 사용하는 몽둥이 또는 몽둥이로 치는 일.
108 생각하고 판단하며 계산하는 일상의 마음 상태.
109 애정과 증오를 동시에 가지게 됨을 가리킨다.
110 형상에 얽매이지 않음, 즉 상을 떠남을 의미한다.

줄로 알아서 법을 묻기를 더욱 심각히 하였다. 그런데 법을 물을 때마다 회당선사는 "내가 네게 숨김이 없다"는 말로 대답할 뿐이다. 회당선사는 실로 숨김이 없는 까닭이었다. 그러나 황산곡의 의심은 언제든지 풀리지 아니하였다. 그 후 늦은 봄 어느 날이었다. 회당선사는 황산곡과 동반하여 길을 가다가 목서화木犀花가 만개하여 그 향기가 사람을 엄습함을 보았다. 회당선사가 황산곡을 향하여 묻되, "네가 목서향木犀香을 듣느냐?" 황산곡이 대답하되, "듣느니라." 회당선사가 말하되, "내가 네게 숨김이 없다" 하니 황산곡이 말하는 즉시 깨달았다. 그것은 과연 어떠한 지경이냐.

7. 견성見性

견성見性이라는 것은 자성自性을 본다는 뜻이니, 선을 닦아서 화두의 의정疑情을 파하면 일체 공안이 한순간에 돈파頓破[111]하여 요요히 불성을 보게 되는 것이다. 그러나 혹은 자성은 체體가 없어서 형색이 없거니 어찌 시각으로 능히 볼 것이겠는가. 성性을 본다는 것은 성을 깨닫는다는 말이라 하고, 혹은 성은 능히 눈으로 볼 바가 아닌, 즉 마음으로 보는 것이라고 하여 견성에 대한 해설은 자못 불일不一하다. 그러나 불성은 눈으로 능히 볼 수 있으니 성은 형색이 있는 까닭이다. 왜 그러냐 하면, 언어도단言語道斷·심행처멸心行處滅[112]한 법성만이 불성이 아니요, 산산·수수·화화·초초 어느 것 하나도 불성이 아닌 것이 없는 까닭이다. 그러면 산산·수수·화화·초초는 누구든지 볼 수 있는 것인즉, 일체 중생이 다 견성한 것이어서 하필 참선의 오悟[113]를 기다려 비로소 견성한다 하리요 하는 질문이 있을 것이다. 그러나 일체 중생이 다 견성한 것이다. 그럼에도 미혹되고 어리석은

---

111   문득 깨뜨려지다. 한순간에 크게 깨닫는 것을 뜻한다.
112   언어의 길이 끊어지고 마음 가는 곳이 없어진다는 뜻이다.
113   미혹에서 벗어나 깨달음을 얻는 것을 가리킨다.

자는 스스로 견성한 줄을 알지 못하느니, 산산·수수·화화·초초가 다 불성인 줄 모르고, 가령 관념적으로 안다 하더라도 어찌하여서 산산·수수·화화·초초가 다 불성인 줄을 모르는 까닭이다. 그뿐 아니라 허령담적하여 무형무색한 법성도 마음으로 볼 수 있을 뿐 아니라 능히 눈으로도 볼 수 있느니, 미혹에서 벗어나 깨달음을 얻는 자는 육근六根[114]을 넘나들며 쓸 수 있는 까닭이다. 그러므로 의근意根[115]으로 볼 수 있는 것은 안근眼根으로 볼 수 있을 뿐 아니라 이근耳根으로도 볼 수 있고 비근鼻根으로도 볼 수 있는 것이다. 오悟한 자에게는 눈·귀·코·혀·몸·뜻(眼耳鼻舌身義)의 육근이 호용互用될 뿐만 아니라 색·성·향·미·촉·법色聲香味觸法의 육진六塵도 호용되는 것이며, '색즉시공色卽是空 공즉시색空卽是色'이므로 진공묘유眞空妙有[116]가 비일비이非一非二인 것이다. 그러므로 견성이라는 것은 마음으로 볼 수 있고, 육근으로도 볼 수 있고, 또한 육진으로도 볼 수 있는 것이다.

영운조사靈雲祖師(당대의 선승)는 도화桃花를 보고 견성하였느니 그것은 누구라도 아는 일이지만, 영운이 도화를 보고 견성할 때에 그 도화가 영운을 보고 견성한 줄은 천고에 아는 사람이 없느니 그것은 크게 아쉬운 일이다.

8. 선의 활용

불교도의 선학자들이 흔히 산간 바위굴에서 참선을 행하는 고로, 세인은 이를 오해하여 선이라는 것은 바위굴이나 소나무 아래서 조용히 은둔하며 수행하는 염세적 고선사선枯禪死禪[117]으로 오인하는 일이 없지 아니

---

114 육식(六識, 대상을 깨닫는 여섯가지 작용)을 낳는 눈·귀·코·혀·몸·뜻의 여섯가지 근원을 말함.
115 육근의 하나로서, 온갖 마음의 작용을 이끌어내는 근거를 뜻한다.
116 만물 자체에 공의 이치가 온전히 구현되어 있기 때문에 진정한 열반이란 이 세계의 현실 속에서만 실현될 수 있다는 뜻이다.
117 형식에 치우치고 활력이 없는 수행을 뜻한다.

하다. 선학이라는 것은 물론 '인人'에 있는 것이나 초학자初學者로서는 '경境'을 가리지 아니할 수가 없는 것이다. 다시 말하면 선학이라는 것은 어떠한 처소에서든지 자기가 공부를 힘써 하는가에 달린 것이지만, 복잡한 성색聲色을 피하는 적정한 처소가 좋은 것이다. 그러므로 선학자는 예로부터 내려오면서 대개는 산간 암혈에서 정진하게 되었으나, 선학을 종료한 후에는 반드시 출세하여 입니입수入泥入水 중생을 제도하는 것이오. 뿐만 아니라 수학할 때에도 반드시 산간 암혈이어야만 하는 것은 아니다. 참선이라는 것은 글을 배우면서도 할 수 있는 것이요, 농사를 하면서도 할 수 있는 것이요, 그 밖에 모든 업을 하면서도 할 수 있는 것이다. 한 걸음 나아가서 병마공총兵馬倥傯 초연탄우硝煙彈雨 중에서도 참선을 할 수 있는 것이다. 할 수 있을 뿐 아니라 그러한 때일수록 참선이 필요한 것이다.

선이라는 것은 고적枯寂을 묵수墨守하는 사선死禪이 아니요, 기봉機鋒을 활용하여 임운등등任騰騰騰[118] 하는 활선活禪[119]이다. 선은 능히 위구危懼[120]를 제하고, 선은 능히 애상哀傷(이별로 인한 슬픔)을 구구驅(쫓아냄)하고, 선은 능히 생사를 초超하는 것이다. 이것이 얼마나 큰 수양이냐.

송末의 정이천程伊川이라면 누구라도 아는 유명한 학자요 현인이었다. 하루는 정이천이 몇 명을 동반하여 배를 타고 강을 건너는데, 현순백결玄鶉百結(찢기고 해진 옷)의 승복을 입은 결승乞僧 한명이 함께 배를 타게 되었다. 그 배가 중류에 이르자 홀연히 풍파가 크게 불어닥쳐 배가 능히 진퇴를 하지 못하고 방향이 없이 표류하여 거의 뒤집어질 지경이 된지라. 배에 탄 사람들이 모두 놀라고 겁나서 허둥지둥하여 거의 의식을 잃고 포복전도匍匐顚倒하며 사공까지도 당황하여 어찌할 줄 모르는지라. 정이천은 물론 상

---

118 무심하게 움직임에 맡긴다는 뜻이다.
119 지혜를 적극적으로 사용하여 본래면목(本來面目)을 참구(參究)하며 깨달음의 경지에 이르는 참선행위.
120 불법을 수행하는 과정에서 겪는 어려움과 고통.

당한 수양이 있는지라 타인과 같이 경겁망조驚劫罔措하지는 아니하나 다소의 공포를 느껴서 궤슬단좌跪膝端坐(무릎 꿇은 단정한 자세)의 의범儀範을 지키지 못하였다. 그런데 동선한 걸승은 그러한 풍랑으로 복선의 위경危境에 이름에도 불구하고 돈연頓然 무관심의 태도로 바랑에 의지하여 옅은 잠에 들어 있는지라. 아무라도 그의 초인적 행동을 볼 때에 이상한 느낌을 가지지 아니할 수가 없었다. 하물며 모든 것이 비범한 정이천으로서는 그 행동을 범연히 간과치 아니하여 내심으로 많은 억측을 하여서 그는 지극히 덕이 높은 사람(至人)이 아니면 천치라고 미루어 생각했다. 그리하다가 다행히 그 배가 피안彼岸에 도달하여 각각 그 길에 나아갈 때 정이천은 그 걸승에 향하여, 불의의 풍랑으로 전도될 위기(危懼)를 맞아 거의 무감각이라고 할 만큼 태연자약하여 옅은 잠에 들었던 이유를 물었다. 그 걸승은 미소하면서 말하되, "아무 이상할 것이 없으니 나는 배를 타고 올 때에 처음부터 강물을 보지 못하고 또한 배를 보지 못하였노라. 강물과 배를 보지 못하였거니 어찌 풍랑을 보았으리오. 강물과 배와 풍랑을 보지 못하였으므로 나의 생사를 잊었노라. 생사를 잊었거니 무슨 위구의 관심이 있으리오. 태연자약하여 옅은 잠에 취함이 또한 마땅치 아니리요" 하였다. 정이천은 그 말을 듣고 스스로 반성한 바 있었다 한다. 적정寂靜[121]한 중에서 기봉機鋒을 쉬려 淬礪(스스로 힘씀)하고 황망한 중에서 적정을 얻는 것이 진실로 참된 활용이다. 선은 고목사회古木死灰의 회심멸지灰心滅志가 아니요,[122] 임운등등任運騰騰의 만기종횡萬機縱橫[123]이다. 이러한 선이 외인으로부터 고선·사선枯禪死禪의 오해를 받을 뿐 아니라, 선학자 자체도 왕왕 선의 활용을 오인하여 산간 암혈에서 고절苦節 사수死守하고 활용 도생의 본지를 망각하

---

121 마음에 번뇌가 없고, 몸에 괴로움이 사라진 해탈·열반의 경지.

122 고목사회(古木死灰)는 불기운이 식은 재를 말하고, 회심멸지(灰心滅志)는 마음이 재처럼
     식고 뜻이 사라졌다는 뜻이다.

123 온갖 일과 인연 속을 자유롭게 다니며 걸림 없는 활동.

는 것은 선학을 위하여 유감천만의 일이다.

인생관으로 보아서 인격적으로 보아서 사람은 피동되지 않는 것을 참 사람이라고 할 수밖에 없다. 색色을 따라서 시각이 착잡하고 성聲을 따라서 청각이 교란하며, 희로애락을 따라서 정情의 상궤常軌를 잃고 안전安全과 위구危懼를 따라서 심의 중추를 옮긴다면, 다시 말하면 외적 환경을 따라 내적 의식을 좌우한다면, 그러한 사람은 완전한 인격이 될 수가 없는 것이다.

홍색紅色을 볼 때에 청색을 보던 인식으로 착각을 일으키지 않는 것이 진정한 시각이요, 궁성宮聲을 들을 때에 각성角聲을 듣던 감각으로 착각을 일으키지 않는 것이 진정한 청각이 될 것이며, 사물의 환경이 여하히 변동되든지 '진아眞我'의 자체는 상도를 잃지 않는 것이 진정한 사람이 될 것이다. "풍우가 여회如晦하되 계명鷄鳴은 이미 아니며, 대침大浸이 계천稽天하되 지주支柱는 불이不移하느니."[124] 심야의 깊은 잠 중에 돌연히 자객의 시퍼런 칼날을 만나매 태연히 목을 늘려 칼을 받아서, 자객으로 하여금 경복자퇴敬服自退케 한 송宋의 한기韓琦가 세상에 드문 뛰어난 재상이 되었고, 복잡한 난관의 정치 문제가 있을 때마다 공원에 산보하며 못에 사는 물고기의 헤엄치는 모습을 정관靜觀하던 독일의 비스마르크가 위대한 정치가가 되었느니, 이것은 다 선적 심경이다. 그 사람들이 물론 화두를 들고 참선을 한 것은 아니지만, 그들의 선천적 혹은 후천적 수양이 자연히 선적 활용에 부합된 것이다. 제불제조諸佛諸祖의 살활자재殺活自在[125] 종금수의縱

---

124 '마치 그믐밤처럼 어두우니 축시(새벽 1~3시)는 지난 듯한데, 큰 홍수가 하늘에 이르렀지만 기둥은 끄떡하지 않는다'는 뜻이다.

125 지우기도 하고 살려내기도 하는 것이 자유로운 단계.

擒隨意[126] 억양반복抑揚反覆[127] 여탈종횡與奪縱橫[128] 모든 기봉機鋒이 선의 활용이다.

불교 청년운동에 대하여[129]

청년운동이라는 것은 다만 청년운동 자체에 치중하는 것이 원칙이니, 청년운동의 자체라는 것은 청년의 교양·조직·훈련 등을 말함이다. 그러나 청년운동이 여하히 청년 자체에 대한 부문운동이라 할지라도, 간접으로는 다방면多方面에 영향을 주게 되는 것이 사실이다. 가령 어느 종교의 청년운동이라 하면, 청년운동이 종교의 일부분 운동에 지나지 않지마는, 그 운동이 간접으로 종교의 전체에 영향됨이 적지 아니하고, 어느 단체의 청년운동이라 하면 그 단체의 일부분 운동에 지나지 못하는 것이지마는, 간접으로 단체의 전체에 영향을 주는 것이다.

마찬가지로 조선 불교의 청년운동도 이론에 있어서 조선 불교의 일부분 운동 즉 청년단체의 교양·조직·훈련 등에 불과한 것으로, 조선 불교 전체에 대하여 예의 간접적 영향만을 줄 수가 있으리라는 것이 보편의 지론일 것이다. 그러나 특수 사정을 내포하고 있는 조선 불교에 있어서는 불교 청년운동이 곧 조선 불교의 중추운동이 되고 마는 것이다.

왜 그러냐 하면, 조선 불교는 아직 통제가 되지 못하고 중심이 서지 못하였다. 조선 불교의 기관은 조선 불교도 전체 총의總意의 표현이 아니면 아니 될 것이므로, 조선 불교도 전체가 조선 불교를 이끌어가는 바탕이 될

---

126 놓아주고 가두는 것이 모두 마음먹기에 달려 있음.
127 억누르기도 하고 칭찬하기도 하기를 여러 번 뒤집음.
128 주고받는 것을 마음대로 하는 경지에 도달함.
129 『불교』 100호, 1932년 10월.

것이다. 그러나 조선 불교도의 대중으로 말하면 아직 조직·훈련에 대한 의식이 부족하여 한 사람 한 사람이 자각적으로 의사를 표시하고 그 의사를 종합 통제하여 불교의 기관을 표현하기는 시기상조이다. 하물며 불교의 행정기관이 31구로 나뉘어 통제가 되지 못하고, 명의상 통제기관인 종회가 있으나 사실에 있어서 하등의 권위를 가지지 못하고 교무원이라는 것은 불교 운용상 일부분의 재단법인에 불과한 것인즉, 불교 행정상 하등의 통제할 만한 자격을 가지지 못한 것이다. 그리하여 통제기관이 완성되지 못하였으므로, 불교의 행정은 지리멸렬하고 불교의 사업은 인순고식因循姑息에 그쳐서 적극적 진보를 보지 못하는 것이다.

조선 불교의 청년운동이 과거에 있어서는 그 운동 자체가 비조직의 기분적氣分的이었고, 청년 자신이 완고한 사부師傅와 각자 본산 주지의 압박으로 인하여 청년운동에 대한 책임을 다할 수가 없었으므로, 그 운동은 실로 위미부진萎靡不振[130]하여서 대외적으로는 다소의 영향을 주었으나, 대내적으로는 특별한 공적을 나타내지 못하였다.

지금에 와서는 조선 불교의 청년운동이 과거에 비하여 동일이어同日而語할 바가 아니다.[131] 그것은 내적 실질과 외적 정세가 서로 아울러서 불교 청년운동을 유리한 영역에 인도하게 된 것이다. 내적 실질로는 청년운동의 구성 분자인 청년 자체의 학식이 진보되고 조직훈련이 향상된다는 점이 굴지의 원인이요, 외적 정세로는 개인적으로 청년을 압박하던 사승師僧의 사상 변천 및 무관심과, 각 본산 주지로 말하면 시간의 흐름을 따라 완고한 구식 인물은 점점 몰락되고, 과거 청년운동의 영도 계급에 있던 현재의 장년파가 점차로 본산 주지 혹은 기타 요직에 있게 되었으며, 현재 청년운동자로도 각 절 및 중앙의 평의원, 종회원, 기타 불교행정상 중요한 지위를 직접 점거한 일이 자못 적지 아니하므로 불교 청년운동이 상당히 통제

---

130   시들고 약해져서 떨치고 일어나지 못함.
131   두 대상 간의 차이가 커서 그 둘을 비교하는 것이 적절치 않다는 의미.

만 된다면 조선 불교의 전체를 좌우할 수 있느니, 이것이 이른바 조선 불교 청년운동은 곧 조선 불교의 중추기관이 된다는 것이다.

남은 문제는 청년운동 자체에 있다. 외적 조건이 여하히 유리하다 할지라도, 내적 활용이 부족하면 양과良果를 얻기 어려운 것이다. 청년운동을 진전함에는 각 운동원의 통제가 급무요, 운동원의 통제는 각 기타 관념을 청산하지 아니하면 안 될 것이다. 현재 조선 불교의 통일되지 못함이 여러 가지 원인이 있으나, 그 최대 원인은 각 본말사本末寺[132]가 각자의 지방관념地方觀念[133]을 고수固守하여, 타사他寺의 통양痛癢(가려움과 고통)을 강 건너 불 보듯 하므로 불교 전체의 통일을 기도치 못함이라. 어찌 이러한 모순이 있으리오. 각 본말사는 본말사 자체를 위하여 존재하는 것이 아니요, 불교의 전체를 위하여서의 부분적 존재이며, 각 사 승려는 각자 소재 사찰에만 예속된 것이 아니요, 불교 전체의 일원으로 편의상 임의의 어느 절에든지 머물러 살게 되는 것인즉, 불교 전체의 통제를 위해서는 승려의 개체나 사찰의 개소個所를 희생하여도 무방한 것이다. 비유하건대 사람의 몸으로 말하면 일수一手와 일족一足은 사람의 몸 전체의 부분으로서 필요한 것인데, 일수일족을 비호하기 위하여 전신의 보호를 불고不顧(돌보지 않음)할 수 없는 것이니, 일수일족은 전신을 떠나서 자존自存할 수가 없는 까닭이다. 그와 반대로, 전신을 보존하기 위해서는 일수일족을 희생할 수 있느니, 독사에게 손을 물리니 장사가 손목을 끊는다(毒蛇在手 壯士斷腕)는 말은 이를 의미한 것이다. 그것은 일수일족을 아끼지 아니하는 것이 아니라, 만일 일수일족의 해害가 전신에 만연하여 전신을 보존하지 못한다면 전체의 일부분인 일수일족의 해로 그 모체인 전신은 상하는 것이 불가할 뿐 아니라, 그 전신이 해를 입고 그 부분의 수족이 안전할 수 없는 것이다.

마찬가지로, 개사個寺를 안보安保하기 위하여 불교 전체의 통일을 방해

---

132   사찰령하에 특정 본산에 소속된 말사(末寺)들을 지칭하는 용어.
133   불교의 가르침과 문화가 각 지역의 특성과 환경에 따라 다르게 발전하고 수용된 현상.

하는 것이 일수일족의 안전을 위하여 전신의 이해를 불고하는 것과 매우 흡연洽然히 같은 것이다.

다시 말하면 조선 불교의 전체가 쇠퇴한 중에 개사個寺만이 안보할 수 없는 것이다. 그러하면 구구한 지방관념을 고수하여 불교 전체의 통제를 무시한다는 것이 얼마나 어리석은 일이냐. 아직까지 자각이 부족하고 단체적 훈련이 적은 일반 승려로도 그러한 지방관념을 교수膠守(융통성 없이 지킴)함은 불가하거늘, 하물며 상당한 학식을 가지고 일반 불교도의 영도급에 있는 청년운동자로서는 이러한 관념을 포기치 아니하면 아니 될 것이다.

불교 청년운동자는 자기 소재 사찰에 대한 지방관념을 포기할 뿐 아니라, 일반적으로 '사찰'에 대한 관념을 떠나 다만 조선 불교도의 일원으로 활동하는 것이 좋을 것이다. 왜 그러냐 하면, 사찰은 불교를 위한 보조적 기관이요, 사찰 그것이 곧 불교가 아닌즉 사찰의 관념에 구니拘泥(얽매임)되어 불교 전체에 결함을 내는 것이 불가한 까닭이다. 그러므로 조선 불교 청년운동자는 사찰이니 승려니 하는 모든 기성적 관념에 구속을 받지 말고, 허심탄회하게 다만 조선 불교의 백년대계를 위하여 노력하고 매진할 따름이다.

불교 청년운동의 진전 여부는 운동조직의 공고鞏固 여부에 있고, 운동조직의 공고 여부는 각 사 청년의 통제 여부에 있다. 불교 청년운동이 완전히 통제가 되어서 중앙과 지방이 순치보거脣齒輔車[134]의 책임을 진다면 불교행정의 운전運轉까지도 좌우할 수 있는 것이다. 불교 청년운동의 통제가 그만큼 유력한 만큼, 통제가 되지 못하고 칠화팔렬七花八裂(산산조각이 남)이 된다면 반비례의 해독이 있을 것이다. 그러나 현재 불교 청년운동자의 질로 보아서 불교에 해독이 미치도록 (그들의 조직이) 결렬될 리는 만무하리라고 생각된다.

---

134 입술과 이 또는 수레의 덧방나무와 바퀴 중에서 어느 한쪽만 없어도 안 된다는 뜻. 서로 없어서는 안 될 깊은 관계를 가리킨다.

그러면 조선 불교 청년운동의 조직체는 어떠한 방식을 취할 것인가. 현재의 조직체인 청년동맹이 지속될 것인가. 혹은 다른 형식으로 전환될 것인가. '회會' '당黨' '동맹同盟' 등이 단체를 형성하는 데에는 별로 차이가 없는 듯하나 그 단체의 통제적 기축機軸을 운전함에는 실로 미묘한 관계가 있으니, 그 운전의 차이를 낱낱이 별립別立시킬 수는 없으나, 대별大別하면 동맹이라는 것은 개립자치個立自治의 세포 단체를 합의적으로 협동하여 목적과 보조를 일치하게 하는 것이요, 회會라는 것은 동일한 목적 아래에 집합 결성하여 완전한 중앙집권제로 그 회의 규율을 복종하는 외에 조금도 자립적 행동을 하지 못하는 것이요, 당이라는 것은 그 성질이 회와 서로 비슷하나 그 규율에 대한 복종이 한층 강제적이요, 그 통제의 힘이 더욱 강하여 그 당원이 된 이상에는 모든 것을 희생하여 당의 명령에 복종하지 아니하면 안 되는 것이다. 그러므로 일이 이루어지는 진취성에 있어서는 동맹이나 회보다 당적 조직이 훨씬 우월성을 가지게 되는 것이다. 그러므로 비밀결사나 혹은 표현단체라도, 그 내용이 규율적 강미强味를 필요로 하는 단체는 대체로 당적黨的으로 조직하게 되는 것이요, 또는 개인적 자각과 단체적 훈련이 부족한 대중을 규합함에 있어서는 더욱 당적 조직이 필요한 것이다. 왜 그러냐 하면, 자각과 훈련이 부족한 대중은 자율적 책무를 완전히 이행하기 어려우므로, 최고의 당적 규율로 그들을 통제하지 아니하면, 단체적 공과功果를 원만히 수득收得하기 어려운 까닭이다.

　조선 불교 청년대중으로 말하면 단체적 통제에 대한 난관이 이중으로 되어 있느니, 하나는 보편성을 가진 자각과 훈련의 부족이요, 둘은 특수성을 가진, 각자 의지하는 거처가 되는 본말사本末寺가 개개 별립하여 통일성이 없는 까닭이다. 이러한 통제난統制難의 요소를 이중으로 가지고 있는 조선 불교 청년을 완전히 통제하기에는 다소의 시일과 노력을 요치 아니하면 아니 될 것이다. 그리하여 현금의 조선 불교 청년단체로서는 여러 가지 정세로 보아 당적 조직으로 초지방(寺院)적 통제를 하지 아니하면 안 될 것이다. 필자는 본지(『불교』) 86호에서 불청동맹佛靑同盟에 대한 것을 쓰는 중에 동맹과 당의 관계를 말하였고, 또는 조만간 동맹으로부터 당에로 복귀할 것을 말하여두었다.

요컨대 조선 불교 청년운동은 조선 불교의 중추기관이 되어야 하고, 조선 불교 통일의 선구가 되어야 한다. 그러하기 위하여 청년운동 자체를 먼저 당적 조직으로 완전히 통제하지 아니하면 안 될 것이다.

국보적 한글 경판의 발견 경로: 국보 잠긴 안심사[135]

지금으로부터 4년 전(1931년) 7월 2일 오후 2시 나는 경성역에서 호남선 연산連山 차표를 사가지고 부산행 차를 타고 전주 안심사安心寺로 향발하였다. 그때 나는 김종래金鍾來 씨와 한상운韓相芸 씨로부터 전주 안심사에 한글 경판이 있다는 말을 듣게 되었던바, 한상운 씨가 옛 서적을 탐색하기 위하여 각 절에 다니다가 안심사에 가서 한글 경판이 있는 줄을 알고 거의 다 탐사하였으나 그 종류와 수량의 상세는 알지 못하였던 것이요, 그들이 그 일을 나에게 말하게 된 것은 그것을 인출하자는 계획에서였다. 나는 그 말을 들은 뒤에 나의 일생에 많이 받아본 기억이 없는 정도의 충동을 받았다.

세계적 위인이신 세종대왕께서 여러 나라의 어느 문자에 견주어서든지 우수한 지위를 점령할 한글을 내시고, 가장 먼저 그 글로 번역하고, 또 그 번역한 글을 목판에 인각하여 인서印書에 편케 하고 따라서 영원한 세상까지 보존케 한 것은 불경 및 불교서 유類이다. 그러므로 한글의 유적은 대개 사찰에 보관하게 되었던 것이다.

135　『삼천리』 7권 6호, 1935년 7월. 원제는 「국보 잠긴 안심사: 명산대찰순례 ①」이다.

그러나 쇄국 시대에 있어서 근역槿域 3천리를 대우주로 인식하여 각국과의 문화 비교를 몽상도 하지 못하고, 다만 중국 문화를 존숭尊崇하는 사대사상의 유교가 국가 정신의 중심이 되어서 한문을 존중하고 한글을 가리켜 '언문' 혹 '내서內書'라 일컫던 시대에 아무리 불세위인不世偉人의 특견고사特見苦思에서 창조된[136] 거룩한 한글이라도 그때의 민중에게 존경을 받지 못하게 된 것은 그다지 괴이한 일이 아닐 것이다.

한글은 보편으로 인식되지 못하는 동시에 불교가 점점 쇠미하여지므로 사찰이 그에 따라 퇴폐에 퇴폐를 계속하게 되었다. 그러므로 다종 다량으로 인각되었던 한글의 불경판은 유교적 사대자모事大自侮[137]의 사상과, 보관하였던 사찰의 퇴폐에 따라서 점점 산망·유실·부패, 혹은 아직 발견되지 못하였다. 그리하여 지금까지 그 존재를 인식하는 것이 산질散帙[138]된 『월인천강곡月印千江曲』 4권의 판이 있을 뿐이요, 그 밖에는 실로 들은 바가 없으며, 그 형영形影을 볼 수 없었다. 이 얼마나 통탄할 일이었으랴.

나는 이 말을 들은 그 이튿날 곧 떠나려 하였으나, 부득이한 사정으로 수일을 지체하는 동안에 거의 신경의 변태 작용을 일으킬 만큼 마음이 긴장 초조하였다가 아무도 모르게 슬며시 안심사로 가던 때의 기억은 지금 생각하여도 긴장하게 된다.

그때 나는 차를 타고 얼마 되지 않아서 조금 피곤하기에 누웠더니 그대로 잠이 들었다. 조금 있다가 깨어 사위四圍를 살펴보니 조치원에 도착하였으므로, 아직 시간의 여유가 있음을 생각하고 도로 누웠더니 그대로 꿈나라에 깊이 들어갔다. 그러다가 문득 깨어서 차창으로 내다보니 '추풍령秋風嶺'이라고 쓴 역의 게시판이 보인다. 당황히 행장을 수습하여가지고

136　불세위인(不世偉人)은 세상에 둘도 없이 뛰어난 사람을 말하고, 특견고사(特見苦思)는 특별한 견해로 고심하여 생각한 과정을 말함.

137　큰 나라를 섬기며 스스로를 욕되게 하다.

138　한 질을 이루는 여러 권의 책 중에서 빠진 권이 있음.

차에서 내렸다. 그 찰나의 심리 상태는 초속도超速度로 이상하여졌다. 한마디로 말하자면 차를 타고 자다가 자기의 도착지를 지나간 것이, 아무리 일시적 과오라 할지라도 자기의 존재를 인식하는 긍정률肯定率의 불충실한 표현 행동이 아니라고 할 수가 없다. 그로 인하여 일어나는 부작용의 심리 상태는 부끄럽고 창피하고 열적고 가로세로 괴로웠다. 스스로 생각하기를, 나의 과오가 철도 규정에 있어서 중대 사실이 될 것인즉, 적어도 이 사유를 역장에게 말하는 것이 옳을 일이라고 하여, 개찰구에 나가기 전에 역장의 면회를 청하였다. 개찰구의 계원이 역장 면회 사유를 묻기에 나의 사유를 말하니, 계원은 "그런 일은 역장에게 말하는 것이 아니오, 여기 선 사람에게 말하는 것이오" 한다. 나는 거듭 창피를 당하였다. 그 사람을 향하여 나는 "기왕 일이 이렇게 되었으니 벌금이라도 물고 차표를 다시 사야 하겠지요. 대단히 미안합니다" 하였다. 그 사람은 "자다가 목적지를 놓쳤으니 관계 없소. 나가서 조금 기다리면 대전 가는 차가 있으니 도로 타고 가시오" 하고 차표를 받고 내보낸다. 나는 또 창피를 당하였다. 약 2시간을 기다리니 4일 상오 6시경에 대전 가는 차가 떠나게 되는데, 개찰구 계원은 아까 나에게서 받은 차표의 뒷면에 '오승誤乘'이라는 장방형의 도장을 찍고 도로 준다. 그 표를 받을 때에 또 한번 창피하였다.

9시 반에 연산역에 내려서 곧 자동차를 타고 목적지인 안심사에 도착하니 10시 반경이었다. 만목황량滿目荒凉[139] 폐허잔사廢墟殘寺의 경색景色이 실로 백퍼센트인 역사적 과정의 찰나의 실재였다. 좌우에 우거진 총림叢林 속에서 고요한 산곡 간의 공기를 흔들어놓는 새 울음소리조차 애연哀然한 생각을 금치 못하게 하였다. 나는 이 절의 한참 당시의 번영도 석일몽昔日夢으로 돌리지 않을 수 없는 것이 무한히 애통하였다.

법당 마당에서는 보리바심을 하는데, 그 옆 뜰에는 불두화佛頭花(수국)가

---

139 눈에 보이는 모든 것이 거칠고 황량함.

괴있다가 떨어진 쇠잔한 흔적이 아직도 남아 있고, 두어 줄기의 촉규화蜀葵花(접시꽃)는 바야흐로 피는 중이다. 모든 풍상을 지나면서 무가보無價寶인 한글 경판을 감추어두고 외연히 솟아 있는 2층 법당, 마침 내리는 가는 비를 받으면서 어느 사람을 기다리고 있는 것 같다.

나는 점심을 마친 후 곧 경판을 배관拜觀하였다. 경판은 한글 경판뿐이 아니라 다른 경판도 있어 되는 대로 섞여 질서 없이 적치積置되었는데, 그 경판은 약 50년 전까지 판전板殿에 봉안하였다가, 판전이 없어진 뒤로 법당 불단 뒤 마루 밑 땅바닥에 적치하여두었던 것인데, 최근에 비로소 마루 위로 이안移安한 것이다. 곧 3, 4인의 조력을 얻어 한글 경판의 정리를 시작하였는데, 모든 경판 약 2천판이 뒤섞여 있는 중에서, 종류와 순서를 찾아서 정리하기에는 여간 곤란이 아니었다. 그러나 나는 나의 손이 경판에 접촉될 때마다 강반强半(절반이 넘음)의 감개가 섞인 기쁜 마음을 움직이게 되었으며, 동시에 한판 두판 순서를 찾아 정리할 때에 만일 낙질落帙이 되었으면 어찌 하나 하는 염려로 마음은 긴장에 긴장을 거듭하였다. 이튿날은 조조早朝부터 5, 6인의 조력으로 경판의 정리를 계속하여 박모薄暮(해 질 녘)에 마쳤는데,

원각경圓覺經(1판 2면)

서序	42판 내板內 양면兩面 소결少缺 2판
경상經上	1지1 59판 내 35, 36장張 1판 결缺, 1면 소결少缺 2판
	1지2 97판 내 183, 184장 1판 결缺, 양면교호착각兩面交互錯刻 2판
	2지1 27판 내 1면 무각無刻 1판
	2지2 87판 내 1면 무각無刻 1판, 양면 반파半破 1판
	2지3 24판 내 제47장 재어在於 2지2, 173장 후면後面
경하經下	1지1 34판 내 소파少破 1판

1지2 29판 내 1면 무각 1판, 1면 부상腐傷 1판, 양면 소결少缺
1판

2지1 33판 내 1면 무각 1판, 반상半傷 3판

2지2 24판

3지1 68판 내 반패半敗 1판

3지2 53판 내 1 무각 2판, 대파大破 2판

합合 577판 내 2판 결缺

실實 575판

금강경金剛經(1판 4면)

경經   38판 내 13, 14, 15, 16장 1판 결缺, 129, 139, 131, 132 1판 결缺

서序   5판 내 5, 6장 전파全破, 8장 반파半破

후서後序   3판; 사실事實 1판; 발跋 2판; 심경心經 1판

합合 50판 내 2판 결缺

실實 48판

은중경恩重經(1판 2면)

경經   12판 내 23, 24장 1판 결缺

실實 11판

천자千字(1판 2면)

합合 9판(전全)

유합類合(1판 2면)

합合 14판 내 2판 결缺, 1판 파破

실實 11판 반半

한글 경판을 정리한 결과는 이러하였다.

1경에 2판 이상의 결판缺板이 없어서 650여판에 7판 반의 결판이라면, 다소의 유감이지마는 실로 완벽이 아니라고 할 수 없다. 절무근유絶無僅有 (아주 없다시피함)한 완벽인 수량의 한글 불경판을 발견하여 나의 손으로 정리하여놓은 것은 나의 일생의 승사勝事이다. 거기에서 얻은 쾌감, 환희는 언어도言語道를 초월하였다.

나는 다시 이렇게 회상하였다. 아! 세종대왕은 예지자요, 위대한 신교자信敎者이셨다.

그리하여 한글을 창조하시고, 위업인 동시에 신앙적 대심 행위大心行爲인 불경의 번역과 판각板刻의 거업巨業을 이루셨다. 그러한 위대한 인물과 거대한 사업을 너그러운 품에 품었던 불교는 과연 얼마나 성하였었는가. 그러한 위적偉跡을 보존하지 못하였던 300년래의 조선 불교는 얼마나 침쇠하였는가. 그의 잔판단목殘板斷木을 발견함을 일생의 승사로 삼는 나의 감개는 경판을 정리하고 최후로 법당을 나오다가 다시 돌아서서 경판을 향하여 두어 줄기의 눈물을 뿌린 것으로 끝을 막았다.

익일에 어제 비가 개지 않음에도 불구하고 떠나기로 결정하였다. 경판을 감추고 있는 법당을 향하여 정례頂禮하고 주지스님에게 경판의 수호를 재삼 부탁하고 비를 맞으면서 떠났는데, 비로 인하여 정기 자동차가 운전을 중지하였으므로 도보로 연산역까지 와서 기차를 타고 경성에 도착하였다.

조선 전토에 한글 경판은 『월인천강곡』의 산질된 수권판數卷板에 불과하고, 그 외는 절무絶無인 이때에 3종 경판과 『천자』『유합』을 합하여 5종,

총합 650여판의 완벽을 발견한 것은 기꺼운 일이라고 생각하였다.

그러나 지금 안심사의 현상은 도저히 국보적인 한글 경판을 수호할 만한 힘을 가지지 못하였다. 안심사는 폐허고사廢墟古寺로 사재寺財가 없어서 주지 1인이 산전山田을 자농自農하여 생활을 근보하는 상태라, 그러한 중보重寶를 완전히 수호할 수 없는 것은 명료한 사실이다.

한글 경판의 수호 방법을 따로 강구치 않으면 안 될 것이니, 그것을 수호할 방책은 대략 세가지가 있다.

① 안심사에 그것을 수호할 만한 정도의 보조를 할 것. ② 그것을 수호할 만한 다른 사찰에 이안할 것. ③ 경성에 판각板閣을 신축 혹 매치買置하여 이안할 것. 이상의 세가지를 비교하여보면 안심사에 보조한다는 것은 여러 가지로 보아 곤란한 점이 많이 있어서 거의 불가능이 되겠고, 타사에 이안하는 것은 일에 있어선 간편하나 그 한글 경판의 존재로 하여금 보편적으로 인상을 주고 학계의 자료를 보급하는 데 대하여 다대한 불편이 있을지니, 경성에 이안하여 일반 인중人衆에게 정신상 학술상의 각 방면으로 의의있는 편의를 주는 것이 가장 좋은 줄로 생각하여 실행코자 하는 바이다.

값없는 보배란
티끌에서 찾느니라
티끌에서 찾았거니
티끌에 묻을소냐

두만강에 고이 씻어
백두산에 걸어놓고
청천백일 엄숙한 빛에
쪼이고 다시 찍어

반만년 살아오는

사랑하는 우리 겨레

보고 읽고 다시 써서

온 누리의 빛 지으리라

역경譯經의 급무[140]

1. 불경의 본의

불경이라면 물론 금구소설金口所說(부처님의 설법)의 경전을 이른 것인데, 여기에서 말하는 역경이라는 '경經'은 광의적으로 경률론經律論과 기타 불교에 관한 문헌의 전부 즉 장경을 의미한 것이거니와, 불경의 본의를 말하는 데는 편의상 경장經藏에 대하여 말하는 것이다.

경經은 물론 석존이 성도成道하신 후에 '여증이설如證以說(깨달은 그대로 설함)' 하신 것이나 그보다도 중생을 제도하기 위하여 설說하신 것이다. 다시 말하면 부처님이 자중하신 바를 남에게 알리기 위하여 설하신 것이 아니라, 미륜迷輪(번뇌의 수레바퀴)에 빠진 일체 중생이 지혜를 얻어 진리를 깨닫게 하기 위해 설하신 것이니, 그러므로 중생의 근기根機에 따라서 대소반만大小半滿의 과과科를 설하시고, 유정·무정에 이르기까지라도 그 무리를 따라서 각각 그들의 음성으로 법을 설해서, 일체 중생으로 하여금 하나도 알아듣지 못함이 없도록 하신 것으로 보아서, 중생을 연민하시는 노파심절老婆心切의 대자비를 받들어 알 수 있는 것이다.

---

140 『불교』 신(新) 3집, 1937년 5월.

부처님은 원음낙락圓音落落의 일음一音으로 일상일미一相一味[141]의 진제眞諦[142]를 설하시되, 일체 중생은 각각 무리를 따라서 깨달음을 얻는 것이 일체 무애無碍[143]의 대법에 있어서 조금도 이상할 것이 없지마는, 중생의 차별심으로 본다면, 부처님이 법화회상法華會上에 일찍이 일승一乘[144]을 설하시다가, 일체 인천人天이 의구심을 내어서 신해信解하지 못하므로, 다시 삼승三乘[145]을 설하시고 나아가서 성문벽지불聲聞辟支佛[146]을 제도하시기 위해서는 성문벽지불의 몸으로 변하여 그 무리에 들어가 그들에게 적당한 법을 설하시고, 또는 천天, 용龍, 야차夜叉, 아수라 및 축생, 조류, 어족, 곤충까지도 그들을 제도하시기 위해서는, 그들의 몸으로 변해 그들의 음성으로 그들에게 적당한 법을 설하셨느니, 그것은 부처님이 스스로 증명하신 법이 아무리 무상무외無上無外의 대법이라 할지라도, 그들의 음성으로 그들에게 적당한 법을 설하지 아니하시면 그들을 제도할 수가 없으므로, 입니입수入泥入水, 실로 방편을 다하지 아니하심이 없이 일체 중생을 제도하신 것이다.

부처님이 열반을 시현示現하신 뒤에, 당시의 대제자들과 그후의 대보살들이 불佛의 가피加被[147]를 입어서 금구소설을 결집한 것이 불경의 소유래所由來이다. 부처님의 설법이 일체 중생의 개오開悟를 위하심이요 경의 결집이 후래後來 중생에게 전포傳布코자 함인즉, 불경의 본의는 아무쪼록 널리 베풀어 중생에게 안락을 주는 데에 있는 것이다.

141　모든 존재의 본질은 하나로 같다는 뜻.
142　열반(涅槃), 진여(眞如), 실상(實相), 중도(中道) 등의 진리.
143　걸림이나 장애가 없어 자유자재한 것.
144　모든 중생이 부처와 함께 성불한다는 석가모니의 교법. 모든 것이 부처가 된다는 법문이다.
145　중생을 열반에 이르게 하는 세가지 교법으로서, 성문승·독각승·보살승을 가리킨다.
146　성문은 부처의 가르침을 듣고 깨달음을 얻는 수행자, 벽지불(연각)은 부처 없이 스스로 인연의 이치를 깨닫는 수행자를 뜻한다.
147　부처나 보살이 자비를 베풀어 중생에게 힘을 줌.

2. 역경과 포교

부처님의 성지聖旨가 도생度生에 계시고, 경經의 결집이 전포를 위한 것이라면, 불교도의 대임무는 포교에 있는 것이다. 포교의 방식은 백천방편百千方便이 있어서 한두가지에 그치지 않느니, 양미순목揚眉瞬目[148]·격선상擊禪床[149]·수불자竪拂子[150]로부터 행각行脚(걸식乞食)까지라도 포교 아닌 것이 없거니와, 그중에서도 가장 보편적으로 시행되는 것은 포교소의 설교와 문자로의 선포宣布인데, 포교소의 설교는 당시 거기 모인 청중과 정기定期의 시간에 한하므로 그 규모가 지방적이요, 그 효과가 일시적이어서 제망중중帝網重重[151]의 무진법문無盡法門을 다할 수 없는 것이다. 그러므로 포교에 있어서 가장 보편적이요 오래 유지될 수 있는 것은 문자로의 선포이다. 그러나 문자의 선포라 할지라도 그 문자가 일반 대중이 해득하기 어려운 문자를 사용한다면 아무 효과를 얻지 못할 뿐 아니라, 도리어 모든 사람의 빈척擯斥(싫어하여 물리침)을 받을 것이다. 그러므로 포교의 문자는 일반적으로 이해易解의 문자가 아니면 안 될 것은 말할 것도 없는 것이다. 범문경전梵文經典이 동토東土에 유포될 수 없으므로 한문역漢文譯이 되고, 한역漢譯이 비한문국에 유포될 수 없으므로 각각 그 나라의 국문으로 번역하는 것이 그러한 이유이다.

우리 조선에는 세계적으로 자랑할 만한 완비한 『팔만대장경』이 있을 뿐 아니라, 그 장경의 원판까지 해인사에 봉안奉安되어 있어서 얼마든지 인출印出할 수 있게 되어 있다. 그러면 포교 문자의 자료로는 완전히 설비되어

---

148 눈썹을 움직이거나 눈을 깜빡이는 행위로 선승이 수행자를 지도하는 비언어적인 행위.

149 깨달음을 얻거나 법문을 전하기 위해 선상(禪床)을 치는 선 수행의 행위.

150 제자의 질문에 답하기 위해 불자(拂子)를 들어 보이는 행위로 선문답의 방식을 뜻함. 진리는 말로 표현할 수 없는 것이라는 의미를 나타낸다.

151 『화엄경』의 '제망중중무진연기(帝網重重無盡緣起)' 참고. 제석천(帝釋天)의 구슬그물처럼 상하좌우 겹겹으로 무궁무진하게 상호 의지해서 존재하는 우주 만유를 비유함.

있지 아니한가. 그러나 포교의 실적은 그와 반비례로 진전이 되지 못하였느니, 그 원인은 이조 중엽 이후로 정치적·사회적이고 기타 객관적인 정세가 불교에 불리하였기 때문이지마는, 대법묘리大法妙理를 포괄하고 있는 『팔만대장경』이 일반 대중에게 선포되지 못한 것은 그 장경의 문자가 비조선적非朝鮮的인 난해한 한문인 까닭이었다.

조선에 한글이 창제되기 이전에는 물론 조선 문자로서 일반에게 보급될 만한 것이 없었으므로, 자연히 중국으로부터 수입된 한문이 국문처럼 되어 있어서 제작이나 번역이나 무엇이든지 문자로 기록되는 것은 모두 한문으로 하는 외에 다른 도리가 없었다. 그리하여 장경 또한 한문 그대로 되어 있었다. 그러나 한문은 난해한 외국 문자이니만큼 소수의 특수계급에서만 사용되었고 일반 민중은 교섭하기 불가능하여 그러한 한문 경전으로 다수인에게 선포하기는 실로 불가능이었다. 그러면 한문 장경은 의내명주衣內明珠[152]가 되어서 용작傭作(날품팔이꾼)의 가난을 구제할 수는 없는 것이다.

하물며 근래 신교육이 실시된 후로는 한문학은 거의 자취가 끊겨 일부 특수계급에서 숭상하던 것까지도 기식엄엄氣息奄奄 잔천殘喘[153]을 지키지 못하게 되었은즉, 한문 경전을 선포하여서 과연 고해자항苦海慈航[154]을 지을 수가 있겠는가. 선포하지 못하면 『팔만대장경』이 능히 한 사람도 제도할 수 없는 것이요, 수지受持[155]하면 일언반구로 능히 생사고해生死苦海를 열 수가 있는 것이다. 시험하여 불교의 선포 여부가 중생에게 어떠한 영향을 미치게 하는가를 말하리라. 그것은 요원한 예를 들지 않더라도 조선 불교 쇠퇴 이후의 지나간 자취만을 가지고 넉넉히 알 수가 있는 것이다.

152　스스로에게 있는 보물을 미처 깨닫지 못하다가 발견하게 되는 경우를 말함.
153　기식엄엄(氣息奄奄)과 잔천(殘喘)은 모두 금방 목숨이 끊어질 듯 숨기운이 약하고 위태한 것을 말한다.
154　고통의 바다를 자비의 배로 건넌다는 뜻.
155　경전이나 계율을 받아 항상 잊지 않고 머리에 새기는 것을 이름.

이조 중엽 이후 조선 불교가 정치적·사회적 압력으로 일반 사회와 격리되어 산간에 유폐된 뒤로 불교도는 과연 무엇으로 교리를 선포하였는가. 불교도가 일반 민중에 대하여 정정당당하게 의식적으로 선포한 자취는 별로 없다. 그러면 불교가 그렇게 쇠퇴하여 선포기관이 없는 과정에서 일반 민중이 불철저하나마 불교에 대한 신앙을 가지게 된 것은 무슨 까닭인가. 그것은 대소 사찰에 깊이 감추어둔 팔만장경의 힘도 아니요, 송하암혈松下巖穴에서 수도하는 고승석덕高僧碩德의 힘도 아니다. 그러면 무슨 까닭인가. 그것은 신라 고려 이후 불교 전성의 여음餘蔭[156]으로 타력적惰力的 관습도 없는 것은 아니나, 특거特擧할 것으로는 ① 고대소설 ② 걸승乞僧 두가지가 있었을 뿐이다.

조선 불교 쇠퇴 이후에 일반의 민간 신앙으로 고대소설과 걸승이 있었다고 하면 일견 웃을는지도 모른다. 그러나 거기에는 일반으로서 추측할 수 없는 묘리가 있는 것이다. 고대소설이라는 것은 신소설이 아닌 구소설을 말함인데, 이것이 너무 독단적일는지 모르지마는 구소설의 대부분은 불교도의 저작이라고 보아서 큰 차이가 없을 것이다. 구소설 중에 불후의 명작이라고 하는 「별주부전」(일명 토끼전)은 『별미후경鼈彌猴經』에서 취재한 것이요, 「적성의전翟成義傳」은 『현우경賢愚經』 중의 「선사태자善事太子 입해품入海品」을 번역한 것으로 다소의 각색을 가하였을 뿐이요, 그 외의 소설도 대부분이 불교 신앙에 관련되는 것이다. 소설의 주인공이 불공의 결과로 탄생되었다든지, 또는 주인공의 성공이나 피화避禍가 고승도사高僧道師의 지시指示로 되었다든지 하는 등의 불교 신앙에 관련되는 것이 구소설의 강반强半을 점령하였다. 그리고 구소설치고 작자를 알 수 있는 것이 몇이 없으니, 그것을 다 우연한 사실이라고 볼 수는 없는 것이다. 『본생경本生經』 같은 것은 불교인으로도 보통으로 학습하는 것이 아니어서, 특수한

---

156 조상의 공덕으로 자손이 받는 복을 일컬음.

전문 학자가 아니면 알 수조차 없는 것인데, 「별주부전」과 「적성의전」 같은 것이 번역되었은즉, 그것은 물론 불교학자의 저작인 것이 틀림없고, 다른 소설도 불교 신앙에 관계되는 것은 반드시 불교도의 손으로 나온 것이 거의 틀림없는 사실일 것이다. 왜 그러냐 하면, 불교 신앙에 관계되는 말을 기입한 것으로만 속단하는 것이 아니라, 그때의 사회 사정으로 말하면 유교의 전성시대로 불교를 여지없이 구축하는 판인즉, 불교인 이외의 유교인이나 보통 다른 사람으로 소설을 지었다면, 반드시 불교 신앙에 관한 말을 쓰지 아니할 뿐 아니라, 도리어 불교에 불리한 언구言句를 썼을는지도 모르는 것이다. 그러면 불교신앙에 관한 구소설 작자는 불교인이 아니고서는 있을 수가 없는 것이다. 그때의 현상으로 추측하면 불교도로서 소설의 작자가 생김직도 한 일이다. 모든 방면의 압력에 눌리어서 도저히 직접적으로 대법을 홍포弘布할 수 없는 불교도들은 낙척落拓, 울분, 참을래야 다 참을 수가 없으므로 우회곡절迂廻曲折의 방편을 열어서 무량대법無量大法[157]의 일선一線의 선포를 우의寓意의 소설에 붙이게 된 것은 진실로 그들의 고심참담이 얼마나 깊었다는 것을 엿볼 수 있는 것이다.

다시 불교 신앙에 관한 구소설의 작자를 구태여 불교도라고 하지 않더라도 그 결과는 어떠하였는가. 그 결과는 실로 작지 아니하였다. 한글로 된 소설은 항간의 우부우부愚夫愚婦까지라도 다 보고 듣게 되므로, 그중의 제일 주장되는 주인공의 비범한 탄생과 기이한 성공, 피화避禍가 부처님과 도사의 힘으로 되었다는 데에 미쳐서는 무조건으로 여간한 신앙을 가지지 않게 되는 것이어서, 구소설은 실로 불교 신앙의 선포에 막대한 공효를 나타내었느니, 당시 식자 간에서는 천시되는 구구한 소설이 불교를 선포하는 데에 산간에 장치되어 있는 『팔만대장경』보다 훨씬 큰 공능功能을 나타내었다는 것은 다만 선포 여부에 있는 것인즉, 만일 장경의 전부를 한글로

---

157   헤아릴 수 없이 크고 널리 퍼져 있는 부처님의 가르침.

번역하여 항간의 부녀·소아에까지 홍포弘布하게 된다면 그 효과는 과연 어떠할 것인가?

걸승의 걸식에 대하여 비구걸식比丘乞食의 본의를 말한다면, 두타행頭陀行[158]의 하나로 탐욕과 교만을 파하고 수도하기 위하여 색신色身을 자資하는 것인즉,[159] 보통 자신의 책策[160]이 없어서 의식衣食을 비는 것과는 다른 것이다. 그러나 재래의 조선 승려의 걸식을 대개 그러한 청정淸淨 걸식이라고 할 수 없으나, 하여간 불교로서 일반 인민에 대하여 아무 접촉이 없는 때에 걸승으로 말미암아서 일반 가정에 불교의 관념을 계속시킨 것은 확실한 사실이다. 걸승의 동냥을 청구하는 방식은 염불이나 주문이나 회심곡回心曲 같은 것인데, 그것이 다 훌륭한 법문이 될 수가 있는 것이요, 가령 듣는 사람이 다 그것을 법문으로 듣지 못하더라도 중에게 동냥을 주는 것은 중을 위한다느니보다 그것으로 공덕을 짓는다는 생각, 즉 불교에 대한 신앙심을 양성하는 고로 걸승의 본의야 어디 있든지 시자施者에게는 불연佛緣을 맺게 되는 것이다. 그러나 차차 절의 규칙이 해이하고 승도僧徒의 생활이 곤란해지면서 걸승의 수가 많아지고, 걸식의 목적이 법을 떠나서 사욕에 가까운 일이 적지 않으므로 일반 속인이 걸승을 비방함은 물론이고, 같은 승려끼리도 걸식의 함부로 하는 행동을 빈척擯斥하여서 대개 걸승이라면 도리어 불교의 체면을 손상만 하는 줄로 아는 감이 있었으나, 실로는 산중에 유폐된 불교와 절연 상태에 있는 일반 민중이 걸승의 접촉으로 불교에 대한 개념을 환기하고, 동전 한닢, 쌀 몇 톨로 불교의 인연을 맺게 된 것은 불교 선포의 공능功能이 또한 적지 아니하였다. 그러면 의식衣食을 비는 일성一聲의 목탁과 수편數遍의 염불이 오히려, 여운여우如雲

---

158 불교에서 출가 수행자가 의식주에 대한 집착을 버리고 몸과 마음을 닦는 고행 수행법.

159 '색신을 자하다'라는 것은 '육체를 바탕으로 삼다'라는 뜻으로 승려들이 수도하기 위해 일부러 비구걸식한다는 의미가 담겨 있다.

160 자신지책(資身之策)은 제 한 몸의 생활을 도모할 계책을 가리키는 말이다.

如雨[161]의 법문을 흉중에 품고서 산간암혈에 올연독좌兀然獨坐(홀로 우뚝 앉아 있음)하여 한명의 중생과도 접촉이 없는 고승대덕高僧大德보다 낫지 아니한가. 그러나 포교의 방식으로 걸식을 장려하는 것은 물론 아니거니와, 아무리 인천人天의 사표가 될 만한 무량법보無量法寶라도 중생에게 수지受持할 만한 인연을 주지 아니하면 도리어 걸식의 표시인 일성의 목탁과 수편의 염불로 불사佛事를 지어서 불연의 종자를 심느니만 못하다는 말이다. 그러면 무상대도無上大道[162]의 무진법보無盡法寶를 산간에만 적치積置하여 일반 인민에게 선포치 아니하리오.

3. 억경과 조선 문화

조선 문화라면 한마디로 불교 문화라고 한대도 별로 항의할 사람이 없을 것이다. 재래의 조선 문화치고 불교의 감화를 받지 아니한 것이 있는가. 건축에 있어서 그러하고, 조각에 있어서 그러하고, 회화繪畫에 있어서 그러하고, 내지乃至 음악, 문학에 있어서도 그러하다. 건축술이 사원寺院으로부터 비롯하고, 조각이 불상佛像·부도浮圖 등으로부터 비롯하고, 회화가 각종의 불화佛畫로부터 비롯하고, 성악聲樂의 원조는 범패梵唄요, 음률의 종가宗家는 '영산靈山'이 아닌가. 지금까지 잔존하여 있는 조선 문화의 자취로 세계적으로 자랑할 만한 것이 불교 문화를 빼놓고 무엇이 있는가. 건축으로서는 불국사를 첫 손가락으로 각 사원 중의 우수한 건축물이 있고, 조각으로는 석굴암의 석불과 해인사 장경판과 기타 우수한 석탑이 있고, 회화로는 황룡사皇龍寺의 벽화 같은 것이 있고, 음률로는 아악雅樂이 있지 아니한가. 이러한 불교 문화의 몇 가지를 제하고서 또 다른 무엇이 세계적으로 내어놓을 만한 것이 있는가.

---

161 구름과 같이, 비와 같이 매우 빽빽하게 모여 있는 모습.
162 불교에서 이보다 더 높은 것이 없는 큰 도를 가리키는 말.

문학으로도 조선 문학은 불교에서 발원發源되었다고 볼 수 있으니, 조선 문학의 최고품最古品인 이두吏讀로 된 시가가 잔존한 것이 얼마 되지 아니하나 그 전부가 거의 불교에 관한 것이요, 한글의 기원에 대해서도 여러 가지 말이 있으나, 그중에 범어梵語에서 발원되었다는 말과, 고승요의高僧了義에서 남상濫觴(사물의 기원)되었다는 말이 제일 유력하다. 그것을 독단적으로 단정할 수는 없으나 하여간 한글의 기원이 불교와 인연이 있을 것은 거의 틀림이 없는 사실일 것이다. 한글을 창제하신 세종대왕이 아무리 하늘에서 준 덕을 따르는 성聖이라 하더라도, 어디서든지 '힌트'를 얻지 아니하고서 무중생유無中生有로 창제되었으리라고는 생각되지 않는데, 만일 힌트를 얻은 데가 있다면 그 당시의 사정으로 보아서 범어 이외에는 그만한 힌트를 얻을 곳이 없었으리라는 까닭이다. 그리고 한글이 제정된 뒤에 세종의 아드님이신 세조께서 한글의 최초 실용으로 불경을 많이 번역하셨는데, 그것은 세조의 불교에 대한 신앙 관계로 명복冥福을 빌기 위하여 특히 불경을 번역하신 것이라고 볼 수도 있지마는 한글의 기원이 불교와 관련되는 까닭으로 그 최초 실용에 불경을 번역한 것이 아닌가 하는 생각도 쓸모없는 천착은 아닐 것이다.

한글의 기원이 불교와 관련성이 있고 없는 것은 고사하고라도, 한글로 불경을 번역하여 유포한 것만으로도 조선 문학의 최초 기원이 될 것이요, 그것이 지금까지 유존留存되어서 조선어문 연구에 유일한 자료가 되는 것만 하여도 조선 문학에 대한 불교의 공헌이라고 하느니보다, 순 조선 문학인 이두 문학과 한글 문학은 불교에서 기원되어서 불교 때문에 존속되었다고 볼 수가 있는 것이다.

이것은 과거의 조선 문학과 불교 관계를 말한 것이거니와, 지금 불경을 한글로 번역하여 유포한다면 그것은 불교의 포교라는 의미를 떠나서 조선 문화에 이익을 더함이 적지 않을 것이다. 우선 현재에 있어서 조선인의 생명이라고 할 수 있는 한글의 선포라든지, 권선징악의 인과율적 정신문화라든지, 불교의 왕양오묘汪洋奧妙(깊고 넓고 오묘함)한 문학을 번역해 내보낸다면 미래의 조선 문학에 대한 영향이라든지 모든 점으로 보아서 역경과 조선 문화와는 과거·현재·미래를 통하여 실로 비일비이非一非二의 관계가 있을 것이다.

4. 결론

위에서 말한 것과 같이 불경의 본의는 불교 자체를 위한 것이 아니라 중생의 개오開悟를 위한 것이요, 중생의 개오를 위해서는 무엇보다도 선포가 요체인데, 선포의 방법이 한둘에 그치는 것이 아니나 문자로 보급시키는 것이 가장 공간적이요 시간적이어서 선포에는 최선의 방법이다. 그런데 조선 불교의 유신 이래 교육으로, 포교로, 기타 모든 방면으로 다소의 진보가 없는 것은 아니로되, 역경에 있어서는 요요무문寥寥無聞(들은 바 없음)이다. 하기야 개인적으로 짧은 분량의 번역이나 저술이 아주 없는 것은 아니나, 양으로도 근소할 뿐 아니라 질로도 완전하다고 할 수가 없으며, 불교계의 공영公營으로는 최근의 경남 삼본산三本山[163]의 공동경영인 역경원譯經院이 있으나, 그것도 아직 규모가 협소하여서 완벽의 역域에 이르기까지는 거리가 요원하다. 그러면 역경 사업은 조선의 전 불교가 일치 협력하여 대규모로 하지 아니하면 원만히 진행되기 어려울 것이다.

원불조탑願佛造塔[164]이 공덕이 아닌 것이 아니며, 대가람大伽藍(크고 웅장한 사찰)을 창건하는 것이 사업이 아닌 것은 아니나, 그보다도 경전을 번역 유포하면 공덕으로는 막대한 공덕이요, 사업으로는 무상無上의 사업이 될 것이다. 아무리 천불만탑을 조성하고 거사대찰巨寺大刹을 설립하더라도

---

163   삼본산은 일제강점기 불교계에서 쓰인 용어로, 한국 불교의 중심 역할을 했던 31개 주요 사찰을 통칭하는 말이다.

164   부처에게 발원하고 그 원에 따라 탑을 건립하는 것.

교리를 선포하여 중생을 제도치 아니하면 삼세三世 제불諸佛의 본원本願과 는 십만 팔천리의 거리뿐이 아닐지니 불교의 당국자는 마땅히 힘쓸지어다.

삼본산회의를 전망함[165]

경남 삼본산종무협회 정기총회는 매년 9월 중에 개최하며 회장은 삼본 산 중 돌아가며 하는데 금년에는 범어사에서 하게 되었다 한다.

작년도 총회를 본다면, 작년 9월 27일에 회의를 해인사 내에서 열고, 전 회원 39명의 출석으로 하루 동안 회의를 진행하였는데, 회의 사항은 종무 宗務·의식儀式·포교布敎·교육敎育 등에 관한 것이다. 그러한 일의 집행은 각 본산에서 개별로 하는 것이나, 적당하게 토의 제정하여서 동일하게 실 행하자는 것이요, 공동 사업으로는 역경譯經과 불교지 간행 두가지인데, 선서문으로 보아서 그 모임의 성질을 짐작할 수가 있는 것이다.

"우리 조선 승려는 조선 불교의 사회적 가치를 발휘코자 지난번 삼본산 종무협회를 조직한바, 마침 비상시를 당한 우리들은 민심지도의 책임이 중대한지라, 금후 일치협력하여 교리천양敎理闡揚에 매진하며, 상보사은上 報四恩[166]하고 하제삼도下濟三途[167]하여, 불타佛陀의 넓고 큰 은혜에 보답하 기로 이에 선서함."

이상 선서문 중에 요체를 든다면, '사회적 가치 발휘' '민심 지도' '일치 협력' 등이 그것이다. 우선 이 세 구절로만 보아도 그 회의의 책임이 여간 중대한 것이 아니다. 사회적 가치의 발휘라는 것은 이타利他를 으뜸으로 삼는 불교의 본의도 되려니와 특수한 역사를 가진 선불교로는 더욱 그러

---

165 『불교』신(新) 15집, 1938년 9월 1일.
166 부모, 스승, 나라, 중생을 포함한 네가지 큰 은혜에 보답해야 한다는 불교의 가르침.
167 악인이 죽어서 가는 세가지 괴로운 세계(지옥도, 축생도, 아귀도)를 구제한다는 뜻.

하다. 불교는 중생을 제도하기 위하여 입니입수入泥入水하는 것이 본령인 즉, 중생의 집합체인 사회를 떠나서 그 본령을 실시할 수가 없는 것이므로, 사회는 불교가 제도할 가장 중요한 대상이 되는 것이다.

그런데 과거에 있어서 얼마 동안 정치적·사회적 여러가지 관계로 쇠퇴의 길을 밟아서, 산간벽지에 칩거하여 일반 사회와 격리하게 되어서, 인간 사회를 떠나서 산간암혈에 은거하는 것이 불교의 진리인 줄로 오인하게까지 되었던 조선 불교도는 무엇보다도 먼저 불교의 사회성을 재인식하고 또 그것을 실행하지 않으면 아니 될 것이다. 그리하여, 조선 불교 유신 초에도 다소의 선견자先見者가 그것을 고조高調하여, 「산간에서 도회로」「자리自利에서 이타利他로」라는 것이 슬로건이 되어서 중앙에 진출을 하면서 각처에 포교소도 설치하고 일반의 교육기관도 설립하여 미미하나마 금일의 면목을 가졌거니와, 실적으로 보아서 아직 초심자의 첫걸음에 지나지 못하는 것이다. 그러므로 사회적 가치를 발휘한다는 것이 중요한 안목이 되는 것이다.

'민심지도民心指導'라는 것은 정찰精察(자세히 살핌)하면 사회적 가치 발휘 중의 일부분이 될 것이다. 그러나 그것은 도생度生 가운데 제일 요체가 될 것이다. 중생을 제도하는 것이 여러 가지 면이 있지만, 무엇보다도 그 '마음'을 지도하지 아니하면 아니 되느니 사람이 만사의 근본이 되는 마음이 바르지 못하면 그 지엽枝葉인 세행細行에 이르러서는 잘될 수가 없을 뿐 아니라, 가령 다소의 우합偶合(우연히 맞음)이 있다 할지라도 그것은 일시의 현상이요, 궁극적으로는 본체로 다시 돌아오는 것이다. 그러므로, 만사는 유심唯心으로 비롯하여 그것으로 마치는 것이다. 그런데, 민심의 지도라는 것은 도저히 정치나 법률로 되는 것이 아니요, 대포나 군함으로 되는 것이 아니어서, 다만 그것을 지도하는 것은 종교의 힘이 있을 뿐이요, 그중에도 일체유심一切唯心의 본영本營인 불교가 아니면 십분의 효과를 얻기가 어려울 것이다. 그리하여, 언제든지 인심의 지도는 불교가 그 임무를 전임專任

하지 아니하면 아니 된 것인데, 더구나 말법계세末法季世[168]에 대도大道가 쇠미하고 인심이 어지러워 귀의할 바를 알지 못하는 때에는 불교의 책임은 더욱 증대한 것이다. 그러므로, 민심 지도가 요체要諦일 수밖에 없는 것이다.

'일치협력一致協力'이라는 것은 모든 것을 귀납歸納하는 가장 중요한 조건이다. 이상의 모든 것, 즉 불교의 사회적 가치를 발휘한다든지 민심을 지도한다든지 하는 것이 도저히 개인이나 어느 절〔寺〕의 힘으로는 전적인 호과好果를 거둘 수 없는 것인즉 불교의 전체가 협력하는 것이 필요한 것은 물론이지마는 그렇게 되지 못하는 경우에는 가급적 될 수 있는 범위에서 먼저 일치단결하는 것이 면할 수 없는 현상이므로 삼본산 종무협회라는 것이 그러한 필연적 과정에서 산출된 현상일 것이다. 이론이 아무리 현란하다 할지라도 실행이 아니면 무용의 공론이 되는 것이요, 목적이 아무리 정확하다 할지라도 도달의 실력이 없으면 유리流離의 포물抛物[169]이 되고 마는 것이다. 그러면 일치협력은 요체 중의 요체가 될 것이다.

그러면 그 선서는 간단하면서 통괄적이요, 심상하면서 요체가 되는 것이다. 회원 일동은 물론 이것을 삼보三寶 전에 선서한 것이니, 얼마나 장엄하고 정중한 일이냐. 회원이라는 것은 총회 당시에 참석한 그들뿐이 아니오. 적어도 삼본말사의 승려는 물론, 소속 불교도까지라도 그 임무를 감당하지 않으면 아니 될 것이다.

그러면 금년도의 정기 총회는 어떠할 것인가. 물론 회기인 9월에 차례로 돌아오는 순서로 범어사에서 개최하게 된 것이다. 그것은 형식으로 정해 있는 사실이거니와 회의의 결과는 어떠할 것인가. 앞일을 내다보기 어려우나 여러 가지 사정으로 종합하여본다면 다소 수정이나 변경은 있을지 모르나, 그것은 사소한 문제에 지나지 아니할 것이요, 대개는 이전 모임의

---

168 부처의 가르침이 크게 변질되어 그릇된 불법(佛法)이 지배하는 때를 가리킴.
169 흩어져서 버림받는 존재가 되고 만다는 뜻이다.

기정 사실을 그대로 따라 할 것으로 짐작된다. 금년도 총회가 5회라 한즉 아직 시일이 얕아서 모든 일은 초창기를 초과하지 못하였은즉 물론 이미 설립한 사업에 소극적 변경은 있을 리가 만무한 것이요, 점점 신설 사업이 있을 것으로 볼 수밖에 없는데 작년 이후 총본산의 창설로 인하여 통상 예산 이외에 과다한 지출이 있었은즉, 다시 신규 예산을 세워서 사업을 신설하리라고는 기대하기 어려운 일이다.

그런데 삼본산협회는 그 본질에 있어서 일호一毫라도 피동적으로 된 것이 아니라 자각적 협력으로 된 것인즉, 조금이라도 단결력이 해이하여진다든지 이전에 설립한 사업의 축소가 된다든지 하는 일은 만무할 것이다. 그러나, 조선 불교계의 전철을 본다면 대개 유시무종有始無終이니 용두사미니 하는 객관적 조소를 면치 못하게 된 것은 속일 수 없는 사실인즉, 만일 그러한 예로 미루어본다면 삼본산협회에 대해서도 혹은 그러한 실패한 자취를 밟지 아니할까 하는 기우를 품을지도 모르나 조선 불교계에 모범을 보이기 위하여 특수한 형태로 구성된 그 협회가 창설한 지 불과 5주년에 다시 우만해이優漫解弛하여, 또 하나의 불행한 예를 지으리라고는 몽상도 못 할 일이거니와 제5회 정기총회를 적당한 시기로 하여 삼본산 용상龍象이 일층 분발하여 일어나 맹성猛惺을 감히 재촉하는 바이다.

2장

독립운동과 사회운동

조선독립의 서序[1]

1. 개론

자유는 만유萬有의 생명이요 평화는 인생의 행복이다. 그러므로 자유가 없는 사람은 시체와 같고 평화를 잃은 자는 가장 큰 고통을 겪는 사람이다. 압박을 당하는 사람의 주위 공기는 무덤으로 바뀌며 쟁탈을 일삼는 자의 처지는 지옥이 되는 것이니, 우주의 가장 이상적인 행복의 실재는 자유와 평화이다. 그러므로 자유를 얻기 위해서는 생명을 터럭처럼 여기고 평화를 지키기 위해서는 희생을 달게 받는 것이니 이것은 인생의 권리인 동시에 의무이기도 하다. 그러나 자유의 공례公例는 다른 사람의 자유를 침

---

1   「조선독립에 대한 감상의 개요(概要)」(1919년 7월 10일 서대문형무소에서 제출된 글의 제
목) 이후 『독립신문』 1919년 11월 4일자에 「조선독립에 대한 감상의 대요(大要)」라는 제목
으로 전문 게재. 이 책에서는 『증보한용운전집』(신구문화사 1979)을 참고하여 세간에 널리
알려진 「조선독립(朝鮮獨立)의 서(序)」를 제목으로 소개한다. 단락 구분은 국한문 원문을
참고하여 문맥에 맞게 다듬었다.

해하지 아니함을 경계로 삼으니 침략적 자유는 평화를 깨뜨리는 야만적 자유가 되는 것이며, 평화의 정신은 평등에 있으니 평등은 자유와 대등하다고 할 수 있다. 따라서 위압적인 평화는 굴욕이 될 뿐이니 참된 자유는 반드시 평화를 지키고, 참된 평화는 반드시 자유와 함께해야 한다.

자유여, 평화여, 전인류의 요구일지로다. 그러나 인류의 지식은 점차 진보하는 것이므로 초매草昧에서 문명으로, 쟁탈에서 평화에 이르게 됨은 역사적 사실로 충분히 증명할 수 있다. 인류 진화의 범위는 개인적인 데로부터 가족, 가족적인 데로부터 부락, 부락적인 것으로부터 국가, 국가적인 것에서 세계, 세계적인 것에서 우주주의에 이르도록 차례로 진보하니 부락주의 이전은 초매시대의 티끌에 불과한지라 고개를 돌려 감회를 느끼는 외에 별로 논술할 필요가 없다. 다행인지 불행인지 18세기 이후의 국가주의는 전세계를 풍미하여 그 절정에 제국주의가 대두되고 그 수단인 군국주의를 낳음에 이르러서는 이른바 우승열패·약육강식의 학설이 불변의 금과옥조처럼 인식되기에 이르렀다. 그리하여 국가 간에 혹은 민족 간에 서로 죽이고 약탈하는 전쟁이 그칠 날이 없어, 수천년의 역사를 가진 나라가 잿더미가 되고 수백만의 생명이 희생당하는 사건이 지구상에 일어나지 않는 곳이 없게 되었다. 전세계를 대표할 만한 군국주의 국가로는 서양에 독일이 있고, 동양에는 일본이 있다.

그러나 강대국 즉 침략국은 군함과 총포만 많으면 자국의 야욕을 충족시키기 위하여 인도人道를 부정하고 정의를 짓밟는 쟁탈을 행하면서 그 이유를 설명할 때는 세계 또는 지역의 평화를 위한다거나 쟁탈의 목적물 즉 침략을 받는 자의 행복을 위한다거나 하는 기만적인 망언으로써 정의의 천사국天使國을 자처한다. 예컨대 일본이 폭력으로 조선을 합병하고 2천만 민중을 노예로 취급하면서도, 겉으로는 조선을 합병함이 동양평화를 위함이며, 조선 민족의 안녕과 행복을 위한다고 하는 것이 바로 그것이다.

아, 약자는 본래부터 약자가 아니요, 강자 또한 언제까지나 강자일 수 없다. 갑자기 천하의 운세가 바뀔 때에는 침략전쟁의 뒤꿈치를 물고 복수를 위한 전쟁이 일어나는 것이니 침략은 반드시 전쟁을 끌어들이는 것이다. 어찌 평화를 위한 침탈이 있으며, 또한 어찌 자기 나라의 수천년 역사가 다른 나라의 침략적 총칼에 단절되고, 수천만의 민족이 외국인의 학대 아래 노예가 되고 소와 말이 되면서 이를 행복으로 여길 자가 있겠는가. 어느 민족을 막론하고 문명 정도의 차이는 있을지언정 혈성血性(의협심과 혈기가 있는 성질)이 없는 민족은 없는 법이니 혈성을 가진 민족으로서 어찌 영구히 남의 노예가 됨을 달갑게 여기며 독립자존을 도모하지 않겠는가. 그러므로 군국주의, 즉 침략주의는 인류의 행복을 희생시키는 가장 흉악한 마술일 뿐이니 어찌 이 같은 군국주의가 무궁하게 그 운명을 유지할 수 있겠는가. 이론보다 사실이 그렇다.

아, 칼이 어찌 만능이며 힘을 어떻게 승리라 하겠는가. 정의가 있고 인도人道가 있다. 침략만을 일삼는 극악무도한 군국주의는 독일로써 그 막을 내리지 않았는가. 피와 살을 흩뿌려 귀신이 곡하고 하늘이 슬퍼했던 구라파 전쟁은 대략 일천만의 사상자를 내고, 수많은 돈을 허비한 뒤 정의와 인도를 표방하는 기치 아래 강화조약을 성립하게 되었다. 그러나 군국주의의 종말은 실로 그 빛깔이 찬란하기 그지없었다. 전세계를 유린하려는 욕망을 채우기 위하여 고심초사 20년간에 수백만의 청년을 수백마일의 싸움터에 배치하고 장갑차와 비행기와 군함을 몰아 좌충우돌, 동쪽을 찌르고 서쪽을 쳐 싸움을 시작한 지 3개월 만에 파리를 함락한다고 스스로 외치던 카이제르(독일의 빌헬름 2세)의 호언은 한때 장엄함의 극치였다. 그러나 그것은 군국주의의 결별을 뜻하는 종곡終曲에 지나지 않았다. 이상理想과 성언聲言뿐 아니라 작전 계획도 실로 탁월하여 휴전 회담을 하던 날까지 연합국 측의 군대는 독일 국경을 한 발자국도 넘지 못하였으니 비행기는 하늘에서, 잠수함은 바다에서, 대포는 육지에서 각각 그 위력을 발휘하여 싸움터에서 찬란한 빛을 발하였다. 그러나 그것도 군국주의적 낙조落

照의 반사에 불과하였다. 아아, 일억만 인민의 머리 위에 군림하고, 세계를 손아귀에 넣을 것을 다짐하면서 세계에 선전을 포고했고 한때는 종횡무진으로 백전백승의 느낌마저 들게 했던 독일 황제가 하루아침에 생명의 신처럼 여기던 칼을 버리고 처량하게도 멀리 화란 한구석에서 겨우 목숨만을 지탱하게 되었으니 이 무슨 돌변이냐. 이는 곧 카이제르의 실패일 뿐 아니라 군국주의의 실패로서 통쾌함을 금치 못하는 동시에 그 개인을 위해서는 한가닥 동정을 아끼지 않는 바이다. 그러나 연합국 측도 독일의 군국주의를 타파한다고 큰소리쳤으나 그 수단과 방법은 역시 군국주의의 유물인 군함과 총포 등의 살인 도구였으니 오랑캐로서 오랑캐를 친다는 점에서 무엇이 다르겠는가. 독일의 실패가 연합국의 전승을 말함이 아닌즉 많은 강대국과 약소국이 합력하여 5년간의 지구전으로도 독일을 제압하지 못한 것은 이 또한 연합국 측 준군국주의準軍國主義의 실패가 아닌가. 그러면 연합국 측의 대포가 강한 것이 아니었고 독일의 칼이 약한 것이 아니었다면 어찌하여 전쟁이 끝나게 되었는가. 정의와 인도의 승리요, 군국주의의 실패 때문인 것이다. 그렇다면 정의와 인도, 즉 평화의 신이 연합국과 손을 잡고 독일의 군국주의를 타파했다는 말인가. 아니다. 정의와 인도, 즉 평화의 신이 독일 국민과 손을 잡고 세계의 군국주의를 타파한 것이다. 그것이 곧 전쟁 중에 일어난 독일의 혁명이다.

독일 혁명은 사회당의 손에서 일어난 것인 만큼 그 유래가 오래고 또한 러시아 혁명의 자극을 받은 바 있으나, 총괄적으로 말하면 전쟁의 쓰라림을 느끼고 군국주의의 잘못을 통감한 사람들이 전쟁을 스스로 파기하고 군국주의의 칼을 분질러 그 자살을 도모함으로써 공화 혁명의 성공을 얻고 평화적인 새 운명을 개척한 것이다. 연합국은 이 틈을 타 어부지리를 얻은 데 불과하다. 이번 전쟁의 결과는 연합국뿐만 아니라 또한 독일의 승리라고도 할 수 있다.

어째서 그러한가. 만약 이번 전쟁에 독일이 최후의 결전을 시도했다 하더라도 그 승부를 예측할 수 없었을 것이며, 설사 독일이 한때 승리를 거두었다 하더라도 반드시 연합국의 복수 전쟁이 다시 일어나 독일이 멸망하는 것을 보지 않고는 군대를 해산하지 않았을 것이다. 그러므로 독일이 패전한 것이 아니고 승리했다고 할 만한 경우에 있어서 단연 굴욕적인 휴전조약을 승낙하고 강화에 응한 것은 기회를 보아 승리를 먼저 차지한 것으로서, 이번 강화회담에서 어느 정도의 굴욕적 조약에는 무조건 승인하리라 함은 추측하기 어렵지 않다(3월 1일 이후의 외부 소식은 알 수 없음). 따라서 지금으로 보아서는 독일의 실패라 할 것이지만 긴 안목으로 보면 독일의 승리라 할 것이다.

아아, 유사 이래 미증유의 구라파 전쟁과 기괴하고도 불가사의한 독일의 혁명은 19세기 이전의 군국주의 침략주의의 전별회가 되는 동시에 20세기 이후의 정의 인도적 평화주의의 개막이 되는 것이다. 카이제르의 실패가 군국주의 국가의 머리에 철퇴를 가하고 윌슨의 강화 기초조건이 각 나라의 메마른 땅에 봄바람을 전해주었으매 침략자의 압박하에서 신음하던 민족은 하늘을 날아오를 기상과 강물을 쪼갤 형세로 독립자결을 위해 분투하게 되었으니 폴란드의 독립선언이 그것이요, 체코의 독립이 그것이며, 아일랜드의 독립선언이 그것이요, 또 조선의 독립선언이 그것이다(3월 1일까지의 상태). 각 민족의 독립자결은 자존성自存性의 본능이요, 세계의 대세이며, 하늘이 찬동하는 바로서 전인류의 미래 행운의 근원이다. 누가 이를 억제하고 누가 이를 막을 것인가.

2. 조선독립선언의 동기

일본이 조선을 합병한 후 자존성이 강한 조선인의 주위에서 접촉되는 일들은 어느 한가지도 독립과 연관시켜 생각하지 않는 일이 없었다. 그러나 최근의 동기로 말하면 대략 세가지로 나누어진다.

(1) 조선 민족의 실력

일본이 조선의 민의를 무시하고 암약闇弱(어리석고 약함)한 주권자를 속이고 몇몇 소배少輩의 당국자를 우롱하여 합방이란 흉포한 짓을 강행한 후로 조선 민족은 부끄러움을 안고 수치를 참는 동시에 분노를 터뜨리며 뜻을 길러 정신을 쇄신하고 기운을 함양하는 한편, 어제의 잘못을 고쳐 새로운 길을 도모하여 일본의 방해에도 불구하고 외국에 유학한 사람도 수만에 달하였다. 그러므로 우리에게 독립정부가 있어 각 방면으로 원조 장려한다면 모든 문명이 유감없이 나날이 진보할 것이다. 국가는 모든 물질상의 문명이 하나하나 완비된 후에라야 꼭 독립되는 것은 아니라 독립할 만한 자존의 기운과 정신적 준비만 있으면 충분한 것으로서 문명의 형식을 물질에서만 발휘함은 칼을 들어 대나무를 쪼개는 것과 같으니 그 무엇이 어려운 일이라 하겠는가. 일본인은 항상 조선의 물질문명이 부족한 것으로 말꼬투리를 잡으나 조선인을 어리석게 하고 야비케 하려는 학정虐政과 열등 교육을 폐지하지 않으면 문명이 실현될 날은 없을 것이니 이것이 어찌 조선인의 소질이 부족한 때문이겠는가. 조선인은 당당한 독립 국민의 역사와 전통이 있을 뿐만 아니라 현대문명을 함께 나눌 만한 실력이 있다.

(2) 세계 대세의 변천

20세기 초두부터 전인류의 사상계는 점차 새로운 빛을 띠기 시작하여, 전쟁의 참화를 싫어하고 평화로운 행복을 즐기고자 한다. 각국이 군비를 제한하거나 폐지하려는 주장도 있으며 만국이 서로 연합하여 최고재판소를 두고 절대적인 재판권을 주어 국제문제를 해결하며 전쟁을 미연에 방지하자는 이야기도 나오고 그 밖에 세계 연방설과 세계 공화국설 등 실로 가지가지의 평화안을 제창하고 있으니 이는 모두 세계평화를 촉진하는 기운들이다. 소위 제국주의적 정치가의 눈으로 본다면 이것은 일소에 부칠 것이나 사실의 실현은 시간문제일 뿐이요, 최근 세계의 사상계에 통절한 실제적 교훈을 준 것이 구라파 전쟁과 러시아 혁명과 독일 혁명, 바로 이것이다. 세계 대세에 대해서는 위에 말한 바가 있으므로 중복을 피하거니와 한마디로 말하면 현재로부터 미래의 대세는 침략주의의 멸망, 자존적 평화주의의 승리가 될 것이다.

(3) 민족자결 조건

미국 대통령 윌슨 씨가 독일과 강화하는 기초 조건, 즉 14개 조건을 제출한 가운데에는 국제연맹과 민족자결의 조건이 들어 있다. 미국, 프랑스, 일본과 기타 여러 나라가 내용적으로 이미 국제연맹에 찬동하였은즉 국제연맹의 본령, 즉 평화의 근본 해결인 민족자결에 대해서도 물론 찬성할 것이니, 각국이 찬동의 의사를 표한 이상에는 국제연맹과 민족자결은 윌슨 한 사람의 사사로운 말이 아니라 세계의 공언이며, 희망의 조건이 아니라 이미 이루어진 조건이다. 또한 연합국 측에서 폴란드의 독립을 찬성하고, 체코의 독립을 위하여 거액의 군비와 적지 않은 희생을 무릅쓰며 영하 30도를 오르내리는 추위에도 군대를 시베리아에 보내는 데에 특히 미국과 일본의 행동이 특히 돋보이게 되는 것은 민족자결을 사실상 원조한 사례일 것이다. 이것이 모두 민족자결주의 완성의 표상이니 어찌 기뻐하지 않겠는가.

3. 조선 독립선언의 이유

아아, 나라를 잃은 지 10년이 지나고 지금 독립을 선언한 민족이 독립선언의 이유를 설명하게 되니 실로 침통과 자괴를 금치 못하겠다. 이제 독립의 이유를 네가지로 나누어보겠다.

(1) 민족 자존성

 들짐승은 날짐승과 어울리지 못하고 날짐승은 곤충昆蟲과 함께 무리를 이루지 못한다. 같은 들짐승이라도 기린과 여우나 삵은 그 거처가 다르고 같은 날짐승 중에서도 기러기와 제비, 참새는 그 뜻을 달리하고 곤충 가운데서도 용과 뱀은 지렁이와 그 즐기는 바를 달리한다.[2] 또한 같은 종류 중에서도 벌과 개미는 자기 무리가 아니면 서로 배척하여 한곳에 동거하지 않는다.

 이는 감정이 있는 동물의 자존성에서 나온 행동으로 반드시 이해득실을 따져 남의 침략을 배척할 뿐만 아니라 다른 무리가 자기 무리에 대하여 이익을 준다 해도 역시 배척하는 것이다. 이것은 배타성이 주체가 되어 그런 것이 아니라 같은 무리는 저희끼리 사랑하여 자존을 누리는 까닭에 자존의 배후에는 자연히 배타가 있는 것이다. 여기서 배타라 함은 자존의 범위 안에 드는 남의 간섭을 방어하는 것을 의미하며 자존의 범위를 넘어서까지 배척함을 뜻하는 것이 아니다. 따라서 자존의 범위를 넘어 남을 배척하는 것은 배척이 아니라 침략이다.

 인류도 마찬가지여서 민족 사이에는 자존성이 있다. 유색인종과 무색인종 간에 자존성이 있고, 같은 인종 중에서도 각 민족의 자존성이 있어 서로 동화하지 못하는 것이다. 예컨대 중국은 한 나라를 형성하였으나 민족 간의 경쟁은 실로 격렬하였다. 최근의 사실만 보더라도 청나라의 멸망은 겉으로 보기에는 정치적 혁명 때문인 것 같으나 실은 한민족[漢族]과 만주족의 쟁탈에 연유한 것이며, 또한 티베트족이나 몽고(몽골)족도 각각 자존을 꿈꾸며 기회만 있으면 궐기하려 하고 있다. 그 밖에도 아일랜드나 인도에 대한 영국의 동화정책, 폴란드에 대한 러시아의 동화정책, 그리고 수많은 영토에 대한 각국의 동화정책은 어느 하나도 수포로 돌아가지 않은 것

2   당시 곤충의 개념은 작은 벌레부터 기어다니거나 날아다니는 생물을 포함하는 넓은 의미로 쓰였다.

이 없다. 그러한즉 한 민족이 다른 민족의 간섭을 받지 않으려 하는 것은 인류가 공통으로 가진 본성으로서 이 같은 본성은 남이 꺾을 수 없는 것이며 또한 스스로 자기 민족의 자존성을 억제코자 하여도 불가능한 것이다. 이 자존성은 항상 탄력성을 가져 팽창의 한도 즉 독립자존의 완성에 이르지 않으면 멈추지 않는 것이니 조선의 독립을 감히 침해하지 못할 것이다.

(2) 조국 사상

월越나라의 새는 남녘의 나뭇가지를 생각하고 호마胡馬는 북풍을 그리워하는 것이니 이는 그 본바탕을 잊지 않기 때문이다. 동물도 이러하거늘 하물며 만물의 영장인 사람이 어찌 그 근본을 잊을 수 있겠는가. 근본을 잊지 못함은 인위적인 것이 아니라 천성이며 또한 만물의 미덕이기도 하다. 그러므로 인류는 그 근본을 못 잊을 뿐 아니라 잊고자 해도 잊을 수가 없는 것이다. 반만년의 역사를 가진 나라가 오직 군함과 총포의 수가 적은 이유 하나 때문에 남의 유린을 받아 역사가 단절됨에 이르렀으니 누가 이를 참으며 누가 이를 잊겠는가. 나라를 잃은 뒤 때때로 근심 띄운 구름, 쏟아지는 빗발 속에서도 조상의 통곡을 보고, 한밤중 고요한 새벽에 천지신명의 질책을 들거니와, 이를 능히 참는다면 어찌 다른 무엇을 참지 못할 것인가. 조선의 독립을 감히 침해하지 못할 것이다.

(3) 자유주의(자존주의와 크게 다름)

인생의 목적을 철학적으로 해석하려면 여러 가지 설이 구구하여 일정한 정의를 내리기 어렵다. 그러나 인생 생활의 목적은 참된 자유에 있으니 자유가 없는 생활에 무슨 취미가 있겠으며 무슨 쾌락이 있겠는가. 자유를 얻기 위해서는 어떤 댓가도 아까워할 것이 없으니 곧 생명을 바치라고 해도 사양하지 않을 것이다. 일본이 조선을 합병한 후 압박에 압박을 더하여 말 한마디, 발걸음 하나에까지 압박을 가하여 자유의 생기는 터럭만큼도 없게 되었다. 혈성이 없는 무생물이 아닌 바에 어찌 이것을 참고 받아들이겠는가. 한 사람이 자유를 빼앗겨도 하늘과 땅의 화기和氣가 상처를 입는 법인데 어찌 이천만의 자유를 말살함이 이다지도 심하단 말인가. 조선의 독립을 감히 침해하지 못할 것이다.

(4) 세계에 대한 의무

민족자결은 세계평화의 근본적인 해결책이다. 민족자결주의가 성립되지 못하면 아무리 국제연맹을 조직하여 평화를 보장한다 하더라도 결국에는 수포로 돌아가고 말 것이다. 왜냐하면 민족자결이 성립되지 않으면 언제라도 싸움이 잇달아 일어나 전쟁이 계속될 것이기 때문이다. 조선 민족이 어찌 이러한 세계의 책임을 면할 수 있겠는가. 그러므로 조선 민족의 독립자결은 세계평화를 위함이요, 또한 동양평화에 대해서도 중요한 관건이 되는 것이니 일본이 조선을 합병한 것은 조선 자체의 이익을 위함이 아니라 조선 민족을 몰아내고 일본 민족을 이식코자 할 뿐만 아니라 나아가 만주와 몽고(몽골)를 탐내고 한걸음 더 나아가 중국 대륙까지 꿈꾸는 까닭이다. 이 같은 일본의 야심은 누구나 다 아는 사실이다. 중국을 경영하려면 조선을 버리고는 달리 그 길이 없으므로 침략정책상 조선을 유일한 생명선으로 삼은 것이니 조선의 독립은 곧 동양의 평화가 되는 것이다. 조선의 독립을 감히 침해하지 못할 것이다.

4. 조선 총독 정책에 대하여

일본이 조선을 합병한 후 조선에 대한 시책 방침은 무력압박이라는 넉자로 충분히 대표된다. 전후의 총독, 즉 테라우찌寺內와 하세가와長谷川로 말하면 정치적 학식이 없는 한낱 군인에 지나지 않아 조선의 총독정치는 한마디로 말해 헌병정치였다. 환언하면 군력정치요 총포정치로써 군인의 특징을 발휘하여 군력정치를 행함에는 자못 유감이 없었다. 그러므로 조선인은 헌병이 쓴 모자의 그림자만 보아도 독사나 맹호를 본 것처럼 피하였으며, 무슨 일이든지 총독정치를 접할 때마다 자연히 오천년 역사의 조국을 회상하며 이천만 민족의 자유를 묵묵히 기원하면서 사람이 안 보는 곳에서 피와 눈물을 흘렸던 것이다. 이것이 곧 합방 후 10년에 걸친 이천만 조선 민족의 생활이었다. 아아, 일본인이 진실로 인간의 마음을 가졌다면 이 같은 일을 행하고도 꿈에서나마 편안할 것인가.

또한 종교와 교육은 인류 생활에 있어 특별히 중요한 일로서 어느 나라도 종교의 자유를 인정하지 않는 나라가 없거늘 조선에 대해서만은 유독 종교령을 발포하여 신앙의 자유를 구속하고 있다. 교육으로 말하더라도 정신 교육이 없음은 말할 것도 없거니와 과학 교과서도 크게 보아 일본말 책에 지나지 않는다. 그 밖의 모든 일에 대한 학정은 이루 헤아릴 수도 없고 또 그럴 필요도 느끼지 않는다. 그러나 조선인은 이 같은 학정 아래 노예가 되고 소와 말이 되면서도 10년 동안 조그마한 반발도 일으키지 않고 그저 순종할 뿐이었으니 이는 주위의 압력으로 반항이 불가능했기 때문이기도 하겠지만 그보다는 총독정치를 중요시하여 반항을 일으키려는 생각이 없었기 때문이다. 왜냐하면 총독정치 이상의 합병이란 근본 문제가 있었던 까닭이니 달리 말하면 언제라도 합병을 깨뜨리고 독립자존을 꾀하려는 것이 이천만 민족의 머리에 박힌 불멸의 정신이었다. 그러므로 총독정치가 아무리 극악해도 여기에는 보복의 원독怨毒을 가할 이유가 없고 아무리 완전한 정치를 한다 해도 감사의 뜻을 나타낼 이유가 없으니 결국 총독정치는 지엽적 문제로 취급했던 까닭이다.

5. 조선독립의 자신

이번의 조선독립은 국가를 창설함이 아니라 한때 치욕을 겪었던 고유의 독립국이 다시 복구되는 독립이다. 그러므로 국가의 요소 즉 토지, 국민, 정치와 조선 자체에 대해서는 만사가 구비되어 있어 다시 말할 필요가 없다. 그리고 각국의 승인에 대해서는 원래 조선과 각국의 국제적 교류는 친선을 유지하여 서로 좋은 감정을 가지고 있었던 바이다. 더욱이 개론에서 말한 것과 같이 지금은 정의, 평화, 민족자결의 새로운 시대인 만큼 조선독립을 그들이 즐겨 바랄 뿐 아니라 원조조차 아끼지 않을 것이다. 다만 문제는 일본의 승인 여부에 있다. 그러나 일본도 승인을 꺼려하지 않을 줄로 생각한다.

　대개 인류의 사상은 시대에 따라 변천되는 것으로서 사상의 변천에 따라 사실의 변천이 있음은 물론이다. 또한 사람은 실리만을 위하는 것이 아니라 명예도 존중하는 것이다. 침략주의 즉 공리주의 시대에 있어서는 타국을 침략하는 것이 물론 실리를 위하는 길이었지만 평화 즉 도덕주의 시대에는 민족자결을 찬동하여 작고 약한 나라를 원조하는 것이 국위를 선양하는 명예가 되며 동시에 하늘의 혜택을 받는 길이 된다. 만일 일본이 침략주의를 여전히 계속하여 조선의 독립을 부인하면, 이는 동양 또는 세계 평화를 교란하는 일로서 아마도 미일·중일 전쟁을 위시하여 세계적 연합 전쟁을 유발하게 될지도 모른다. 그렇게 되면 일본에 가담할 자는 (영일 동맹관계뿐 아니라 영국 영토 문제로) 영국 정도가 될는지도 의문이니 어찌 실패를 면하겠는가. 제2의 독일이 될 뿐으로 일본의 무력이 독일에 비하여 크게 부족함은 일본인 자신도 수긍하리라. 그러므로 지금의 대세를 역행치 못할 것은 명백하지 아니한가.

　또한 일본이 조선 민족을 몰아내고 일본 민족을 이식하려는 몽상적인 식민정책도 절대 불가능하다. 중국에 대한 경영도 중국 자체의 반대뿐 아니라 각국에서도 긍정할 까닭이 전혀 없으니 식민정책으로나 조선을 중국 경영의 징검다리로 이용하려는 정책은 모두 수포로 돌아갈 것이다. 그러므로 일본은 무엇이 아까워 조선의 독립 승인을 거절할 것인가. 일본이 넓은 도량으로 조선의 독립을 승인하고 일본인이 구두선口頭禪[3]처럼 외는 중·일 친선을 진정 발휘하면 동양평화의 맹주국을 일본 아닌 누구에게서 찾겠는가. 그리하면 20세기 초두 세계적으로 천만년 미래의 평화스런 행복을 위하여 복음을 전하는 천사국이 서반구의 미국과 동반구의 일본이 있게 되니 이 아니 영예겠는가. 동양인의 얼굴을 빛냄이 과연 얼마나 크겠는가. 또한 일본이 조선의 독립을 앞장서서 승인하면 조선인은 일본인에 대하여 가졌던 합방의 원한을 잊고 깊은 감사를 표할 것이다. 뿐만 아니라 조선의 문명이 일본에 미치지 못함은 사실인즉 독립한 후에 문명을 수입하려면 일본을 외면하고는 달리 길이 없을 것이다. 왜냐하면 서양 문명을 직수입하는 것도 절대로 불가능한 일은 아니나 길이 멀고 내왕이 불편하며 언어 문자나 경제상 곤란한 일이 많기 때문이다. 일본으로 말하면 부산해협이 불과 10여시간의 항로요, 조선인 가운데 일본 말과 글을 깨우친 사람이 많으므로 문명을 일본으로부터 수입하는 것은 지극히 쉬운 일이 될 것이니 그러면 두 나라의 친선은 실로 아교나 칠같이 긴밀할 것이며 동양평화를 위해 얼마나 좋은 복이 되겠는가. 일본인은 결코 세계 대세에 반하여 스스로 손해를 초래할 침략주의를 계속하는 어리석음을 저지르지 않고 동양평화를 관장하기 위해 우선 조선의 독립을 앞장서서 승인하리라 믿는다.

가령 이번에 일본이 조선독립을 부인하고 현상 유지가 된다 하여도 인심은 물과 같아서 막을수록 흐르는 것이니 조선의 독립은 산 위에서 굴러 내리는 둥근 돌과 같이 목적지에 이르지 않으면 그 기세가 멎지 않을 것이다. 만일 조선독립이 10년 후에 온다면 그동안 일본이 조선에서 얻는 이익이 얼마나 될 것인가. 물질상의 이익은 수지상 많은 여축餘蓄을 남겨 일본 국고에 기여함이 쉽지 않을 것이다. 기껏해야 조선에 있는 일본인의 관리나 기타 월급생활 하는 자의 봉급 정도일 것이니 그렇다면 그 노력과 자본

---

3   선(禪)에 대해 말만 하고 실제로는 수행하지 않는 것.

을 상쇄하면 순이익은 실로 적은 액수에 지나지 않으리라.

또한 조선독립 후 일본인의 식민植民은 귀국하지 않으면 국적을 옮겨 조선인이 되는 수밖에 다른 도리가 없을 것이므로, 그렇다면 10년간에 걸친 적은 액수의 소득을 탐내어 세계평화의 기운을 손상하고 이천만 민족의 고통을 더함이 어찌 국가의 불행이 아니겠는가.

아아, 일본인은 기억하라. 청일전쟁 후의 마관조약(1895년 시모노세끼조약)과 노일전쟁 후의 포츠머스조약(1905) 가운데서 조선독립을 보장한 것은 무슨 의협이며, 그 두 조약의 먹물이 마르기도 전에 곧 절개를 바꾸고 지조를 꺾어 궤변과 폭력으로 조선의 독립을 유린함은 또 그 무슨 배신인가. 지난 일은 그렇다 치고 앞일을 위하여 간언하노라. 지금은 평화의 일념이 가히 세계를 상서롭게 하려는 때이니 일본인은 모름지기 노력해야 한다.

혼돈한 사상계의 선후책[4]

민족운동과 사회운동, 이것이 우리 조선 사상계를 관류하는 2대 주조입니다. 이것이 서로 반발하고 대치하여 모든 혼돈이 생기고 그에 따라 어느 운동이고 다 뜻같이 진행되지 않는가 봅니다. 나는 두 운동이 다 이론을 버리고 실지에 착안하는 날에 이 모든 혼돈이 자연히 없어지리라고 믿습니다. 경제혁명이나 민족해방이 우리에게는 다 필요한 것이나 다만 이것이 본질적으로 융합지 않는다고 반발할 때에는 사상이란 도리어 망하게 하는 장본이 될 것이외다. 우리는 지금 동주과우同舟過雨한 격이니 갑이고 을이

---

[4] 『동아일보』 1925년 1월 1일자 인터뷰. 신간회 관련 후속 논의로는 「신간회 해소 가부론」(『별건곤』 37호, 1931년 2월 1일), 「민족적 대협동기관 조직의 필요와 그 가능성 여하」(『혜성』 창간호, 1931년 3월 1일), 「표현단체 재건설 여부」(『조선일보』 1932년 1월 3일자) 참고. 한용운은 신간회 해소 운동에 반대한 이후에도 신간회 해소가 정당히 이루어진 것이 아님을 비판하고, 범민족적 '조선운동'이 필요하다고 의견을 표명했다.

고 다 지향하는 방향이 있으나 우선 폭풍우를 피하는 것이 급무인 모양으로 공통되는 점을 해결하는 것이 상책입니다. 물론 일조일석에 해결할 문제는 아니외다. 근래에 이르러 사회운동가들이 민족운동을 많이 이해하여 가는 경향이 있는 것은 매우 가하可賀할 일입니다. 우리는 오늘 우리의 특수한 형편을 보아 이 두 주조가 반드시 합치하리라고 믿으며 또 합치하여야 할 것인 줄 압니다. 러시아로 볼지라도 우선 민족적 해방이 전제인 듯합니다. 그러니 나는 우리 사상계를 사상으로 구제하지 말고 오직 실행實行으로, 현실을 본 실행으로 하여나갈 것임을 주장합니다. 해방의 수단 방법에 대해서는 이에 언명할 자유가 없거니와 양 운동자가 이상보다 현실에 입각하는 날에 서광이 올 줄 압니다.

사회운동과 민족운동[5]

오늘의 '조선'이란 전제 아래에서는 두 길이 다 부합한다고 생각합니다. 즉, 실행 또는 수단 방면에 있어서 두 운동이 똑같은 경로를 밟아 최종의 목적에 향할 것인 줄 압니다. 그러면 어떠한 점에 있어서 부합되느냐. 그것은 극히 간단하니, 조선에서는 민족운동의 장애나 사회운동의 장애나 다 같습니다. 그러니까 똑같은 장애를 물리치기 위하여 하는 운동이 비록 본질상으로 다르다 할지라도 그 과정에서는 같이 마쳐질 것이 아닙니까. 아무리 사회운동파가 정치 해방을 제외로 한다 할지라도 그것은 이상이고 실제에는 그리 되지 않을 것이외다. 저 러시아로 볼지라도 그네들은 '국가'를 가지고 한 민족의 독립을 가진 뒤에 사회혁명을 이룬 것입니다.

또 그 사회혁명도 지금까지 러시아라는 국가 안에 있는 것이외다. 나라

---

5   『동아일보』 1925년 1월 2일자.

도 없고 민족의 독재권獨裁權조차 없는 우리 조선에서 어떻게 완전한 사회혁명이 이루어지겠습니까. 그러므로 우리로는 민족운동이 앞장서지 않을 수 없습니다. 그러면 이것을 연석하여 실제 문제상으로 볼 때에 '사회'파가 해방의 수단으로 하는 지금 농촌 문제, 즉 소작쟁의는 그것이 같은 조선 사람으로서 서로 이해를 다투는 것이니 손해를 본다 하여도 같은 조선 사람이 볼 것이니, 이것이 벌써 '민족'파가 본 신조信條하고 다르지 않느냐 하지마는 그것은 그렇지 않으니, 대다수의 조선 사람이 이익이 된다면 소수는 희생시키는 것이 마땅하고, 또 인도상 견지로 보아 잘못이면 어디까지든지 응징할 터이니 이 점에 있어서 정신이 같지 않습니까.

또 물산장려物産獎勵로 볼지라도 그것을 자본주의의 옹호라고 하지마는 우리 조선 사람으로 그리 큰 자본벌資本閥이 얼마나 있습니까. 설사 그네의 사복이 된다 하여도 외국에서 물산을 공급하는 더 큰 자본벌에게 잉여가치를 제공하는 것과 무엇이 다릅니까. 모든 것을 좀더 크게 철저하게 생각한다면 실행 방면에 있어서는 어떤 문제든지 꼭 일치하여지리라고 믿습니다.

원래로 학리를 따지려 하면 이 두 운동은 아주 딴판이겠지요. 그리고 우선 완전한 해방을 얻은 뒤에 혹은 사회주의적 국가로 할는지 또는 봉건제도, 도시국가 등 무엇이든지 그때에는 또 달라질 줄 압니다. 요컨대 틀린다는 점은 다 해방이 완성된 뒤에 어느 길로 나아갈 것인가 하는 날에 있는 문제인 줄 압니다.

가갸날에 대하여[6]

나는 신문지를 통하여 가갸날에 대한 기사를 보게 되었는데, 그 기사를

---

6   『동아일보』 1926년 12월 7일자. 가갸날은 한글날의 첫 이름으로, 1926년 한글날 기념식을 처음 치르는 자리에서 정해졌다.

보고 무엇이라고 표현하기 어려울 만큼 이상한 인상을 받았습니다. '가갸'와 '날'이라는 말을 따로 떼어놓으면 누구든지 흔히 말하고 듣는 것이라 너무도 심상하여 아무 자극을 주지 못합니다. 그러나 그렇게 쉽고 흔한 말을 모아서 '가갸날'이라고 한 이름을 지어놓은 것이 그리 새롭고 반가워서 이상한 인상을 주게 됩니다. 가갸날에 대한 인상을 구태여 말하자면 오래간만에 문득 만난 임처럼 익숙하면서도 새롭고 기쁘면서도 슬프고자 하여 그 충동은 아름답고 그 감격은 곱습니다. 또 한편으로는 바야흐로 쟁여놓은 포대처럼 무서운 힘이 있어 보입니다. 이것은 조금도 가감과 장식이 없는 나의 가갸날에 대한 솔직한 인상입니다. 이 인상은 물론 흔히 연상하기 쉬운 민족 관념이니 조국 관념이니 하는 것을 떠나서 또는 무슨 까닭 많은 이론을 떠나서 직감적, 거의 무의식적으로 받은 인상입니다. 그러나 그렇게 단순한 직감적 인상 그것이 곧 인생의 모든 것인지도 모르겠습니다. '가갸날'이라는 이름도 매우 잘 지어진 듯합니다. 물론 '가갸날'이라고 아니하고도 얼마든지 달리 이름을 지을 수가 있습니다. 그러나 아무리 지어도 '가갸날'같이 짧고 쉽고 반갑고 힘있고 또한 여러 가지로 좋기가 어려우리라고 생각됩니다. 전에도 우리말을 연구하자느니 우리글을 많이 쓰느니 하는 말이 많이 있어서 그러한 말들이 다소의 효과를 내었고 또 앞으로 그러한 일에 대하여 아무리 좋은 말과 아름다운 글을 많이 낸다 하여도 '가갸날'과 같이 쉽게 알고 길게 잊히지 아니할 수가 없을 듯하외다. 이러한 의미에 있어서 가갸날의 기념을 창업한 이는 우리 무리 중의 큰일을 한 사람의 하나가 될 것이외다.

가갸날에 대해서는 누구든지 스스로 힘쓸 일이지마는 특히 언론 기관은 책임을 지고 선전하며 스스로 그 뜻을 체인體認하여 말과 글에 맞도록 힘써야 좋을 줄로 압니다. 천애윤락天涯淪落, 바다 언덕의 작은 절에서 스스로 게으름 속에 장사지낸 나로도 '가갸날'의 힘을 입어 먹을 갈고 붓을 드는 큰 용기를 내어 아래와 같은 시를 쓰게 되었습니다.

아아 가갸날

참되고 어질고 아름다워요

'축일祝日' '제일祭日'

'데이' '시즌' 이 위에

가갸날이 났어요, 가갸날

끝없는 바다에 쑥 솟아오르는 해처럼

힘있고 빛나고 두렷한 가갸날

데이보다 읽기 좋고 시즌보다 알기 쉬워요

입으로 젖꼭지를 물고 손으로 다른 젖꼭지를 만지는 어여쁜 아기도 일러줄 수 있어요

아무것도 배우지 못한 계집 사내도 가르쳐줄 수 있어요

'가갸'로 말을 하고 글을 쓰셔요

혀끝에서 물결이 솟고 붓 아래에 꽃이 피어요

그 속엔 우리의 향기로운 목숨이 살아 움직입니다

그 속엔 낯익은 사랑의 실마리가 풀리면서 감겨 있어요

굳세게 생각하고 아름답게 노래하여요

검이여 우리는 서슴지 않고 소리쳐 '가갸날'을 자랑하겠습니다

검이여 가갸날로 검의 가장 좋은 날을 삼아주셔요

온 누리의 모든 사람으로 '가갸날'을 노래하게 하여주셔요

가갸날, 오오 가갸날이여

(관음굴觀音窟에서)

여성의 자각이 인류해방 요소[7]

내가 지금 여성이라는 것은 일반 여성을 가리켜서 하는 말이 아니요, 신여성 즉 상당한 교육을 받은 여성, 또는 여성해방운동에 참가한 여성을 가리켜서 하는 말입니다. 그들에게는 무엇보다도 자각이 필요하다고 생각합니다. 이때까지의 현상, 또는 이때까지의 여성 활동의 결과를 보면, 신여성들에게 자각이 부족한 것이 사실입니다. 그중에는 물론 철저한 자각을 가지고 있는 이도 있겠지마는 대체로 보면 그들이 사회를 위하여 활동하게 된 것은 자신의 철저한 그 자각에서 나온 것이 아니요, 남자에게 피동被動된 것 같습니다.

예를 들면 처음에는 적극적으로 여성해방을 위하여 나서서 활동하여, 따라서 일반의 촉망과 희망도 많던 유명한 신여성이 한번 가정만 가지게 되면 종래의 이상과 결심은 꿈같이 잊어버리고 완전히 타락하여 다시 그 이름을 들을 수도 없게 되는 일이 많습니다. 또 한가지 예를 더 들면 한참 동안은 단발 여자가 많더니 요사이는 보기에 드물게 되었습니다. 이것을 보면 그들이 해방운동을 하고 또는 단발하던 것이 그 자신의 굳은 자각에서 나오지 않은 것이 분명합니다.

여성해방운동은 여성 자신의 운동이라야 합니다. 남자에게 피동되는 운동은 무의미해지며 또 무력해집니다. 그러나 나는 과거의 조선 여성의 운동이 남성에게 많이 피동되었다 하여 그것을 질책하려 하지 않습니다. 왜 그러냐 하면 여자는 과거 몇천년 동안 저열한 지위에서 학대받아왔으므로, 그들은 질로서나 또는 인간으로서나 비상히 저열하게 되어 있으니 그들이 일조일석에 자각을 가질 수 없는 것은 사회 진화 과정상 어찌할 수 없는 일입니다.

---

7   『동아일보』 1927년 7월 3일자.

그러나 이 진화 과정을 짧게 하지 아니하면 아니 됩니다. 예를 들면 그대로 버려두면 10년 갈 것이라도 우리가 노력하면 3년이라든지 4년 동안에 성공할 수 있도록 그것을 단축시킬 수 있습니다. 다시 말하면, 우리는 조선여성으로 하여금 진정한 자각을 가지고 그 자신의 해방에 대하여 자립적 정신으로 잘 활동하게 하기 위하여 그 자각을 촉진하여야 합니다. 여성에게 충분한 자각이 있게 되는 날, 조선 여성운동은 비로소 힘있게 전개될 것입니다. 그러므로 나는 여성의 자각을 여성해방의 목적, 더 나아가서는 인류해방의 목적을 달하는 원소元素라고 합니다.

시대에 적응한 유교를 행하라[8]

현재의 유교를 말하고자 할진대 그의 미점美點보다 폐단이 많은 것은 사실입니다. 그중에서 무엇을 말씀하여드릴까요. 다 그렇다는 것은 아니지만 근래 소위 학자님이니 선비이니 하며 각 방면으로 돌아다니며 몰염치한 행동을 하는 것들은 오히려 금수禽獸에게 비하여도 부족한 추태가 있으니까 그것을 구태여 번설煩說할 까닭이 없고, 다만 '군자시중君子時中'[9]이라는 그 구절을 들어 간단히 몇 마디 말씀을 하여 드리고자 합니다. '군자시중', 나는 이것을 이렇게 보았습니다. 무엇이든지 그 시대의 사람으로서 그 시대에 적응하게 하는 것이라고 합니다. 유교가 원래 종교적이라는 것보다 정치적인 것 외에 무엇이 많은 것은 누구나 다 시인하는바, 그의 대경대법大經大法(천하를 다스리는 원리)은 천고불변이라고 할는지. 그 이외의 여러 가지는 그 시대를 따라 그 방식이 다르고 그 환경을 따라 그 진취가 다를 것입니다. 만일 일정한 형식 아래에 일보一步로써 다시 일보를 진취하

---

8   『인도』 3·4호, 1929년 9월 25일. 「유림계에 대한 각 방면 인사의 희망」 설문에 대한 답변.
9   군자는 때에 따라 중용을 지킨다는 의미.

지 못하는 것이 유교의 진리라고 할 것 같으면, 유교의 생명이 반드시 수천년의 역사를 가지고 오늘날까지 지속하여오지 못하였을 것입니다. 그런데 근래 소위 유교라는 것은 그저 시대의 여하는 상관하지 않고 그전 것만 고수하는 것으로 생명을 삼아 세상은 모두 서로 가되 자기 혼자 동으로 가고, 세상은 모두 앞으로 향하되 자기 혼자 뒤로 물러가니, 이것은 즉 육지에서 행주行舟(배를 몲)하는 엉터리없는 수작입니다. 만일 공자 그 양반에게서 이러한 고집불통의 무엇이 있었다 하면, 성인이라고 숭배할 까닭이 없는 것입니다. 3대 이상은 3대 이상에 적응한 도가 있고, 3대 이하는 3대 이하에 적응한 도가 있고, 지금은 또 지금에 적응한 도가 있는 것이, 이것이 비로소 참된 유교의 진리라고 할 것입니다. 시대를 떠나서는 도덕도 없고 시대를 떠나서는 정치도 없으니 지금 이 땅, 이 날의 유림으로는 반드시 군자시중의 그 뜻을 잘 이해하여 이 땅, 이 날의 참된 유교를 적용하면 어찌 찬연한 광채가 없겠습니까. 나는 우리 불문佛門에 대해서도 항상 시대의 불교를 구합니다마는 아직도 실현을 보지 못하였으니 다시 유문儒門에 대해서도 이것만으로써 정축頂祝하는 바입니다.

소작농민의 각오[10]

범박하게 농민운동이라 하면 심히 모호하다. 토지를 가진 지주가 일부분을 머슴을 두고 농사짓는 것도 농민이요 또 토지 전부를 자기가 농사짓는 자작농도 농민이요, 남의 토지를 얻어서 농사짓는 소작인도 농민이다. 그러므로 이들을 규합하여 어떤 운동을 어떻게 할 것인가, 강잉強仍히 있다면(굳이 구상해본다면) 이러한 각층 농민을 규합하여 정치운동 등을 하는

---

10   『조선농민』 6권 1호, 1930년 1월 1일.

것일 터이다. 그런다면 이것은 그 질이 다른 정치운동이요, 농민운동은 아니다. 그러나 나는 여기에 순수한 소작농민을 중심으로 한 농민운동에 대하여 잠깐 말하고자 한다.

(1) 소작쟁의에 대하여

이 소작쟁의는 연래에 남조선 지방에 여러 번 있었으나 대부분 실패로 돌아갔다. 이 실패한 원인에 대해서는 관권의 압박이 있어 그리 되었느니 어쩌느니 하지마는 실상은 소작인의 단결이 부족하였기 때문이다.

갑과 을이 다 같은 한 지주의 땅을 부치는데 소작쟁의가 일어났을 때에 갑의 주장을 반역하고 을이 지주에게 붙어서 저의 사리를 도모하였다면 일시로는 이익이 있었다 할지라도 긴 장래에는 반드시 공도共倒(함께 넘어짐)하는 것이다. 소작쟁의뿐 아니라 무슨 일에든지 이해가 같은 사람이 상반한 행동을 하면 큰 해를 입는다. 이것을 일반 소작농민은 깊이 각오하여 일치 행동하여야 할 것이다. 같은 배를 탄 사람은 같이 그 배를 같은 방향으로 운전하여야 빠져 죽지 아니할 것이다.

(2) 협동조합에 대하여

또 농촌 소작민 경제의 자위책으로 소비조합을 조직하여야겠다. 근일에 도회지에서도 소비조합 열기가 왕성하나 도회지보다도 농촌에 더욱 필요하다. 농촌에 소비조합을 설립하고 농구·비료, 기타 생활상 필요한 용품을 공동으로 구입하여 쓰면 훨씬 싸게 사 쓸 수가 있다. 이 외에 문자 보급과 미신 타파에 대해서는 현재도 하고 있는 중이지만 이후에도 더욱 왕성히 할 것이나 농민의 미신이라는 것은 그 뿌리가 심히 강하니 너무 급격히 타파하려다가는 성공도 못 하고 도리어 그들의 반감을 격성激成시킬 염려가 있으니 서서히 실제 사건을 포착하여 타파에 힘쓸 것이다.

근본으로 군비 철폐를[11]

과거에도 군축회의가 있었고 또 이번 2월에도 다시 군축회의가 열리는 모양입니다. 그러나 나로서는 현금에 소위 군축회의라는 말을 들을 때에 도리어 이상한 생각이 나곤 합니다. 왜 그러냐 하면 본래 이 군축회의가 생긴 동기가 세계평화를 기도하기 위함이기 때문입니다.

만일 그러한 것이라고 하면, 정말 세계평화를 열국列國이 희망한다면, 왜 군비 철폐를 하지 아니하고 군비 축소를 운운하는가가 심히 의심되는 사실입니다. 진정한 의미에서 세계평화를 가지려면 그것은 군비 축소가 아닌, 군비 철폐를 하는 데서만 실현될 것입니다.

그러함에도 불구하고, 오늘날의 소위 군축회의는 그러한 성질의 것이 아닙니다. 결국 금일의 군축회의는 기껏 두가지 의미를 가지게 될 것입니다. 즉 하나는 겨우 열국 사이에 생기는 경쟁적 군비 확장을 조절하는 것에 멎는 것이요, 또 하나는 군비 확장으로 인하여 격증되는 군비의 경비를 감소시키는 것입니다. 오늘날의 군축회의는 이 이상의 유익한 의미를 갖게 되지 못하는 것입니다.

시베리아의 이농: 조선 민족은 남으로 갈 것인가, 북으로 갈 것인가[12]

흰옷 입은 무리들은 장차 어디에 안주의 땅을 찾을는지? 남인가, 북인

---

11   『혜성』 2권 2호, 1932년 2월. 「내가 만약 군축회의에 출석한다면」 설문에 대한 답변.
12   『삼천리』 4권 10호, 1932년 10월.

가? 남이라 하면 미주美洲나 호놀룰루(布哇)나 동경東京·대판大阪·북해도北海道일 것이요, 북이라 하면 만주와 시베리아(西伯利亞)가 될 것이다. 그러면 옛 땅에서 농사할 거리가 없고 입에 풀칠할 것이 없이 된 빈농들은 어디로 가려는고?

나는 한마디로 외치고 싶다. 우리들은 이 땅을 떠나지 말자고. 그러나 아마 이 말은 사실에 즉即한 말이 되지 못하리라.

총독부의 최근 통계에 의하면, 해외에 흩어져 있는 조선인 수는 200만을 넘는다 하는데, 이는 해마다 증가하여가고 있는 것을 통계는 말하고 있다. 그러기에 고토故土를 떠나고 싶든 말든 빈농은 의식衣食을 위하여 자꾸 바깥으로 흘러가고 있음이 뚜렷한 사실이다. 이 추세를 막을 수 없는 현실을 우리들은 가졌다. 가진 이상 이미 흘러간다면 어디로 가는 것이 좋을까 하는 그 방향의 검토에 당연히 봉착하게 된다.

그런데 남방에 있는 호놀룰루나 미주가 염두에 떠오르지 않음이 아니라 지금 이민법 때문에 노동할 목적으로써 그곳으로 도왕渡往하기는 불가능하게 되어 있다. 그리고 동경·대판이나 북해도 등지로 간다면, 그는 농사 지으러 감이 아니라 공장 노동자로서 가는 것인즉, 그 수효를 스스로 제한받을 것이오. 또한 많은 농민이 이주할 것이 못 된다.

어시호於是乎(이즈음) 갈 길은 북진北進이 남게 된다. 그러나 근일 만주 이주를 말하는 이가 있는데, 그야 토지가 광활하고 인촌지(隣村地)인 점에서 누구나 갈 수 있게 될 곳이지만, 신문지상으로 보아도 그곳은 아직도 소란하다. 마적馬賊 등의 피해로 동포의 고난이 심한 바 있다 한다.

그러므로 나는 간다면 시베리아로 집단 이주함이 유일의 길이 아닐까 하고 생각한다. 여기에는 정치적 선행 조건이 붙는데, 아무튼 어느 지역을 백년이고 50년의 무상불하無償拂下를 받아 거기에서 농작農作을 지어 먹으며 생도生途를 개척함이 옳지 않을까. 그에 대한 여러 가지 생각이 있으나 아직은 결론만 제시하고 말려 한다.

자립역행의 정신을 보급시키라[13]

사람이 이 세상을 살아감에 있어 남을 의뢰치 않고 자립독행自立獨行할 생각과 힘이 없이는 살아가기 어려운 것이외다. 모든 것을 남에게 의뢰하고 남의 원조를 받아 가는 것처럼 약하고 비열하고 타락된 것이 없겠습니다. 조선 사람은 종래로 자기독행自己獨行의 정신과 노력보다 타성이 많았습니다. 그 결과로는 오늘날 아무 일도 스스로 해결짓지 못하고 타인의 힘을 빌리게 되니 우리가 약하지 않을 수 없습니다. 자기 일은 자기가 한다는 강의剛毅한 의지력이 있어야 할 것이요, 개인에게 있어 그러하고 사회에 있어 그러하고, 조선의 산업적 방면을 보더라도 조선에는 각 방면의 제조 원료가 있고 공산업工産業 진흥의 조건이 구비되어 있건만 생업이 유치함을 면치 못하여 만반의 것을 다른 사람이 제작한 것을 갖다 쓰게 되어 스스로 경제력을 빈약케 만들고 있는데 이것도 남을 의뢰하는 일이라 하겠지요. 그리고 농업·상업·광업·어업·임업 기타 산업에 있어서도 우리가 무실역행務實力行하면 생산증수生産增收의 방략을 개척할 여지가 있는데도 불구하고 고식적으로 영위하여가기 때문에 노력보다 수득收得은 적은데 이런 것도 스스로 새 길을 개척하려는 노력이 적고 전통적 방법에만 의뢰하는 소이所以라 하겠지요. 어느 사람은 조선물산장려운동 즉 자작자급운동自作自給運動을 비난하기도 하지마는 자기 일은 자기가 해결하자는 것, 남의 힘을 의뢰함보다도 자기의 노력을 발휘하려는 의기에 부합하는 제호題號인 만큼 이런 조선의 상징인 것 같아서 더욱 호감을 갖게 됩니다. 따라서 우리의 기대는 큽니다. 제호 그대로 기분과 정신에 어그러지지 않도록 자중분투自重奮鬪하시며, 끝으로 다난한 조선 잡지계에서 무난히 성장되

---

13   『신흥조선』 창간호 축사, 1933년 10월.

기를 심축心祝하는 바입니다.

인조인人造人[14]

만근輓近에 흔히 신문지를 통하여 보면, 서양에서는 인조인을 연구한 지가 오래고 제작한 것도 어느 정도까지 성공하여서, 인조인이 말도 하고 기계도 부린다 하거니와, 말을 하고 기계를 부리고 기타 작용을 한다는 것은 인조인이 무슨 생명이 있어서 자동적으로 하는 것이 아니라, 섬교纖巧한 기계로 그리 되는 것인즉, 아직 괴뢰에 지나지 못하는 것으로 인조인이라고 할 수가 없으나, 그 연구가 점점 진보되어서 생명까지 만들 수가 있다면 완전한 인조인이 생길지 모른다.

그러면 사람으로서 자연인과 조금도 다름이 없는 인조인을 만들 수 있는가 하는 문제에 대해서는 그 문제의 자체가 용이히 해결할 수 없을 뿐만 아니라, 종교 관계, 과학 관계, 기타 여러 가지의 관련성을 가진 것이라 함부로 말하기가 어려운 것이다. 그러한 교제적交際的 수사를 떼어버리고 단순히 학리적으로 말한다면, 확실히 가능성이 있다고 할 것이다. 왜 그러냐 하면, 우주 안에 있는 물건은 무엇이든지 그 물건을 형성하기 전에도 그 물건을 형성할 만한 원자 또는 분자가 어느 위치에든지 존재하는 것이다. 그리하다가 어느 기회 즉 인연을 만나면 그 물건이 될 만한 원자 또는 분자가 적당한 질과 양으로 화합이 되어서 마침내 그 물건이 되는 것이다.

생명도 그러하여서 무에서 유가 되는 것은 아니다. 생명이라는 것도 '생명' 그것이 되기 전에는, 그 생명이 될 만한 재료의 질과 양이 우주의 어느 위치에든지 분산하여 있을 뿐인즉, 그것을 적당하게 회합會合시킨다면 반

---

14   『조선일보』 1936년 3월 21~26일자.

드시 생명이 될 것이다. 다만 문제는 사람으로서, 다시 말하면 이 사람의 지식과 이 사람의 기능으로서 그 물건이 될 만한 그중에도 생명이 될 만한 재료들을 능히 우주 간에서 낱낱이 찾아내고, 또 그것을 생명이 될 만한 적응성으로 화합할 수가 있느냐 없느냐 하는 것인데, 그것은 사람의 지능 문제요, 그 이치의 유무 문제는 아니다.

인조인의 생명을 완성할 만한 이치는 있다 할지라도, 사람으로서 성공할 수가 있느냐 하는 문제는 누구든지 수긍할 만한 논증이 어려우나, 대개 가능성이 있다고 단정하는 것도 무방할 것이다.

자연인이라는 것도 어느 정도까지는 인조인이다. 사람이 아니면 사람을 만들 수가 없는 까닭이다. 다만 사람 만드는 전부의 기교를 인위적으로 하지 못할 뿐이다. 하여간, 사람이 사람과 생명을 만들 수 있는 권리와 성능을 가진 것만은 이론보다도 사실이다.

제2 문제는 인위적으로 사람의 육체와 정신을 창조할 수 있는 지능인데, 물론 사람 될 각 원자를 육안으로 보고 손으로 집어다 모을 수는 없으되, 간접의 기계, 즉 현미경·망원경, 각 광선, 더 진화되면 사람의 육체와 정신을 원자적으로 분해할 만한 기계, 다시 그것을 종합적으로 맞출 만한 기계, 그러한 것을 발견한다면 인조인을 완성하기는 순서의 일이 될 것이다.

그러한 정교한 기계를 만들어내는 것은 불가능이 아니다. 기계의 조粗로부터 정精에, 졸拙로부터 교巧에 이르는 것은 같은 단서를 가지고 연역적 혹은 귀납적으로 심투정입深透精入(깊이 꿰뚫어 들어감)하는 것이요, 약수弱水[15] 삼천리를 뛰어 건너는 유類는 아닌 것이다.

사람의 지체와 장부를 부분적으로 해부할 수 있다면 그것을 확충하여서 세포적으로 해부할 수도 있을 것이요, 더욱 확충한다면 인체를 원자적으로 분해할 수도 있는 것이다. 그러면 자연히 생명의 존재 및 구성도 알 수

가 있는 것이다. 그리하여 인조인을 완성하자면 먼저 사람의 구성 분자를 알아야 될 것인즉, 사람의 육체와 생명을 원자적으로 분해하는 것이 선결 문제다.

그러한데 여기에는 난관이 있다. 생명을 분해하려면 죽은 사람을 분해하여서는 안 된다. 왜 그러냐 하면 죽은 사람은 생명이 없는 까닭이다. 그러면 산 사람을 분해해야겠는데, 도덕상 또는 법률상으로 산 사람을 분해할 수가 없는 일이요, 그러한 타방他方의 장애는 말고라도 학리적으로 여간한 난관이 아니다.

인조인을 완성하는 것은 공전空前의 대발명이므로, 산 사람을 분해하는 것을 도덕과 법률에서 묵인을 한다 할지라도 산 사람의 분해가 기술적으로 될 수가 없는 일이다. 사람이 해부대 위에 누울 때까지는 살았다 할지라도, 분해술을 시작하여 어느 정도까지 육체를 파괴하면 그 사람의 생명은 없어질 것이다. 그러면 언제든지 산 사람의 생명을 분해할 수는 없는 일이다. 그러면 그다음은 생명과 육체를 분리시켜서 따로따로 분해하는 것인데 거기에 대하여 말하자면 이론이 너무 길겠으므로 여기에서는 그만두기로 한다.

하여간 인조인을 자연인처럼 만들 수가 있다는 것을 전제로 하고, 인조인을 완성하면 인조인과 자연인과의 관계가 어찌 될 것인가. 누구든지 처음으로 인조인을 완성한다면 호기심으로든지 기술의 선양으로든지 하나만 만들고 말 리는 없는 것이고, 남자도 여자도 소년도 청년도 노년도 혹은 중성도 불구자도 자기의 미치는 데까지는 여러 남녀를 만들 것이다.

그러나 아무리 인조인이라도 사람인 이상 매매하는 것은 인도상 또는 법률상으로 허락할 수 없는 일이므로, 인조인의 전매특허를 만들 수는 없는 일인즉, 자연히 여러 사람에게 그 기술을 공개하게 될 것이다. 그리하여 그 사람들이 또는 여러 남녀의 인조인을 만들면 얼마 아니 되어서 남조濫造의 폐가 생길 것이다.

남조의 폐가 생긴다 할지라도 인조인을 만든 사람으로서 기성된 인조인을 도로 해소할 수는 없는 일이다. 아무리 인조인이라 할지라도 육체·정신·생명·의욕 무엇이든지 조금도 자연인과 다름이 없은즉, 개인으로서도 해소를 당하고자 할 리가 없고, 법률상으로도 완전한 인격이 될 것인즉, 인조인을 해소하는 것은 곧 살인죄를 범하게 되는 것이다.

그러면 자연인만 해도 실업자가 많이 나고 먹을 것을 구하기가 힘들어 전쟁과 살벌이 끊이지 않는 세상에, 인조인이 남조되면 그들도 생명이 있는 이상 먹어야 되고 입어야 될 것인즉, 그 또한 여간한 문제가 아니다. 그러면 생존 경쟁상 자연인과 인조인 사이에는 증오와 갈등이 생길 것이다. 그러면 처음에는 인조인의 수가 워낙 적으므로 상대가 되지 않아서, 인조인 편에서 포수인치抱羞忍恥(부끄러움을 참음), 굴종을 할 것이나 그들은 자꾸자꾸 인조인끼리 결혼을 하여서 자손의 번식을 꾀할 뿐 아니라, 그들도 모든 지능이 자연인과 같은 이상, 인조인이 다시 인조인을 만들 것이다.

인조인은 인조인의 동종이 될 것인즉, 자연인에 대항하기 위하여 무제한으로 대량 제조하는 동시에 되도록 자연인보다 우종優種 제조할 것이다. 그러면 인조인과 자연인과의 전쟁은 피할 수 없는 일이요, 우종인 인조인에게 자연인이 패할 것은 점치지 않고도 알 수가 있는 것이다.

그러면 자연인이 스스로 인조인을 만들어서 도리어 그들에게 멸망할 것이니 얼마나 어리석은 노릇인가? 그러면 인조인을 연구하는 정력을 옮겨서 인조식료를 연구하는 것이 좋을 것이다. 식료는 질뿐이요, 생명이 없는 것인즉, 생명 있는 인조인보다 연구 완성하기가 쉬울 것이요, 그것이 성공되어서 무제한으로 생산한다면 자본주의니 공산주의니 군축회의니 무어니 무어니 하는 것들이 역사적 재료로서나 필요가 있을는지 모르되 아무 가치가 없을 것이요, 소위 인류의 영원한 평화라는 것은 여기에서 비롯할 것이다.

그런데 인조인은 서양의 것으로만 알지마는 실로는 동양에서 비롯한 것이다.

『열자기列子記』에,

　　주周나라 목왕穆王 때 언사偃師라는 교인巧人이 있어 목인木人을 만들었는
데 가무에 능했다. 목왕이 성희盛姬와 같이 그것을 보았는데, 춤이 끝나자
목인은 눈을 끔쩍이며 손으로 왕을 불렀다. 왕이 노하여 죽이려 하자 언사
가 겁을 먹고 허물어버렸다. 그런데 그것은 모두 단묵 교칠로 만든 것이다.

　　周穆王時 巧人有偃師子 爲木人 能假無 王與盛姬觀之 舞既終 木人瞬目 以手招王左右
王怒欲殺 偃師懼壞之 皆丹墨膠漆之所爲也

라 한 것을 보면, 그때의 인조인이 지금의 기성된 인조인보다 훨씬 정교
하였던 것이다. 다만 동양인은 그것을 계승 확충하지 못한 것이 단점이다.
그를 증명하기 위하여,

　　모름지기 어룡魚龍의 놀이를 끝까지 보지 말라
　　군왕으로 하여금 언사에게 화를 내게 하는구나
　　不須看盡魚龍戲 發遣君王怒偃師

라고 한, 당나라 이상은李商隱[16]의 궁사宮詞나 써둘까.

16　이상은(812~58)은 중국 당나라 말기의 대표적 시인. 본문의 궁사란 궁중생활을 소재로 한
　　칠언절구를 가리킨다.

3장
마음 수양과 문학의 사유

조선 청년과 수양[1]

조선 청년을 위하여 모의謀議하는 자는 다방면으로 관찰하리니, 그 관찰을 따라 각각 정견定見을 세움은 물론이다. 그러나 조선 청년을 관찰코자 하는 자는 먼저 그 심리를 이해함이 필요하고, 심리를 이해한 후에는 근본적으로 정신수양을 절규絶叫하고자 하노라. 그러나 조선 청년의 지금 이 시점의 심리를 정해正解함은 실로 용이한 일이 아니니, 타인이 그 심리를 정해하기 어려울 뿐 아니라 자기도 자기의 심리를 정해하기 어려우리라.

사람은 만능의 신이 아닐 뿐 아니라 생활의 취미는 복잡을 피하고 간결함을 이루고자 하는 고로 자기의 취미에 적합한 한둘의 일을 택하여 목적을 정하고 전진함이 옳으니, 어떤 사람이라도 일정의 지향志向이 없는 자는 성공도 없고 생취生趣도 없으리라. 가령 도덕가가 되고자 하는 자는 반드시 그 정신과 육체의 주력을 도덕의 방면에 진력함이 옳고, 문학가가 되

---

1   『유심』 1호, 1918년 9월.

고자 하는 자는 그 주력을 문학의 방면에 쏟음이 옳고, 군사가가 되고자 하는 자는 그 주력을 군사의 방면에 다하는 것이 옳다. 그러나 자기의 지향을 일정一定한 후에는 그 지향을 절대로 복종하라 함은 아니니, 아무리 전정前定의(미리 정해둔) 지향이 있을지라도 지식의 향상에 의하든지, 경우의 필요에 의하든지 그 지향을 전변轉變하는 일도 있으리라. 그러나 부득이하게 자동적으로 향상변천向上變遷을 제외하고 외래의 저력阻力이나 혹은 자심自心의 산만으로 인하여 그 뜻을 두가지 세가지로 함은 하등의 불인격不人格이랴. 지향을 한번 정하여 필생에 고수한다고 모두 평균이 동일한 양과良果를 거둠은 아닐지니, 예를 들면 도덕에 종사한다고 모두 석가나 공자 되기 어렵고, 문학에 종사한다고 모두 셰익스피어나 똘스또이 되기 어렵고, 군사에 종사한다고 모두 을지문덕乙支文德이나 한신韓信이 되기 어려울지니, 이는 선천의 품성稟性과 인위人爲의 사정에 의하여 다소의 차이를 생기게 함인즉 성공의 여부는 입지立志에 대해서는 별문제가 되리라. 그러므로 성공은 기연機緣에 속하고 입지불천立志不遷(뜻을 세우고 흔들리지 않음)은 인격에 속할지니 성공은 우연의 성공도 있으나 인격은 요행의 인격이 없느니라. 인생의 가치는 성공에 있음이 아니요, 인격에 있느니라. 인격의 빛은 일시적 능률의 반사가 아니요, 일관적 분투의 발염發燄(불꽃을 발함)이니라.

그러면 사람은 마땅히 인간 만사의 중에 자기의 취미에 적당한 미사美事를 택하여 이를 연구하고 이를 실행하기 위해서는 어떤 장애도 배제하고 어떤 희생도 마다하지 않는다. 사냥하는 자는 새와 짐승을 잡기 위해 산봉우리와 간곡礀谷을 가리지 않고 전도분치顚倒奔馳(맹렬히 달려듦)하느니, 그 외 사람의 눈으로 보면 그 피로를 대민代悶(대신하여 답답해함)함과 동시에 그 어리석음을 웃을는지도 모르리라. 뉘라서 청산녹수 가운데 천장지비天藏地祕[2] 만인불견萬人不見[3]의 궁묘절기窮妙絶奇한 경색景色이 사냥꾼의 전유물이 되는 줄을 알리오. 이와 같이 사람이 일정한 목적을 달하기 위하여 일체의 장애를 배제하고 만반의 희생을 불사하면 그 주위에는 물론 형극荊棘(가시덤불 같은 고난)도 있고 사갈蛇蝎도 있을 것이나 그 천인불견天人不見의 이면에는 연하烟霞(안개와 노을)의 기氣를 띠지 아니하고 영롱 찬란한 자신自信의 천화天花도 어지럽게 떨어지고 물질의 속박을 해탈한 만곡천인萬斛千仞[4]의 정신의 운한雲漢(은하銀河)도 도사倒瀉[5]하리라. 이러한 충정독득衷情獨得[6]의 자위自慰는 외계로부터 이르는 곤란한 고통을 상상相償하고도 오히려 여유가 작작하리니, 이는 곧 인격의 천국에 이르는 화성化城[7]이니라. 만일 사람이 일정한 입지立志가 없고 한결같은 실행이 없으면 어떤 가치가 있으리오. 금일에 교육가가 되고자 하고 명일에 실업가가 되고자 하고, 또 명일에 정치가가 되고자 하여 이와 같이 전전부정轉轉不定[8]하면 이는 날마다 심하면 때때로 변절 개종하는 무뢰한이라 무의미한 허영심에서 나오는 망상이니 만사에 대하여 성공이 없을 뿐 아니라 자신의 난동하는 번민을 금치 못할지니 어찌 된 불행이냐. 이는 개인의 불행뿐 아니요, 사회의 불행이니라.

조선의 현재 청년의 심리는 어떠한가? 일정한 지향志向을 가져서 백절불요百折不撓의 실행이 있는가? 다수의 장애를 배제하고 만진불퇴萬進不退하는 분투의 용기가 있는가? 그렇지 않으면 아침에는 지사의 구두선口頭禪을 말하고 밤에는 비부鄙夫(마음씨가 못된 사람)의 위선을 꿈꾸지 않는가? 연회 자리에서는 동서고금의 영웅호걸을 신랄하게 분석하며 비판하다가 귀갓길에는 편운결월片雲缺月[9]의 물외생애物外生涯[10]를 상기치 않는가. 조선

---

2   세상에 파묻혀 드러나지 않는 모습을 말함.
3   사람들이 깨닫지 못하는 진리나 숨겨진 사실을 말함.
4   만섬의 곡식과 천길의 높이, 즉 방대한 규모를 일컫는 말.
5   물줄기가 거꾸로 떨어지는 모습으로, 폭포가 힘차게 쏟아지는 모습을 비유함.
6   충성스러운 마음을 홀로 깨달아 얻음.
7   법화경에 등장하는 비유로, 가르침을 찾는 여정에서 나타나 잠시 머무는 휴식처와 같은 성.
8   여기저기 정해진 곳 없이 떠돌아다님.
9   한 조각 구름과 이지러진 달, 즉 세상살이의 덧없음을 비유한 말이다.

청년의 심리를 한마디로 잘라 말하자면 미정未定이라 할 것이요, 설혹 일정의 뜻을 세운 사람이 있다 할지라도 실행할 만한 용기가 없으리니, 이는 엄호掩護치 못할 사실이라. 이는 물질문명에 중상된 까닭이다. 물질문명은 인지 개발의 과도 시대에 면할 수 없는 점진적 현상이다. 그러나 물질계보다 정신계를 귀중히 여기는 고등동물 중에 영장 되는 사람이 어찌 영원히 구구한 물질문명에 자족하여 정신계의 생활을 무시하리오. 고로 물질문명은 인생 구경究竟의 문명이 아닌즉, 다시 일보를 나아가 정신문명에 나아감은 자연의 추세라. 이로 말미암아 보면 물질문명이 사람에 대하여 기분幾分(얼마간)의 해독을 줌을 추상推想하기 어렵지 않도다. 하물며 외지전성外地全盛의 물질문명 여파가 급조急潮와 같이 수입, 수입이라고 하느니보다 차라리 침입이라고 할 만한 조선의 사람이 어찌 그 해독을 면하기 용이하리오. 현금의 조선인은 문명 창조자도 아니요, 계속 발명자도 아닌즉 아직 피문명시대被文明時代라 할 것이니 피문명시대에 있어서 상당한 수양의 실력이 없는 자는 경감부동驚感不動하여 만복滿腹(잔뜩 부른 배)의 심사心事가 금전광金錢狂이 아니면 곧 영웅열英雄熱이라. 부호가 되며 영웅이 되고자 함은 인류 향상의 욕망이다.

그러나 부호와 영웅은 도연徒然(아무 일 없음)의 산물이 아니라 상당한 노력과 분투를 쌓아야 얻는 것이니 부호가 부호 될 만한 근면이 있고 영웅이 영웅 될 만한 분투가 있음이거늘 다만 타인이 이미 이룬 광공대업宏功代業(한 시대를 대표하는 공적)의 미명에만 몹시 부러워하여 부호가 되고자 하되 근면을 피하고 영웅이 되고자 하되 분투를 싫어하면 세상에 어찌 게으르고 느린 사람에게 일확천금의 부가 있을 것이며, 물러나서 굽힌 사람에게 좌수영명坐受榮名[11]의 영웅이 있으리오. 이와 같은 헛수고의 금전광과 허위의 영웅열은 다만 불평과 번민을 늘릴 뿐이니 무슨 이익이 있으리오.

---

10   세속에서 벗어난 한가롭고 깨끗한 삶.
11   스스로의 노력 없이 타인의 힘으로 편하게 명예를 얻거나 지위를 차지하는 경우를 가리킨다.

이는 입지불고立志不固[12]의 사람이 한갓 물질문명의 현상에 침취沈醉하여 허영심을 도발하기 때문이다. 그러므로 어떤 사람이라도 심적 수양이 없으면 사물의 사역자事役者 되기 쉬우니 학문만 있고 수양이 없는 자는 학문의 사역이 되고, 지식만 있고 수양이 없는 자는 지식의 사역이 되느니라. 아니다, 사역이 될 뿐 아니라 학문과 지식이 많고 수양이 없는 자처럼 불행한 자는 없으리라. 학문과 지식이 많은 사람은 사물에 대한 판별력이 민첩하고 빠른지라, 판별력은 곧 취사取捨를 생하는 고로 욕망도 많고 염오厭惡도 많으니 사회와 사물에 대한 취사 흔염欣厭(좋아하고 싫어함)의 감념感念을 자제하지 못하면 불평과 번민에 매장될 뿐이니 이러하면 전세계인이 칭송하고 노래하며 숭배하는 학문과 지식은 다만 인생의 온갖 불행의 원소가 될 뿐이 아닌가. 사람은 마땅히 물질적 속박을 해탈하고 망상적 번민을 초월할 만한 심리적 실력을 수양하여 광달曠達한 금도衿度(포용력)와 활발한 용기로 종횡 진퇴에 침착하고 여유가 있어 스스로 깨달아 얻을 것이다. 그러므로 수양이 있는 사람에게는 지식은 비단과 같고 학문은 꽃과 같아 세상을 비추는 빛은 능히 사회의 흑암黑闇을 깨뜨릴 것이니 어찌 자기 한 사람만을 위해 하賀하리오.

조선 청년의 급무를 논하는 자가 혹은 학문이 급무라, 실업實業이 급무라, 그 밖에도 여러 종류의 급무를 창唱하리라. 그러나 심리 수양이 무엇보다도 급무라 하여 이를 환기하고자 하노라. 천하 만사에 아무 표준도 없고 신뢰도 없는 무실행의 공론으로만 이루어지는 것이 있으리오. 실행은 곧 수양의 산아産兒라, 심수深邃(학문이 깊음)한 수양이 있는 자의 앞에는 마魔가 변하여 성자聖者도 되고 고통이 바뀌어 쾌락도 될지니 물질문명이 어찌 사람을 고통케 하리오. 개인적 수양이 없을 뿐이오. 물질문명이 어찌 사회를 구병疚病(병이 오래된 상태)케 하리오. 사회적 수양이 없을 따름이라. 수양

---

12   뜻을 세움이 굳건하지 않은 상태를 뜻한다.

이 있는 자는 어느 정도까지 물질문명을 이용하여 쾌락을 얻으리라. 심리적 수양은 궤도軌度와 같고 물질적 생활은 객차客車와 같으니라. 개인적 수양은 원천源泉과 같고 사회적 진보는 강호江湖와 같으니라. 최선最先의 기추機柾[13]도 수양에 있고 최후의 승리도 수양에 있으니 조선 청년 전도의 광명은 수양에 있느니라.

조선 청년에게[14]

새해를 맞이하면서 조선 청년에게 몇 마디 말을 부치게 되는 것도 한때의 기회라면 기회다. 그러한 말을 하려고 생각할 때에는 할 말이 하도 많아서 이루 다 할 수가 없을 것 같더니, 글을 쓰려고 붓을 들고 보니 다시 말이 없자 한다. 그래서 나의 말은 거칠고 짧다. 여기에서 특별한 의미를 찾으려는 것보다 한 줄기의 정곡情曲으로 알아준다면 좋을 것이다. 그러나 독자 여러분은 거친 말을 다듬어 읽고, 짧은 글을 길게 볼 수도 있을 것이다. 지금의 우리들은 '이심전심以心傳心'이 상승되는 까닭이다. 다시 말하면 괴로운 형식으로 표현된 거친 말과 짧은 글을 독자의 가슴 깊은 속으로부터 다듬어보고 길게 읽을 수가 있다는 말이다. 이것이 우리들의 고통이 되는 동시에 따라서 흥미가 되는 것이라고 말할는지도 모르는 것이다.

현대의 조선 청년을 가리켜 불운아不運兒라고 말하는 사람이 있다면 그것은 누구냐? 어리석은 촌학구村學究의 말이 아니면 근시안적 유부儒夫의 소견일 것이다. 현금의 조선 청년의 주위를 싸고 도는 모든 환경이 거슬려 부딪쳐서 하나에서 둘까지, 뒤에서 앞까지 모두가 고르지 못한 역경逆境인 전차로, 그것을 보고서 현대의 조선 청년은 불운아라고 할는지도 모른다.

---

13   잘못된 길로 빠지지 않게 하는 제약이나 규율.
14   『조선일보』 1929년 1월 1일자.

그러나 그것을 가리켜 어리석고 근시안적 소견이라 하는 것이다. 그것은 만지풍설滿地風雪, 차고 거친 뜰에서 바야흐로 맑은 향기를 토하려는 매화나무에 아름답고 새로운 생명이 가만히 움직이고 있는 것과 같은 논법이 될 것이다.

현금의 조선 청년은 시대적 행운아이다. 바꾸어 말하자면, 현대는 조선 청년에게 행운을 주는 득의得意의 시대다. 조선 청년의 주위는 역경인 까닭이다. 역경을 깨치고 아름다운 낙원을 자기의 손으로 건설할 만한 기운機運에 제회際會하였다는 말이다. 불행히 승평昇平한 시대에 나서 하염없이 살지 않고 다행히 큰일을 할 수 있는 시대에 나서 좋은 일을 제 손으로 많이 할 수 있다는 말이다. 기마騎馬는 마구간에서 늙는 것을 싫어하고, 용사는 임衽(바닥에 까는 요)에서 죽는 것을 부끄러워한다. 예로부터 하염있는 사람들은 불우不遇를 슬퍼하느니, 하염있는 사람들의 이른바 '불우'라는 것은 아무 일도 할 만한 자료가 없는 미지근한 승평昇平시대를 가리킨 것일 것이다.

아아, 좋은 일의 자료가 되는 역경에 싸여 있는 조선 청년은 득의의 행운아일는지 모른다. 좋은 일을 하기 위하여 일정한 목표를 바라고 나아갈 뿐이다. 인생은 좋은 표준을 세우고 자동적으로 고결하게 진행하는 것이 가장 귀한 것이다. 그러므로 나의 표준을 바라고 나아감에는 앞에 지장이 없고 뒤에 마魔가 없는 것이다. 가다가 가지 못한다면 그것은 육체요, 정신은 아닐 것이다. 나침반은 지방과 기후의 차이를 좇아서 지침의 방향을 고치는 것은 아니다. 사람은 환경의 순역順逆을 따라서 표준을 바꾸는 것은 아니다. 조가비로 한강수漢江水를 말릴 수가 있고, 삼태기로 백두산白頭山을 옮길 수가 있느니라.

이론가들의 말을 빌려 말하면, 행복의 과果는 곤란의 인因에서 난다. 현재의 향복享福은 과거 사람의 피와 땀의 댓가다. 그렇다면 후대 아손兒孫에게 향복의 유산을 끼쳐주기 위하여 피와 땀을 흘리게 되는 현대의 조선 청년은 행운아이다.

나는 구구한 이론을 많이 쓰기는 싫다. 다시 말하면 독자 여러분의 눈으로 볼만한 글을 많이 쓰기는 싫다. 다만 마음으로 읽을 만한 뜻을 조금 썼으면 족하다.

소석小石은 원래元來로 말이 없느니라. 그러나 적은 말에도 참이 있다면 급한 조수潮水에 몰려서 판국判局이 어지러운 작은 돌도 점두點頭(고개를 끄덕임)하느니라.

조선 청년은 자애自愛하라.

고난의 칼날에 서라[15]

세상 사람이 쉽고 성공할 일이면 하려 하고 어렵고 성공할 가망이 적은 일이면 피하려는 경향이 있으니, 그것은 불가한 일이다. 어떠한 일을 볼 때에 쉽고 어려운 것이나 성공하고 실패할 것을 먼저 본다느니보다 그 일이 옳은 일인가 그른 일인가 볼 것이다. 아무리 성공할 일이라도 그 일이 근본적으로 옳지 못한 일이라 하면 일시 성공을 하였을지라도 그것은 결국 파탄이 생기고 마는 법이다.

그러므로 하늘과 땅에 돌아보아 조금도 부끄럽지 않을 옳은 일이라 하면 용감하게 그 일을 하여라. 그 길이 가시밭이라도 참고 가거라. 그 일이 칼날에 올라서는 일이라도 피하지 말아라. 가시밭을 걷고 칼날 위에 서는 데서 정의를 위하여 자기가 싸운다는 통쾌한 느낌을 얻을 것이다. 그러므로 나는 지금 다난多難한 조선에 있어서 정의의 칼날을 밟고 서거라 하고 말하고 싶다. 무슨 일이든지 성공이나 실패보다 옳고 그른 것을 먼저 분별

---

15   『실생활』3권 11호, 1932년 11월.

할 줄 알아야 한다.

『님의 침묵』 군말[16]

'님'만 님이 아니라 기룬[17] 것은 다 님이다. 중생이 석가의 님이라면 철학은 칸트의 님이다. 장미화의 님이 봄이라면 마치니Giuseppe Mazzini의 님은 이태리다. 님은 내가 사랑할 뿐 아니라 나를 사랑하느니라.

연애가 자유라면 님도 자유일 것이다. 그러나 너희는 이름 좋은 자유의 알뜰한 구속을 받지 않느냐. 너에게도 님이 있느냐. 있다면 님이 아니라 너의 그림자니라.

나는 해 저문 벌판에서 돌아가는 길을 잃고 헤매는 어린 양羊이 기루어서 이 시를 쓴다.

『십현담주해』 서序[18]

내가 을축년 여름을 오세암에서 지낼 때 우연히 『십현담』을 읽었다. 『십현담』은 동안상찰同安常察 선사禪師가 지은 선화禪話로, 글이 비록 평이하나 뜻이 심오하여 처음 배우는 이는 그윽한 뜻을 엿보기 어렵다. 원주原註가 있으나 누가 붙였는지 알 수 없고, 또 열경주悅卿註가 있는데, 열경이란 매월梅月 김시습金時習의 자字이다. 매월이 세상을 피해서 산에 들어가 중옷을 입고 오세암에 머물 때에 지은 것이다. 두 주석을 가지고 원문의 뜻을

---

16   『님의 침묵』, 회동서관 1926.
17   '기루다'는 어떤 대상을 그리워하거나 아쉬워한다는 뜻의 말.
18   『십현담주해』, 법보회 1926.

해석하는 데는 충분하나 말 밖에 포함되어 있는 뜻을 밝힘에서는 더러 나의 소견과 다른 바가 있었다.

대저, 매월이 지키는 바의 지조는 세상과 서로 용납되지 않아 운림에 낙척落拓하여 때로는 원숭이와 같이, 때로는 학과 같이 하기도 하며 마침내 당세에 굴하지 않고 스스로 천하 만세에 몸을 결백케 하였으니, 그 뜻은 괴로웠고 그 정은 비분함이 있었다.

매월도 『십현담』을 오세암에서 주해했고, 나 또한 오세암에서 열경의 주해를 읽었다. 사람들이 접한 지는 수백 년이 지났건만 그 느끼는 바는 오히려 새롭구나. 이에 십현담을 주해한다.

을축 유월 일 오세암에서
한용운 씀

평생 못 잊을 상처[19]

지금은 벌써 옛날 이야기로 돌아갔습니다마는 기미운동이 폭발될 때에 온 장안은 ×××××(원문 그대로) 소리로 요란하고 인심은 물 끓듯 할 때에 우리는 지금의 태화관 당시 명월관 지점에서 ××선언 연설을 하다가 ×××에 포위되어 한쪽에서는 연설을 계속하고 한쪽에서는 ××되어 자동차로 호송되어 가게 되었습니다. 나도 신체의 자유를 잃어버리고 자동차에 실려 좁은 골목을 지나서 마포 ×××로 가게 되었습니다.

그때입니다. 열두서넛 되어 보이는 소학생 두명이 내가 탄 자동차를 향하여 ××를 부르고 두 손을 들어 또 부르다가 ××의 제지로 개천에 떨어

---

19 『조선일보』 1932년 1월 8일자.

지면서도 부르다가 마침내는 잡히게 되는데, 한 학생이 잡히는 것을 보고도 옆의 학생은 그래도 또 부르는 것을 차창으로 보았습니다. 그때 그 학생들이 누구이며, 또 왜 그같이 지극히도 불렀는지는 알 수 없으나, 그것을 보고 그 소리를 듣던 나의 눈에서는 알지 못하는 사이에 눈물이 비 오듯 하였습니다. 나는 그때 그 소년들의 그림자와 소리로 맺힌 나의 눈물이 일생에 잊지 못하는 상처입니다.

봄[20]

작년 겨울은 유명히도 추웠다.

사람의 감각으로만 그러할 뿐 아니라, 측후소의 숫자적 계산으로도 그러하였다. 영하 20도를 오르내리는 추위라면 조선에 있어서는 여간 추위가 아니다. 조선은 그다지 추운 지방이 아닌 고로 건축 제도와 의복 설비와 기타 모든 시설이 혹독한 추위를 견디기에 어려울 뿐 아니라, 그러한 불완전한 설비나마 제대로 하는 사람이 조선에서 무릇 몇 사람이나 되는가. 다시 말하면 방한구로서 가장 필요한 가옥, 의복 등이 제도로서 불완전하다 할지라도, 그 제도로나마 가옥으로서 풍창파벽風窓破壁(어려운 형편)을 면하는 사람이 몇이나 되며, 의복으로써 자기의 체온을 보존할 만치 입는 사람이 몇이나 되며, 거처하는 온돌방에 물이 얼지 아니할 만치 불을 때는 사람이 몇이나 되는가. 그리하여 작년 추위는 조선 사람에게 있어서 심하였고, 그중에 구차한 사람에게 있어서 더욱 그러하였다.

천리天理·인사人事는 다 그러하여서 영고성쇠榮枯盛衰의 왕겁전진往劫前塵[21]은 역사적으로 되풀이하고 있다 하거니와, 그러한 모진 추위도 언제까

---

20   『조선일보』 1936년 3월 17~18일자.
21   불교 용어로 지나간 오랜 세월 동안 과거로부터 이어진 번뇌와 집착을 뜻한다.

지 계속하지는 못하는 것이다. 그리하여 봄은 오기 시작하였다. 한강에는 얼음 녹는 소리가 나고, 북악산에는 따뜻한 볕을 받아서 얼었던 봉만峰巒(산봉우리)이 얼굴을 펴기 시작하였다. 모든 사람의 입에서도 '봄'이라는 말이 여러 가지의 의미로서 나오게 되었다.

나도 겨우내 추위에 쪼들린 사람 중의 하나이다. 그리하여 봄기운을 맞이하기에 다른 때보다 또는 다른 사람보다 유달리 반가운 듯하였다. 나는 겨울에 두어 분盆의 화초를 책상 위에 놓았었는데, 그중에는 양아옥 한 분이 있었다. 그것을 태양 광선이 잘 비치는 남쪽 창 밑에 놓아두고, 적이 고수련하여서[22] 한겨울까지 꽃이 제법 볼 만치 피었다.

그리하다가 어느 날인지 온도가 영하 20도를 지나던 날 밤이었다. 자고 나서 보니 꽃과 잎새가 빳빳 얼어서 손으로 만지매 대각대각 소리가 났다. 몹시도 가엾어서 두루 살펴보았으나 다시 구하기가 어려울 만치 얼었다. 그날부터 방을 더 덥게 하여서 다시 구하여볼까 하는 생각도 없는 것은 아니었지만 어쩐지 그리 되지 못하였다. 화초를 위하는 것보다 나의 꿈을 얼지 않게 하기 위해서라도 그리하려고 하였으나 그리 되지 못하였다. 그리하여 한번 얼기 시작한 양아옥은 더 얼고 더 얼고 하였다.

올해도 역시 매화를 얼렸으니

어찌 얼리지 않은 매화를 얻으랴

今年又使梅花凍 安得梅花不凍年

라는 시를 지은 사람이 있는 것을 보면 꽃을 얼린 사람이 나뿐이 아닌 것을 알 수가 있거니와, 얼린 양아옥조차 없는 사람으로 본다면 나의 생애도 오히려 사치품이 아닐까 한다.

---

22   순 우리말로 병든 사람을 정성껏 보살피고 간호한다는 뜻이다.

어느 따뜻한 날이었다.

겨우내 나의 방에서 얼고만 있는 화초분花草盆을 내어서 가장 아늑하고 볕 잘 받는 곳에 놓고 먼지도 떨고 물도 주었다.

양아옥을 살펴보니 가지와 잎새는 얼고 말라서 낙사진落謝塵(떨어져서 사라지는 티끌)이 되었으나, 뿌리와 줄기는 아직 생기가 있어서 거기에도 봄이 움직이고 있는 듯하였다. 그것을 보는 때에 적이 반갑기도 하였지마는 더욱이 가엾기도 하였다. 그리하여 잎새와 가지의 마른 부분을 따주고 먼지도 떨고 물도 주어서 다시 살아나기를 도모하였다. 그렇게 하는 나의 마음은 물론 소유욕이나 애착심 같은 속심俗心도 아니었지마는 또한 박애다, 자비다 하는 종교심도 아니었다.

눈을 돌이켜서 다른 사람들의 봄을 보아보자. 투박한 털외투를 벗고 몸이 가벼운 듯이 산촌수곽山村水郭[23]을 찾아다니면서 별장別莊터를 사려는 서방님네나, 어깨를 견주어가면서 올봄의 유행복으로서 무슨 치마가 좋으며 무슨 빛깔이 맞을까 하는 아가씨들도 있다마는, 멀리 농촌의 봄을 생각하건대, 가래질도 하고 두엄도 내고 논도 갈고 멀지 아니하여 씨나락도 담가야 하겠는데, 과연 그렇게 할 만한 농량農糧을 지탱하고 있는가? 작년 가을의 각 신문지를 통하여 본다면, 농민들이 농사를 지어가지고 가을에 추수는 고사하고 벼를 논에 세워놓은 채로 소위 '입도차압立稻差押'을 당한 사람이 많다는데, 그들에게는 '봄'이 얼마나 기쁠 것인가. 혹은 그렇지 아니한가.

---

23 경관이 아름다운 곳에 자리한 마을.

나는 왜 중이 되었나[24]

1. 가출의 동기

나는 왜 중이 되었나? 내가 태어난 이 나라와 사회가 나를 중이 되지 아니치 못하게 하였던가. 또는 인간 세계의 생사병고生死病苦 같은 모든 괴로움이 나를 시켜 승방僧房에 몰아넣고서 영생과 탈욕을 속삭이게 하였던가. 대체 나는 왜 중이 되었나? 중이 되어가지고 무엇을 하였나? 무엇을 얻었나? 그래서 인생과 사회와 시대에 대하여 어떠한 도움을 하여왔나? 이제 승려가 된 지 30년에 출가의 동기와 그동안의 파란波瀾과 현재의 심경을 생각하여볼 때에 스스로 일맥一脈의 감회가 가슴을 덮는 것을 깨닫게 한다.

나의 고향은 충남 홍주洪州였다. 지금은 세대가 변하여 고을 이름조차 홍성洪城으로 변하였으나 그때 나는 이런 소년의 몸으로 선친에게서 나의 일생 운명을 결정할 만한 중요한 교훈을 받았으니, 그것은 국가 사회를 위하여 일신一身을 바치는 옛날 의인들의 행적이었다. 그래서 마냥 선친은 스스로 그러한 종류의 서책을 보시다가 무슨 감회가 계신지 조석으로 나를 불러다가 세우고 옛사람의 전기傳記를 가르쳐주었다. 어린 마음에도 사상史上에 빛나는 그분들의 기개와 사상을 숭배하는 마음이 생겨 어떻게 하면 나도 그렇게 훌륭한 사람이 되어보나 하는 것을 늘 생각하여왔다. 그러자 그해가 갑진년 전해로 대세大勢의 초석礎石이 처음으로 기울기 시작하여서 서울서는 무슨 조약이 체결되어 뜻있는 사람들이 구름같이 경성을 향하여 모여든다는 말이 들리었다. 그때에 어찌 신문이나 우편이 있어서 알았으리마는 너무도 크게 국가의 대동맥大動脈이 움직여지는 판이 되어 소문은 바람을 타고 아침저녁으로 8도에 흩어지었다. 우리 홍주에서도 정

24   『삼천리』6호, 1930년 5월.

사政事에 분주하는 여러 선진자先進者들은 이곳저곳에 모여서 수군수군하는 법이 심상한 기세가 아니었다.

그래서 좌우간 이 모양으로 산속에 파묻힐 때가 아니라는 생각으로 하루는 담뱃대 하나만 들고 그야말로 폐포파립敝袍破笠으로 나는 표연히 집을 나와 '서울'이 있다는 서북 방면을 향하여 걷기 시작하였으니 부모에게 알린 바도 아니요, 노자도 일푼 지닌 것이 없는 몸이며 한양漢陽을 가고나 말는지 심히 당황한 걸음이었으나 그때는 어쩐지 태연하였다. 그래서 좌우간 길 떠난 몸이매 해지기까지 자꾸 남들이 가르쳐주는 서울 길을 향하여 걸음을 재촉하였다.

그러나 날은 이미 기울고 오장五臟의 주림이 대단하게 되자 어떤 술막집에 들어 팔베개 베고 그 하룻밤을 자느라니 그제야 무모한 걸음에 대한 여러 가지 의구가 일어났다. 적수공권赤手空拳으로 어떻게 나랏일을 돕고 또한 한학의 소양 이외에 아무 교육이 없는 내가 어떻게 소지素志를 이루나. 그날 밤 야심토록 전전반측하며 사고 수십회思考數十回에 이를 때에 문득 나의 아홉살 때 일이 유연油然히 떠오른다. 그것은 9세 때 『서상기西廂記』의 통기 1장을 보다가 이 인생이 덧없어 회의하던 일이라. 영영일야營營日夜(밤낮으로 바빠 애씀)하다가 죽으면 인생에 무엇이 남나. 명예냐, 부귀냐? 그것이 모두 아쉬운 것으로 생명이 끊어짐과 동시에 모두 다가 일체 공空이 되지 않느냐. 무색하고 무형한 것이 아니냐. 무엇 때문에 내가 글을 읽고 무엇 때문에 의식衣食을 입자고 이 애를 쓰는가, 하는 생각으로 5, 6일 밥을 아니 먹고 고로苦勞하던 일이 있었다. 인생은 고적孤寂한 사상을 가지기 쉬운 것이라, 이에 나는 나의 전정前程(앞길)을 위하여 실력을 양성하겠다는 것과 또 인생 그것에 대한 무엇을 좀 해결하여보겠다는 불같은 마음으로 한양 가던 길을 구부리어 사찰을 찾아 보은 속리사로 갔다가 다시 더 깊은 심산유곡의 대찰大刹을 찾아간다고 강원도 오대산의 백담사까지 가서 그곳 동냥중 즉 탁발승이 되어 불도를 닦기 시작하였다.[25] 물욕·색욕에 움직일 청춘의 몸이 한갓 도포 자락을 감고 고깔 쓰고 염불을 외우게 되매 완전히 현세를 초탈한 행위인 듯이 보이나, 아마 내 자신으로 생각하기에도 그렇게 철저한 도승이 아니었을 것이다.

수년 승방에 갇혀 있던 몸은 그에서도 마음의 안정을 얻을 길이 없어 『영환지략』이라고 하는 책을 통하여 조선 이외에도 넓은 천지의 존재를 알고 그곳에 가서나 뜻을 펴볼까 하여 엄모라는 사람과 같이 원산에서 배를 타고 서백리아西伯利亞(시베리아)를 지향하고 해삼위海蔘威(블라지보스또끄)로 가는 것이다.

그러나 어찌 알았으리오. 나의 동행이던 엄모가 사갈蛇蝎 같은 밀정으로 나를 해치는 자였음을… 그래서 실로 살을 에어내는 듯한 여러가지 고난의 와중을 헤치고 구사일생으로 다시 귀국하였다. 그러자 각처에는 의병이 일어나서 당시 세상이 크게 어지럽게 되어 나는 간성杆城에서 쫓기어 안변安邊 석왕사의 깊은 산골 암자를 찾아가 거기서 참선생활을 하였다.

2. 일본행과 불교계 파란

그러다가 반도 안에 국척跼蹐(삼가고 조심함)하여 있는 것이 어쩐지 사내의 본의가 아닌 듯하여 일본으로 뛰어 들어갔다. 그때는 조선의 새 문명이 일본을 통하여 많이 들어오는 때이니까 비단 불교문화뿐 아니라, 새 시대 기운이 융흥한다고 전하는 일본의 자태를 보고 싶던 것이다. 그리하여 마관馬關(시모노세끼)에 내리어 동경에 가서 조동종의 통치기관인 종무원을 찾아 그곳 홍진설삼弘眞雪三이라는 일본의 고승과 계합契合이 되었다. 그래서 그분의 호의로 학비 일푼 없는 몸이나 조동종대학에 입학하여 일어도 배우고 불교도 배웠다. 그럴 때에 조선에서는 최린崔麟·고원훈高元勳·채기

25　당시 한용운은 속리산 법주사와 오대산 월정사 등을 거쳐 설악산 백담사에서 출가의 인연처를 찾게 된 것으로 보인다.

두蔡基斗 제씨가 유학생으로 동경으로 건너왔더라. 그러다가 나는 다시 귀국하여 동래東萊 범어사梵魚寺로 가 있다가 다시 지리산으로 가서 박한영朴韓永·전금파全錦坡〔고인이 되었으나〕의 세 사람과 결의까지 하였다. 그럴 때에 서울 동대문의 원흥사元興寺에서 전조선 불도佛徒들이 모여 불교대회를 연다는 소식이 들리므로 나는 부랴부랴 상경하였는데, 그때는 이회광李晦光 씨가 대표가 되어 승려해방과 학교 건설 등을 토의하고 있었는데 그것은 대단히 좋으나 얼마 되지 않아 합병이 되자 초기에 이회광 일파는 무슨 뜻으로 그러하였는지 일본의 조동종과 계약을 맺고 조선의 사찰 관리권과 포교권布敎權과 재산권을 모두 양도하는 실로 놀라운 일을 벌였다. 이 주착없는 계약을 하자 한 것이 그때 이회광 일파의 원종圓宗이므로 우리는 그를 막기 위하여 임제종臨濟宗이란 종宗을 창립하여 그의 반대운동을 일으켰는데, 이 운동이 다행히 주효하여 이회광의 계약은 취소되어 조선의 불교는 그냥 살아 있게 된 터이었다. 그 뒤 합병이 되어 몸에 닥치는 간섭이 심하여 일시 통도사에 내려가서 『불교대전佛敎大典』을 초출抄出하였고, 또 『유심惟心』이라는 잡지를 경영하다가 기미의 33인 운동으로 옥사에 갇히는 몸이 되었던 것이다.

그러면 나는 승려 30년에 무엇을 얻었나? 서울 안국동의 법당 곁에 부처님을 모시고 아침저녁으로 생각함에 나는 결국 영생永生 하나를 얻은 것을 느낀다. 어느 날 육체는 사라져 우주의 적멸과 함께 그 자취를 감추기라도 하리라. 그러나 나의 마음은 끝없이 둥글고 마음 편한 것을 느낀다. 그렇더라도 남아일세男兒一世에서나 중僧으로 그 생애를 마치고만 말 것인가. 우리 앞에는 정치적 무대는 없는가? 그것이 없기에 나는 중이 된 것이 아닐까. 만일 우리도… 마지막으로 이 심경을 누가 알아주랴. 오직 지자知者는 지부지자부지知不知者不知(자신이 무엇을 모르는지조차 모르는 것)를 곡哭할 뿐이라.

북대륙의 하룻밤[26]

　50여 년의 과거를 가진 나로서 추억할 만한 것이 없을 수가 없는 것이나 평일에 생각할 때에는 추억할 만한 일이 양으로도 상당히 많고 질로도 그러하여서 그것을 글로 적으면 제법 볼만한 것이 있을 것 같았는데 급기야 '추억'을 써보라는 지정적 부촉付嘱을 받고 붓을 들어 쓰려 하매 별로 쓸만한 것이 없고, 혹 있대야 지금 써서 내놓기에 불편한 것이 있으므로 평일에 생각하던 바와는 아주 딴판이다. 이로 미루어보면 추억뿐 아니라 모든 일에 대하여 아무 일이 없는 때에 막연히 생각하는 것과 실제 행동에는 많은 차이가 있는 것을 다시금 인식하게 된다.

　일도춘풍 별고인一棹春風別故人,[27] 이것이 30년 전 이른 봄에 원산元山부두에서 해삼위로 가는 배를 탈 때에 나를 전송하여주는 어느 오랜 친구에게 지어준 시에서 기억나는 한 짝이다. 그것이 내가 입산한 지 몇 해 안 되어서의 일인데, 나의 입산한 동기가 단순한 신앙만을 위한 것이 아니었던 만큼 한적하고 외진 설악산에 있은 지 멀지 아니하여서 세간번뇌世間煩惱에 구사驅使(함부로 부림을 당함)되어 무전여행으로 세계만유世界漫遊를 떠나게 된 것이었다. 그때쯤은 나뿐 아니라 조선 사람은 대개 세계에 대한 지식과 경험이 별로 없었으므로 아무 인연도 없고 외국어 한마디도 모르는 산간의 한 사미沙彌(어린 남자 승려)로 돌연히 세계만유, 더구나 무전여행을 떠난 것은 우치愚痴라면 우치요, 만용蠻勇이라면 만용이었다.

　그러나 세계의 사정과 지리를 너무도 모르는 나로서 진로進路와 사정을 대강이라도 알려면 그래도 사람이 많이 모이는 경성京城으로 가야 하리라는 생각으로 설악산 백담사로부터 경성으로 향하게 되었는데, 때는 음력 2월 초순이라 깊은 산에는 물론 빙설이 쌓여 있으나 들과 양지에는 눈이

26　『조선일보』 1935년 3월 8~13일자.
27　봄바람을 맞으며 배를 젓는 은자의 풍류를 뜻한다.

상당히 녹는 때이므로 산골 냇물은 얼어붙은 곳도 있지마는 얼음이 녹아서 흐르는 곳도 있었다. 백담사에서 경성을 오려면 산길로 20리를 나와서 가평천加坪川이라는 내를 건너게 되는데, 그 물의 넓이는 약 한 마장이나 되는 곳으로 물론 교량은 없는 곳이었다. 그 내에 이르매 내가 눈녹이 물에 불어서 상당히 많았다. 눈이 녹은 물이 얼음보다 찬 것을 다소 경험해본 나로서 도두渡頭에 이르러 건너기를 주저하지 아니할 수가 없었다. 이것이 세계일주의 첫 난관이었다. 추운 때에 눈녹이 물을 건너보지 못한 사람으로는 그만 한 것이 인생행로人生行路의 난관이 되겠느냐고 웃을는지도 모르지마는 한번이라도 건너본다면 그 어려운 맛을 알 것이다.

다리를 훨씬 높이 걷고 건너기 시작하였다. 산골 내에는 흔히 대소부동大小不同한 둥근 돌이 깔렸는데 거기에 물이끼가 입히면 미끄럽기가 짝이 없어서 발을 붙일 수가 없는 것인데 이 가평천은 그런 중에도 더욱 심한 곳이었다. 건너기 시작한 지 얼마 아니 되어서 물이 몹시 찰 뿐 아니라 발을 디디는 대로 미끄러지고 부딪쳐서 차고 아픈 것을 견딜 수가 없었다. 중류中流에 이르러서는 다리가 저리고 아프다 못하여 감각력을 잃을 만큼 마비가 되었으므로 육체는 저항력을 잃고 정신은 인내력이 다하였다. 가령 정신의 인내력은 다소 여지가 있다 할지라도 저항력과 감각력을 잃은 다리는 도저히 정신의 최후 명령에 복종할 수가 없는 것이었다. 돌아오려야 돌아올 수도 없고 나아가려야 나아갈 수도 없는 그야말로 진퇴유곡, 남은 일이 있다면 그것은 주저앉는 것이 아니면 넘어지는 것뿐이었다.

백척간두진일보百尺竿頭進一步, 홀연히 생각하였다. 나는 적어도 한푼 없는 맨주먹으로 세계만유를 떠나지 않느냐. 어떠한 곤란이 있을 것을 각오한 것이 아니냐. 인정人情은 눈녹이 물보다 더욱 찰 것이요, 세도世途는 조약돌보다 더욱 험할 것이다. 이만 한 물을 건너기에 인내력이 부족하다면 세계만유라는 것은 부질없는 일이 아닌가 하여서 스스로 나를 무시하는 동시에 다시 경책警責하였다.

차고 아픈 것을 참았는지 잊었는지는 모르나 어느 겨를에 피안彼岸에 이르렀다. 다시 보니 발등이 찢어지고 발가락이 깨어져서 피가 흐른다. 그러나 마음에는 건너온 것만이 통쾌하였다. 건너온 물을 돌아보고 다시금 일체유심一切唯心을 생각하였다.

냇가에 앉아서 버선을 신노라니 50세가량 되어 보이는 남자와 30여세 된 여자가 오더니 남자가 나의 대님 치는 것을 보면서 말을 묻는다.

"이 물을 건너오셨소?"

"네."

"얼마나 깊습니까?"

"그다지 깊지는 아니합니다. 다리만 걷고도 건널 만합니다."

"대단히 차지요?"

"네, 차기는 대단합니다."

그 사람은 물에다 손을 넣어보더니 얼굴을 찡그리면서,

"에구, 차서 못 건너가겠군. 돌아서 가야겠군."

하고 물을 거슬러서 산기슭으로 올라간다.

같이 오던 여자는 동행은 아닌 모양이었다. 혼잣말로,

"돌아가면 언제 가게."

하고 버선을 벗어서 한손에는 버선과 짚신을 들고 한손으로 옷을 걷어잡고 물에 들어서더니 진저리를 치면서 건너간다. 반도 채 못가서 그중 깊은 곳에 이르더니 찬 것을 못 견디었든지 미끄러졌든지 그것은 알 수 없으나 그만 넘어져서 두어번 구르다가 일어나서는 벌벌 떨기만 하고 오도가도 못한다.

그 광경을 본 나는 옷을 걷을 새도 없이 그대로 들어가서 그 여자를 업어서 건너 주고 다시 건너오는데 그다지 찬 줄도 모르고 버섯 신은 발이라 아픈 줄도 몰라서 비교적 유유히 건너왔다. 나는 다른 사람들이 잘 건너지 못하는 곳을 건넌 데 대하여 어린애들처럼 다소의 우월감을 가졌으나 한편으로는 두번째 건널 때에는 그다지 어렵지 아니한 것을 처음에는 대단히 어려움을 느껴서 무슨 대경륜大經綸을 진행하는 중에 막대한 마장魔障(뜻밖의 방해)을 정복한 것처럼 생각하였던 것이 도리어 어리고 우스웠다. 앞 주막에 가서 옷을 말리면서 말을 들으니 그 내는 눈녹이 물이 내릴 때에는 산으로 돌아다니고 좀처럼 건너지 못하는 것을 알게 되었으므로 스스로 경멸하던 처음의 자부심이 다시 위안을 얻게 되었다.

그 길로 경성에 와서 보니 기대하던 세계의 지리와 사정에 대하여 대강이라도 체험담을 들을 곳이 없었다. 나의 교제가 넓지 못한 것도 한가지 원인이겠지만 실로 세계적 체험을 가진 사람이 적었던 것이다. 그리하여 나는 지도와 문자상으로 본 것을 기초 삼아서 진로를 스스로 결정하였는데, 가까운 러시아로 먼저 가서 중구中歐(중유럽)를 거쳐 미국으로 가기로 하였으므로 원산 가서 배를 타고 해삼위에 상륙하기로 하였던 것이다.

경성서 원산 가는 도중에서 승려 2인을 만났으니 한 사람은 나의 본사本寺인 백담사의 중이요, 한 사람은 금강산 마하연摩訶衍에 있는 중인데, 그는 초면이었으나 알고 보니 문의門誼가 있는(집안 쪽에 친분이 있는) 사람으로 지구知舊나 다름이 없었다. 그들은 해삼위로 '다스포'를 사러 가는데 다스포라는 것은 음식 만드는 것으로 그것을 하면 돈을 벌 수가 있다고 한다. 그들의 목적이야 무엇이든지 얼마 동안이라도 동행하게 되는 것만 기뻤다.

원산에서 세 사람이 같이 해삼위 가는 배를 탔는데, 내가 기선을 타기는 처음이었다. 그 배는 500톤에 불과한 작은 배였지만 그전에 배에 대한 경험이라고는 나룻배를 몇 번 타보고 조선 재래식 목선을 구경한 일밖에 없는 나로서는 그 배의 대형적이요, 문화적인 것을 깨닫게 되어서 그 배의 내부를 자세히 구경하였던 것이다.

배가 해삼위 항구 밖에 이르러서 항행을 정지한다. 갑판에 나와서 보니 해삼위 항구와 그 근처의 촌락들이 보인다. 왜 배를 멈추느냐고 물으니 선원이 말하기를, 항구 안에는 수뢰水雷를 묻어서 항로를 알 수 없으므로 어느 나라 배든지 여기까지 와서는 신호를 하면 러시아인이 나와서 배를 운전한다고 한다. 그러자 기적으로 신호를 하니 그 배에서 가까운 언덕 편으로부터 소중기선小蒸氣船이 살같이 와서 러시아인이 배에 오르더니 곧 항행을 계속한다. 항구 안바다에 수뢰를 묻고 입항하는 선박은 반드시 자기 나라 사람으로 운전하게 하는 것이 나라와 나라 사이에 서로 경계하는 국방國防의 일부분에 지나지 않는 것이겠지만 경장更張(갑오경장) 이전에 거국擧國(온 나라)의 병마兵馬 5,772명밖에 없이 태평연월太平煙月(?)에 잠이 들었던 조선, 그중의 한 사람인 나로서는 신경의 자극을 받지 아니할 수가 없었다.

배가 항구에 들어가매 부두에 대고 배에서 부두로 직접 상륙한다. 그때에 조선에는 축항築港한 곳이 없어서 기선이 출입하는 항구라도 기선은 중류에 서 있고 종선從船으로 육지에 출입하였다. 그런 고로 대소의 기선들이 부두의 육지에다 선체船體를 대고 섰는 것을 볼 때 그 국가적 설비가 대규모인 것에 놀랐다.

상륙할 때 살펴보니 나의 탔던 배의 선객은 대부분이 상인과 노동자인데, 그중에 머리 깎은 사람은 나의 일행 세명과 다른 두 사람이 있을 뿐이었다.

우리 일행은 배에서 내려 조선인의 부락인 개척리開拓里를 찾아가는데, 노변에 드문드문 모여 있는 조선 사람들은 많이 내리는 선객 중에 특히 우리 3인을 주목하면서 이상한 표정으로 수군거리는 것을 발견하였다. 그리하여 살펴볼수록 그들의 동작은 더욱 그런 듯하였다. 그러나 나는 그때에 복주감투[僧冠]을 썼으므로 그것을 이상하게 보는가 보다 하는 외에 그들의 동작에 대하여 별로 다른 의미가 있는 줄로는 생각지 아니하였다. 개척리에 이르니 가옥의 구조는 조선과 만주의 혼동식混同式으로 되었는데, 제도와 설비가 불규칙·비위생적으로 되어서 우선 형식상으로 보건대 재외在外한 조선인에게도 별로 기대할 것이 없다는 인상을 받게 되었다. 바로 길가에 있는 여관에 들어서 항해의 피곤을 쉬는데, 여관에 있는 사람들도 아까 노변에서 보던 사람들처럼 우리들을 이상한 시선으로 보면서 무엇인지 수군거린다. 그러나 나는 또한 그들의 행동을 비신사적으로만 보고 다른 생각은 가지지 아니하였다.

저녁밥을 먹은 뒤에 조금 있노라니 때는 황혼이었다. 문 밖의 길에서 여러 사람이 몰려가는 소리가 요란스럽게 난다. 여관에 있는 다른 사람들이 구경 삼아서 나가더니 그들이 지나간 뒤에 들어오면서 서로 말들을 한다.

"또 죽이러 나가네그려."

"몇인가?"

"둘일세."

"이번 배에 내린 것이지."

"그렇겠지.

"사람 무척 죽는다."

이러한 말을 들은 나는 내용은 알 수 없으나 사람을 죽이러 간다는 의미만은 알 수 있으므로 놀랍고 의심스러워서 그들 중에 가장 이상하여 보이는 사람을 청하여 그 내용을 물었다. 그는 대답하기를 조금 주저하다가 나직나직한 목소리로 묻는 것을 따라서 대답하였다.

"지금 사람을 죽이러 나간다니 무슨 사람을 죽이러 간다는 말이오?"

"예, 여기는 조선에서 머리 깎은 사람만 들어오면 죽이는데, 오늘 배에도 두 사람이 내린 것을 죽이러 갔답니다."

"머리 깎은 사람은 왜 죽이오?"

"일진회원一進會員이라고 죽인답니다."

"누가 죽이나요?"

"조선 사람들이 죽이지요."

"무엇하는 사람들이오?"

"하기야 무얼 하겠소. 먼저 여기를 와서 러시아에 입적入籍한 사람들이 많지요."

"재판을 해서 죽이나요, 어떻게 죽이나요?"

"재판이 다 무엇이요, 덮어놓고 죽이지요."

"죽이기는 어떻게 죽이나요?"

"바다에 갖다 넣지요."

"여기는 사람을 함부로 죽여도 관계치 않소?"

"아무 일 없지요."

"아무 일 없다니. 여기는 경찰도 없고 아무 법도 없단 말이오. 사람을 함부로 죽인대서야 사람이 살 수가 있나요."

"여기 경찰이 있기는 있으나 우습소. 그런 일은 말고라도 여기 저녁이면 길가에서 도적에게 사람 안 죽는 날이 별로 없소. 더구나 조선놈끼리 서로 죽이는 것을 그 사람네가 아는 체할 까닭이 있소?"

"그래 머리 깎은 사람을 얼마나 죽였나요?"

"퍽 죽였지요. 들어오기만 하면 죽이니까요."

"일진회원인지 아닌지 분간도 없이 머리 깎은 사람이면 다 죽여서야 될 수가 있소."

"지금 조선 사람 중에 일진회원 아니고서야 머리 깎은 사람이 있나요. 그러니까 다 죽이는 것이지요."

"그러면 우리들은 어찌 아니 죽이나요."

"글쎄 알 수 없지요. 아직 더 두고 보아야지요."

그의 말을 들은 나는 양산백梁山伯[28]의 연극화한 것을 이야기로 듣는 것 같아서 무섭기도 하였으나 의심이 나서 믿어지지 아니하였으나 다른 사람들의 말을 종합하여서 확실한 사실인 것을 알게 되었다. 그러면 우리 세 사람의 운명도 불과 수시간 이내에 세상을 바꾸게 되었으므로 풍전잔등風前

---

28   양산백은 중국판 「로미오와 줄리엣」인 「양산백과 축영대(梁山伯與祝英臺)」의 주인공으로 사랑을 잃은 뒤 앓다가 세상을 떠난다.

殘燈이 오히려 비교가 아니었다. 사람이 번연히 죽을 줄을 알면서도 가만히 앉아서 죽음을 기다리는 것은 우스운 일이므로 경찰서를 찾아가서 구원을 얻어볼까 하고 준비하는 중이었다.

문 밖으로부터 여러 사람의 발자취 소리가 나더니 양복洋服한 청년과 장년 십여명이 들어와서 신발을 신은 채로 방에 들어와 우리 세 사람을 에워싸고 돌아선다. 그들은 일제히 똑같은 단장短杖(짧은 지팡이)을 짚었는데, 단장은 가는 철사로 여러 겹을 꼬아서 만든 것인바 강유强柔를 겸한 탄력성이 부富한 것으로 방어적 필수품이라고 하느니보다 공격적 무기인 것이 틀림없는 것이었다. 그들은 마치 고대소설에서 볼 수 있는 염라국 사자들이 사람을 잡으러 온 것과 마찬가지로 보였다.

그 찰나 나는 그들에게 변명을 하되 움츠러들지 않는 것이 요체라고 생각하였으므로 그들을 본체만체하고 다리를 갠 채로 턱을 괴고 앉았다.

그들 중의 장년 한 사람이 나의 앞에 쪼그리고 앉더니,

"너희가 다 무엇이냐?"

하고 눈을 부라리면서 묻는다.

"우리는 중이오."

하고 나는 괴었던 턱을 떼고 말하였다.

"중이 무슨 중이야, 일진회원이지?"

"아니오. 우리의 의관이라든지 행장을 보면 알 것입니다."

"정탐하기 위하여 변장을 하고 온 것이지, 그러면 모를 줄 아느냐."

"아니오. 본국사원本國寺院으로 조사를 해도 알 것이오."

"중놈이 아닌 것이 드러난다. 중놈일 것 같으면 우리가 들어오는데 다리를 접개고 앉았을 리가 있나?"

"다리를 접갠 것이 나쁜 일이 아닙니다."

"나쁜 일이 아니라니 중놈이면은 우리가 들어오는 것을 보고 으레 일어나서 절을 할 터인데 다리를 동구마니 접개고 앉아서 본체만체한단 것이

냐? 일진회원으로 변복變服하고 온 것이 분명하다"라고 단장을 들어서 나를 때리려고 겨눈다.

나는 그의 감정을 상하는 것은 득책得策이 아니라고 생각하여서 일시 궤변詭辯을 썼다. 불상佛像에 '가부좌跏趺坐'라는 것이 있어 공부하는 중이 하는 것인데 보통 사람의 다리 접개는 것과는 다르다 하고 다리 접갠 것을 보이면서 두 발끝은 양편 오금 사이로 조금씩 넣었다. 그들은 가부좌가 무엇인지 알 리가 없으므로 긍정도 아니하였으나 부정도 못하였다.

그는 다시 행장을 보자고 하므로 나의 보따리를 먼저 풀어 보이니 그 속에는 옷벌과『금강경金剛經』1부, 가사袈裟 1령領이 있을 뿐이었다. 그는 다시 나의 뒤에 앉은 두 사람의 행장을 보자고 하는데, 그들은 별로 기척이 없으므로 돌아보니 그들은 안색이 창백하여지고 공포에 잠겨서 거의 생기가 없었다.

나는 그들을 위로하고 권하여 행장을 끄른 결과 역시 별것이 없었다. 마하연 중의 행장에 나무혹으로 만든 표주박이 있었는데, 그것을 가리키면서 무엇이냐고 물은즉 '금강산 혹'이라고 대답하였다. 그것은 금강산 나무혹으로 만든 표주박이라는 말을, 겁결에 잘못된 말로 일좌一座는 실소失笑하였다. 귀관鬼關에서 심문을 받는 듯한 느낌이 있는 그 자리에서 일시의 실언으로 말미암아 나온 웃음이지마는 아연히 일선一線의 생기가 움직이는 듯하였다.

그는 여러 가지로 묻고 시련을 주다가 마침내 나의 변명을 부인하면서 오늘은 밤이 늦었은즉 내일 처치處置하겠다 하고 여관 주인을 불러 우리를 도망하지 못하도록 감시하라 하고 그들은 돌아갔다. '내일 처치'라는 말은 내일 죽인다는 의미였으니 우리는 완연히 사형선고를 받고 감금을 당한 셈이었다.

사람이 죽는 데에 이르러서는 그 감정이 실로 복잡한 것인데 하물며 각오가 없는 무의미한 죽음이오. 이때의 착란錯亂한 감회는 도화담수桃花潭

水처럼 모여들기도 하였지만 조운모우朝雲暮雨(아침 구름과 저녁 비)처럼 변하기도 하였다. 한편으로 생각하매 그들은 아무리 기탄없이 사람을 죽인다 할지라도 그것은 암살에 불과한 것인데 암살의 시기는 사람의 이목을 피하는 야간이 적당할 터인데 야간을 칭탁하고 명일明日로 연기하는 것을 보면 죽이지 아니하려는 듯도 하였으나 그들은 대만의 생번生蕃(원주민)들이 사람을 많이 죽이는 것으로 영예를 삼는 것과 같이 자기들의 영풍英風 호기를 드날리기 위하여 백주대도白晝大道 만인환시萬人環視[29]의 중에서 사람을 도살하는지도 모르는 것이었다. 하여간 집행을 기다리는 사형수처럼 밤을 지내었다.

이튿날 새벽에 주인을 청하여 그들을 대표하여 말하는 사람을 물은즉, 그는 엄인섭嚴寅燮이라는 사람인데, 그는 노령露嶺에서 생장하여 노국露國 교육을 받고 군인에 편입되어 다소의 전공戰功이 있으므로 훈장까지 차고 상당한 대우를 받는데, 위인이 표한효용驃悍驍勇(사납고 날쌘 모습)하고 지기志氣가 녹록지 아니하여 노령 거류 조선인 중에는 엄연히 수괴首魁가 되어 있다 한다. 성급한 나는 앉아서 죽을 때를 기다리는 것은 우울한 일이었다. 자진하여 사기를 촉진하든지 그렇지 아니하면 기지機智를 써서 활로를 개척하든지 하기로 하였다.

나는 곧 주인을 대동하고 엄인섭의 집을 찾아갔다. 엄은 아직 일어나지 않았다. 여관 주인은 기침하기를 기다리자고 하였으나 나는 문을 두드렸다. 엄은 조금 놀란 기색으로 침의寢衣를 입은 채 방문을 열고 내다보더니 나를 보고 의외라는 듯이 다시 놀라면서 웬일이냐고 묻는다.

나는 할 말이 있어서 왔다 한즉, 그는 문을 도로 닫고 옷을 갈아입은 뒤에 들어오라고 한다. 들어간즉 그는 무슨 말이냐고 호령스럽게 묻는다.

"죽기 전에 유언할 말이 있어 왔소" 한즉, 그는 이상한 빛으로,

---

29   많은 사람이 둘러싸서 보고 있는 모양을 가리킴.

"유언? 무슨 유언인가?"

하고 나를 똑바로 보면서 말을 한다.

"다른 유언이 아니오. 내 들으니 당신네가 사람을 죽이되 바다에 갖다 넣어서 죽인다 하는데, 나는 바다에 넣지 말고 거저 죽여서 백골은 고국에 갖다 묻어달라는 말이오" 하고 어성을 높여서 말하였다. 그것이 물론 나의 진의는 아니요, 그를 움직이기 위하여 모두冒頭에 한 말이었다. 뒤를 이어 다소의 회답이 있었으나 그것은 쓰고 싶지 않다.

엄은 나의 실정을 인식한 듯이 사색辭色을 화평히 하고 누구한테로 가자고 한다. 따라간즉, 멀지 아니한 곳 조그마한 집에 이르러 그가 먼저 들어간다. 여관 주인에게 뉘집이냐고 물은즉 이노야李老爺의 집인데, 노야는 이 장里長과 같은 것으로 중요한 일을 고문顧問하는 곳이라 한다. 조금 있다가 엄이 부르기에 들어간즉 그 노야는 일견一見 장자長者의 풍도風度가 있어 보인다. 그가 묻는 대로 나의 사실을 말하니 나중에 그는 아무 일이 없을 터이니 안심하라고 한다. 그러자 엄이 자기도 곧 갈 터이니 먼저 여관으로 가라 한다.

여관으로 돌아오는 나는 묘혈墓穴을 찾아갔다가 천상天上으로 오는 것 같았다. 기습으로 성공한 개선장군처럼 명랑한 자존심이 해삼위의 봄하늘에 가득한 듯하였다. 학식과 수양이 없는 20여세의 청년으로 왕왕 이러한 어린 감정을 가지는 것은 용혹무괴容或無怪(이상할 것이 없음)였다.

여관에 돌아와서 우선 죽기만 기다리고 있는 두 동행을 위로하여 안심시키고 조반을 먹고 있노라니 엄씨가 혼자 와서 어젯밤 경과에 대하여 우리를 위로하고 해삼위서부터 하바롭스끄까지는 전부가 위험지대니 갈 생각을 하지 말고 해삼위 항구나 구경하고 도로 가라 하면서 항구를 구경하기도 위태하니 자기의 명함을 가지고 다니라 하고, 자기 명함의 뒤에다 보호하라는 뜻을 적어서 주고 돌아간다. 나는 그 명함을 유일한 호신부護身符로 알고 지니었다.

갑갑하여서 우선 항구나 구경하려고 두 동행에게 같이 가기를 청하였으나 그들은 마치 중병을 치른 사람처럼 행보할 기운이 없다 하여서 나 혼자 나섰다. 가노라고 가는 것이 항구 앞 바닷가의 사장沙場으로 갔다. 그 근방에 흩어져 있는 사람들은 노인露人·법인法人(프랑스인)·조선인의 비례였다.

이윽고 양복한 조선 청년 5, 6인이 여보 여보 부르면서 나를 향하여 온다. 서서 기다리는 나를 와서 붙잡더니 "네가 어젯 배에 내린 사람이지?" 하고 묻는다.

그렇다고 대답하고 엄의 명함을 내어 보였다.

그들은 그 명함을 받아서 보더니 발기발기 찢어서 내어버리고 두 사람은 나의 두 팔을 잡고 그 나머지 사람은 나의 등을 밀면서 바다 쪽으로 간다. 그것은 그들의 간단한 살인 방법으로 단도직입적으로 실행하는 것이었다. 일사이사一死二死, 인생의 사로死路는 기로岐路(여러 갈래 길)가 많은 것이었다.

이곳은 언어도단, 여간 변명쯤으로 앙탈할 마당은 아니었다. 나는 힘을 다하여 완력으로 항거하였다. 점점 격투가 되었다. 전운戰雲이 방감方酣(기운이 무르익음)한 그때였다. 멀찍이서 구경하던 청인淸人 한 사람이 오더니 싸움을 말리면서 이유를 묻는다. 그 청인은 조선어가 유창하였다. 내가 이유를 대강 말한즉 그 청인은 그 청년들에 향하여 연설식으로 말을 하는데, 그 요지는, 같은 조선인으로 외국에 나와서 함부로 죽이는 것은 개인의 불행뿐이 아니라는 뜻이었다.

그러나 그들은 그 청인의 말을 들을 리가 없었다. 더욱더욱 나를 끌고 가려는 것이었다. 그 청인의 원조에 힘을 얻은 나는 용이히 끌려갈 리가 없었다. 격투는 제2합의 가경佳境(고비)에 이르렀다.

그 청인은 러시아어로 무슨 말을 고성高聲으로 부르는 듯하더니 러시아 경관 2인이 달려와서 청인과 무슨 말을 하더니 경관이 격투를 제지하고 그 청년들과 러시아어로 문답을 하더니 그들을 흩어 보내고 청인을 통하여 나에게 조선으로 돌아가라는 뜻을 말하고 자기들 주지住地로 돌아간다.

그 청인만은 나에게 여러 가지 말로 위로하면서 노령에 있는 조선인들의 비행非行을 말하면서 중국과 조선의 사정이 거의 같다는 뜻을 말한다. 어쩐지 나는 거기에 주저앉아서 방성대곡을 하고 여관으로 돌아왔다.

만사표와萬事瓢瓦[30] 일념도회 一念都灰[31], 차비가 없으니 기차로 갈 수가 없고 도보로 전진하기는 도저히 불능이었다. 오직 돌아오는 한 길밖에는 없었다. 동행 2인도 나와 같이 돌아오기로 하였으나, 딱한 일은 원산까지 올 선비船費가 없는 것이었다.

그러자 '50리 바다'를 건너면 육로로 오는 길이 있는 것을 알게 되었으므로 시각을 지체하지 아니하고 3인이 목선木船을 타고 50리 바다를 건너서 촌촌전진寸寸前進[32]하여 여러 날 만에 연추煙秋(연해주의 대표적 한인 거주지)를 경유하고 두만강을 건너서 고국에 돌아왔다. 해삼위의 하룻밤, 언제든지 나의 추억에서 사라질 수 없을 것이다.

---

30 모든 일이 바람에 날려 떨어진 기와와 같다는 뜻으로, 예측할 수 없는 위험이나 재해를 가리킨다.

31 한 생각에 사로잡히면 모든 것이 허무해진다는 깨달음을 뜻한다.

32 더딘 속도로 조금씩 앞으로 나아가는 모습을 가리킨다.

신채호

신채호(1880~1936)의 초상.

희망과 혁명의 키워드로 다시 읽는 신채호

신채호의 면모

1928년 5월 중국인으로 변장하고 일본에서 대만으로 입국하던 신채호가 기륭항에서 체포된다. 외국환 위조 어음을 현금으로 교환하여 테러 자금을 확보하려던 외환 사기 미수 사건을 주동한 혐의였다. 이듬해 2월 중국 대련지방법원에서, 사기 행각이 잘못 아니냐는 재판장의 질문에 신채호는 민족을 위해서는 도둑질이라도 거리낌 없다고 답했다. 10년형 판결을 받고 중국 여순감옥 수감 중에 식민지 조선에서는 그의 글 『조선사연구초』가 간행되고 「조선상고문화사」 등이 언론에 연재되었다. 옥중에서는 에스페란토어 사전을 반입해달라고 했고, 가야사를 제대로 정리해보고 정인홍전*을 써보고 싶은데 눈이 안 보인다고도 했다. 그는 계몽운동가이고,

---

* 내암(來庵) 정인홍(鄭仁弘, 1536~1623)은 조식(曹植)의 수제자로 남명학파(南冥學派)를 대표했으며, 북인 정권의 영수(領袖)로 광해군을 적극 지지하다가 인조반정으로 참형되었다. 신채호는 홍명희에게 보낸 편지에서, 을지문덕·이순신·최영에 대한 전에 이어 추가로 정인홍전을 짓겠다고 했으니, 한국사의 주요 인물 네명 중 한 사람으로 정인홍을 꼽고 있었음을 알 수 있다.

독립운동가이자, 국수주의적 민족주의자이며, 폭력투쟁가, 아나키스트인 동시에 역사학자라는 다방면의 명성을 남긴 채 1936년 2월 뇌일혈로 옥사한다.

어느 방면으로 보아도 신채호의 활동은 매우 강렬했지만, 그가 남긴 저작과 사상은 선명하게 정리되지 않고 있다. 그가 남긴 텍스트의 변경에서는 "아我와 비아非我의 투쟁"이라는 그 자신의 말처럼 신채호와 신채호 아닌 것 사이의 전쟁이 여전히 끝나지 않고 있다. 언론인으로서 무기명으로 게재한 칼럼들과 독립운동가로서 가명으로 각종 매체에 남긴 글들 중에는 여전히 우리가 그의 것으로 확정하지 못한 것들도 있고, 어수선하게 뒤섞여 들어온 남의 것들도 있으며, 집단 연명의 선언문과 성명서 같은 글들에서는 진한 신채호의 어조를 느끼면서도 어디까지 그의 것으로 보아야 할지 난감한 것들도 있다. 미발표 원고 중에는 북한에서 첨삭하여 출간한 자료와 원본을 베껴 중국에서 출간한 자료를 대조해가며 원본을 조립해내야하는 것도 있다. 끝내지 못한 미완성의 원고를 그대로 그의 사상 분석 자료로 삼아도 좋을지 알 수 없다.

그의 사상이야말로 "아와 비아의 투쟁"이라는 말이 딱 들어맞는 상황이다. 우파의 상징인 민족과 좌파의 극단인 무정부가 급류를 이루며 흘러가는데, 무정부주의 동방연맹에 가입하여 국제주의 아나키즘 활동을 하던 시점에도 민족 중심 담론을 대거 생산했다. 문명의 보편주의와 폭력의 테러리즘이 칡과 등처럼 휘돌아 얽혀 있는데, 평화의 이름으로 거리낌 없이 폭력을 소환한다. 사회진화론과 민족주의와 아나키즘은 서로 연계되기 어려운 종류의 사상들이지만, 신채호가 그것들 중의 하나에 집중하고 주장할 때에는 누구보다 절실하고 극단적인 언어를 구사했고, 거쳐가는 단계마다 가장 과격한 표현들을 창출했다.

강렬한 인상에 비해 모호한 자료의 경계들, 과격한 언어에 비해 선명하지 못한 사상의 변곡점들은 신채호의 전모를 요약하여 제시하기 어렵게 만들지만, 그가 남긴 텍스트를 읽을 때에는 여전히 폭풍처럼 몰아치는 그의 언어에 저항 못하고 그 경계와 변곡점들을 부지불식간에 넘나들게 된다. 사상 혹은 학술이라고 부르는 범주들의 논리정합성을 따질 거를이 없을 만큼 신채호의 글에 담긴 영혼이 우리를 압도하기 때문이리라.

신채호의 또 다른 면모

신채호申采浩(1880~1936)는 충청도에서 한미한 양반의 후예로 태어났고 8세에 부친마저 별세하여 빈한하게 성장했지만, 조부가 직접 가르치고 도움을 줄 만한 친척들에게 소개하는 노력 덕분에 학문적 기반을 만들 수 있었다. 천재성을 드러내던 10대 후반에 친척 신기선申箕善의 사저에 출입하며 공부하고, 신기선의 추천으로 성균관에 입학하여 공부할 수 있었다. 그 덕택에 1905년에는 성균관 박사博士(정7품 관직)로 임용되는 등 신기선에게 감사를 표할 만도 했지만, 신채호는「일본의 삼대 충노忠奴」(1908.4.2)라는 논설에서 송병준宋秉畯, 조중응趙重應과 더불어 친일 행각을 벌이는 신기선을 여지없이 비판했다.

성균관에서 공부하던 시절 수당修堂 이남규李南珪에게 함께 배웠던 변영만卞榮晚은 이남규가 자신과 신채호를 각별히 사랑하여 자미두수紫微斗數(자미성과 북두칠성의 위치로 길흉을 파악하는 점성술)라는 점을 봐줄 정도였다고 기록했는데, 그 이남규가 일본군에게 쫓기던 의병장 민종식閔宗植의 은신을 도운 뒤 1907년 일본군에게 피살되었는데도 애도나 분노를 표하는 글은 남아 있지 않다. 무수한 사람들의 도움을 받으며 살았으면서도 그에 대한 고마움의 기록 역시 찾아보기 어렵다. 자신의 목표지점을 뚫어버릴 듯 노려보던 그의 시선에 이미 개인적 은원은 시야의 사각으로 사라져버렸을 것이다. 이 무렵 신채호는 사회진화론의 이념에 따라, 민족 단위의 발전에 저해되는 친일 행각은 용납할 수 없는 일이고, 의병의 기개를 부정하지는 않지만 전근대적 의리의식이 계몽 단결에 별로 도움이 되지는 않는다고 보았다.

1898년 독립협회 활동을 시작으로 지방 교육 사업을 거쳐 1905년 이후 1910년까지 언론 활동에 집중하고 있던 신채호는, 이 시기 사회진화론을 사상적 기반으로 하는 근대계몽운동에 집중하고 있었다. 국제적 약자인 조선이 강자로 변신하기 위해 민족 단위의 단결과 발전을 추구하자는 근대계몽운동은, 제국주의 침략을 정당화하는 사회진화론의 우승열패優勝劣敗 약육강식弱肉强食의 논리를 피해자의 입장으로 변용하여 구사하고 있었다.

1910년 4월 신채호는 조선을 떠난 뒤 독립운동을 위해 다양한 단체와 매체에 관여하며 만주 일대와 러시아령 블라지보스또끄 그리고 상해와 북경 등으로 정처 없는 생활을 했다. 특히 1914년에는 만주 회인현으로 가서 대종교大倧敎에 입교하고 만주 일대를 답사하는 경험을 하고, 다시 상해를 거쳐 북경으로 이동했다. 단군을 신격화한 민족주의 종교로서 독립운동의 거점으로 부상하던 대종교에 가입하고 고조선과 고구려의 유적지를 답사한 신채호는 "집안현을 한번 봄이 김부식의 고구려사를 만번 읽는 것보다 낫다"(『조선상고사』)고 했거니와, 이 여정 중 상해에서 신채호를 처음 만났던 정인보鄭寅普는 그가 끌고 다니던 몇 개의 책상자 속에 『동사강목』이 가득 차 있던 것이 인상적이었다고 기록했다. 신채호의 사상이 사회진화론의 시대에서 국수주의적 민족주의 시대로 넘어서는 과정의 상징적 장면이라고 할 수 있다.

이 두 시대에 모두 조선이 강력해져서 민족적 영광을 추구해야 한다는 신채호의 주장은 한결같았지만, 근대계몽기에는 서구 제국을 모방하고 따라잡아 식민화의 궤도에서 탈출하려는 추격 모델로서 사회진화론적 인식에 강하게 견인되었다면, 망명 직후부터는 조선 민족은 본디 고대 제국을 경영하던 저력이 있었으니 그 저력을 회복하여 독립을 이루자는 국수주의적 인식을 주로 보여주고 있다. 근대적 민족 단위의 공동체로 자주독립과 번영을 추구하자는 민족주의 자체도 배타적 사상이지만, 자민족의 신성성과 타민족의 열등성으로 직조되는 국수주의는 민족주의의 배타성이 극단적으로 강화된 특수 이념이다. 제국주의 국가들의 침략적 민족주의에 대한 투쟁으로 성립한 저항적 민족주의의 한 범주로 규정할 수도 있겠지만, 이에 기반한 국수주의 모델로서 신채호의 민족 우월주의적 역사 해석은 지금 고스란히 인정하기 어려운 점이 있다. 그러나 맵고 시다는 망명 생활과 격렬한 독립 단체들 사이의 알력과 턱없이 빈약한 사료들 속에서 이념을 세우고 한민족의 웅장한 고대사를 상상한 신채호의 저술에는, 풍부한 자료 속에서 길을 잃고 헤매는 후대 인문학자들이 함부로 재단하기 어려운 식민지 시대의 강철 무지개와 같은 희망이 담겨 있다.

1917년 신채호는 잠시 밀입국한 적이 있었다. 망명 전해인 1909년 첫 번째 부인 조씨와의 사이에서 태어난 첫째 아들 관일貫日이 죽었는데 이에 신채호가 귀한 아들을 위해 분유를 사다줬더니 생소한 것을 잘못 먹였다고 부인을 탓하고는 부인을 친정으로 돌려보내고 중국으로 떠난 지 7년 만이었다. 일찍 죽은 형님을 대신하여 혼사를 정리해주려고 진남포에서 조카딸과 만난 것인데, 신채호의 말을 따르지 않는 조카딸과 그 자리에서 의절하며 절연의 표시로 자기 손가락 한마디를 잘라버렸다고 한다. 신채호는 평생 줄담배를 피워댔지만 1907년의 국채보상운동 중에는 담배를 끊고 담뱃값을 모아 헌납하기도 했다. 한참 정성 들여 쓰던 글이 잘 안 풀리는 대목을 만나면 원고 전체를 찢어버리기 일쑤였고, 1918년에는 순한문으로 투고한 칼럼에서 어조사 하나를 누락했다는 이유로 생활자금으로 쓸 원고료를 받던 『중화보』의 칼럼 집필을 중단하기도 했다. 1919년 3·1운동의 열망을 안고 출발한 임시정부에서 외교론자 이승만이 주도권을 잡자 새 정부를 만들자는 창조파의 맹장으로 임시정부의 개조파와 대립하다가 1922년 아예 임시정부와의 관계를 단절해버렸다. 그의 과감한 결단과 분노를 담아두지 못하는 성정은 동전의 양면이었다.

이 무렵 신채호는 무장투쟁론을 거쳐 테러의 방법론을 수용했고, 1936년 옥사할 때까지 지속된 그의 사상 마지막 단계라고 할 수 있는 아나키즘의 시대에 들어서고 있었다. 1923년 단장 김원봉金元鳳의 부탁으로 작성한 의열단義烈團 선언문인 「조선혁명선언」은 그의 사상 전환의 결정적 표지로 볼 수 있다. 또한 1928년 무정부주의 동방연맹 활동으로 체포된 것은 신채호가 아나키즘에 경도된 사상가로 머문 정도가 아니라 국제적 아나키스트 활동가이기도 했다는 명확한 증거로 볼 수 있겠다.

그런데 이 기간 중에도 1925년에는 묘청의 난을 고대 한민족의 웅장한 기상을 계승한 낭가郎家사상(신라의 화랑과 고구려의 조의 등 한반도 고대 국풍파의 사상)이 소멸되고 반민족적 중화주의가 횡행하게 된 역사적 변고로 해석한 「조선 역사상 일천년래 제일대사건」을 기고하기도 했고, 옥중에 있던 1931년에는 국수주의적 고대사 해석으로 한민족의 우수한 문화를 부각하는 「조선상고문화사」를 연재하기도 했다. 이 때문에 그의 아나키즘 수용이 저항적 민족주의를 실현하기 위한 방법론적이고 제한적인 수용이었다고 평가하는 논리도 있다. 그러나 이념과 방법을 분리하여 제한적으로 방법만 수용했다면 「용과 용의 대격전」이 보여주는 총체적 피지배계급의 저항을 상상한 신채호의 내면을 설명하기 어려워진다.

그보다는 신채호가 아나키즘의 역사학을 저술할 여력을 확보하지 못한 상태가 아니었을까 하는 생각도 해볼 만하다. 이전까지의 국수주의적 조선사 인식의 결과물들을 새로운 아나키즘적 해석을 통한 민중 중심의 계급적 역사 서술로 전환해내기에는, 그를 오래 따라다니던 질병인 복통 및 안질과 더불어 국제적 아나키스트로서의 열정적 활동이 시간을 내어주지 않은 것이 아니었을까? 그러면 자기 사상의 새로운 궤도와 아직 맞아들어가지 못하는, 이전에 집필해둔 역사 담론은 왜 발표했던가. 여기에서 신채호의 또다른 면모를 상상해볼 필요가 있다.

1920년 신채호는 이회영李會榮 아내의 소개로 연경대학 의학과에 다니던 박자혜朴慈惠와 재혼한다. 이듬해 두 사람 사이에서 장남 수범秀凡이 태어나지만 1922년 극심한 생활고로 부인과 아들을 귀국시켰다. 귀국한 박자혜는 그녀대로 밀입국하는 독립운동가를 지원하기도 했고, 생계를 위해 산파원을 차리기도 했지만 수입이 안 돼 풀빵장사와 참외장사를 하기도 했다고 한다. 이런 상황에서 홍명희洪命熹의 주선으로 『동아일보』에 기고문을 싣고 그 원고료를 부인과 아들의 생계비에 보태게 한 것이다. 수감 중에는 안재홍安在鴻의 주선으로 『조선일보』에 기고문을 실을 수 있었다. 1928년 체포되던 해에는 미리 부인과 장남을 북경으로 불러 한달 동안 함께한 뒤 귀국시켰고, 이듬해 차남 두범斗凡이 출생했다. 목표 이외에는 데면데면으로 일관한 신채호에게도 차마 완전히 방기할 수 없는 가족들이 있었던 것이다. 바로 이 때문에 새로운 사관을 적용하려고 분투하고 있었으나 완성되지 못한 입장의 역사 담론들을 발표할 수밖에 없었던 것 아닐까. 정인보의 기록에는 신채호가 수정할 내용이 많다는 이유로 『조선사연구』의 출판 중단을 요청한 일이 소개되고, 『조선일보』에 연재하던 「조선상고문화사」는 기어이 중단시킨 바 있다.

1927년 신간회 창립 당시 신채호는 발기인으로 참여하고, 중앙위원의 한 사람으로 선출되기도 한다. 신간회 운동은 비타협적 민족통일운동이며 사회주의자들과 민족주의자들이 연합한 최대 좌우합작운동인 동시에 합법적 대중 조직을 표방한 운동이었다. 국제적 아나키스트 활동을 하던 신채호가 굳이 반대할 이유도 없지만 또 굳이 참여할 의의도 없어 보이는데, 의외로 발기인과 중앙위원의 한 사람이 되어 있다. 당초 안재홍이 신채호에게 신간회 참여를 섭외했을 때는 거절했다가 홍명희가 다시 접촉하자 참여 요청을 들어주었다고 한다. 신채호의 삶을 통틀어 자기 결정을 번복한 매우 드문 일일 것이다. 여기에는 가족들을 보살필 기회를 준 홍명희에 대한 고마움이 담겨 있지 않았을까. 정 안 되겠으면 두 아들을 고아원으로

라도 보내라는 편지를 부인에게 보낸 신채호의 마음은 그렇게 또 다른 신
채호의 면모를 만들어내고 있다.

절망과 혁명, 그 사이의 희망

신채호는 근대계몽기 때에 동국시계혁명東國詩界革命을 주장하며 국문
시가로의 전환을 역설하는 칼럼 「천희당시화」를 쓴 일도 있고 새로운 경
지를 보여주는 자유시를 창작한 적도 있었으며 중국인을 대상으로 한 칼
럼을 쓸 때를 빼고는 주로 국한문 혼용체로만 글을 썼지만, 서정시와 서간
문의 언어로는 한문을 사용한 적도 많았다. 한문을 첫번째 문어文語로 배
운 신채호 세대의 지식인들이 대개 비슷했는데, 마음 깊이 쌓아둔 서정을
드러내야 할 때에나 서로의 정감을 전달해야 할 때에는 제일 익숙한 언어
로 한문을 떠올리게 되는 것이다. 「백두산도중」은 그의 삶과 서정을 이해
하는 데에 도움을 줄 만한 한시다. 그는 이 시에서 백두산의 험준한 어느
자락 막다른 곳에 이르러서도 자신의 고통스러운 삶을 스스로 슬퍼하며
통곡하기조차 힘들다고 한다. 막다른 곳, 아무도 없는 곳일 터인데 노래하
고 통곡한다고 자기 말고 누구의 귀에 들어가겠는가. 자신에게조차 자신
의 고통을 들키지 않아야 겨우 질병과 가난의 지난한 삶을 이어갈 수 있겠
다는 신채호의 위태롭도록 팽팽한 긴장감을 읽을 수 있다.

인생 사십 너무도 구질구질해
질병과 가난 잠시도 떠나질 않네.
가장 한스럽기는, 물도 다하고 산도 끝난 곳에서
마음대로 노래하고 통곡하기도 어렵다는 것.
人生四十太支離 貧病相隨暫不移

最恨水窮山盡處 任情歌哭亦難爲

「백두산도중白頭山途中」 제1수, 『단재 신채호 전집』 7권, 455면)

희망을 갖기 어려운 조건이었다. 목표는 손에 잡히지 않고, 자기 삶의 평화는 더욱 아득하게 여겨졌으리라. 백두산 어느 자락에서 그 절망감을 한번 내질러볼 수도 있었겠지만 속으로 삼키고, 그는 없는 희망을 창출하려고 분투했다. 절망의 조건에서는 계산을 통해 희망에 도달할 수 없다. 그런 상황에서는 계산 없는 행동만이 조건을 파괴하고 희망의 틈을 만들어낼 수 있는 것이다. 절망의 조건에서 타산이 맞지 않는 희망을 찾아 나서는 것, 그것을 우리는 혁명이라고 부른다.

그가 해방의 주체로 삼았던 민족 혹은 민중은 원래부터 있던 존재가 아니었다. 민족 혹은 민중은 신채호가 고통 받는 백성들로부터 추출하거나 발견한 것이 아니라, 변혁적 실천을 통해 새롭게 구성한 것이다. 민족과 민중은 만들어지기 전부터 백성의 이름을 갖고 고통받고 있었고, 만들어지자마자 해방되어야 할 존재가 되었으며, 변혁적 실천은 그길로 혁명이 되어야 했다. 혁명은 세계에 존재하지 않던 질서를 구축하려는 의지에서 출발한다. 새로운 질서를 꿈꾸며 총독부 질서를 파괴하려는 독립운동 역시 보편적 혁명의 일부다. 구질서의 파괴와 신질서의 수립은 거대 담론들의 충돌과 경쟁, 소멸과 생성의 다른 표현이기도 하다. 혁명의 시대가 천재들의 시대이기도 한 이유다. 그 시대의 한복판에서 신채호가 남긴 글들을 희망과 혁명의 키워드로 다시 읽어보아도 좋을 이유다.

절망에서 희망으로

신채호는 매우 속도감 있는 문체를 구사했지만, 그의 글은 현대 독자가 이해하기 어려운 초기 형태의 국한문 혼용체로 되어 있다. 현대어로 옮기면서 그 속도감이 고스란히 남아 있지는 않겠지만, 그러한 점을 염두에 두고 그의 사상을 읽어보자. 「『세계를 위협하는 세 괴물』 서문」(1908)은 변영만이 옮긴 책에 대한 서문이다. 변영만은 영국의 사상가 스미스 골드윈 Smith Goldwin의 저술을 역술했고, 역술자 자신의 발언으로 세 괴물을 부르주아 정치체제와 무력 행동을 위한 군비정책과 침략적 제국주의로 요약하며, 이 세 괴물이 상호 보완하면서 세계의 악으로 작동한다는 점을 인식하고 경계심을 가져야 한다고 했다. 이 시기 역술은 원저를 고스란히 번역하지 않고 요약하고 부연하는 방식으로 이루어졌기에, 곳곳에서 변영만 자신의 생각이 펼쳐지고 있다. 변영만은 우리가 제국주의 국가를 따라가서 우리도 남들을 지배하는 악을 행하자는 것이 아니라 제국주의 국가의 침략을 방어하기 위한 뜻이라고 하면서, 제국주의 체제의 가해자나 피해자로 편입되지 말자는 뜻을 명확히 했다. 이에 반해 신채호는 서문에서 백두산 아래가 제일 큰 괴물의 소굴이 되게 하고, 우리 청구민족靑邱民族(한민족)이 제일 큰 괴물이 되자고 주장하고 있다. 명백히 우리가 제국주의의 선두 국가가 되자고 한 것이다. 안 되더라도 괴물의 흉내는 내보자고 한다. 신채호는 식민 피지배가 거의 기정사실로 되어가는 상황에서도 반전의 희망을 악착같이 놓지 않고 있었던 것이다.

「대한의 희망」(1908)과 「친구에게 절교를 고하는 편지」(1908)는 나란히 읽으면 좋을 글이다. 「친구에게 절교를 고하는 편지」는 계몽활동가였던 동료가 변절하여 친일단체인 일진회一進會에 가입한 것을 비난하며 절교를 선언하는 편지인데, 신채호는 상대방의 변절 원인을 절망으로 규정하고 있다. 공동체의 승리에 대한 희망을 찾지 못하여, 절망 속에서 고작 일신의 안일함만을 추구하게 되어 과오를 저지르고 있다고 본 것이다. 변절한 동료에게 이제라도 돌아와서 절교하지 않을 방법을 찾아보자는 애원에 가까운 호소가 편지의 저류에 흐르고 있다. 절교하지 않기 위해서는 신채호가 규정한 절망에서 동료가 탈출해야 한다. 그 방법이 희망이다. 희망의 가능성과 역할에 대한 설명은 「대한의 희망」에 잘 나타나 있다. "희망이라는 것은 모든 것의 주인이다"라는 신채호의 선언은 아무런 희망의 조건을 찾을 수 없는 절망 속에서 오히려 모든 것을 확보해야 한다는 의지의 절규이며, 절망을 극복하는 혁명이다. 신채호는 전에 없던 고통의 시대를 맞이한 사태에서 새삼 비상한 희망을 발생시킬 수 있는 계기를 만들어보자며, 앞으로 모든 것은 우리 국민 전체가 책임지겠다는 각오를 다지자고 권한다. 그러면서 이런 근사한 표현을 만들어냈다. "벗어날 방법이 없다는 망상을 하는 것은 불가하니라."

「동양주의에 대한 비평」(1909)과 「조선독립과 동양평화」(1921)도 10여년의 시차를 두고 신채호의 동아시아에 대한 입장을 확인해볼 수 있다는 점에서 함께 읽어보면 좋을 듯하다. 1909년에 신채호는 동양주의라는 일본의 침략 은폐 담론이 조선에 횡행하는 현상을 해부하고 있다. 조선인 친일파들은 일신의 이익을 위해 나라를 팔아먹은 파렴치를 감추느라 동양주의라는 망론을 떠들고, 일본에 의지하면 이익이 될까 기대하는 치들이 헛된 망상으로 이에 합류하고, 자기 주장이 없는 자들이 부화뇌동하고 있다고 분석했다. 조선인의 동양주의를 외계인의 침공에 대비하는 어리석음과 같다고 참신한 비유를 구사하기도 했다. 그로부터 10여년이 지난 1921년의 신채호는 국제정세를 아우르며 동양평화를 위한 기반을 형성할 조선독립의 가치를 역설하고 있다. 조선과 발칸반도를 빗대어 크림전쟁과 1차대전이 발칸반도에서 발발한 것과 청일전쟁과 러일전쟁이 조선에서 발발한 것이 흡사하다면서도 그 차이를 부각하고 있다. 역사적으로 조선이 강력한 독립국으로 존재했을 때에 동아시아에서 전쟁이 확산되는 것을 막을 수 있었으며, 당시 판도에서 러시아와 중국 및 일본의 평화 유지를 위해서도 조선은 독립되어야 한다고 주장하고 있다. 신채호는 발칸이 폭발하고 볼셰비끼가 러시아를 뒤집고 유럽이 공포에 질리며 중국이 찢어지고 있는 상황을 예민하게 관찰하며 조선의 생존 방략을 중·일·러 등 인접 국가의 이익과 세계평화의 관점에서 찾아본 것이다. 과연 이처럼 세계 정세와 우리 공동체의 전망을 교차하여 모두에게 평화를 주는 지평을 우리 시대에도 찾아볼 수 있을까.

「사십 이상은 모두 죽여야?」(1923)는 세대론의 관점에서 근대사를 훑고 있다. 갑신정변의 20대는 러일전쟁과 을사늑약의 40대가 되었고, 을사늑약의 20대는 3·1운동의 40대가 되었는데, 40대가 되었던 자들이 사회를 제대로 지도하지 못했음을 비판하고 있는 점에서는 당년의 20대 편을 들어주는 듯하다. 그러나 신채호가 우려하는 것은 40대의 무능이 아니라 20대의 방황과 무기력이다. 당대의 20대들만큼은 기성세대처럼 무기력하게 늙어가지 말기를 당부하는 글로서, 생리적 청년이 정신적 청년의 역할도 제대로 하기를 바라고 있다. 기성세대에게 절망하고 있을 때 희망을 얻을 수 있는 대상으로 청년을 주목하는 것은 문명의 오랜 전통일 것이다. 여기 더 깊은 속내에서는 그들이 수십년 유지되어온 조선의 현상을 역동적으로 변화시켜 줄 것을 갈망하고 있는 것이 보인다.

아와 비아의 투쟁

「천희당시화天喜堂詩話」(1909)는 『대한매일신보』에 연재되었던 칼럼이다. 문학적 통찰을 담은 한시 비평을 빌려서 인물과 사회에 대한 비평까지 함께 담는 전근대 시기의 '시화詩話'의 전통을 잇고 있는데, 근대계몽기의 시대적 요구인 민족주의적 시가의 발전 열망을 고전 시가와 한시 및 당대의 시가에 두루 투영하여 정리하고 있다. 기존 학계에서는 특히 신채호가 자기 시대 시가의 핵심 과제를 "동국시계혁명東國詩界革命"으로 제시하고, 혁명의 시가는 국문으로 되어야 하고 그 내용은 민족에게 신사상을 불어넣어야 하는 것이라면서 형식과 내용 양 측면에서 문학 혁명의 방향을 설계하고 있는 점에 주목해왔다. 물론 이는 핵심을 잘 짚은 것이다. 전통을 잇고 있는 점에 주목해보면, 문학 해석에 도덕성을 연계하는 조선시대 시화의 특징을 계승하고 있는 것도 발견할 수 있다. 최영과 남이의 무장의 기개를 숭배하고, 전봉준을 흠모하는 노랫말을 담은 민요를 존중한다. 또한 신광하申光夏가 동아시아 판도를 사유하는 한시를 지은 것을 강조하고 있는 등 인물과 시가를 동일시하고 있음이 보인다. 고려시대 임춘林椿이 산문에서 보여준 재주와 포부에 근거하여『동문선』에 실린 그의 한시가 조작되었다고 판단한 점도(「천희당시화」 16절), 인물 비평에 근거하고 있는 것이다. 이 글을 통해 신채호가 문학 혁명의 기치를 올리면서도 동아시아 고전의 도덕적 전통까지 몰각하려 했던 것은 아님을 알 수 있다.

「꿈하늘」(1916)은 미완성 미발표의 유고다. 서문에 적힌 연도에 의해 창작 연도는 확정할 수 있다. 1916년은 신채호가 국수주의적 민족주의의 한복판에 있던 시점이다. 완성되지 않은 작품이라서 평하기가 조심스럽기는 하지만, 주인공 한놈이 님나라를 찾아가는 여정 속에서 민족주의적으로 고양되는 과정을 그리는 일종의 성장소설적 구도를 취하고 있다. 한놈은 출발에서 이미 민족주의적으로 각성되어 있었으되, 고난의 여정을 통해 혁명적 고양을 얻게 되는 것이다. 신채호는 이 작품에서 우주의 본 면목이 투쟁이어서 투쟁은 영원히 반복되리라는 회귀적 세계관을 제시하고 있고, 주인공 또한 각종 유혹과 고통에 동료들을 잃고 지옥에 떨어지지만 다시 각성하기만 하면 본 궤도를 회복할 수 있다는 회개의 가능성을 제시하고 있다. 또한 신채호는 등장인물의 입을 빌려 작가 자신의 국수주의적 고대사 해석을 전달하며 외세라는 비아와 투쟁할 아의 공동체 즉 우리의 민족적 의식 고양과 단결을 촉구하고 있다. 민족주의적 혁명 문학으로서의 가치가 배어나는 작품이다.

「독사신론」(1908)은 신채호가 계몽활동의 중심에 있을 때『대한매일신보』에 4개월 가까이 연재한 장편 역사 담론으로, 신채호가 망명한 뒤 1910년 최남선이 운영하는 『소년』에 전재되기도 했다. 단군시대부터 삼국시대를 거쳐 발해까지의 역사에서 주요한 결절점들을 부각하는 방식으로 전개되는데, 우리 민족의 역사적 판도를 한반도 내부에서 만주까지 확장시키고, 역사적 계통 측면에서 기자조선에서 삼한으로 계승되는 계기를 중시하던 이전의 일반적 역사 인식을 단군 부여족 중심으로 전환시켜서 식민지 시기 민족주의 역사학의 방향을 선도한 중요한 담론이다. 「조선역사상 일천년래 제일대사건」(1929)은 1925년 『동아일보』에 연재되었던 것을 정리하여 『조선사연구초』에 실었던 글이다. '서경천도운동'이나 '묘청의 난'으로 흔히 부르는 '서경전역西京戰役'의 역사적 의미를 짚으며, 낭가사상과 유가사상의 한판 승부에서 낭가사상이 패하여 우리의 역사가 한반도 내부로 위축되었다고 주장했다. 이 글에서 의외로 신채호는 낭가파였던 묘청을 비판하고 있다. 묘청이 서툰 모험주의로 일을 그르쳐서 낭가사상의 기둥 역할을 하던 정지상鄭知常과 윤언이尹彦頤 등이 희생되었을 뿐만 아니라, 낭가사상이 우리 역사에서 주도권을 완전히 잃게 만들었다는 이유에서다. 이 두편의 역사 저술은 각기 신채호의 국수주의적 역사 해석의 출발점과 정점을 파악할 수 있는 중요한 자료다.

혁명의 드래곤

「조선혁명선언」(1923)은 폭력적 아나키스트 조직인 의열단 단장 김원봉의 부탁으로 작성한 것이다. 의열단의 테러 수단이 독립운동 진영에서조차 비판을 받게 되자, 김원봉이 신채호에게 이념과 방략을 정립한 선언문을 작성해달라고 요청했다고 한다. 1922년 12월부터 의열단 내에서 이론가의 역할을 자임하던 유자명柳子明과 합숙하면서 이 글을 집필했고

1923년 1월 발표했다. "강도 일본이 우리의 국호를 없이하며"로 시작되는 강렬한 언어는 일제로부터의 독립이라는 목표의 필연성을 선명히 제시하고 혁명적 테러라는 방법의 정당성을 명백히 천명하여, 독자들의 가슴을 격동하게 만들 뿐만 아니라 의열단원 자신들의 자부심을 높이는 데에도 손색이 없었을 것이다. "자치를 운동하는 자 누구이냐"를 비롯하여 타협주의자들 및 순응주의자들의 입지점을 여지없이 논리적으로 격파하는 문장은 독자들을 암살과 파괴와 폭동의 혁명적 테러의 세계로 끌어들인다. 의열단원은 이 선언문을 가슴에 품고 거사 장소에서 뿌렸다고 한다. "인류로써 인류를 압박치 못하며 사회로써 사회를 수탈하지 못하는 이상"이라는 평화적 목표를 이루기 위해 민중 직접 혁명이라는 폭력적 방법을 소환하는 것이 신채호로서는 혁명의 불가피한 경로였다.

「문제없는 논문」(1924)은 『동아일보』에 게재된 칼럼이다. 신채호의 글들 중에서 아마 가장 삐딱한 태도로 작성된 글일 듯한데, 그 삐딱함 때문에 맥락이 잘 잡히지도 않고 신채호 문체 특유의 속도감도 잘 드러나지 않는다. '문제없다'는 말은 주어진 주제조차 없다는 말이다. 이 같은 부실함은 신채호가 생계를 해결하기 위해 승려로 생활하며 『동아일보』의 원고료로 가족의 생계에 보태기 위해 작성한 글이기 때문이 아닐까 싶기도 하지만, 그런 조건은 「낭객의 신년 만필」도 동일하다. 문제는 주제의식의 설익음 때문이 아닐까. 신채호는 이 글에서 유대인은 배금주의로 유명한데 최근 조선의 배금주의도 만만치 않으니 유대인처럼 될 수도 있겠지만 유대인이 가진 주체성은 없다, 고려 말의 배금주의에 비하면 조선왕조는 청빈주의가 강조되어 나라를 팔아먹은 자들에 대한 비판도 가능했다, 금전을 위한 배금주의가 아니라 별도의 의미 있는 목적을 가진 배금주의가 되어야 한다는 주장을 순차적으로 나열했다. 여기서의 문제는 '별도의 의미 있는 목적'을 선명히 설정하지 못했다는 점이다. 이 목적에 대해 그는 조선, 동지, 동족, 치욕을 받지 아니함 등을 설정했지만 이 말들은 여전히 애매하고, 그 목적을 계몽하는 방법도 염불(종교), 나팔(음악), 붓(글), 노력(노동), 정몽주의 시조(문학), 창해역사滄海力士의 철추(테러) 등을 무작위로 나열하고 의문형으로 마무리하고 있다. 희망도 아무것도 손에 잡히지 않는 북경 관음사의 선방에서 다시 백두산 어느 자락 막다른 길을 아득하게 마주치고, 설익은 주제의식으로라도 글을 쳐내야 했던 신채호의 내면을 엿볼 수 있는 글이다.

「낭객의 신년 만필」(1925)도 『동아일보』에 게재된 칼럼이다. 도덕이나 이념은 시비 판단이 아니라 이해의 유불리에서 결정되어야 한다는 주장, 형식주의와 회피주의의 폐단에 대한 지적, 민중들의 생활과 무관한 순예술주의에 대한 비판 등 이 칼럼을 전후하여 발표된 다수의 글들에서 주장한 내용들이 녹아 있다는 점에서 하나의 종합편으로 볼 만하다. "공자가 들어오면 조선의 공자가 되지 않고 공자의 조선이 되"어버렸다는 조선의 비주체성에 대해 주목하는 진단, 일본의 무산자라도 "식민의 선봉"이라며 피지배계급의 연대에 식민과 피식민의 경계를 둔 점 등을 보면 「용과 용의 대격전」이 보여주는 국제주의 아나키스트의 인식과는 아직 거리가 있음을 볼 수 있다. 그러나 한편으로 민족 전체를 제국주의와 투쟁하는 하나의 공동체로 보던 시각은 사라지고, "빈궁한 동포를 깔볼" "뜻없는 자의 지식"을 비판하며, 인민과 함께 세상을 바꾸기 위해 헌신하라는 끄로뽀뜨낀P. Kropotkin의 세례를 받자는 주장에서는, 신채호가 아나키즘 속으로 성큼 들어와 계급적 인식을 선명히 갖게 된 것을 확인해볼 수 있다. 일신의 고통을 감수하는 도덕적 희생보다 적들에게 고통을 끼치기 위해 투쟁하며 피를 흘리는 것이 적극적 이해利害라는 주장 부분을 읽어보면 이 날짜 칼럼에 대한 총독부의 검열이 허술했던 것이 아닐까 싶을 정도다.

「용과 용의 대격전」(1928)은 미발표 유고로 남아 있지만 작품은 완결되어 있고 저자 서명으로 1928년에 완성한 것을 확인할 수 있다. 국제주의 아나키스트로서 활동하던 시기의 신채호가 그려주는 혁명의 상상력이 흥미룝게 전개되는 글이다. 이 작품은 지배계급의 사회와 피지배계급의 사회를 천국과 지국으로 형상화한 우화 구도를 취하고 있고, 민족과 인종을 모두 초월하여 세계 전체가 지배계급과 피지배계급으로만 구분되어 있는데, 여기서의 아는 당연히 피지배계급의 공동체다. 쌍둥이로 태어난 동양의 용과 서양의 용이 각기 천국과 지국을 대표하는 전투 병력으로 묘사되고 있는데, 동양의 용인 미리는 직접 등장하지만 서양의 용인 드래곤은 소문으로만 존재하고 무수한 숫자 0으로 표기되기도 한다. 드래곤이라는 혁명 세력이 자각이 없을 때에는 존재 없는 0이지만, 자각하고 나면 무한대의 0을 이루게 되리라고 상상한 것이리라. 대격전이라는 제목에 비해 전투는 매우 싱거운데 지국 인민들이 자각하여 천국과의 소통을 단절하는 것으로 전투가 종료된다. 아나키스트 활동가로서 신채호가 가졌던 혁명적 낙관주의가 투영된 것으로, 1920년대 혁명적 낭만주의 문학의 한 정점으로 평가할 만한 작품이다. 절망을 딛고 민족을 만들어내던 신채호는 다시 일어나 계산 없는 혁명의 드래곤을 향해 달려가고 있는 것이다.

1장
절망에서 희망으로

『세계를 위협하는 세 괴물』 서문[1]

괴상하도다, 변영만卞榮晩(1889~1954) 군이여. 무릇 서양 각국에 종교·철학 등의 책도 많거늘 이것들은 묻지도 않고, 윤리·위생 등의 학설도 갖추어져 있거늘 이것들은 취하지 않고, 이내 이『세계를 위협하는 세 괴물』한 편을 공부하고 번역하여 괴상한 붓과 괴상한 언설로 괴상한 담론을 즐기니 괴상하도다, 변군이여.

전국의 사람들마다 오직 괴상함만을 숭상하여 말마다 괴상해지며 일마다 괴상해지면 변군의 마음이 비로소 상쾌해질 것인가. 그렇지 않다. 험하지도 않고 평평하지도 않은 것이 산하의 본면목이며, 원수도 없고 친구도

---

1   『단재 신채호 전집』 7권, 독립기념관 한국독립운동사연구소 2008, 498~500면. 국한문 혼용체로 되어 있는 원래의 자료가 영인되어 있는데 현대어로 옮겼다(이하 별도의 언급이 없는 한 국한문 혼용체를 현대어로 옮긴 것임). 이 서문의 대상이 되는 책의 원래 제목은『세계삼괴물(世界三怪物)』이고 사밀가덕문(斯密哥德文, Goldwin Smith)의 저술을 변영만이 역술하여 1908년 광학서포에서 간행한 것으로, 금권정치·군사주의·제국주의를 20세기 세계를 위협하는 세 괴물로 묘사한 책이다.

없는 것이 만물의 진상이며, 괴상할 것도 없고 괴상하지 않을 것도 없다는 것이 변군의 평상시의 생각이었다.

다만 이 마법사가 부리는 마법이 전개될수록 더욱 괴상한 것이어서, 우등한 자가 단에 오르면 열등한 자가 기가 꺾이고 강자가 주둥이를 벌리면 약자가 잡아먹혀서, 인의仁義와 도덕道德이 백기를 모두 늘어뜨리고 신불神佛과 천룡天龍이 슬픔과 번민을 공중에 드리운다. 바로 이 이십세기 오늘은 전세계 인류가 전전긍긍 깊은 물가에 놓인 듯 살얼음을 밟는 듯한 시대인데, 오직 우리 해동海東 한 모퉁이에서 문을 닫아걸고 깊은 꿈에서 깨지 아니하던 형제들은 뜨는 듯 마는 듯한 졸린 눈으로 몽롱하게 한번 힐끗 보고는 괴물의 모양을 전혀 알아채지 못한다. 어떤 자는 호랑이를 개처럼 무시하고 어떤 자는 지렁이를 보고 뱀이라고 놀라니, 저 용기 부리는 자는 너무 어리석고 저 겁내는 자는 너무 두려워하는 것인데, 어리석은 자와 두려워하는 자는 괴물의 뱃속에 똑같이 매장될 자들이다. 먼지 바람이 참혹하게 변하고 밝은 태양이 검게 어두워지니, 이에 이르러 변군의 혀가 부득불 한번 괴상해지며 변군의 붓이 부득불 한번 괴상해질 수밖에 없는 것이다.

우정禹鼎에 간사를 새기고 저서渚犀로 요망을 비추어,[2] 사람마다 괴물의 몸뚱이를 눈으로 쳐다보고 사람마다 괴물의 뱃속을 손으로 더듬어보면, 저 괴물이 비록 괴물이라도 그 괴물 짓을 할 수가 없을 것이다. 이 책 역자의 고심이 여기에 있을 것이며, 여기에 있을 것이로다.

우스갯소리【패담稗談】책에 실려 있는 이야기가 있다.

---

2   우정은 중국 하(夏)나라의 건국 시조 우(禹)임금이 구주(九州)의 동(銅)을 모아 주조한 9개의 세발 달린 솥 즉 정(鼎)이다. 이 정에 사람을 해치는 온갖 물상을 새겨 넣어 사람들로 하여금 식별하고 해를 입지 않도록 했다고 한다. 또 저서는 전설 속의 무소뿔인데 중국 동진(東晉) 때의 온교(溫嶠)가 우저기(牛渚磯)에서 무소뿔에 불을 붙이고 비추어서 물속의 괴물들을 식별해냈다고 한다. 신채호는 이 고사를 인용하여, 변영만이 이 책에서 간사하고 요망한 괴물을 묘사하여 괴상한 책을 지은 것은 긴박하게 닥쳐온 괴물들을 식별하여 괴물의 위험으로부터 피해를 입지 말라고 경고하기 위함임을 밝혔다.

한 젊은이가 한밤에 홀로 가고 있었을 때 한 괴물 귀신이 달려들었는데, 머리카락은 키를 넘겨 풀어헤치고 입으로 모래와 자갈을 토하며 "앙? 앙? 앙?"하고 와서 삼키려는 모양을 했다. 옥추玉樞를 세번 반복해도 여전히 달려들고 성명星名을 일일이 세어도 여전히 달려들고 있었다.[3] 젊은이는 반드시 죽는 게 내 운명이로구나 생각하다가 홀연 하나의 꾀를 생각했다. 그 상투를 풀어서 귀신 머리를 흉내내고 그 입에 모래를 품었다가 귀신 얼굴에다 뿜으니 귀신이 껄껄 웃으며 드디어 물러났다.

아아. 우리가 십년 전에 상투를 풀고 모래를 품었더라면 괴물이 당초에 오지 않았을 것이며, 오년 전에 상투를 풀고 모래를 품었더라면 괴물이 왔더라도 즉시 퇴각하였을 것이다. 앞선 수레가 이미 엎어졌는데 뒤에 가는 수레가 경계하지 않아 오늘이 있게 되었도다.

불인不仁한 것이 괴물이고, 무염無厭한 것이 괴물이다.[4] 저 괴물이 이제 우리의 단잠을 틈타서, 하늘에 감사하고 땅에 감사하며 이길 수 없는 기쁨으로 이빨을 드러내고 아가리를 벌려 우리를 노리고 앞으로 달려와 한번 배불리 먹고 뱃속을 채우려 하니 어찌 무섭지 않으며 어찌 두렵지 않은가.

오호. 독자여. 괴물의 괴상함도 괴상하다 하지 말고, 역자의 괴상함 따라함도 괴상하다 하지 말라. 그대들도 오직 괴상함을 여기서 배우고, 오직 괴상함을 여기서 꿈꾸며, 여기서 따라하고, 여기서 걸어가고 달려가라. 황인

---

3   옥추는 도가 경문인 「옥추경(玉樞經)」을 말하는데 민간에서 특히 맹인이 외웠다. 성명 역시 민간에서 도가적인 기원을 할 때 외우는 별자리 이름들이다. 눈 질끈 감고 옥추를 외우고 간절히 성명을 외우며 기도했다는 뜻이다.

4   불인(不仁)은 어질지 않다는 말이지만 여기서는 도덕심을 초월해 있다는 의미로 사용한다. 괴물이 불인하다는 것은, 괴물이 악한 심성이 있다기보다 인간이 보여준 틈으로 파고드는 본성이 있다는 것에 초점을 둔 말이다. 무염(無厭)은 말 그대로 싫증이 없다는 말로, 여기서는 그 괴물의 본성적 행동이 끝날 수 없다는 의미다.

종, 백인종, 홍인종, 흑인종 천오만만[5] 영물靈物(인간)이 한순간 부상반도扶桑半島[6]를 일제히 돌아보고 크게 놀라며, "괴상하다, 괴상하도다. 백두산 아래가 바로 제일 큰 괴물의 소굴이요, 청구민족青邱民族[7]이 바로 제일 큰 괴물 종족이다" 하여 세 괴물의 주인이라는 명칭을 우리나라에 귀속하게 하는 것이 어떻겠는가.

융희隆熙 2년(1908) 3월 1일 무애생無涯生(신채호의 호)은 쓰노라.

대한의 희망[8]

아아, 오늘 우리 대한에 무엇이 있는가?

국가는 있지만 국권이 없는 나라이며, 인민은 있지만 자유가 없는 백성이다. 화폐는 있지만 주조권鑄造權이 있지 않으며, 법률은 있지만 사법권이 있지 않다. 삼림이 있지만 우리의 소유가 아니며, 광산이 있지만 우리의 소유가 아니며, 우편과 전신이 있지만 우리의 소유가 아니며, 철도가 있지만 우리의 소유가 아니다. 그렇다면 교육에 열심하여 미래 인물을 만들어낼 대교육자가 있는가? 이도 있지 않다. 그렇다면 식견이 우월하여 전국의 민지民智를 계발할 대언론인이 있는가? 이도 있지 않다. 대철학가와 대문학가도 있지 않으며, 대이상가와 대모험가도 있지 않다. 텅텅 비어 아무것도 없는 나라에서 갈팡질팡 갈 곳 없는 사람이 되어, 그 참담한 광경은 어린아

---

5   지구상 인간의 숫자를 말한다. 20세기 초반 지구상의 인구는 대략 15억명 정도로 알려져 있었다.
6   우리나라를 가리킨다. 중국에서 동쪽 끝에 뽕나무가 있는 곳에서 해가 뜬다는 신화가 있었는데, 우리나라나 일본이 자국을 부상이라고 생각했다.
7   한민족을 가리킨다. 청구는 중국에서 고조선이나 한반도 지역을 가리킬 때 쓰던 표현이다.
8   『대한협회회보』 창간호, 1908년 4월 ; 『단재 신채호 전집』 6권, 15~24면.

이가 배고프다고 우는데 단지의 곡식이 이미 다 떨어진 가난한 집의 궁핍한 겨울이며, 그 서글픈 정상情狀은 남편이 멀리 변방 지키러 떠난 뒤 외로운 베개 베고 홀로 누워 그리움 많은 부인의 긴 밤과 같다. 그 생활은 도탄에 빠지고 홍수와 화재가 한창 심한 날과 같으며, 그 산업은 갈피를 잡을 수 없이 극심하게 바스라진 뒤와 같으니, 오늘 우리 한국 백성의 소유가 무엇이라 할 것인가. 아아, 내가 가슴을 문지르고 서성대며 세번 생각건대 하나의 좋은 것이 여전히 있으니, 좋은 것이 도대체 무엇인가 하면 희망이 그것이로다.

희망이라는 것은 모든 것의 주인이다. 꽃이 있으면 열매가 있고 뿌리가 있으면 줄기가 있는 것과 같이 희망이 있으면 반드시 사실이 있다. 하느님의 희망으로 세계가 있게 되고, 민중의 희망으로 국가가 있게 되며, 아비와 할아비의 희망으로 아들과 손자가 있게 되고, 또래들의 희망으로 붕우가 있게 된다. 야만이 희망하여 문명을 갖게 되고, 완고가 희망하여 혁신을 갖게 되며, 미약이 희망하여 강력을 갖게 되고, 열등이 희망하여 우월을 갖게 된다. 여린 자가 강해지려면 강함을 희망하고, 쇠잔한 자가 성해지려면 성함을 희망해야 한다. 크도다 희망이여, 아름답도다 희망이여. 농부가 천개의 창고와 만개의 수레칸을 채우는 것이 보습 하나의 노력에서 비롯하며, 어부가 다섯 호수와 세 강에서 얻는 것이 그물 하나의 공에서 이루어진 것이고, 인생의 백년 사업은 희망 하나에서 결과하는 바이다.

사실이 희망에서 생겨난다 하는 것은 지당한 이치일 뿐만 아니라, 희망이 인연因緣이 되어 사실로 생겨나는 것이다. "소도 비빌 언덕이 있어야 일어난다"는 속담의 말과 같이 희망도 해볼 만한 길이 있은 뒤에야 생기는 것이거늘, 생각해보라 오늘 우리 대한이 해볼 만한 길이 있다고 할 것인가?

시국이 날마다 어지러워지고 정치가 날마다 그릇되어, 조각배 같은 천지에 눈을 들어보면 모두 적들이고 문 앞의 가시밭에 발걸음을 옮기면 찔

릴까 두렵다. 뱃속이 다 병들고 뼈마디가 모두 아프니 비록 대영웅과 대정치가 같은 사람이 나오더라도 활동할 여지가 어디 있는가. 그러므로 희망의 반대 즉 절망이 늘상 다가온다.

산림에 숨어 지내던 자가 완고한 꿈속에서 조금 깨어나 신 사업에 마음을 쓰려다가도 슬픈 눈물을 처량히 뿌리고 옛 시대를 우러러 돌아본다. 장하다, 신라와 고구려의 무략이여. 일본을 동으로 막아내고 지나(중국)를 서쪽으로 정벌하고 거란을 격파하며 여진을 몰아내었으니 그 시대의 호걸을 오늘에 다시 얻을 수가 있을까. 융성했었구나, 역대의 위인들이여. 도덕에는 정암靜庵 조광조趙光祖(1482~1519)와 퇴계退溪 이황李滉(1501~70)이며, 경세에는 다산茶山 정약용丁若鏞(1762~1836)과 반계磻溪 유형원柳馨遠(1622~73)이며, 전략에는 충무공忠武公 이순신李舜臣(1545~98)과 망우당忘憂堂 곽재우郭再祐(1552~1617)며, 문장에는 간이簡易 최립崔岦(1539~1612)과 어우於于 유몽인柳夢寅(1559~1623)이니, 이러한 융성한 운세를 오늘에 다시 불러올 수 있을까. 아아, 쇠하였구나, 오늘 우리 대한이여, 라고 하게 된다.

해외로 유학한 자가 적극성이 한창 왕성하여 새로운 무대에서 활동하려 하면서 맹렬하게 시선을 집중하여 열강 나라들을 두루 살펴본다. 아름답다 도시들이여, 많기도 하구나 군함들이여. 황금의 궁전과 옥 같은 전각에 사람의 눈이 어지러우며, 어뢰와 철갑선이 바다 위에 나열하였으니, 우리 대한은 몇백년 후에나 이와 같아질 수 있는지. 강하다 국력이여, 부유하다 산업이여. 어느 나라 국기에는 해가 지지 않는다 하며, 어느 나라 자본력은 세계에 짝이 없다는데, 우리 대한은 몇천년 후에나 이와 같아질 수 있을까. 아아, 어렵구나, 우리 대한의 오늘이여, 라고 하게 된다.

세번 다섯번을 반복해서 생각해봐도 절망만 더욱 심해진다. 애처롭도다 절망이여, 슬프도다 절망이로다. 호소할 곳 없는 가난한 백성이 고통을 인내하고 실낱같은 생명을 구차히 보존하는 것은 그래도 희망 두 글자가 있는 까닭이다. 희망이 이미 끊어졌다면 비록 살아도 무엇을 하겠는가.

그런 까닭에 탄현炭峴을 요새로 활용하지 못하고 백마강白馬江을 지키지 못하여 적의 기마병이 깊이 달려들어와 옛 수도가 함락되었을 때, 군왕의 은총 아래 아침저녁으로 노래하고 춤추며 근심과 슬픔이 무엇인지도 모르던 백제 왕궁의 사랑스러운 첩들로서도 낙화암落花巖 위에서 향기로운 영혼을 보내버릴 수밖에 없었다.

궁예弓裔가 잔학하고 견훤甄萱이 잇달아 출현하며 역적들의 기세가 하늘을 뒤덮는데 부흥을 이룰 방책이 없었을 때, 용루龍樓에서 신하들이 좌우에 의젓하게 모시고 서서 장래의 부귀는 오직 나의 소유라 하던 신라 귀족의 공자公子로서도 지리산 속에 승려가 되어 스스로 머리를 깎을 수밖에 없었다.[9]

슬프도다 절망이여, 애처롭도다 절망이로구나. 외로운 한 섬 세인트헬레나에 유폐되니 한창 때 말 타고 유럽을 횡행하던 나폴레옹Napoléon Bonaparte(1769~1821)도 슬픈 노래나 부를 뿐이며, 상뜨뻬쩨르부르끄의 옥에 갇힌 귀신이 되어 해를 못 보게 되니, 임금을 향한 의리로 폴란드를 회복하려던 코시치우슈코Tadeusz Kościuszko(1746~1817)도 비참한 피를 토할 뿐이었다.[10] 슬프구나 절망이여, 애처롭다 절망이여.

대개 닥쳐올 화복은 당장의 성패에 있지 않고 희망 유무에 있다. 그러므로 고려왕조의 동수桐藪가 신라왕조의 포석鮑石보다 위태로웠지만 희망이 떨어지지 않았기 때문에 위태롭기만 했지 망하지는 않았다.[11] 구천句踐

---

9   통일신라의 패망 과정에서 경순왕의 아들 마의태자는 금강산으로 은둔한 것으로 기록되어 있고 육두품 귀족 최치원은 지리산에서 은거한 것으로 알려져 있는데, 두 사람의 이야기를 섞어놓은 것으로 보인다.

10 폴란드를 점령하려는 러시아에 맞서 1794년 타데우시 코시치우슈코가 봉기를 일으켰다가 실패하고 체포되어 러시아 상뜨뻬쩨르부르끄에 있는 감옥에 수용되었던 역사를 말한다. 미국 독립전쟁에 참여하여 공을 세운 바 있던 코시치우슈코는 1796년 러시아에서 석방된 뒤 미국으로 가서 노예 해방에 일익을 기여하기도 했다.

11 동수는 대구 팔공산 인근의 지명. 고려 태조 10년(927) 견훤의 군대가 신라 경주에 침공하여 포석정에서 주연을 즐기던 신라 왕과 신하들을 사로잡았는데, 왕건의 군대가 구원하러 가다

의 회계산會稽山이 부차夫差의 용동甬東보다 참혹했지만 희망이 없지 않았기 때문에 참혹하기만 했지 멸망하지는 않았다.[12]

오늘날 우리 대한에 과연 희망이 여전히 있는 시대인가? 말하노니, 오늘날 우리 대한이 부유함은 다른 나라보다 못하지만 부유함을 희망하기는 다른 나라보다 크며, 강성함은 다른 나라보다 못하지만 강성함을 희망하기는 다른 나라보다 깊으며, 문명은 다른 나라에 못 미치지만 문명에 대한 희망은 다른 나라보다 훨씬 앞섰다 하리라. 크도다 우리 대한 오늘의 희망이여, 아름답도다 우리 대한 오늘의 희망이여.

대저 희망의 씨앗은 항상 고통스런 시대에 있고 안락한 시대에는 있지 않은 것이다. 역사상의 사례를 들어보건대 어느 나라 어느 민족이 그렇지 아니한가. 루이 16세Louis XVI(1754~93)의 폭정이 없었다면 오늘날의 프랑스가 없었을 것이며, 찰스 1세Charles I(1600~49)의 압제가 없었다면 오늘날의 영국이 없었을 것이며, 영국의 가혹한 세금이 없었다면 오늘날의 미국이 없었을 것이며, 오스트리아 제국의 가혹한 통치가 없었다면 오늘날 이탈리아가 없었을 것이며, 프랑스의 모멸이 없었다면 오늘날 독일이 없었을 것이다. 오늘날의 일본도 유럽인의 업신여김을 원인으로 발흥하였으며, 오늘날의 러시아도 패전의 분통함을 계기로 개혁한다고 한다.[13]

오호라. 넓디넓은 지구상에서 강국이라 칭하는 나라 중에 한번의 고통도 없이 흥할 수 있던 자가 혹 있는가. 그러므로 굶주린 자가 복되다 하며 핍박받는 자가 복되다 하는 말은 대개 사람의 희망이 곤궁한 가운데에서

가 공산(公山) 동수에서 견훤의 군대에 포위당하여 맹장 신숭겸(申崇謙), 김낙(金樂) 등이 전사하고 왕건만 단신으로 도주한 일을 가리킨다.

12 중국 춘추시대 월나라 왕 구천이 오나라 왕 부차에게 패했을 때 도망가서 비굴한 항복을 준비했던 곳이 계산 즉 회계산이며, 뒤에 월나라 왕 구천이 복수에 성공했을 때 오나라 왕 부차를 신하로 살게 하자 부차가 비굴하게 살 수 없다며 자살했던 곳이 용동이다.

13 1904년에서 1905년 사이 한반도와 주변 해역에서 벌어진 러일전쟁의 결과 러시아가 패배한 뒤에 대외전략을 수정하고 일련의 개혁을 논의하던 일을 가리킨다.

비로소 발생함을 말하는 것이니, 우리 대한의 역사를 논하건대 이왕에 이러한 고통이 일찍이 왔던가.

국가가 몇백년 완전한 독립권을 잃은 지 이미 오래라고 하나 내정內政의 자주를 보더라도 독립이며, 외교의 조약 체결을 보더라도 독립이며, 관리의 출척黜陟(임명과 면직)을 보더라도 독립이며, 화폐를 스스로 주조하는 것을 보더라도 독립이니, 명의상 독립 못한 나라로 내용의 독립 권리는 충분히 갖고 있었다. 간혹 외적의 내침이나 역내의 소요가 봉기하면 저 소위 대방자大邦者(중국)를 불러들여 말하길 "네가 나를 구하라" 하여 저들을 오히려 노예같이 부려먹었었다.

국민이 예전부터 전제정치하에서 납작 엎드렸다 하지만 깊은 산 가운데에서 은거하고 홀로 즐거움을 찾아도 나의 자유이며, 성안의 장터에서 남을 속이고 재물을 편취해도 나의 자유이며, 술 먹고 싸우고 도박하며 평생을 잘못 보내도 나의 자유이며, 바리때 들고 다니며 문전걸식으로 일생을 마쳐도 나의 자유이니, 이론상 자유롭지 못한 백성으로 실제의 자유 신분을 확실히 적용받고 있었다. 간혹 호족이 깔보고 업신여기며 침탈을 하더라도 샛길과 지름길만 잘 뚫어놓으면 저들에게 오히려 억압을 가할 수 있었다.

비록 옛날에 얽어매는 굴레가 심하디심하였고 학정의 불꽃이 가혹하디가혹하였던 시대라고 하여도 눈앞의 이십세기의 보호라든가 압제라든가 하는 것과는 하늘과 땅만큼 판이하다. 또 하물며 자연 생산물이 스스로 풍족하여 사람의 힘을 기다릴 것이 없었으며, 변방에서 오는 봉홧불이 평화를 가리키고 있어 외적이 오지 않았던 까닭에 이 나라의 주인 된 국민으로 주인이 해야 할 일을 망각하였다. 몇백년은 부락 추장에게 맡기고, 몇백년은 봉건제도에 맡기며, 몇백년은 몇 사람의 정치에 맡기고, 몇백년은 세습 귀족에게 맡겨서, 저들이 선정을 행하든지 악정을 베풀든지, 관직을 팔든지 법률을 멋대로 하든지 도무지 묻지 않고, 나는 열반 정토에 아무 문제

없이 있다는 것처럼 그렁저렁 일 없던 국민이었으니, 설령 지금 루소Jean-Jacques Rousseau(1712~78)의 지혜로 볼떼르Voltaire(1694~1778)의 필력을 빌리며, 마치니Giuseppe Mazzini(1805~72)의 열정으로 나폴레옹의 웅변을 겸하여 동분서주하며 끝없이 부르짖더라도 필경 단 한 사람도 고개를 돌려볼 자가 없을 것이다. 왜 그런가. 고통이 작아서 희망이 얕은 까닭이다. 10여년간 천상에서 떨어져 내린 독립을 스스로 파괴함은, 모든 지사志士가 피를 토하며 한참 울겠지만 실제로 보면 새옹지마塞翁之馬를 잃은 것처럼 더 좋은 일의 계기가 될 것이다.

이번 몇 년 이래로 천지가 뒤집히고 풍운이 참담하여 우리 사천년래 신성 국가가 보호국의 지위로 추락하여 일체의 권리를 모두 잃음에 청탁의 문도 모두 막히고 벼슬할 길도 점차 끊어지니 저 태어나지도 죽지도 않는 듯하고 춥지도 덥지도 않은 듯하던 인물들도 차츰차츰 고개를 돌리려는 마음이 생기리니, 이때부터 크게 무엇을 해볼 만한 시기이다.

저번 청일전쟁도 우리 한국 때문에 일어났으며, 러일전쟁도 우리 한국 때문에 일어났고, 세계의 많은 이목이 한국 문제에 모두 집중되고 있다. 종래의 동서 열강과 외교가 많지 않아 동아시아 한 구석에 은자처럼 혼자의 삶만 즐기던 한국이 열강 경쟁의 중심점이 되니, 이때부터 크게 무엇을 해볼 만한 위치이다.

크게 무엇을 해볼 만한 위치에 처하여 크게 무엇을 해볼 만한 시기를 얻어도 크게 무엇을 해볼 만한 국민이 아니면 큰 사업을 능히 이루지 못하거니와, 내가 우리나라 동포를 보건대 크게 무엇을 해볼 만한 품격을 두루 갖추었도다.

평화로운 세월에 게으른 꿈이 참으로 길어 강호연우江湖烟雨에 백구白鷗를 부르다가도 홀연 마른 땅에 벽력이 치듯 임진왜란 같은 재앙이 갑자기 닥치면, 전원에서 놀던 흙으로 만든 북을 깨부수고 적을 막을 방책을 강구하면서 임기응변으로도 문제를 잘 풀어내었다. 철포鐵砲를 창조한 박진朴

晋(1560~97) 씨도 있으며 철갑선鐵甲船을 창조한 이순신李舜臣(1545~98) 씨도 있어서 명예로운 기념비를 역사상에 길게 드리웠으니, 저 서구의 굳세고 크다고 불려지는 나라의 사람이라도 우리 민족과 처지를 바꾸어보면 우리가 저들보다 훨씬 뛰어날 것이다. 만일 교육이나 조금씩 나아가서 지식이 점차 열리면 현재의 웅비하는 각 나라와 함께 말을 타고 나란히 달리기 어렵지 않을 것이니, 저들이 우리에 미치지 못하는 곳이 많이 있도다.

오호, 우리 국민이여, 크게 무엇을 해볼 만한 국민이 아닌가. 크도다, 우리 한국 오늘의 희망이여. 아름답도다, 우리 한국 오늘의 희망이여.

강감찬姜邯贊(948~1031) 씨가 여진에게 패하여 달아나며 "오늘의 일은 강조康兆(?~1010) 한 사람의 탓이다. 군대를 거두어 사졸을 훈련시키며 천천히 부흥을 도모함이 옳다"라고 말하였다. 여진과 싸워 진 것은 강조 한 사람의 탓이거니와 강조 한 사람에게 정권을 모두 맡긴 것은 또 조정을 가득 채운 임금과 신하의 잘못이라 할 것이다. 그러나 강감찬 공이 의연히 이 말을 한 것은 무슨 까닭인가? 대개 강조 한 사람이 패배를 기록한 것을 전국이 모두 패배한 것으로 생각하여 앞으로 부흥하는 것을 바랄 수 없다고 하는 용렬한 사람들의 아둔한 머리를 큰 소리로 깨뜨리려 하는 것이다. 지금 수십년 어리석고 부패한 정당이 나라를 망친 것으로 인하여 일반 국민을 모두 무능력자로 생각하는 자가 있는가? 내가 또 한마디로 조롱을 해명하여 말한다. "지난 일은 조정 여러 신하의 탓이요, 앞으로는 전체 국민의 책임이다."

아아 우리 국민이여, 오늘부터 큰 희망으로 크게 진보하여 큰 국민이 되어야 할 것이다.

혹자는 말한다.

"오늘에 이처럼 희망이 있다 하니 이 희망으로 전진하면 몇 년 뒤에나 목적지에 도달할 것인가?"

"의무만 실천하면 권리가 스스로 오며, 책임만 다하면 행복이 스스로 이른다. 가치만 창출하면 수많은 물화를 모두 얻을 것이니 하루 만에 이 의무와 이 책임을 다하면 내일에 이 권리와 이 행복을 응당 얻을 것이다. 10년 만에 다하면 10년 뒤에 응당 얻을지며, 100년 만에 다하면 100년 뒤에 응당 얻을지며, 천년만년이라도 이를 능히 다하지 못하면 권리와 행복은 고사하고 고통만 날마다 심해져서 너희들이 희망하던 목적이 꿈속의 물거품이 될 것이다. 그러므로 우리들은 오늘에 의무와 책임을 다하기 위해 밤낮 힘쓸 것이요, 권리와 행복이 어느 때에 오겠느냐는 것은 물을 바도 아니며 연구해볼 바도 아니니라."

혹자가 또 말한다.

"우리 한국이 이처럼 희망이 있다 하니 그러면 몇십년 몇백년 후일지라도 한국은 종당 한국인의 한국이 되어 다른 나라의 얽매임을 받지 않을 것인가?"

"그 국민이 그 나라를 자국으로 알면 그 나라가 자국민의 나라가 되며, 그 국민이 그 나라를 남의 나라같이 보면 그 나라가 남의 나라 사람의 나라가 되는 것이다. 이는 피할 수 없는 법칙이다. 비유컨대 천금의 재산을 여기에 두고 주인이 방탕하게 놀며 돌아보지 않으면 그의 간사한 종이 몇 이랑의 밭을 가져가며, 그의 아부하는 손님이 몇 칸의 집을 몰래 가지며, 심지어 그 이웃집의 술 파는 할미까지도 그 푼돈과 적은 물건에 침을 흘려서 그 집의 주권이 다른 집으로 떠나갈 것이다. 단, 그 주인 된 자가 분발하고 스스로 떨치는 경우에는 당당한 소유권을 누가 감히 옮겨 가리오.

지금 당장 우리 한국이 중흥하려면 국민들이 사람마다 자국 사업에 발분할 뿐이다. 폴란드, 이집트에도 의사義士가 없지 않으며 베트남, 필리핀에도 충신이 역시 있건마는 필경 망국의 참상을 겪은 것은, 이러한 충신과 의사는 소수에 그치고 그 대부분 국민이 모두 어리석고 미련한 소치이다. 오늘날 우리들이 국민의 지식과 실력이 미진함만을 걱정하고 근심할 것이요, 얽매임에서 이 나라가 벗어날 방법이 없다는 망상을 하는 것은 불가하니라."

"희망이 이처럼 크게 있는 오늘날 우리 한국으로 중도에서 그만두고 후퇴할 리가 만무하니, 그렇다면 우리들의 진취하는 앞길에서는 온 마음을 바치며 피를 토할 필요도 없고, 주먹을 갈고 손바닥을 비빌 필요도 없고, 다만 평화롭게 웃고 이야기하며 순리에 따라 나아가면 충분하지 않을까?"

"오호라. 그럴 수 없다, 그럴 수 없다. 고통 중에 있는 자의 희망은 너무 크고 또 너무 긴박하여 실망이 항상 쉽게 온다. 비록 천하장사 항우項羽(BC 232~BC 202)라도 지독한 병에 걸려 고생 고생하며 약을 구하고 있는데, 어떤 한 졸렬한 의원이 부자환附子丸[14] 열근을 던지며 '이 약을 모두 삼켜야 네 병이 속히 나으리라' 하면 즉 머리를 들어 쳐다볼 것이며, 어떤 한 원수가 오훼탕烏喙湯[15] 몇 첩을 바꾸어 '이 약을 모두 복용하여야 네 병이 빨리 떨어지리라' 하면 즉 입을 벌려 마셔버리리니 불과 순식간에 한 목숨이 끝날 것이다. 오호 어찌 삼가고 조심할 대목이 아닌가."

눈앞의 팔도를 둘러보건대 온화한 희망이 원근에 한결같은데 불행히 마류魔類(마귀 종류들)가 종횡으로 혹 '외국인 의뢰'의 깃발을 세우고 흔들며 말하기를 "오라, 오라. 네가 여기에 와서 복록을 누리리라" 하며, 혹 동포를 압제하려는 수단을 쓰는 자가 부르며 말하기를 "오라, 오라. 네가 여기에 와서 이익을 얻으리라" 하며, 혹 심장을 전부 바꾼 자가 말하기를 "오라, 오라" 하며, 혹 도덕이 떨어져 부서진 자가 말하기를 "오라, 오라" 한다. 혹 속으로 흉측하면서 겉으로 강직한 자가, 혹 이익 때문에 의리를 잊은 자가, 혹 기회를 보고 좇아가 아부하는 자가, 혹 이름을 낚아 명예를 훔친 자들이 모두들 우리 동포들의 귓불에 대고 "오라, 오라" 크게 소리치고 있다. 위험하다, 오늘이여. 방황하며 길을 묻는 동포들이 그 감언을 잘못 믿어 아랫도리를 걷고 좇아가는 날에는 가시밭 속으로 향할지, 물불 속으

---

14 독약의 재료로 쓰이는 바꽃의 덩이뿌리로 만든 한약재 환으로, 독성이 매우 심하다.
15 바꽃의 덩이뿌리로 만든 한약재 탕으로, 독성이 매우 심하다.

로 향할지 전혀 알 수 없는 일이 된다.

　새로운 사업에 주의를 기울이는 제군들이여. 오늘이 과연 어떠한 날인가. 이 국민에게 이 희망을 성취하게 하는 자도 제군들이며, 실패하게 하는 자도 제군들이다. 불가불 김유신金庾信(595~673) 씨가 석굴에서 기도하는 정성을 품으며,[16] 최춘명崔椿命(?~1250) 씨가 외로운 성을 홀로 지키던 기개에 기대고,[17] 왼손에 하우夏禹 씨가 용문龍門을 뚫어 열던 신령스러운 도끼와 오른손에 노양魯陽이 지는 해를 돌이키며 휘두르던 긴 창을 들고,[18] 서초패왕西楚覇王이 배를 가라앉히고 솥과 시루를 깨부수던 결심을 갖고[19] 큰 걸음으로 전진하여야 한다.

　교육을 제창하려거든 그 마음에 그 몸도 없고 그 집안도 없이 교육만 있으며, 학문을 연구하려거든 그 마음에 그 몸도 없고 그 집안도 없이 학문만 있으며, 정치가의 마음에는 정치 개선만 있으며, 실업가의 마음에는 공익 사업만 있어서 끝내 몸을 잊고 집안을 잊고 얻어낸 것으로 이 나라에 공헌하라. 가시밭이 나라의 앞길을 꽉 막으면 무수한 칼을 일제히 떨쳐 뽑으며, 뱀과 멧돼지가 이 나라의 강토를 먹어 들어오면 무수한 쇠뇌를 일제히 발사하여, 대국민大國民의 의기로 대단체大團體를 공고하게 결성하면 마음속에 품어 지녔던 희망이 눈앞에서 솟아 드러나는 시기가 있을 것이다.

16　신라의 김유신이 17세에 외적을 평정하려는 큰 뜻을 품고 중악(中嶽)의 석굴에 들어가 재계하고 기도를 했다고 한다.

17　고려의 최춘명은 몽골의 침입 때에 자주부사(慈州副使)로 있으면서, 항복한 무신정권에서 투항을 종용해도 듣지 않고 끝까지 저항했다. 몽골 측에서는 몽골에는 적이지만 고려의 충신이니 사면하라고 했다.

18　하우는 하나라 우임금으로 황하의 홍수를 막기 위해 험준한 용문산을 신령스러운 도끼로 뚫었다는 전설이 있으며, 노양은 전국시대 초나라의 장수로 한나라와 전투 중에 위기에 몰리며 해가 저물 때 창을 들어 휘둘렀더니 해가 다시 뒤로 갔다는 전설이 있다.

19　서초패왕은 초나라 항우(項羽)로 진(秦)나라와 전투를 치르기 위해 강을 건넌 뒤 타고 온 배를 침몰시키고 음식을 할 솥과 시루를 깨부수어 사졸들에게 필사의 각오를 일으켰다.

크도다 우리 대한 오늘의 희망이여
아름답도다 우리 대한 오늘의 희망이여

오래지 않아 조물주가 세계 각 국민의 시험 성적을 확인해볼 것이니 우리 국민이 제1등의 자격이 있지만 만일 나태하게 등한시하여 경쟁심이 없다면 0점을 얻게 되니라.

오호라. 현재의 고통은 과거 희망 없이 산 일이 남겨준 재앙의 업보요 미래의 행복은 현재 희망을 갖고 살면서 뿌릴 씨앗이니, 힘쓸지어다, 우리 한국 사람들이여. 과거의 희망 없음은 과거 인물들이 지어낸 오랜 악몽이며 미래의 희망 있음은 미래 인물들이 건설할 토대이니, 힘쓸지어다, 우리 한국 사람들이여. 과거의 희망 없음으로도 그 고통이 이미 이처럼 극에 달했는데, 현재에도 희망 없이 살면 미래에 고통이 장차 또 어떤 지경에 달할 것인가, 힘쓸지어다, 우리 한국 사람들이여.

내 한 속담을 들어 말하노니, "지난겨울의 얼고 배고팠던 것을 생각하거든 지금 여름에 게을리 놀지 말며, 앞 시대의 산업을 돌아보거든 내일로는 허랑방탕을 반복하지 말라" 하겠다. 우리 한국이 오늘 과연 어떠한 날인가. 오늘에도 희망이 여전히 희박하면 훗날에는 희망하려 해도 희망할 여지가 없으리니, 힘쓸지어다, 오늘 우리 한국 사람들이여. 희망에서 이루려는 힘이 살아나고, 이루려는 힘에서 뜨거운 마음이 살아나며, 뜨거운 마음에서 사업이 살아나고, 사업으로 국가가 살아나는 것이니, 힘쓸지어다, 우리 한국 사람들이여. 희망할지어다, 우리 한국 사람들이여.

친구에게 절교를 고하는 편지[20]

기자(신채호)는 말한다. 대저 일진회—進會에 가입한 자는 모두 마땅히 이 편지를 세번 반복해서 볼지어다.

책상을 치고 손바닥으로 밀며 강개하여 천하의 일을 논하던 노형께서 이제 기어이 일진회에 들어갔단 말이오? 하늘을 바라보고 땅을 부르짖으며 나라를 위해 한번 죽지 못한 것을 한스럽게 여기던 노형께서 이제 기어이 일진회에 들어갔단 말이오? 세상 모두 일진회에 들어가더라도 노형은 홀로 일진회에 안 들어가리라 내가 말하고 다녔는데 노형께서 이제 기어이 일진회에 들어갔단 말이오?

노형께서 지난날 문득 탄식하며 우리나라 사천년 이래 하루라도 완전히 독립한 적이 전혀 없었다고 하기에 나는 노형께서 조국을 너무 모멸하는 것이 아닌가 진실로 의심까지 하였더랬는데, 뜻하지 않게 노형께서 마침내 일진회에 들어갔구려. 노형께서 지난날 문득 말하기를 우리나라의 힘만으로는 끝내 자주自主할 수 없으리라 하기에 나는 노형께서 동포들을 너무 업신여기는 것이 아닌가 진실로 안타까워 하였더랬는데, 뜻하지 않게 노형께서 마침내 일진회에 들어갔구려.

노형께서 지난날 문득 민영환閔泳煥(1861~1905), 최익현崔益鉉(1833~1906), 이준李儁(1859~1907), 김봉학金奉學(1871~1905) 등을 평하며 다만 제 한 몸을 죽였을 뿐 나라에는 이익이 없었다고 하기에 노형의 언론이 돌변한 것을 내가 참으로 이상하게 여겼는데 뜻밖에 노형이 끝내 일진회에 들어갔구려. 노형께서 지난날 문득 송병준宋秉畯(1858~1925), 이완용李完用(1858~1926), 박제순朴齊純(1858~1916), 이지용李址鎔(1870~?) 등을 평하며 그

20 원제는 '여우인절교서(與友人絶交書)'. 『대한매일신보』 1908년 4월 12~14일자; 『단재 신채호 전집』 6권, 48~49면.

들도 한때의 영웅이라 눈앞에 부귀가 스스로 만족할 만하리라 하면서 나라가 망하고 민족이 멸절되는 것을 무슨 마음으로 따지겠는가 하기에 노형의 사상이 갑자기 바뀐 것을 내가 참으로 근심하였는데 뜻밖에 노형이 끝내 일진회에 들어갔구려.

노형이여, 노형이여. 노형이 이제 일진회에 들어갔소, 노형이 이제 일진회에 들어갔구려. 진실로 평소에 노형에게 바라던 바가 아니올시다. 오호라. 나와 노형은 이것으로 절교요. 내가 비록 노형과 절교하고 싶지 않더라도, 노형이 일진회에 들어갔는데 내가 어찌 절교를 안 할 수가 있을 것이며, 노형이 스스로 조국과 단절했으니 내가 어찌 절교를 안 할 수가 있을 것이오. 오호라, 내가 노형과 절교하지 않으면 조국이 장차 나와 절교할 것이고 동포가 장차 나와 절교할 것이니, 내 차라리 노형과 절교할지언정 조국 동포에게 절교당할 수가 있겠소? 이것이 노형과 절교하지 않을 수 없는 이유이니, 오호라, 내 노형과는 이것으로 절교요.

비록 그렇지만 내가 노형과 이제 절교하지 않을 수 없는 때를 당하여 또 차마 절교하기 어려운 마음이 있소. 차마 절교하기 어려운 것은 개인적인 일이며 정情에 속한 일이요, 절교하지 않을 수 없는 것은 공적인 일이며 의義에 속한 일이오. 정은 의를 이길 수가 없기에 차마 절교하기 어렵지만 절교하지 않을 수 없고, 공적인 일이라고 사적인 마음이 없을 수는 없기에 절교하지 않을 수 없지만 또 차마 절교하기 어려워하고 있소. 아이고 아이고, 노형이여. 이제 절교해야 하는 마당에 절교하지 않을 수 있는 길을 강구해주실 수 있으시겠소?

절교하지 않을 길은 다른 것이 아니오. 노형께서 조국과 스스로 절교하려 하지 않으시겠다면 내가 어찌 감히 노형과 절교하겠소? 형께서 동포와 스스로 절교하지 않는다면 내가 노형과 기꺼이 절교하지 않으리이다. 대저 노형 역시 어찌 조국과 동포와 스스로 절교하려 하는 것이겠소. 한때의 오해 때문에 이렇게 조국 동포와 스스로 절교한 것에 불과한 것이오.

내가 피눈물을 닦고 알려주려고 하니 노형은 정신을 가다듬고 생각을 맑게 하고 들어주시오.

태백산에 내려와 요堯임금과 나란히 국가를 세운 것은 단군檀君의 독립이었소.[21] 주나라의 신하로 복종할 수 없다며 동쪽 조선으로 망명한 것은 기자箕子의 독립이었고,[22] 중국을 서쪽으로 경략해서 만리의 땅을 개척하고 일본을 동쪽으로 정벌하여 신라와 백제를 구원해준 것은 광개토왕廣開土王(374~412)의 독립이었으며, 평양성을 굳게 지키면서 적병을 아이들처럼 갖고 놀고 살수대첩으로 도적놈들을 물고기 뱃속으로 몰아넣은 것은 을지문덕乙支文德(생몰년도 미상)의 독립이었고, 당나라에 잠입해서 돌아다니며 적의 허점을 몰래 엿보고 말갈과 화친을 맺어 주변 국가를 여러 차례 정벌한 것은 연개소문淵蓋蘇文(?~665)의 독립이었으며, 당나라 군대와 싸워 물리치고 고구려와 백제의 영토를 다 거두고 대판大阪에 진격하여 성 밑에서 맹약을 얻어낸 것은 문무왕文武王(?~681)의 독립이었소.[23]

전 왕조 중엽 이후로 차츰 미약해졌으나 이것은 단지 무능한 임금과 어리석은 신하들이 구차하게 편안하기만을 바라면서 스스로를 낮춘 까닭이오. 우리 민족의 독립 정신은 하루라도 멈춘 적이 없었는데, 오늘 사천년이래 도무지 하루도 완전히 독립한 적이 없었다고 하니 노형의 오해가 어찌 그리 심각하오? 남의 힘을 빌려 독립을 구하면 이것은 물에 들어가면서 물에 잠기지 않기를 바라는 것이라오. 구차하게 미국에게 빌어 우리나라의 독립을 도와달라고 하면 미국의 노예가 되는 것을 면할 수 없을 것이고, 프

21 　『삼국유사(三國遺事)』에 단군 왕검이 도읍을 아사달에 정하고 나라를 개창하여 조선이라 일컬었으니 중국의 요(堯)임금과 같은 때였다고 기록되어 있다.

22 　『서경(書經)』「미자(微子)」 편에서 상(商)나라의 신하로서 상나라가 망하더라도 새로 나라를 세운 주(周)나라의 신하가 되지는 않겠다고 선언하는 기자의 말을 기록한 것을 인용한 것이다.

23 　대판(오오사까)에 진격하여 일본에게 항복의 맹약을 받아낸 것은 신라 유례왕 때의 일로 추정된다. 문무왕이 맹약을 얻어냈다는 것에 대해서는 미상.

랑스에게 빌어 우리나라의 독립을 구하고서는 프랑스의 노예가 되는 것을 면하지 못할 것이고, 영국에게 빌어도 역시 그러할 것이며, 독일에게 빌어도 역시 그러할 것이외다.

지금 노형의 뜻을 보건대 궁기살마아宮岐薩摩兒[24]의 남은 찌꺼기를 구걸하여 배를 채울 궁리를 하는 것으로 보이는데, 이는 백세 뒤에라도 거지 새끼라는 지목을 면하기 어려울 것이니 노형의 오해가 어찌 그리 크시오? 물질적으로만 본다면 민영환, 최익현, 이준, 김봉학의 성취가 참으로 하나도 국가를 이롭게 한 것은 없지만, 정신적으로 본다면 긴 칼을 한번 휘둘러 산하가 색을 변하게 하고 뜨거운 피를 한번 뿌려서 일월이 다시 정기를 회복하게 한 것이어서 지금 교육이라든가 산업이라든가 국권 회복이라든가 하는 것들이 모두 이분들이 남긴 위엄이오. 이제 이분들이 쓸데없이 목숨만 버렸다고 말하니 노형의 오해가 어찌 그리 가혹하시오?

저 오적五賊과 칠적七賊[25]이 한때 영광을 누리고 있는 것이 자신을 위한 최고의 방략이라 할 수도 있겠지만, 지금 한 집안을 엎어놓고 한 사람을 죽인 자도 오히려 드러나게 처벌을 받게 되는데, 하물며 우리 사천년의 국가 기반을 전복시키는 것이며 하물며 우리 이천만의 생령을 희생시키는 것임에랴. 이런 까닭에 사람이 분노하고 귀신이 죽이려고 의논하는 것이 날마다 점점 닥쳐오고 지옥으로 빠지는 구멍이 여기저기에 따라다녀서, 그 몸은 비록 살아 있다 하더라도 그 마음은 이미 죽은 것이니, 지위가 비록 높고 관직이 대단하더라도 참으로 어찌 즐길 수가 있으리오. 저 놈들은 한심

24 살마(薩摩)는 사쓰마로 현재 일본의 가고시마현(鹿兒島縣) 서부 지역. 궁기(宮岐)는 미상이나 궁기(宮崎)는 미야자끼로 가고시마현에 있는 지명이다. 궁기살마아는 당시 조선에 영향을 미치던 일본의 유력자를 지칭하는 듯한데, 운요호 사건의 주역 쿠로다 키요따까(黑田淸隆)나 초대 총독을 지낸 데라우찌 마사따께(寺內正毅) 등이 가고시마 출신이다.

25 오적은 1905년 을사늑약 체결에 가담했던 외부대신 박제순, 내부대신 이지용, 군부대신 이근택, 학부대신 이완용, 농상공부대신 권중현의 을사오적을 말하고, 칠적은 1907년 정미칠조약에 찬성했던 내각총리대신 이완용, 외부대신 임선준, 법부대신 조중응, 군부대신 이병무, 학부대신 이재곤, 농상공부대신 송병준, 탁지부대신 고영희의 정미칠적을 말한다.

한 자들인데 오늘 저놈들도 역시 한때의 영웅이라 하니 노형의 오해가 어찌 그리 심각하오.

오호라. 아메리카 대륙에 원래 국가가 없었다가도 워싱턴George Washington (1732~99)이 일어나 미국이 만들어졌는데, 하물며 이 사천년간 혁혁한 독립국이라면 어떻겠소. 서양에는 인구 60명의 독립국도 있다는데, 하물며 이 이천만 당당한 대국민이라면 어떻겠소. 지금 노형이 졸렬한 성품으로 위로는 고인들을 헐뜯고 남의 힘을 빌려 구차한 삶을 부탁하려 하니 참으로 서글프다 할 수 있겠소. 충의를 다한 사람을 미치고 망령되었다고 보고, 역적을 신성하게 떠받들어 속 좁은 사견으로 만세의 공론을 바꾸려 하니 참으로 애통하다 할 수 있겠소.

노형께서 근일에 『국민보』와 『대한신문』 두 마귀의 신문을 구독해 보더니 홀연히 영혼을 잃어 이 지경이 된 것이오? 노형께서 근일에 '동아개진교육회東亞開進敎育會'와 '대동학회大東學會' 두 괴물 귀신을 좇아다니더니 홀연히 지조를 바꿔 이 지경이 되었는가요? 오호, 노형이여. 저자들의 말을 나도 들어봤소. 저 자들이 말하길, "일진회 회원들은 날마다 융성해지고, 의병 도당들은 날마다 줄어들어야 생령을 보존할 수 있고 국권을 회복할 수 있다" 하니 오호라, 의병이 해가 없음은 아니나 그 해는 단지 밖으로 드러난 생명과 재산의 피해이지만, 일진회의 해는 바로 내면에 있는 정신이라오. 정신이 이미 죽은지라 장차 무슨 수로 땅에 떨어져버린 국권을 회복할 수 있을 것이오. 이것 때문에 내가 크게 한숨을 쉬는 것이오.

저자들이 "진짜로 친일을 하는 것이 진짜로 배일排日을 하는 것이다" 하니【『국민보』 587호 논설】 아마 그 뜻이 겉으로 드러나는 친일을 몰래 내면으로는 배일로 여기는 듯한데, 한번 친일하면 '을사오조약乙巳五條約'이 세워지며, 두번 친일하면 '정미칠조약丁未七條約'이 정해지고, 세번 친일하면 군대가 해산되며, 네번 친일하면 식민통치안이 나오는 것이라오. 전선과 철도도 친일을 해서 저들에게 가설을 허락한 것이며, 삼림과 광산도 친일을 해서 저들에게 내어준 것이라오. 나는 그자들의 진짜 친일은 보았거니와 진짜 배일은 본 적이 없다오. 모르겠소, 저 자들이 우리 사천년 국가가 영원히 망하는 때와 이천만 인민이 다 죽은 뒤를 기다렸다가 무덤 속의 마른 해골을 일으키고 하늘로 간 귀신 줄개들을 몰아서 저 자들이 말하는 소위 배일이라는 것을 행하려는 것인지. 이것 때문에 내가 통곡을 하는 것이오.

저자들은 또 말하기를 "오늘은 인종들이 전쟁을 하는 시대라서 황인종이 성하면 백인종이 쇠하고 백인종이 흥하면 황인종이 망하는 것이다. 우리들은 황인종이라 불가불 사소한 불만은 잊어버리고 동양 여러 나라가 연대하여 저 가장 강력하고 가장 사나운 일본을 맹주盟主로 추대하고, 한국과 청나라 양국이 그 뒤를 좇아서 따라가야 서로 보존할 수 있을 것이다"라 하니, 오호 저자들이여, 술 취해 하는 이야기인가, 꿈결에 하는 말인가. 가령 어떤 사람이 자기 몸의 윗도리 아랫도리 할 것 없이 옷이 모두 남들에게 찢기고 자기 집의 남쪽 논과 북쪽 밭은 모두 남에게 빼앗겨서 이제 굶주리고 얼어 죽을 구덩이가 앞에 있는데, 산가지를 들어 운명을 점치고 두려워하며 점괘를 말하기를 "오십년 뒤에 우리 집에 반드시 큰 재앙이 있으리라" 하여 당장 눈앞의 쓰러질 정황은 까맣게 잊고 먼 훗날에 닥칠 재앙을 생각한다면, 이자는 바보 같은 사람이 아니겠소. 오늘날 한국인 중에서 황인종과 백인종의 전쟁을 앉아서 걱정하는 자가 이자와 무엇이 다르리오. 이것 때문에 내가 가슴이 막히고 말문이 막히는 것이오.

아아, 노형이여. 어찌 진짜로 일진회에 들어간 것이겠소. 절망 때문에 오해가 생기고, 오해 때문에 의혹에 빠져서 일진회에 들어가게 된 것에 불과하지 않겠소. 그렇지 않다면 노형의 고명高明하고 강개한 성품으로 어찌 일진회에 들어가겠소이까? 한 사람의 몸은 비록 작지만 잘 사용하면 워싱턴도 되고 마치니Giuseppe Mazzini(1805~72)도 되고, 잘못 사용하면 송병준이 되고 이용구가 되는 것인데, 노형은 워싱턴, 마치니가 되려 하지 않고 꼭 송병준, 이용구가 되려고 하니 어찌된 일이오? 노형께서 이 말을 들으면 반드시 "나같이 지리멸렬 졸렬한 자에게 뭐라 할 것이 있겠나?"라고 할 것이지만, 허허, 이 또한 오해라오.

위싱턴, 마치니가 되려고 하다가 비록 이루지 못하더라도 어진 사람 노릇은 하는 것이라서, 조상과 부모가 등을 쓰다듬으며 축복하기를 "이 우리 효자, 사랑스런 손자다"라 하며, 역대 왕들과 신령들이 손을 잡고 상을 주기를 "이 우리 충신, 의로운 백성이다"라 하며, 거리의 사람들과 지나가는 손님들이 그 살던 터를 가리키며 조문하기를 "이는 조국을 위하여 피를 흘린 사람이다"라 하며, 역사가들과 문필가들이 유적지에 와서 찬탄하기를 "이는 동포를 위하여 몸을 바친 사람이다"라 할 것이오. 송병준, 이용구가 되려 하면 그 품은 욕심을 이루든 못 이루든 관계없이, 조상은 손자로 여기지 않고, 임금은 신하로 여기지 않고, 맥고모자의 그림자만 보아도 아이들이 모여서 욕하며, 이름이 노출된 곳에서는 천 사람이 손가락질하고 꾸짖어서 살아서는 영광으로 삼을 것이 없고 죽어서는 설욕할 수가 없을 것이라오. 노형, 노형이여 왜 고통스럽게 그렇게 하려 하오?

오호라, 노형이 차마 조국과 절교하지 못하면 나도 역시 차마 노형과 절교하지 못하며, 노형이 차마 동포와 절교하지 못하면 나도 역시 차마 노형과 절교하지 못할 것이겠지만, 지금 노형이 차마 조국과 절교하고 차마 동포와 절교하니, 역시 나도 그 때문에 노형과 절교합니다.

동양주의東洋主義에 대한 비평[26]

동양주의라는 것은 무엇인가. 동양 여러 나라가 일치단결하여 서구 세

---

26   『대한매일신보』 1909년 8월 8~10일자; 『단재 신채호 전집』 6권, 360~61면.

력의 동방 진출을 막는다 하는 것이다.

이 주의를 제창한 자는 누구인가.

첫째 나라를 그르친 자이다. 저들이 사천년 조국을 들어 구거鳩居[27]에 양보하며 이천만 형제를 몰아서 노예 장부에 기록하면서, 이 세상에 차마 세울 면목이 없기 때문에 이런 말들을 억지로 지어내어 위로 하늘을 속이며 아래로 사람을 속여서 말하기를

"지금은 동과 서, 황과 백, 양 인종의 경쟁시대이다. 동양이 흥하면 서양이 망하고 서양이 흥하면 동양이 망하여 그 세력이 양립하지 못할지니, 오늘 동양에서 태어난 자는 나라와 나라가 서로 연합하고 사람과 사람이 서로 단결하여 서양에 저항할 때이다. 그러므로 우리들이 나라를 팔아서 남에게 주었다면 이것은 죄이겠지만, 지금은 그렇지 않다. 판 사람도 동양인이요 산 사람도 동양인이니, 비유컨대 초나라 활을 초나라 사람이 주운 것과 같다.[28] 우리들이 무슨 죄가 있으리오."

하여 이 뜻으로 스스로 해설하며 이 뜻으로 스스로 변호함이니, 소위 동양주의가 처음 이들의 입에서 나온 것이다.

둘째 외세에 아첨하는 자이다. 나라의 정세가 이미 이 지경에 이르러 전국 각종 권리가 모두 외국인의 수중에 떨어져 들어갔음에 앞서 말한 방혜곡경旁蹊曲逕, 승영구구蠅營狗苟의 무리[29]가 한자리 관직을 목마르게 생각하며 몇 원의 봉급을 고대하며 꿈꾸는데, 이것을 얻어내는 방법은 오직 외

---

27 까치의 둥지에 비둘기가 산다는 작소구거(鵲巢鳩居)의 준말. 남이 살도록 제 둥지를 내어준다는 뜻이다.
28 『공자가어』에서 나온 사자성어 '초궁초득(楚弓楚得)'을 풀이한 것이다. 춘추시대 초나라 공왕(恭王)이 사냥터에서 활을 잃어버린 뒤, 초나라의 활을 초나라 사람이 주울 것이니 찾을 것 없다고 하여 도량이 넓다는 인상을 주었는데, 공자가 다시 이 말을 비평하여 사람의 활을 사람이 얻을 것이라 하지 않았으니 도량이 좁다고 했다.
29 구질구질한 작은 이익에도 편법과 탈법을 쓰면서 집착하는 자들을 가리킨다. 방혜곡경은 정정당당한 길을 놔두고 굳이 곁길 굽은 길을 찾아다니는 것을 말하고, 승영구구는 파리처럼 분주하고 개처럼 구차하게 작은 이익에 악착같이 덤비는 것을 비유하는 말이다.

국인에게 아첨을 바치는 것뿐이다. 이에 천가지 방략과 백가지 계책을 내어 저들의 한번 찡그리고 한번 웃기를 구하는 것인데, 금전을 바치면 저들이 기뻐하기는 하나 그 기쁨이 오히려 작고, 진귀한 보물을 주면 저들이 즐거워하기는 하나 그 즐거움이 오히려 엷고, 저들이 크게 기뻐하고 크게 즐거워하는 것은 오직 대한 전국의 국혼을 빼앗아버리는 하나의 일이 바로 그것이다.

이를 능히 빼앗아버리는 자가 있다면 저들이 그 손을 잡고, 그 입술에 입 맞추며 노래하고, 그를 맞이하여 춤추고 그에게 절할 것이다. 그러므로 일반 노예 무리가 이 뜻을 알아차리고 각기 기이한 계책을 내어 자기 자신의 국혼을 빼앗아버리고자 한다. 다만 직접적으로 사람을 대하여 너의 나라를 잊고 외국을 섬기라 하며 너의 조상을 배신하고 외국을 존중하라 하면, 아무것도 모르는 조그만 아이도 칼을 빼들고 발끈하여 일어나리니 이렇게 되면 또 헛수고에 아무 공이 없을 것이다. 이에 저 노예 무리가 그 악마의 마음을 다 쏟아 동양주의라고 하는 악마의 설을 만들어낸 것이다. 우리가 일본에 뺨을 맞아 성을 내면, 저들이 우리를 추켜세우며 말하기를 동양은 한 가족이니 너희들은 성내지 말라 한다. 우리가 일본에 피를 빨려서 아파하면, 저들이 우리를 속이며 말하기를 황인종은 같은 인종이니 너희들은 아프지 말라 한다. 명백히 국민을 몰아 국가주의를 잊고 동양주의에 취하게 하나니, 동양주의가 이 자들에게서 굳어진 것이다.

셋째는 갈피를 잡지 못하는 무식자이다. 이러한 자들은 원래 독립된 주장이 없고 다만 파도를 따라 물결을 좇아 생애를 즐기는 자들이다. 온 세상이 푸른 색안경을 끼면 나도 푸른 색안경을 끼며, 온 세상이 노란 색안경을 끼면 나도 노란 색안경을 끼고, 앉고 일어날 때에 남의 팔뚝에 의지하고, 시비를 가릴 때에 남의 말을 따라 하고, 남이 수구하면 나도 수구하고, 남이 개화하면 나도 개화하여, 시세에 따라 옮겨 다니던 자이다. 우연히 오늘을 만나 정부당과 일진회 및 유세단이 꼬시며 놀리던 말과 일본인이 농락하던 말 사이에서 동양주의설을 익숙하게 들으니, 이 말을 믿어 옮기며 제창하는 자들이다.

저자들이 이처럼 동양주의를 제창함에 일본인이 그 소리에 화답하며, 저자들이 이처럼 동양주의를 강연함에 일본인들이 같은 뜻으로 주석을 달기를 숫놈이 울면 암놈이 대답하는 것처럼 매일매일 그침이 없어, 한 나라 안 이천만 배우지 못한 인민이 빠른 속도로 이 악마의 설에 빠져들었다. 동양에 있는 나라라면 적국도 우리나라로 보며, 동양에 있는 민족이면 원수 종족도 우리 민족으로 인정하는 자가 점점 생겨났도다.

혹은 말한다.

"나의 몸뚱이가 이 국토에 태어났기 때문에 애국의 의리가 있으며, 나의 혈통을 이 국민에게서 받았기 때문에 애족의 의리가 비로소 있는 것이오. 이 의리로 미루어 생각해보시오. 내가 동양의 황인종이 되었은즉 같은 대륙의 같은 종족을 사랑하는 의리가 없다는 것이 옳지 않으며, 또 이 나라는 동양의 한 나라인데 동양이 모두 망하면 이 나라도 따라 망할 것이니 동양을 사랑하지 않는 것이 또 어찌 옳겠소?"

아이고, 객客이여. 내 말을 들으라.

"여기에 사람이 있는데 다른 날에 금성, 수성 등의 세계와 통상할 날이 반드시 있을 것인즉 전지구 인류가 사해일가주의를 제창하여, 군대를 훈련시켜 저 세계가 침략해올 것을 방어하며 백성을 길러 저 세계의 세력과 경쟁한다 하여, 황인종과 백인종을 고루 사랑하며, 동양과 서양을 하나로 보면 어떻겠소?

옳지 않소. 현재 국가 경쟁이 갈수록 더욱 심해져서 잠깐이라도 퇴보하면 호랑이 입에 씹혀 먹히며, 조금이라도 미약하면 매 발톱에 채여가게 되는데, 어찌 미래 천만년 뒤의 일을 어리석게 꿈꾸며 눈앞의 대세에 반항하겠소?

그러면 오늘날 폴란드에 이런 종류의 사람이 나와서 입으로 서양수의를 말하고 붓으로 서양주의를 그려내어, 망국의 고통을 잊고 서양의 단결만 도모한다면 어찌하겠소?[30]

옳지 않소. 자기 집안의 형제와 처자가 속박을 받으며 자기 집의 조상과 부모가 매질과 모욕을 받았고 수천년 전래하던 한 집안 권속들을 살해하는 악독한 도적이 이 동네에 있거늘, 한 집안 권속들의 고통은 불쌍히 여기지 않고 한 동네의 화락함만 기대하고, 악독한 도적을 물리치는 것은 꾀하지 않고 한 동네의 단결만 도모할 것인가? 아아, 한 동네가 단결하여 우리 집의 화를 구한다면 이를 구함이 옳거니와 이제 그렇지 않아 한 동네의 단결 여부가 우리 집의 흥망에 무관하거늘, 헛되이 악독한 도적의 뒤를 따라서 이를 함께 의논하면 어찌 어리석은 노예가 아니겠소.

이것으로 미루어보면 한국인이 이 열국 경쟁 시대에 국가주의를 제창하지 않고 동양주의에 홀리면 이는 오늘 시대의 인물로 미래 다른 별 세계의 경쟁을 걱정하는 자와 다르지 않으며, 또 이 슬픈 지경 가운데에 속박의 굴레를 벗어날 길은 생각하지 않고 동양주의를 의지하면 이는 폴란드인이 서양주의를 이야기함과 다르지 않소.

하물며 국가는 주主요, 동양은 객客이거늘 오늘 동양주의 제창자를 보건대 동양이 주가 되고 국가가 객이 되어, 나라의 흥망은 세상 밖에 붙여두고 오직 동양만을 이같이 지키려 하니, 오호라, 그 어리석어 홀린 것이 이에 이르렀소. 그렇다면 한국이 영원히 망하고 한민족이 영원히 멸종하여도 다만 이 국토가 황인종에게만 귀속되면 이를 즐거이 보겠다 하는 것이 옳을까? 아, 옳지 않은 것이오."

혹자가 또 일컫되

"저 동양주의를 제창하는 자도 진짜로 동양을 위한 것이 아니라 다만 동양주의를 이용하여 국가를 구하고자 하는 것이다."

---

30 폴란드는 18세기 말부터 주변의 러시아, 오스트리아, 프로이센 등이 영토를 분할하여 쪼개져 있다가, 1919년에 폴란드 공화국이 성립되었다.

하나, 우리들이 보건대 한국인이 동양주의를 이용하여 국가를 구하는 자는 없고, 외국인이 동양주의를 이용하여 국혼을 벗겨버리는 자가 있으니, 경계하며 삼갈지어다.

조선독립과 동양평화[31]

서방 학자들은 종종 조선을 외교상 동양의 발칸이라고 한다. 대체로 근세 이후 서구의 외교상 큰 문제들은 항상 발칸에서 일어났다. 과거 크림전쟁과 근세 세계대전은 모두 이곳에서 비롯되었다.[32] 조선 역시 근세 동양 열국의 교충지가 되어, 갑오년(1894)의 청일전쟁과 갑진년(1904)의 러일전쟁이 모두 조선 문제로 인해 일어났다.[33] 이를 이르러 동양의 발칸이라 하는 것이 참으로 안 될 것도 없다.

그러나 조선과 발칸은 함께 거론할 수 없는 점이 있다. 발칸은 몬테네그로, 세르비아, 루마니아 등의 소국들이 숲을 이루고 있어, 조선이 예로부터 통일되어 있는 것과 같지 않다. 발칸은 라틴족, 슬라브족, 투르크족 등 여러 민족이 섞여 있어 조선이 순수한 단일민족인 것과 같지 않다. 이 때문에 발칸을 합쳐서 하나의 국가로 만들려고 하면 각 민족이 서로 반목하여 합

---

31 원제는 '조선독립급동양평화(朝鮮獨立及東洋平和)'로 순한문으로 되어 있는 것을 현대어로 옮겼다. 『천고(天鼓)』 1권, 1921년 1월, 8~9면; 『단재 신채호 전집』 5권, 45~47면.

32 1853년부터 1856년까지 러시아와 오스만, 영국, 프랑스, 사르데냐 동맹이 싸운 크림전쟁은 발칸반도에 있던 몰다비아 공국과 왈라키아 공국을 러시아가 점령하면서 발발했으며, 1914년부터 1918년까지 전개된 1차대전은 발칸반도에 있던 보스니아 수도 사라예보에서 오스트리아 황태자가 세르비아계 청년에게 암살당한 사건에서 발발했다.

33 1894년부터 1895년까지의 청일전쟁은 동학혁명군 진압에 동원된 청나라 함대를 일본 군대가 기습공격하면서 발발한 것이고, 1904년부터 1905년까지의 러일전쟁은 중국의 여순항과 인천의 제물포항에 각기 정박해 있던 러시아 전함들을 일본 군대가 기습공격하면서 발발한 것이다. 모두 조선에 대한 주도권을 확보하기 위해 열강이 조선에서 치른 전쟁이었다.

할 수 없는 바가 있고, 각기 나누어진 대로 여러 국가를 만드니 주변 강국들이 그 배후를 넘보면서 충돌을 일으켰다. 이것이 백년 동안 발칸 문제가 서구 각 정치가의 골칫거리를 야기하는 이유이다.

조선은 2천만 단일 민족으로 사방팔방 수천리의 땅을 품고 있어, 땅은 넓고 백성은 많아 족히 독립하고도 남음이 있다. 그러나 지금에 이르러서는 기구하게 멸렬되어 스스로 떨쳐 일어나지 못하자 발칸에 비견될 지경이 되었으니 슬프지 아니한가. 그러나 발칸은 자립된 국가와 자결하는 민족을 가지고 있으나 조선은 이를 가지려 해도 가질 수 없으니, 이것은 또 다른 의미로 발칸과 동렬에 설 수 없는 것이다. 더욱 슬퍼해야 하지 아니한가.

조선은 일찍이 예로부터 중국과 일본 사이에 끼어 있어서 양국의 울타리 역할을 하여 피차가 서로 해를 입지 않도록 하였다. 이는 진실로 수천 년 역사에서 분명히 증명된다. 수 양제隋煬帝, 당 태종唐太宗, 요 태조遼太祖, 금 태조金太祖 등은 대륙에서 일어난 자들인데 그 무력이 압록강의 남북에서 그치고 동으로 일본까지 요란하게 하지 못한 것은 조선이 있었기 때문이다. 대대로 이어진 일본의 해적 같은 것은 비록 경상도 연안을 침범하였으나 그 흉악한 공격이 중국을 잠식해 들어가는 데에 이르지 못한 것 또한 조선이 있었기 때문이다. 조선인은 동양에서 그 평화를 보전한 공이 역시 크다.

고려 말 이래 원 세조元世祖가 길을 빌려 왜를 정벌한다 하였는데 이를 거부할 수 없었고, 이조 때는 토요또미 히데요시豊臣秀吉(1537~98)가 군대를 크게 동원하여 쳐들어 왔는데 혼자 힘으로 물리치지 못하고 명나라의 지원에 힘입어 겨우 극복하기에 이르렀다. 조선은 대체로 이때부터 쇠해졌다. 국력의 쇠약과 인재의 부족이 후대로 갈수록 더욱 심각해져 근세에 이르러 일본이 조선 문제로 중국, 러시아와 전쟁을 일으켰는데도, 조선인은 도리어 입을 막고 혀를 묶어 감히 그 사이에서 한마디도 말하지 못하는 지경에 이르렀다. 조선은 대체로 이때부터 이미 망한 것이었다.

무릇 수나라가 오면 수나라를 막고, 당나라가 오면 당나라를 막고, 거란이 오면 거란을 막고, 여진이 오면 여진을 막고, 왜가 오면 왜를 막아, 한반도 위에 우뚝하게 울타리를 쌓고 해양과 대륙의 양 민족을 나누어놓은 것이 진실로 유사 이래 조선인의 천직이다. 그러나 지금은 그 역사를 잊고 그 천직을 버려 수천년 원한이 깊고 적대감이 쌓인 왜적의 멀쩡한 노예가 되었으니 그 죄가 크다.

그러나 저 열국들이 왜가 함부로 날뛰고 방자하게 구는 것을 들어주고 조선을 병탄하는 것을 허락하였으니 이도 좋은 계책은 아니다. 왜가 이미 바다를 건너 조선에 있으니, 왜가 두만강, 압록강 같은 한가닥 옷의 띠처럼 좁은 강을 건너 남북만주의 땅덩이에 소요를 일으키는 것을 누가 막을 수 있으며, 또 그들이 북쪽으로 몽골을 넘보고 서쪽으로 산동을 엿보며 4억의 중국 인민들을 놀라게 하고 두려움에 떨게 하는 것을 누가 막을 수 있겠는가? 저들이 이미 조선과 만주를 차지하였으니 남으로 중국을 도모하고 북으로 시베리아를 침범해서, 왜가 긴 원정으로 하루에 만리를 이동하여 징기스칸의 웅장한 계획을 오늘에 다시 보여주지 않을지 어찌 알겠는가?

혹자가 말하기를 금일 열강들이 걱정하는 것은 러시아의 과격파(볼셰비끼)뿐이라고 한다. 과격파가 서쪽으로 침범하는 것을 걱정하여 폴란드를 세워서 막고, 과격파가 남쪽으로 나아가는 것을 걱정하여 영국이 많은 군대를 인도, 아프카니스탄 등지에 주둔시켜서 막고 있다. 유독 극동에서는 조선이 이미 망하였고 중국 또한 쪼개져 붕괴되고 있으니, 함께 과격파를 막자고 할 자는 왜 말고는 부탁할 데가 없다.

따라서 왜가 시베리아로 출병하는 것은 열강이 바라는 바가 아니며, 그 힘을 만주로 뻗치는 것은 더욱이 열강이 바라는 바가 아니지만, 왜의 그러한 행위를 허용하지 않으면 과격파가 동진하는 것을 막지 못하게 되는데, 과격파가 동진하는 것은 열강들이 더욱 바라지 않는 것이다. 해로움이 상충할 때에는 당연히 가벼운 것을 취하니 이것이 열강들이 비록 왜를 꺼려하고 미워하면서도 왜를 조용히 허용해줄 수밖에 없는 이유이다.

오호. 이렇게 말하는 자는 단지 하나와 열은 알면서 둘 다섯은 모르는 자이다. 만약 과격파의 신조가 진실로 진리에서 벗어나지 않고 인류의 심리에 부합한다면, 비록 왜병을 모두 모아 치따Chita[34] 남쪽에 성벽을 쌓고 울타리를 친다고 하더라도 과격파의 형태 없는 탄환이 이 박약한 방어막을 뚫고 나가 아시아 대륙의 중원으로 날아가고 유럽과 아프리카 각지에서 활개 치는 것을 막을 수 없다. 졸렬한 일본이 어찌 이것을 할 수 있겠는가. 만약 과격파 자체가 본디 성공할 이치가 없는 것이라면 다만 일본의 야심만 키워주게 되어 동방을 어지럽게 할 것이다.

그뿐만이 아니라 또 혹 이로 인하여 황인종 각 민족의 군벌과 자산계급에 대한 악감정을 자극하여 나아가 과격파와 더불어 연락하여 이로써 혁명의 도화선을 만들지도 역시 알 수 없는 것이다. 그러므로 열강이 일본을 신뢰하는 것은 실로 여기에 있는 것이 아니다.

따라서 오늘에 있어서 동양의 평화를 말하려면 가장 좋은 방법은 조선의 독립만 한 것이 없다. 조선이 독립하면 일본은 눈을 부릅뜨고 탐학하게 착취하며 사방을 경영하는 데에 이르지 못하고, 그 힘을 거두어 바다의 섬(일본열도)을 방어하게 된다. 러시아의 과격파 또한 약소민족을 돕는다고 말을 꺼낼 수가 없어서 날개를 접고 늘어뜨려 치타 북쪽에 위축되어 있을 것이다. 중국 역시 수습할 틈을 얻어 십수년의 혁명으로 어지러운 국면을 정돈할 수 있을 것이다. 이것은 진실로 동양평화의 핵심 비결이다. 저들 왜인들이 말하는 동양평화 같은 것은, 속담으로 말하면 입으로는 인의도덕이 가득한데 뱃속은 남도여창男盜女娼[35]이 가득하다는 것이다. 동양평화를

34　러시아의 시베리아 남동부 도시로 1917년 발생한 볼셰비끼 혁명의 혼란을 틈타 1918년 일본이 점령했다가 1920년 적군이 수복했다. 1921년 당시 극동공화국의 수도였으며, 1922년 극동공화국은 소비에뜨에 병합된다.

말할 수 있는가? 동양평화를 말할 수 있는가?

비록 그렇지만 조선독립은 조선독립운동의 강도가 어떠한지, 열강의 이해理解가 어떠한지에서 판단할 수 있는데, 지금은 하나의 지상공론紙上空論일 뿐이구나. 아!

사십 이상은 모두 죽여야?[36]

벌써 거의 20년 전의 옛날이 되었도다. 을사조약(1905)이 체결되어 사천 년 고국이 넘어가는 소리에 일반 사회의 심리가 진동되어 "사람은 늙어야 쓴다" 하던 습관적 언어만 업신여길 뿐 아니라, 곧 "사십 이상은 다 죽여야 하겠다"는 소리가 일부 격앙된 청년의 혓바닥에서 유행되었다. 그럭저럭 세월이 물 흐르듯 하여 합병(1910) 치욕의 종잇장[37]은 눈결에 지나가며, 세계대전(1차대전, 1914~18)의 총소리는 귓결에 지나가, 그렇게 사십 이상을 비웃던 허다한 청년들이 세월의 채찍에 몰리어 혹은 사십에 5를 더하여 사십오도 되고 혹은 사십에 10을 더하여 오십이 되었다. 이에 "나 아니면 누가 조국을 회복하리오" 하던 자부심은 말 없는 가운데 쇠퇴되고, 그동안 인정세태에 늙은 경력을 이마의 주름살로 표시할 뿐인데 당시에 아직 어미 배에 들어가지도 못하였던 '검둥'이나 겨우 말 배우고 걸음 배우던 '신동'이들이 벌써 이십세 혹 이십여세의 청년들이 되어 금일에 "사십 이상은 다 죽여야 하겠다" 부르짖어 은연히 이십년 전의 사십 이상 인물들을 위하여 '분풀이'를 하는 듯하도다.

---

35   '남자는 도적질, 여자는 창녀짓'이라는 말인데, 비열하고 염치없는 것을 뜻한다.

36   원제는 '사십 이상은 진살(盡殺)?'. 『독립신문』 1923년 9월 19일자; 『단재 신채호 전집』 6권, 188~89면.

37   한일합방조약 조인 문서.

소년 사상이 노년과 충돌됨은 사회 진보의 상징이요, 축하할 만한 일이니 만일 한바탕의 빈말이 실제화하여 사십 이상을 징노형懲老刑[38]에 처한다 하면 '사십을 노년이라 함은 좀 억울하지만' 집필자도 이십년 전의 이십세 청년이라. 그때에 가졌던 심리로 금일 청년의 진중陣中에 참가하여 선봉됨을 사양하지 아니하리라.

그러나 이십년 전 석일의 "사십 이상을 다 죽여야 하겠다"와 이십년 후 금일의 "사십 이상을 다 죽여야 하겠다"가 피차로 하나도 다름없는 똑같은 말이지만 그 내용의 의미는 하늘과 땅의 현격한 차이가 있다. 대개 이십년 전에는 국권을 잃은 노예의 치욕을 처음 당하매 사회상, 정치상 각 방면에 모든 권리를 더 가져 나라를 욕되게 하고 나라를 망하게 한 책임이 더 많은 사십 이상 인물이야 죽여야 마땅하다 함이니 고로 전자는 분노憤怒의 의미에서 나온 말이요, 금일에는 세계대전 이후 도덕, 습관 등 모든 것이 모두 변천하여 신시대를 맞은 날에 한살이라도 더 먹어 두뇌가 더 완고하게 썩은 사람이야 죽지 아니하면 어디 쓰겠느냐 함이니 고로 후자는 질시嫉視의 의미에서 나온 말이다. 두 이야기 사이의 차이가 이같이 심하므로 가령 이십년 전의 사십 이상은 국사國事에 죽어서 사죄하면 청년의 분노가 변하여 숭배가 되려니와, 금일의 사십 이상은 사상계에 죽어서 퇴보한다 할지라도(논단에서 논객이 자기 주장을 꺾고 물러난다 할지라도) 청년의 증오가 변하여 비웃음이 될 뿐이니, 그러므로 이십년 전의 사십 이상보다 금일의 사십 이상이 더 난감한 지위에 처하였도다.

사상계의 격변으로 이십년 전보다 노소의 충돌이 더 심함이냐? 아니다. 이십년 전으로 말하면 노소가 마주앉은 경우에는 하나가 도포와 복건을 했다면 하나는 단발에 양복이요, 하나가 하늘은 둥글고 땅은 네모나다면 하나는 타원형의 지구요, 하나가 팔괘八卦와 오행五行이면 하나는 물리 화

38　늙음을 징계하는 형벌이란 뜻으로, 신채호가 징역형에서 착안하여 말장난으로 만든 조어.

학이요, 하나가 일체 예수교인을 천주학쟁이라 하여 대원군의 무지한 칼로 풀 베듯 하던 광경하에서 자라난 사람이라면 하나는 예배당의 기도석에서 하나님 아버지를 부르짖는 사람이었다. 전세계로 말하면 금일 사상계가 전에 없던 격변이라 하려니와, 조선만 단독으로 말하면 이십년 전이 도리어 금일보다 더한 격변이었다. 그러므로 금일 청년의 사십 이상에 대한 질시는 사상의 충돌이라 함보다 차라리 성적 없이 차지한 '선진先進(선배)'이란 명사를 질시함이라.

만일 사십 이상에 대사상가나 대학문가가 있거나 열렬한 정성과 굳센 노력이 하늘의 태양을 뚫을 정도의 사람이 있어 전사회를 움직일 만한 무엇이 있어왔으면 금일에 이런 질시의 말이 생겨나지 못하였을 것이어늘, 갑신(1884, 갑신정변의 해)의 노 혁명당들은 갑진(1904, 러일전쟁의 해), 을사(1905, 을사늑약의 해)의 사회를 지배할 정신이 없었으며, 경술(1910, 강제병탄의 해) 전후의 노 지사들은 3·1운동(1919) 이후의 사회를 지도할 만한 선견先見과 실행이 없어 타인의 칼을 기다릴 것 없이 벌써 자기 칼로 자살한 인물들이다. 이는 사십 이상을 위하여 참괴慚愧(부끄러워 함)할 바이거니와 사십 이하의 청년은 또 누가 있느냐? 있다 하면 몇몇이나 되느냐?

정부를 창조하자거나 정부를 개조하자는 것이 유일한 시국 연구가 되고[39] 간간이 익명의 속쇄速刷[40] 간행물이 일종의 사상 표시가 된 상해 한 구석은 말하지 말고, 내외 각지를 총괄하여 논해보자. 소작인 운동에는 송병준宋秉畯(1858~1925)이 중심이 되며,[41] 세계주의 토론장에는 일본인이 좌장

39 이승만의 외교 노선 등 대한민국임시정부의 각종 문제 해결과 진로를 의제로 하는 국민대표회의를 1923년 다양한 독립운동 세력의 참여하에 개최했는데, 이때 새 정부를 창조하자는 창조파와 임시정부를 개조하자는 개조파가 강렬한 노선 투쟁을 벌인 끝에 결국 합의 도출에 실패하고 해체되었다. 신채호는 창조파에 속했다.

40 공판 등사, 실크스크린 등 소량의 인쇄물을 신속하고 저렴하게 인쇄할 수 있는 방법.

41 식민지 시기 총독부의 지주 우대 정책으로 극단적 상황에 처한 소작인들이 지주들을 상대로 여러 지역에서 지속적으로 소작쟁의를 전개했는데, 친일파 거두 송병준이 지주들의 이익을 확보하며 이에 개입하기 위해 '소작인상조회(일명 소작인조합)'를 조직한 바 있다.

이 되며, 잡지로 말하면 인내천人乃天하의 『개벽開闢』이 겨우 그 수명을 오래 유지하며,[42] 문예로 말하면 『무정』『개척자』가 아직까지 첫 손가락에 꼽히게 되며,[43] '환경의 적응'이라 하면 적응이 과하여 굴복의 노예가 되며, '세계의 대세'라 하면 대세에 휩쓸려가서 자기 스스로 발 딛고 있는 땅을 망각하여버리는도다.

아아. 사십 이상의 사회가 참말 부패하였지마는 사십 이하의 사회도 또한 그 공기 중에서 자라난 고로 비록 춘하추동의 기후를 따라 착용하는 의복이 다름과 같이 내외 시세의 변천됨을 따라 입에 올리는 명사와 손에 들고 다니는 책자는 다를지언정, 때 묻고 더러워진 내용은 거의 일반이라 함보다 더 우심할지도 모를지니 만일 사십 이상을 다 죽이고 사십 이하로 대체한다 하면 소위 '이포역포以暴易暴'[44]가 아닐까.

새싹이 나오면 예전의 껍질은 스스로 물러나듯이 만일 청년이 있다 하면 노老 사회가 스스로 선위禪位할 것이거늘, 이제 생리학상의 청년 곧 연령의 청년은 있으나 심리학상의 청년 곧 정신의 청년은 없어, 사십 이상 벌써 자살한 귀신과 사회의 남은 혼령이 신시대의 앞길을 지휘하게 되니 일반 청년을 위하여 조문하고 곡할 만하도다.

모르는 사람이 보면 이 말을 혹 양쪽의 악감정을 도발하여 이백년 후 제2의 노론 소론을 다시 제조하려 함이라 하겠지마는, 아니다, 아니다. 나의 슬퍼하는 바는 사십 이상이 무덤 가운데에서 늙은 귀신이 되어 슬피 곡하는데 사십 이하가 또 곡소리를 따라 새로 귀신이 되려 하여, 말로는 사십 이상을 다 죽여야 하겠다는 건방진 소리를 하지만은 그 사상 행동은 할 수

---

42   『개벽』은 1920년 월간 종합지로 출발하여 1949년까지 간행되었다. 동학의 일파인 천도교의 기관지 역할을 했기에, 동학의 표어인 '인내천(사람이 곧 하늘)'하에 출간되었다고 말한 것이다.

43   이광수(李光洙, 1892~1950)가 1917년 『매일신보』에 연재하여 큰 반향을 얻었던 두편의 소설.

44   포악함으로 포악함을 바꿈. 우두머리가 바뀌어도 포악하기는 마찬가지라는 뜻으로 『사기 (史記)』 「백이열전」에서 나온 말이다.

없이 사십 이상의 지배하에 있음이 가석하다 함이로다.

아, 이렇게 하다가는 다시 이십년 후에 또 사십 이상을 다 죽여야 하겠다는 소리가 아니 날까?

2장
아와 비아의 투쟁

천희당시화天喜堂詩話[1]

1.

　호두장군虎頭將軍 최영崔瑩(1316~88) 씨가 누차 지나支那(중국)와 일본 등 외적을 격퇴하고 그 백전백승의 여세를 몰아 대군으로 요하 일대로 치고 들어가 고구려의 옛 강토를 회복하려다가 시운이 따르지 않아 큰 뜻을 이루지 못하고 도리어 사형을 당하게 되었으니, 지금까지도 장군의 일을 이야기하는 자로서 비분강개한 눈물을 뿌리지 않는 자가 없다. 얼마 전 한 친구가 장군의 시 두수를 적어 보내왔는데 그 언어가 맑고 장엄하며 그 분위기가 맵도록 세차고 그 취지가 거침없이 웅장하여 족히 장군의 인격을 상상할 만했다.

1　『대한매일신보』 1909년 11월 19일~12월 4일자; 『단재 신채호 전집』 7권, 469~85면.

첫째 수

까마귀 눈비 맞아 희는 듯 검노매라

야광夜光 명월明月이 밤인들 어두우랴

님 향한 일편단심一片丹心 가실 줄이 있으랴

둘째 수

눈비 맞아 휘었노라 굽은 솔 웃지 마라

춘풍에 핀 꽃이 매양에 고울쏘냐

풍표표風飄飄(바람이 세게 붐) 설분분雪紛紛(눈이 어지러이 내림)할제 네야 나를 부르리라

시어의 경지가 사람의 마음을 움직이는 것이 깊도다. 왕년에 박제순朴齊純(1858~1916), 이지용李址鎔(1870~1928) 등이 그 권력을 잃고 나서 치미는 화가 울울한 가운데 소일하기 위하여 거문고와 술을 가지고 용산강정龍山江亭[2]에 함께 간 적이 있었다. 그때 가을 단풍이 한창 누렇게 물들어 사방의 산이 쓸쓸해 보이고 지는 해가 수면에 거꾸로 비쳐 거울 속 세상을 만들어내니, 실의에 빠진 사람의 감회를 더욱 북받치게 하였다. 술이 몇 순배 돌고 뚝섬의 날탕패[3] 몇 사람을 불러다 노래 한 곡조를 연주하게 하였는데, 그 노래에는 이런 구절이 있었다.

처자 죽은 귀신은, 도령의 방으로 몰아넣고,

도령 죽은 귀신은, 처자의 방으로 몰아넣고,

---

2   용산 강가에 있던 정자. 원래 해관(海關) 업무를 관장하던 총세무사(總稅務司) 영국인 브라운(J. McLeavy Brown)의 별장이었는데, 1905년 을사늑약 이후 일본인이 세관 업무를 담당하게 된 뒤 이지용에게 소유권이 넘어갔다고 한다.
3   허랑방탕하게 노는 패거리를 뜻하는데, 여기서는 뚝섬에 기반을 둔 공연집단을 의미하는 듯하다.

우리 죽은 귀신은, 민충정閔忠正[4] 대감 넋을 따르라

박제순이 이를 듣더니 서글프게 장단을 맞추며

사람이 태어나 누군들 한번 죽지 않으리오마는 저와 같이 죽을 만한 곳을 얻은 자는 능히 몇 사람이나 될 것인가?

하고 손에 들고 있던 술잔을 내던졌다고 한다. 아아 저 박씨가 만일 오조약[5] 이전에 이러한 노래를 일찍이 들었더라면 민충정공의 넋을 따랐을는지.

2.

시란 것은 국민 언어의 정화精華이다. 그러므로 강무强武한 국민은 그 시부터 강무하며 문약文弱한 국민은 그 시부터 문약하나니, 한 나라의 성쇠치란은 대저 그 국시國詩에서 징험할 수 있을 것이다. 또 그 나라의 문약을 만회하여 강무에 들고자 할진대 불가불 그 문약한 국시부터 개량해야 할 것이다. 내가 근세 우리나라에 유행하는 시가를 보건대 태반은 나약하고 음탕하여 풍속의 부패만 빚어낼 것이니, 세도世道에 마음을 두는 자가 급급하게 그 개량을 도모해야 옳으며, 또 그 가운데에서 특히 민속에 유익할 많은 시가를 모아서 시계詩界의 국수國粹(민족적 정수)를 보전해야 옳겠다. 다만 고대 역사가 훼손되어 삼국시대의 진정 강무한 시가는 찾아보기 어려우니 슬프구나.

---

4   민영환(閔泳煥, 1861~1905). 을사늑약의 소식을 듣고 자결했다.
5   1905년의 을사늑약을 말함. 이 일화의 두 인물 박제순과 이지용은 을사늑약 체결에 가담하여, 이근택, 이완용, 권중현과 더불어 을사오적으로 불린다.

예전에 우강雩崗 양기탁梁起鐸(1871~1938)이 『풍소속선風騷續選』 한권을 부쳐 보내왔는데 이를 열어서 읽어보니, 이 책은 조선왕조 이래 제왕과 장상 및 유명한 학자와 뛰어난 선비의 시가를 실은 것이었다. 책 제목이 속선續選이라 했으니 그 이전 책이 반드시 있었을 것이며, 이 책이 또 조선왕조 초엽에서 시작하였으니 그 이전 책은 반드시 삼국시대와 고려왕조를 기록하였을 것이다. 그러하다면 그중에는 혹 바보 온달溫達, 을지문덕乙支文德 등 여러 분들의 출군가出軍歌도 실려 있을 것이며, 또 혹 양산가陽山歌【신라 사람들이 명장 김흠운金歆運(?~655)의 전사戰死를 위로한 노래】,[6] 회소가會蘇歌【신라 사람들의 권농가勸農歌】[7] 등도 실려 있었을 것이다. 이 책이 나온다면 우리나라 시계의 일대 기념이 될 뿐더러 또 고대 역사의 훼손된 문헌〔缺文〕을 보완할 것이 매우 많을 것이니, 이 어찌 내가 꿈에도 갈구하는 바가 아니리오만 우강 집안에 남아 있는 것은 이 속편뿐이라 한다. 또 나머지 다른 장서가藏書家들은 대부분 서적을 충주 자린고비가 전미錢米를 아끼는 것과 같이 하니, 어느 곳에서 이 책을 찾아 볼 수 있을 것인가.

지금 우리나라 사람들더러 묻기를 "우리 국시가 어느 때에 시작되었느냐?" 하면, 어떤 이는 "유리왕類利王의 「황조가黃鳥歌」[8]가 시작이다" 하며,

---

6   『삼국사기』에 의하면 신라가 백제와 고구려의 연합군에게 공격당했을 때, 낭당대감(郞幢大監) 김흠운이 양산(陽山, 현재의 충청북도 영동)에 진을 치고 백제와 전투를 치르다가 백제의 기습을 받아 위기에 몰렸다. 대사(大舍) 전지(詮知)가 일단 후퇴하여 후일을 기약하자고 권유하는 것을 뿌리치고 적과 싸우다가 끝내 대감(大監) 예파(穢破), 소감(小監) 적득(狄得)과 함께 전사했다. 죽은 뒤 일길찬(一吉湌)에 추증되었으며, 사람들이 양산가(陽山歌)를 지어 그의 죽음을 슬퍼했다고 한다.

7   『삼국사기』에 의하면 신라 유리왕 9년에, 나라 안의 여자들을 두편으로 나누어 한달 동안 길쌈 경쟁을 하게 한 뒤 팔월 보름에 진 편에서 음식을 내는 놀이를 했는데, 이때 진 편의 여자가 일어나 춤추며 탄식하는 조로 불렀다고 하는 노래다.

8   고구려 제2대 유리왕(?~AD 18)이 자신의 두 왕비 화희(禾姬)와 치희(雉姬)가 다투어 한족 출신의 치희가 본국으로 돌아갔을 때 지었다는 노래다. 『삼국사기』에 한역시만 전하는데 내용은 이러하다. "펄펄 나는 저 꾀꼬리 암수 서로 정다운데, 외로워라 이 내 몸은 뉘와 함께 돌아갈꼬?(翩翩黃鳥 雌雄相依 念我之獨 誰其與歸)."

어떤 이는 "을지문덕의 「수나라 장수 우중문遣于仲에게 보낸 시」가 시작이다" 하나, 이는 모두 한시漢詩이지 국시가 아니다. 오백년 이래 문학가의 책상 위에 단지 한시만 쌓여 있어서, "마상한식, 도중모춘馬上寒食途中暮春"[9]이 어린아이들의 초등소학이 되며, "낙성일별, 호기장구洛城一別胡騎長驅"[10]가 서당의 전문 교과가 되고, 국시에 대해서는 울타리 구석에 하릴없이 버려둔 지 몇백년이 되었는지. 오호라. 이 역시 국수國粹가 쇠락하게 된 하나의 원인이로구나.

3.

내가 보는바, 국시 가운데에 전해지길 가장 오래된 것을 꼽으면 고승 요의了義가 국문을 창시하고[11] 불교를 찬미한 진언眞言(불교의 언어)이 이것이라고 하겠으나, 그러나 이는 범시梵詩(고대 인도어 즉 산스크리트어로 지은 시)를 음역한 것이라 국시로 사칭함은 옳지 않다. 그다음은 최도통崔都統(최영崔瑩, 1316~88)과 정포은鄭圃隱(정몽주鄭夢周, 1337~92)의 「단심가丹心歌」가 될지라. 최도통의 시는 전단前段(앞 단락)에 기록한지라 이번에는 정포은의 시 전편을 기록해서 싣는다.

죽어 죽어 일백번 다시 죽어
백골은 진토되고 넋이야 있든 없든

---

9   초당(初唐)의 대표적 시인 송지문(宋之問)의 「도중한식(途中寒食, 나그넷길의 한식)」의 한 구절 "말 위에서 한식 만났네, 나그넷길 늦봄이 되었구나(馬上逢寒食, 途中屬暮春)"를 가리킨다.

10   시성(詩聖)으로 일컬어지는 성당(盛唐)의 대표적 시인 두보(杜甫)의 「한별(恨別, 이별이 한스러워)」의 한 구절 "낙양 한번 떠나 사천리, 오랑캐 말 오래 달려 오륙년(洛城一別四千里, 胡騎長驅五六年)"을 가리킨다.

11   황현의 『매천야록(梅泉野錄)』에도 "『진언집(眞言集)』(불가의 기록)에 고승 요의가 국문을 창출했다고 한다"고 기록되어 있는데, 현재 정설은 아니다.

님 향한 일편단심 가실 줄이 있으랴[12]

고대에는 임금으로 국가의 중심을 삼은 까닭에 최도통과 정포은의 「단심가」가 모두 "님 향한 일편단심"이란 말로 맺었으니, "님"은 임금을 말한 것이다.

4.

한시는 한문과 함께 우리나라에 수입되어 한 종류의 문학을 이룩한 것이다. 기자箕子[13] 성인이 문명을 전수했을 때에 반드시 은殷나라와 주周나라에서 사용하던 풍아송風雅頌(『시경』의 시 분류로 『시경』 자체를 말함) 등으로 우리나라 사람들을 가르쳤던 일이 있었을 것이겠지만, 고대 역사에 증거를 찾을 곳이 없다. 혹 「맥수가麥秀歌」를 기자 성인이 지은 것이라 하지만,[14] 이는 계곡谿谷 장유張維(1587~1638)가 미자微子[15]의 시로 분명하게 변정辨正하였으니 다시 의심을 둘 이유가 없다.

우리나라 한시의 비조鼻祖는 부득불 유리왕類利王의 「황조가」를 꼽아야 하겠으나, 그 시의 뜻이 자기 집안 부부 간의 결핍감을 서술한 것에 불과하니 떠받들어 말할 만한 것이 없다. 그 뒤 을지문덕乙支文德이 평양성 아래에서 전투가 한창일 때에 오언시 한수를 지어서 우중문于仲文을 기롱하였으니 그가 전투 중에도 여유로웠던 풍도를 족히 상상해볼 수는 있으나,[16]

---

12   신채호는 정몽주의 단심가의 첫 구절 "이 몸이"를 생략한 채 인용하는 습관이 있었다고 한다. 김주현 「천희당시화와 그 주석」, 『어문논총』 56, 한국문학언어학회 2012, 279면.

13   중국 은나라가 망할 때 고조선으로 망명하여 왕이 되었다는 전설의 인물. 신채호도 여기에서는 전설을 신뢰하여 성인(聖人)으로 칭하고 있다.

14   『사기(史記)』에 기자가 은나라 도읍을 지나며 보리밭만 남은 폐허를 보고 슬퍼하며 지은 노래라고 기록되어 있고, 여기에서 "맥수지탄(麥秀之嘆)"이라는 고사성어가 나왔다.

15   『논어』에서 기자(箕子), 비간(比干)과 미자를 합하여 세 사람의 현자로 꼽고 있다.

16   고구려 영양왕 23년(612)에 수나라 양제가 침공했을 때 30여만명의 별동대를 지휘하여 평

장군의 시인지라 시인의 시가 아니며 또 한때 적을 유인하는 말이라 마음 먹고 감정을 다한 작품은 아니니 읊조릴 만한 것은 아니다.

그 뒤에 허다한 시인들이 계속해서 나왔지만 모두 이두한소李杜韓蘇[17]의 찌꺼기를 주워다가, 전쟁을 비관하고 구차한 안락을 구가하여 사대주의만 고취할 뿐이고 능히 눈빛을 크게 열어 우리나라의 상무尙武 정신을 발휘한 것은 하나도 없다. 오호라. 외래의 언어와 문자가 우리 국혼國魂을 뺏어갈 마력이 과연 이 정도인지, 내가 고려시대와 조선시대 천여년간 한시 작가들을 일일이 헤아려보니 한숨을 참을 수 없을 지경이다. 그러므로 내가 일찍이 말하였으되 우리나라에서 널리 알려진 한시는 남이南怡(1441~68)의 시 한수와 최영崔瑩(1316~88)의 시 한구만 기록해두고 나머지는 모두 횃불에 살라버리려고 한다.

> 백두산 돌은 칼을 갈아 닳게 하고
> 두만강 물결은 말을 먹여 말리리라
> 사나이 스무살에 적을 평정하지 못하면
> 후세 누가 대장부라 칭하랴
> 白頭山石磨刀盡 豆滿江波飮馬無
> 男兒二十未平敵 後世誰稱大丈夫 (남이)

> 석자 칼 머리로 사직을 안정시키고

양성을 공격하던 수나라 장수 우중문에게 을지문덕이 후퇴를 종용하며 보낸 시다. 『삼국사기』에 실려 있는 원문은 이러하다. "신기한 계책은 천문을 헤아리고 교묘한 계산은 지리를 꿰뚫었네. 싸움에 이겨 공이 이미 높으니 만족을 알고 그만두길 바란다(神策究天文 妙算窮地理 戰勝功旣高 知足願云止)." 을지문덕은 이후 퇴각하는 우중문의 별동대를 청천강에서 섬멸하는 살수대첩(薩水大捷)을 이루어냈다.

17 이백(李白, 701~62), 두보(杜甫, 712~70), 한유(韓愈, 768~824), 소식(蘇軾, 1036~1101)으로 모두 중국 당나라와 송나라 때의 유명한 시인들이다.

한자루 채찍 끝으로 천하를 정돈하네

三尺劍頭安社稷 一條鞭末整乾坤 (최영)

오호라. 이 말이 비록 과격한 듯하지만 그래도 뜻있는 사람들은 함께 수궁할 것이 아니겠는가. 비록 그렇지만 저 천여년 이래 한시 작가들은 골머리 썩이며 피를 토하고 책상에서 형설지공螢雪之功을 쏟아가며 적막하게 일생을 보내면서 죽은 뒤에 이름 석자를 전하고자 하던 자들이다. 오늘 무덤 속에서 이 말을 들으면 이를 갈며 통곡할 자가 과연 얼마나 될 것인지.

5.

지난번에 김윤식金允植(1835~1922) 씨가 전 통감[18]을 유임시켜달라는 요구를 하러 일본에 건너갔을 때 일본인 중의 한시 작가들이 김윤식을 부사산富士山(후지산) 아래에서 맞이하여 잔치를 열었다. 그때 김윤식이 그 산 이름으로 제목을 정하고 시 하나를 지었다.

괴괴하고 기기하여 모두가 같지 않으니
조화옹 이곳에서 기교를 다하였구나
창칼처럼 빽빽한 숲 모두 전쟁의 기운인 듯
자손처럼 늘어선 산 아비 풍모 쪽 빼닮은 듯

怪怪奇奇摠不同 化工於此技應窮
森沉劍戟皆兵氣 羅列兒孫盡父風

아아. 저자가 외국을 숭배하는 열등감이 어찌 이 지경이란 말인가. 외국

---

18   조선통감부 초대 통감 이또오 히로부미.

인물을 숭배할 뿐 아니라 외국의 산천까지 숭배하였도다. 아아.

6.

시가는 사람의 감정을 빚어낼 것을 목적으로 한다. 마땅히 우리글을 주로 쓰고 우리말로 구절을 만들어 부인과 어린아이도 한번 읽으면 모두 알아보도록 주의하여야 국민 지식 보급에 효력이 있을 것이다. 오늘 각 학교에서 사용하는 노래를 들으니 한자를 섞어 쓰는 것이 너무 많아, 부르는 학생들이 그 맛을 깨닫지 못하고 듣는 행인이 그 말 뜻을 모르니 하등의 실익이 있을 것인가. 이 역시 교육계의 잘못된 점이라고 말할 수 있을 것이다.

친구 한 사람이 일찍이 자기가 지은 「애국음愛國吟」과 「장부음丈夫吟」 각 한수를 나에게 불러주었는데, 우리말을 위주로 하고 한자를 부수적으로 넣어 할머니도 이해할 수 있는 것이었다. 내가 이를 사랑하여 아래에 기록한다.

애국음

제 몸은 사랑컨만 나라사랑 왜 못하노
국가 강토 없어지면 몸 둘 곳이 어디메뇨
차라리 몸은 죽더라도 이 나라는

장부음

장검을 높이 들고 우주 간에 배회하니
만고흥망 흉중에 역력하고 육대주는 안중에 회회恢恢(넓고 큼)하다

아마도 장부의 득의추得意秋(득의할 때)는 이때인 듯

7.

『제국신문』에 일찍이 우리글 운자【날발갈·닝징싱 등】를 걸고 국문칠자시國文七字詩를 현상모집하였다.[19] 이 칠자시도 혹시 일종의 새로운 국시國詩 체가 될까?

아니다, 그럴 수 없다. 영국 시는 영국 시의 고유한 음절이 있고, 러시아 시는 러시아 시의 고유한 음절이 있으며, 기타 각국의 시가 모두 그러하다. 만일 갑국의 시로 을국의 음절을 흉내내면 이것은 학의 무릎을 오리발로 바꾸며 개 꼬리를 담비로 잇는 것이니, 무엇이 낫고 못하고 무엇이 좋고 나쁘고는 고사하고 형태가 어울리지 못하여 어찌 가소롭지 않겠는가.

시험 삼아 이 국문칠자시를 한번 읽어보라. 난삽함이 과연 어떠한가?[20] 게다가 당당히 독립된 국시가 스스로 있거늘 하필 중국 율체시를 모방하여 노쇠하고 험난한 모양을 낼 것인가. 간혹 근일에 각 학교에서 일본 음절을 모방하여 십일자가十一字歌를 짓는 자가 더러 있으니, 이 역시 국문칠자시를 짓는 것과 같은 부류이다. 나도 일찍이 어느 학교 학생의 부탁을 받고 이 십일자가를 지어준 적이 있었는데 추후에 이를 후회하였으나 지난 일이라 돌이킬 수 없었다. 만일 그 학교 학생이 나에게 다시 지어달라고 하면 내가 과오를 만회하기 위하여 사양하지 않고 지어줄 것이다.

---

19 시행의 일정한 위치에 규칙적으로 배치하는, 음조가 비슷한 글자를 운자(韻字)라고 한다. 칠언절구의 한시에는 1, 2, 4행의 끝에 붙이는데, 국문칠자시는 칠언절구의 한시 형식을 모방한 것이다.

20 『매일신보』 1914년 2월 17일자에 갈·달·날을 운자로 한 언문풍월 현상모집 수상작이 발표되어 있다. 개성의 박어창이 수상한 작품은 이러하다. "번쩍 떠라 두 눈깔(갈) / 바라보라 보름달(달) / 달을 보니 됴쿠나 / 다시 못 올 오늘날(날)."

8.

갑오년(1894) 동학東學의 여러 수괴는 모두 일시의 요귀妖鬼에 불과하나 다만 저 고부古阜의 우두머리 전봉준全琫準(1855~95)은 혁명가의 정신이 풍부하고 전략이 신기하게 빨라 저들 일본인의 숭배를 크게 받는 사람이다. 전봉준이 군대를 일으키던 때에 노래 하나가 호남에 유행하였다.

새야 새야 팔왕八王【전全 자를 파자破字한 것이다】새야, 네가 어이 나왔느냐
솔잎 댓닙 포롯포롯, 행여 봄철인가 나왔더니
백설이 폴폴 흩날린다, 저 건너 창송녹죽蒼松綠竹이 날 속였다

아아. 전봉준이 재략을 가지고 만일 조금만 늦게 나와서 세계의 풍조를 관찰하고 시기를 이용하였다면, 그 뒤에 볼만한 성취가 반드시 있었을 것이라는 점은 과거사를 논하는 사람들이 모두 인정할 것이다. 이 노래가 과연 명백히 논파하였도다. 모르겠다, 그 작가가 어떤 사람일까.

9.

객이 한시 몇 수를 가져와 내게 보여주었는데 구句마다 신 명사를 끼워 넣어 지은 것이다.

골짜기 가득 풀꽃 평등하게 빼어나고
건너편 수풀 새들 자유롭게 노래하네
滿壑芳菲平等秀 隔林禽鳥自由鳴[21]

이 한 연을 가리켜 말했다.

"이 두 구절은 동국시계혁명東國詩界革命이라 칭할 만한 것이다."

그러고는 기쁜 듯 자득한 빛이 있거늘 내가 말했다.

"우리 친구가 시를 생각하느라 참으로 고생했다마는 이것으로 중국시계中國詩界의 혁명이라 함은 옳커니와 동국시계의 혁명이라 말하는 것은 불가하다. 대개 우리나라의 시가 무엇인가 하면 우리나라 말, 우리나라 문자, 우리나라 음으로 지은 것이다. 동국시 혁명가가 누군가 하면 동국시 가운데에 새로운 경지를 만들어낸 자라 할 것이다. 지금 자네가 한자로 시를 짓고 경솔하게 자신만만하여 내가 동국시계혁명가라 말하니, 도리어 어리석고 어그러진 것이 아닌가."

10.

"우리 친구가 만일 시계혁명가가 되고자 할진대 저 「아리랑」「영변동대寧邊東臺(영변가)」 등 국시계國歌界에 향하여 그 완고함을 개혁하고 신사상을 수입하여야 한다. 이와 같이 하여 부녀자들이 모두 우리 친구의 시를 읽으며 아동들이 모두 우리 친구의 시를 읊어서 전국의 감정과 풍속이 크게 바뀌어야, 우리 친구가 시계혁명가의 시조가 되는 것이다. 혹시라도 한자시를 가지고 이것으로 우리나라 사람들의 감정을 흥기하고자 한다면, 비록 셰익스피어의 신들린 붓을 휘두르더라도 이것은 몇몇 사람이 여가로 즐기는 시 낭송에 제공될 뿐이리라.

무슨 까닭으로 그렇게 말하는가 하면, 저것은 동국어, 동국문으로 조직한 동국시가 아닌 까닭이다. 그러므로 우리 친구가 시를 생각하느라 참으

---

21 "건너편 수풀(隔林)"의 원문에서 "격"의 한자가 잘못 조판되어 "격林"으로 되어 있는데, "고요한 수풀(闃林)"로 본 경우도 있다. 김주현 『신채호 문학 주해』, 경북대학교 출판부 2018, 400면.

로 고생했다마는 그 시도는 실로 잘못된 것이다."

하니 객이 한참을 멍하니 있다가 물러가며 말했다.

"선생의 말씀이 과연 옳다."

11.

저 무식하고 경망스런 청년들이 왕왕 떠들어대기를

"우리나라를 망하게 한 것은 시다."

한다. 오호라. 생각 없음이 어찌 이 지경에 이르렀는가. 이제 우선 비근한 이치로 깨우쳐주겠다. 대저 우리들이 기쁨이 있으면 환호를 없애려 한들 할 수 있으며, 분노가 있으면 성내고 꾸짖기를 없애려 한들 할 수 있으며, 억울한 슬픔이 있으면 처량하게 흐르는 눈물을 없애려 한들 할 수 있으며, 고통이 있으면 신음하고 울부짖는 것을 없애려 한들 할 수 있겠는가?

대개 시란 것은 즉 환호와 성내고 꾸짖기와 처량하게 흐르는 눈물과 신음하고 울부짖는 등의 심리 상태로 구성한 문자 언어이다. 시를 폐하고자 하면 이는 국민의 목구멍을 막으며 뇌를 부수는 것이다. 이 어찌 옳겠으며 이 어찌 옳겠는가? 그러므로 나는 일찍이 말했다.

"시가 융성하면 나라도 역시 융성하고 시가 쇠퇴하면 나라도 역시 쇠퇴하며, 시가 있으면 나라도 역시 있고 시가 망하면 나라도 역시 망한다."

혹자가 말하기를

"그렇다면 본조 오백년래에 유명한 시인은 전대보다 많았으나 그 국민은 전대에 미치지 못해서, 임진년(1592)에 왜가 팔도에 횡행하고 병자년(1636)에 오랑캐가 쳐들어와 서울을 지키지 못하였다.

임금 마음 착잡하게 강물에 임하였고
조정 대책 처량하게 석양을 마주했네

天心錯莫臨江水 廟算凄凉對落暉[22]

이 구절에 임금과 신하들이 피눈물만 뿌렸다.

　병자 연간의 일을 돌이켜 생각하니,
　변방으로 몰린 왕손의 혼 얼마나 끊겼을까
　回思丙子年間事 幾斷王孫塞外魂[23]

이 시어가 후대 사람에게 뒤늦은 한만 낳게 하니 시의 효능이 어디에 있는가?"

"탄식한다. 본조 이래로 과연 시학이 융성하였으며 시학이 융성한 뒤에 과연 국치國恥가 빈번히 닥쳤으니 그대가 시를 탓함이 옳기도 하다만, 그대는 시가 무슨 물건인지를 모르고서 시를 함부로 논하는 것이다. (이 대화의 답변이 13회까지 이어지므로 인용문 닫는 부호 또한 13회 마지막에 표시한다.)

　12.

지금 내가 우선 시의 능력을 설명하고 그다음 시도詩道와 국가의 관계를 상세히 논할 것이다. 그대는 이제 머리를 침착하게 하고 이것을 들으라. 바로 지금 우리들이 하릴없이 한가히 앉아 있다가 김종서金宗瑞(1382~1453) 절제사의 「삭풍가朔風歌」

22　이호민(李好閔, 1553~1634)이 임진왜란 때 왕을 호종하여 의주로 피난했을 때 지은 「의주 행재소에서 하삼도의 병사들이 한성으로 진격했다는 말을 듣고(龍灣行在聞下三道兵進攻漢城)」의 한 연이다.
23　김시서(金時瑞, 1652~1707)가 1698년 강화유수 이이명(李頤命, 1658~1722)과 창수한 시 「강화성루(江華城樓)」의 한 연이다.

삭풍은 나무 끝에 불고 명월은 눈 속에 찬데

만리 변성邊城에 일장검一長劍 짚고 서서

휘파람 한 소리에 거칠 것이 없어라

를 낭송하면 홀연 간담이 한말만큼 커진다. 쓸쓸히 지쳐 누워 있다가 남이 장군의 「장검가長劍曲」

장검을 빼어들고 백두에 올라보니

대동천지에 성진腥塵[24]이 잠겼어라

언제나 남북 풍진風塵을 헤쳐볼까 하노라

를 후딱 읽으면 갑자기 두발이 위로 치솟는다. 걱정에 잠겨 울울하다가도

어와 저 백구白鷗![25]

한장을 천천히 외우면, 심신이 환해지면서 마음이 여유로워지다가

자규子規야 우지 마라[26]

한 구절을 나직이 읊으면 감격의 눈물이 내려앉게 된다. 시가 인정을 감

---

24   비린내 나는 먼지.

25   김광욱(金光煜, 1580~1656)의 「율리유곡(栗里遺曲)」 제6수의 한 구절. 제6수는 이러하다. "어와 저 백구야 무슨 수고 하나슨다 / 갈숲으로 바자니며 고기 엿기 하는고야 / 나같이 군 마음 없이 잠만 들면 어떠리."

26   이유(李渘, 1675~1753)가 단종을 추모하며 지은 「자규삼첩(子規三疊)」 첫수의 한 구절. 첫수는 이러하다. "자규(子規)야 우지 말아 울어도 속절업다 / 울거든 너만 우지 날은 어이 울리는다 / 암아도 네 솔의 들을 제면 가슴 알파 하노라."

발感發하는 것에는 이렇듯 불가사의의 능력이 있는 것이다.

이러하기에 그 시가 무열武烈하면 전국이 무열할지며, 그 시가 음탕하면 전국이 음탕할지며, 그 시가 웅건雄建하면 전국이 웅건雄建할지며, 그 시가 유약하면 전국이 유약할지며, 그 밖에 용기와 사나움과 맹렬함과 가냘픔, 착하거나 악하거나 아름답거나 추한 것이 시가의 지배력을 받지 않는 것이 없는 바이다. 생각해보라, 우리나라에 유행하는 시가 과연 어떠한 시인가.

13.

우리나라 시로 말하자면

> 남훈전南薰殿[27] 달 밝은데 팔원팔개八元八凱[28] 거느리시고[29]

하는 한담閒淡의 시뿐이며,

> 말 없는 청산靑山 태도態度 없는 유수流水[30]

---

27 요(堯)임금의 궁전. 순(舜)임금이 지었다는 「남풍(南風)」에 "남풍의 훈훈함으로 백성의 수심을 풀어주고, 남풍의 적절함으로 백성의 재물을 넉넉하게 해주네(南風之薰兮 可以解吾民之慍兮 南風之時兮 可以阜吾民之財兮)"라고 하여, 태평성대를 다스리는 성군의 궁궐을 뜻한다.

28 여덟 명의 선량한 사람과 여덟 명의 온화한 사람. 순임금이 요임금의 신하가 되었을 때 등용한 고신씨(高辛氏)의 여덟 아들과 고양씨(高陽氏)의 여덟 아들로서, 훌륭한 신하를 뜻한다.

29 이 시조의 전체는 이러하다. "남훈전(南薰殿) 달 밝은 밤에 팔원팔개(八元八凱) 데리시고 / 오현금(五絃琴) 일성(一聲)에 해오민지온혜(解吾民之慍兮)로라 / 우리도 성주(聖主)를 뵈오와 동락태평(同樂太平)하리라." 시조집 『병와가곡집(瓶窩歌曲集)』에는 김상헌(金尙憲)의 작품이라고 되어 있는바, 김상헌(金尙憲, 1570~1652)을 말하는 듯하다.

30 성혼(成渾, 1535~98)의 시조, "말 업슨 청산(靑山)이요, 태(態) 업슨 유수(流水)로다 / 갑 업슨 청풍(淸風)이요, 님 업슨 명월(明月)이라 / 이 중(中)에 병(病) 업슨 이 몸이 분별(分別)

라는 방광放狂(세상의 도덕에 어긋남)의 시뿐이며,

말은 가자고 네 굽을 땅땅 치는데 님은 잡고 낙루落淚한다[31]

하는 음탕淫蕩의 시뿐이며,

풍파에 놀란 사공 배 팔아 말을 사니[32]

하는 염퇴厭退(세상일에 의욕 없이 물러남)의 시뿐이오. 또 몇백년 이래로 한시가 일반 사회 간에 성행하였으니 역시 모두 이러한 시어 이러한 뜻뿐이 아닌가. 지는 꽃잎에 향기로운 풀이로다 하는 것은 그 심경이고, 가난을 탄식하고 천한 신세 한탄하는 것은 그 취지이며, 술을 앞에 놓고 인생이 얼마나 되리 하며 노래하는 것은 그 품은 정서이고, 어쩔 수 없네 돌아가는 것이 좋겠다는 것은 그 일반적 용어이다. 이것밖에 다른 심경이 없고 이것밖에 다른 정서가 없으니, 이것으로 사회의 공공 윤리를 만들어낼 수 있느냐? 반드시 할 수 없다. 이것으로 군국민軍國民[33]의 감정을 제조할 수 있느냐? 반드시 할 수 없을 것이로다. 공자가 말하기를

업시 늘그리라"를 말한다.

31 작가미상의 시조와 민요에 등장하는 구절이다. 『고금가곡』에 "말은 가자 울고 님은 잡고 아니 놓네 / 석양은 재를 넘고 갈 길은 천리로다 / 저 님아 가는 날 잡지 말고 지는 해를 잡아라"라는 시조가 채록되어 있고, 독립운동가 계봉우가 저술한 『조선문학사』에 채집된 민요 「긴산타령」에도 "백마는 가자고 네 굽을 땅땅 치는데 정든 님 날 부여잡고 낙루만 한다"라는 대목이 있다.

32 장만(張晚, 1566~1629)의 시조 한 대목으로 전체 시는 이러하다. "풍파에 놀란 사공 배를 팔아 말을 사니 / 구절양장이 물도곤 어려왜라 / 이후란 배도 말도 말고 밭갈기만 하리라."

33 군사가 되어야 할 국민. 이 무렵 신채호는 부강한 국가를 위해 백성들이 군대에 동원될 국민이 되어야 할 것으로 인식하고 있었다.

예禮라 예라 하지만 어찌 옥백玉帛을 말하며, 악樂이라 악이라 하지만 어찌 종고鐘鼓를 말하는 것이겠는가?[34]

하였다. 시라 시라 말하는 것이여, 과연 이러한 시를 말하는 것인가. 아아. 외면적으로는 우리나라의 시가 가장 융성하다 하겠지만, 내용을 살펴보면 우리나라의 시가 망한 지 이미 오래라고 할 것이다. 시가 망하였으니 국민의 사상이 무엇으로 말미암아 고상하게 되며, 국민의 정신이 무엇으로 말미암아 단결할 수 있겠는가. 그러므로 우리나라 오늘의 현상은 저러한 시도 못 되는 시로 이 지경에 이르렀다 말하는 것도 가능하다. 간절히 바라노니 오늘 국가의 앞길에 마음을 쓰는 지사여. 시도詩道를 진흥함에 마음을 쓰지 않을 수 없는 것이다."

14.

진택震澤 신광하申光夏(1688~1736) 씨는 과시科詩(과거 시험 답안지 형식으로 지은 시)로 이름이 알려진 자이지만, 그러나 사실은 그가 과시에 뛰어날 뿐 아니라 한문과 한시에 더욱 뛰어나며, 또 시에 뛰어날 뿐 아니라 그 월등히 빛나는 기이한 기상이 한 시대의 걸인傑人이라 칭할 수 있을 것이다. 성품이 여행을 좋아하여 팔도의 산하를 관람하고 노년에 이르러 북쪽을 유람하며 백두산에 올랐다.

강가 양쪽 언덕 푸른 절벽 삼백리

---

34 『논어』「양화(陽貨)」편에 나오는 구절로 원문은 "禮云禮云 玉帛云乎哉 樂云樂云 鐘鼓云乎哉"다. 옥과 비단으로 꾸미고 바치는 예절의 형식이 예의 본질이 아니며, 종과 북이라는 악기의 형식이 음악의 본질이 아니라는 것을 지적하는 말이다.

여진의 누런 잎 조선으로 떨어지네

兩岸蒼崖三百里 女眞黃葉落朝鮮[35]

이 시구를 읊조리고 돌아온 뒤에 군사를 키워 압록강 서쪽을 병탄할 것을 주장하며 조정에 주청하였으나, 당시 사람들이 미친 선비라고 간주하며 그 말을 쓰지 않았다. 뒤에 태어난 뜻있는 선비들이 함께 슬퍼할 일이다. 오호라. 그가 어찌 오백년의 소심하고 물정 모르는 시인들과 같이 거론될 사람이겠는가.

남원南園 녹초綠草 봄배추는 밤이슬 오기만 기다리고

우리 창생蒼生 만백성은 대원위대감大院位大監(홍선대원군) 도로 오시기만 기다린다

이는 흥선대원군이 청국에 잡혀갔을 때에[36] 각지에 유행하던 향가鄕歌[37]로서, 당시 인심이 대원군에게 쏠려 있었음을 미루어 상상해볼 수 있는 바이다. 왕(대원군)이 비록 너무 성미가 급하고 화를 잘 내어 자주 국사를 그르치는 일을 저지른 것이 많지만, 능히 과감하게 끊어내고 능히 신속히 쳐내서 정치의 폐단을 제거한 것이 한둘이 아니었다. 백여년래 정치계에서 첫번째 손가락으로 꼽을 수 있을 것이니, 우리 백성들이 이렇게 노래로 칭송하고 우러러 사모하는 것도 역시 그럴 만하도다.

---

35 신광하의 「백두록(白頭錄)」의 한 연으로 원래의 앞 구는 "푸른 절벽 양쪽 높이 삼백척(蒼壁兩邊三百尺)"이다.

36 1882년 임오군란 직후 민씨척족세력이 물러나고 대원군 정권이 성립되었는데, 청나라가 민씨척족세력의 복귀와 고종의 정권 장악을 도와 조선에 대한 지배력을 강화하려는 의도로 대원군을 납치해 간 일을 말한다.

37 고유명사로서 신라시대의 노래에 대한 명칭이지만, 여기에서는 우리나라에서 유행하는 노래 정도의 일반 명사로 사용했다.

15.

홍경래洪景來(1771~1812)가 십여세 때에 서당에 입학하여 공부하고 있었
다. 하루는 그 훈장이 높은 난간을 타고 앉았는데, 홍경래가 손으로 밀쳤
다. 훈장이 너무 놀라 고개를 돌려보니 홍경래가 웃으며 말했다.

"형세가 하도 좋아 놓칠 수 없었기 때문입니다."

그가 아이 때 지은 「송형가送荊軻」라는 제목의 과시科詩가 전해지고 있
는데, 이러하다.

> 가을바람 역수易水엔 장사의 주먹
> 대낮 아방궁엔 진시황 머리
> 秋風易水壯士拳 白日阿房秦皇頭[38]

라 하였으니 그 시가 참으로 그 사람과 너무도 닮아 있다.

고대에는 현명한 선비들과 어른들이 모두 우리나라 시와 향가를 즐겨하
여 점잖기도 하고 생기 있기도 한 작품들이 많았으며, 또 꽃 피는 아침과
달 뜨는 저녁에 친구들과 모임을 할 때에 왕왕 길고 짧은 노래들을 부르는
것으로 흥을 내어 그 풍류를 상상해볼 수 있다. 그런데 최근 백여년간은 이
시도詩道가 단지 방탕한 자들과 음란한 기생들에게만 속하게 되어, 만일
상류사회에서 교육 받은 선비라면 국시 한 구절도 능히 지을 수 없고 향가

---

[38] 진시황이 연(燕)나라 땅을 점령하자 연나라의 태자 단(丹)이 자객 형가(荊軻)에게 복수를
부탁했는데, 준비를 마친 형가가 태자 단과 역수 강가에서 이별하며 「역수가(易水歌)」를 지
었다. 소년 홍경래는 태자 단의 입장에서 역수가에 대한 답가로 「형가를 보내며」라는 시를
지었던 것으로 보인다.

한 마디도 알고 읊지 못하니, 시가는 점점 더 퇴폐 향락의 방향으로 떨어지고 사람들은 점점 더 즐길 수 있는 길이 끊어진다. 국민들이 시들시들 망한 이유가 여러 가지이겠지만 이것도 또한 한 가닥이 될 것이다. 이제 선현의 단가短歌(시조) 몇 절을 기록한다.

퇴계退溪 이황李滉(1501~70)

뇌정雷霆이 파산破山ᄒᆞ나 농자聾者ᄂᆞᆫ 못 듣나니
백일白日이 중천中天하여도 고자瞽者ᄂᆞᆫ 못 보나니
우리ᄂᆞᆫ 이목총명耳目聰明 남자男子로 농고聾瞽 ᄀᆞᆺ치 말으리라[39]

김유기金裕器(생몰년도 미상)[40]

춘풍春風 도리화桃李花들아 고은 빗을 ᄌᆞ랑 마라
장송녹죽長松綠竹을 한세歲寒에 보려무나
정정亭亭코 낙락落落한 절節을 고칠 줄이 있으랴[41]

윤선도尹善道(1587~1671)

송간석실松間石室에 가서 효월曉月을 보려 ᄒᆞ니
공산낙엽空山落葉에 길을 어이 찾아가리
어디서 백운이 조차오니 여라의女蘿衣가 무거워라[42]

---

39 우레 벼락이 산을 깨뜨려도 귀머거리는 못 듣고 / 밝은 태양 중천에 떠 있어도 장님은 못 보나니 / 우리는 귀 밝고 눈 밝은 남자이니 귀머거리 장님같이 하지 말리라.

40 조선 숙종 때의 명창으로 알려졌던 인물.

41 봄바람에 복사꽃 오야꽃 들아 고운 빛을 자랑하지 말라 / 큰 소나무 푸른 대나무 날씨 추워진 계절에 보려무나 / 우뚝우뚝 각자 지키는 절개를 고칠 줄이 있으랴.

16.

서하西河 임춘林椿(생몰년도 미상) 선생은 전 왕조의 대시인이다. 몽고란蒙
古亂(1231~59년 사이에 벌어진 몽골제국의 침략에 맞선 항전) 후에 국치國恥를 설욕
하고자 하여 나라 안을 분주히 다니면서 시조와 잡가와 한시 등을 지어서
간절하게 몽당붓 하나로 국혼國魂을 부르짖으며 백성의 기상을 북돋았으
나 당시의 정치 형편이 불리하여 마침내 외로운 분기를 안고 중도에서 늙
어 죽었으니, 지금까지도 논자가 그분의 뜻을 슬퍼하는 바이다. 그러나 선
생의 사후에 남겨준 음악을 잇는 자가 없었고 그 문집이 전쟁의 화재에 사
라져버려서 한장도 후세에 전해지지 못하였으니 오호라 어찌 애석해하지
않을 수 있겠는가.

내가 일찍이 선생을 이탈리아의 시인 단테Dante Alighieri(1265~1321)에
비유했었다. 그러나 단테는 그 한 자루의 붓 아래에 능히 마치니Giuseppe
Mazzini(1805~72)를 산출하여 옛 로마의 영광을 만회하였지만,[43] 선생은 사
후 육칠백년에 나라는 옛날처럼 변함없이 약하고 백성은 옛날처럼 변함없
이 뒤쳐지니 장차 지하에서 선생의 눈이 감기지 않을 것이다. 내가『동문
선東文選』과『동시선東詩選』[44]을 읽으매 서하 임춘 선생의 시문 중에 게재

---

42 소나무 숲 돌집에 가서 새벽 달을 보려 하니 / 사람 없는 산속 낙엽이 져서 길을 어찌 찾아갈
    것인가 / 어디에서 흰 구름이 쫓아오니 나무는 여라의(이끼)를 무거워하네.
43 신채호는 19세기 근대 이탈리아 통일운동 주역 중의 하나인 마치니가 13세기 이탈리아어로
    문학 활동을 벌인 단테의 영향으로 성장했다고 주장히고 있다.
44 『동문선』은 조선 성종 9년(1478)에 서거정이 왕명에 따라 편찬한 우리나라 역대 시문집으
    로, 중종과 숙종 때 속편이 추가되어 신라 때부터 숙종 때까지의 시문이 모여 있다.『동시선』
    은『동문선』정도의 가치를 갖는 책이겠지만 별도로 있었던 것은 아닌 듯하고,『동문선』이
    제목에서 우리나라 문장 선집을 표방하고 있으니 우리나라 한시 선집을 표방하는『동시선』
    도 있는 것으로 상정하고 적어놓은 것으로 보인다. 그런데『동문선』에 이미 한시들이 포괄
    되어 있다.

된 것이 더러 있지만, 그 시가 그저 그런 수준이라서 생생한 힘이 전혀 없을뿐더러 또 한 글자 한 구절도 백성과 나라의 근심에 미친 것이 없어서 역사서에서 언급된 선생의 유적과 대조해보면 그 인상이 털끝만큼도 가깝지 않았다.

이런 까닭에 매양 여기에 의심을 두다가 『성호사설星湖僿說』[45]을 읽어보니 이것은 우리 왕조 숙종 때에 청도淸道의 중 아무개가 석굴 속에서 발견한 것이라 하였다.[46] 아아 이것이 어찌 선생의 시이겠는가. 그 사람이 거짓으로 지어낸 것이라는 점을 의심할 바 없도다. 그러나 선생이 진짜로 지은 시는 지금까지 발견된 곳이 없고 다만 『우산문초于山文抄』에 선생의 문장 한수를 실어두었는데, 그중 한 구절이 이러하다.

크건 작건 나라는 백성에게 달려 있고, 긴급하건 느슨하건 때는 재주에 달려 있다. 참으로 백성들을 용기로 이끌 수 있고 인재를 키워낼 방법이 있다면 무엇이 두려울 것인가. 강한 적이라고 무엇이 두려울 것인가. 유철劉徹(한 무제의 이름)이나 양광楊廣(수 양제의 이름)이나 홀필열忽必烈(쿠빌라이 즉 원 세조의 이름)이라고 무엇이 두려우랴.[47]

하였더라. 그 언어를 가지고 미루어 생각을 구해보면 이것은 선생의 문장이라는 점을 의심할 것이 없다. 그러나 선생의 충심의 결기와 장렬한 의기가 저러하였지만 후세에 전해진 것이 이 한수뿐이니 탄식을 안 할 수가

---

45 이익(李瀷, 1681~1763)이 저술한 필기체 백과전서류.

46 『성호사설』 「시문문(詩文門)」에 인담(印淡)이란 중이 발견한 것으로 되어 있고, 고상하지도 치밀하지도 못해 불후의 시가 되지는 못한다는 이익의 평가도 신채호와 크게 다르지 않다. 그러나 신채호와 달리 이익은 인담이 조작한 것이라고까지는 생각하지 않았다.

47 원문은 "國無人小係于民 時無利鈍係于才 苟能導民以勇養才有法 何畏乎强敵 何畏乎劉徹楊廣忽必烈이리오."인데, 휘(諱)라고 하여 함부로 적지 못했던 중원의 황제들의 이름을 바로 적어버린 것이 특이하다.

있겠는가. 비록 그렇지만 우리나라 노예 문학의 사회에 이 한편이라도 전해지게 된 것이 또한 천만다행인저.

17.

본디부터 태동인泰東人[48]은 시인의 지위를 낮게 보아서, 시가 풍속 교화에 무관하며 정치 교육에 무관하고, 단지 단풍 든 시골 마을 안에서 벌레 울고 개구리 우는 듯 일개 세상 밖의 버린 물건으로 알고 있다. 오호라. 이것은 오해 중에서도 큰 오해로다.

대시인이 곧 대영웅이며, 대시인이 곧 대위인이며, 대시인이 역사상의 거물 중의 하나이다. 그러므로 아구마亞寇馬(미상), 도연명陶淵明(365~427) 무리가 비록 산림에 살아 발걸음이 세상으로 나아가지 않았으나 그 지은 바 시집이 한 세대를 바람처럼 휩쓸어서 사람의 마음을 지배하기에 이르렀으니, 대저 연설가의 혀와 협객의 칼과 정치인의 수완과 시인의 붓끝이 그 효용의 완급은 다르겠지만 세계를 만들어내는 능력은 같다. 그러므로 대종교가가 종교를 펼칠 때에 우선 시가에 종사하여 이것으로써 사람의 마음을 옮겨서 바꿔놓는다. 삼국시대 불교도의 향가와 중국 육조시대 달마達摩, 혜능慧能의 게송 할구喝句와 구약경전 중의 시가가 모두 시이니, 시의 효능을 이에서 알 수 있을진저.

48　동양 사람. 유럽인을 태서인(泰西人)이라고 부르는 것에 대응하여 만들어진 호칭이다.

꿈하늘[49]

서序

「꿈하늘」이라는 이 글을 짓고 나니 꼭 독자에게 할 말씀이 세가지가 있습니다.

첫째. 한놈은 원래 꿈 많은 놈으로 근일에는 더욱 꿈이 많아 긴 밤에 긴 잠이 들면 꿈도 그와 같이 길어 잠과 꿈이 서로 종시終始하며,[50] 또 그뿐만 아니라 곧 멀건 대낮에 앉아 두 눈을 멀뚱멀뚱히 뜨고도 꿈같은 지경이 많아 님나라에 들어가 단군께 절도 하며, 번개로 칼을 치며 평생 미워하는 놈의 목도 끊어보며, 비행기를 아니 타도 한 몸이 훨훨 날아 만리천공에 돌아도 다니며, 노랑이, 검덕이, 흰동이, 붉은동이[51]를 한집에 모아놓고 노래도 하여보니 한놈은 벌써부터 꿈나라의 백성이니 독자 여러분이여, 이 글을 꿈꾸고 지은 줄 아시지 마시고 곧 꿈에 지은 줄로 아시옵소서.

둘째. 글을 짓는 사람들이 흔히 배포排鋪(계획)가 있어 먼저 머리는 어떻게 내리리라, 가운데는 어떻게 버리리라, 꼬리는 어떻게 마무리하리라는 대의大意(대략)를 잡은 뒤에 붓을 댄다지만, 한놈의 이 글은 아무 배포 없이 오직 붓끝 가는 대로 맡겨 붓끝이 하늘로 올라가면 하늘로 따라 올라가며, 땅속으로 들어가면 땅속으로 따라 들어가며, 앉으면 따라 앉으며, 서면 따

---

49   신채호가 1916년에 집필한 「꿈하늘」은 미완성 미발표 유고로, 원본은 북한에 남아 있다. 북한에서 출간한 『용과 용의 대격전』(조선문학예술총동맹출판사 1966) 소재 작품과, 북한에서 자료를 필사해 와서 출간한 김병민의 『신채호문학유고선집』(연변대학출판사 1994) 소재 작품을 상호 참조하여 현대어로 옮겼다. 각기 『단재 신채호 전집』 7권, 21~50면과 238~86면에 수록되어 있다.

50   처음부터 끝까지 함께함.

51   황인종, 흑인종, 백인종, 홍인종 즉 전인류를 말함.

라 서서 마디마디 나오는 대로 지은 글이니 독자 여러분이시여, 이 글을 볼 때에 앞뒤가 맞지 않는다, 위아래가 문체가 다르다 그런 말은 마소서.

셋째. 자유自由 못 하는 몸이니 붓이나 자유하자고 마음대로 놀아 이 글 속에 미인보다 향내 나는 꽃과도 이야기하며, 평시에 사모하던 옛적 성현들과 영웅들도 만나보며, 오른팔이 왼팔도 되어보며 한놈이 여덟놈도 되어 너무 사실에 가깝지 않은 시적 신화도 있지만 그 가운데 들어 말한 역사상 일은 낱낱이 『고기古記』나 『삼국사기三國史記』나 『삼국유사三國遺事』나 『고려사高麗史』나 『광사廣史』나 『역사繹史』[52] 같은 속에서 참조하여 쓴 말이니 독자 여러분이시여, 섞지 말고 갈라 보시소서. 독자에게 말씀은 끝났습니다.

이제 저자가 스스로에 대해 말할 것이 두가지가 있습니다.

첫째. 책 짓는 사람들이 모두 그 책을 많이 사보면 하는 마음이 있지만 한놈은 이 마음이 없습니다. 다만 바라는 바는 우리 안 어느 곳에든지 한놈 같이 어리석어 두 팔로 태백산을 안으며 한 입으로 동해물을 말리고 기나긴 반만년 시간 안의 높은 산, 낮은 골, 피는 꽃, 지는 잎을 세면서 넋 없이 앉아 눈물 흘리는 또 한놈이 있어 이 글을 보았으면 할 뿐입니다.

둘째. 책 짓는 사람들이 흔히 그 책으로 무슨 영향이 있으면 하지만 한놈은 그렇지 않습니다. 다만 바라는 바 이 글 보는 이가 우리나라도 미국 같아져라 독일 같아져라 하는 생각이나 없으면 할 뿐입니다.

단군 4249년(1916) 3월 18일

한놈 씀

---

[52] 김려(金鑢, 1766~1822)의 『광사』와 한치윤(韓致奫, 1765~1814)의 『해동역사』 등 모두 조선의 역사를 다룬 저술인데, 이 중 『고기』는 김부식이 『삼국사기』를 지을 때 참고한 저술이라고 하는데 현재로서는 발견되지 않았다.

제1장

때는 단군 기원 사천이백사십 몇 해[53] 어느 달 어느 날이던가, 땅은 서울이든가 시골이든가 해외 어디든가 도무지 기억할 수 없는데, 이 몸은 어디에서 왔는지 듣지도 보지도 못하던 크나큰 무궁화 몇만길 되는 가지 위 넓기가 큰 방만 한 꽃송이에 앉았더라. 별안간 하늘 한복판이 딱 갈라지며 그 속에 불그레한 광선이 뻗쳐 나오더니 반공半空에 테를 지어 두르고 그 위에 뭉글뭉글한 고운 구름으로 갓 쓰고 그 광선보다 더 붉은 빛으로 두루마기 입은 천관天官이 앉아 오른손으로 번개 칼을 두르며 우레 같은 소리로 외워 가로되

"인간人間에는 싸움뿐이니라. 싸움에 이기면 살고 지면 죽나니, 님의 명령이 이러하니라."

그 소리가 딱 그치며 광선도 천관도 다 간 곳 없고 햇살이 탁 퍼지며 온 바닥이 번듯하더니 이제는 사람 소리가 시작한다. 동편으로 닷동달이[54] 갖춘 빛에 둥근 테를 두른 오원기五圓旗가 뜨며 그 기 밑에 사람이 덮여 오는데 머리에 쓴 것과 몸에 치장한 것이 모두 이상하나 말소리를 들으면 분명한 우리나라 사람이요, 다만 신체의 건장함과 위풍의 늠름함이 전에 보지 못한 이들이더라. 또 서편으로 좌룡우봉左龍右鳳 그린 기 밑에 수백만 군사가 몰려오는데 뿔 돋친 놈, 꼬리 돋친 놈, 목 없는 놈, 팔 없는 놈, 처음 보는 괴상한 물건들이 달려드는데 그 뒤에는 찬바람이 탁탁 치더라.

이때에 한놈이 두려운 마음이 없지 않으나 또 호기심이 버럭 나 이 몸이 곧 무궁화 가지 아래로 내려가 구경하고자 했더니 꽃송이가 빙글빙글 웃

---

53 단기 4240년대, 즉 서기 1907년과 1916년 사이.

54 검은 두루마기의 소맷단에 붉은 천을 덧댄 군복을 동달이라고 하는데, 닷동달이는 미상이나 소맷단에 다섯가지 천을 덧댄 것으로 추정됨.

으며

"너는 여기 앉아 있거라. 이곳을 떠나면 천지가 캄캄하여 아무것도 아니 보이리라."

하거늘 들던 궁둥이를 다시 붙이고 앉으니 난데없는 구름장이 어디서 쳐 들어와 햇빛을 가리며 소낙비가 놀란 듯 퍼부어 평지가 바다가 되었는데, 한편으로 우르르 꽝꽝 소리가 나며 거의 '모질'다는 두자로만 형용하기 어려운 바람이 일어 나무를 치면 나무가 꺾이고 돌을 치면 돌이 날고 집이나 산이나 닥치는 대로 부수는 그 기세로 바다를 건드리니, 바람도 크지만 바다도 큰물이라 서로 지지 않으려고 바람이 물을 치면 물도 바람을 쳐 바람과 물이 공중에서 접전할 새, 미리(용)가 우는 듯 고래가 뛰는 듯 천병만마가 달리는 듯 바람이 클수록 물결이 높아 온 지구가 들먹들먹하더라.

"바람이 불거나 물결이 치거나 우리는 우리대로 싸워보자."

하는 소리가 들리더니 아까 보던 동편의 오원기와 서편의 용봉기 밑에서 모여 있는 양편 장졸들이 눈들을 부릅뜨고 서로 죽이려 달려드니 바다에는 바람과 물의 싸움이요, 물 위에는 양편 장졸의 싸움이더라.

그러나 이 싸움은 동양 역사나 서양 역사에서 보던 싸움은 아니더라. 싸우는 사람들이 손에는 아무 연장도 가지지 않고 오직 입을 딱딱 벌리면 그 목구멍에서 불도 나오며 물도 나오며 칼도 나오며 화살도 나와, 칼이 칼과 싸우며, 활이 활과 싸우며, 불과 물이 서로 치다가 나중에는 사람을 맞히니 그 맞은 사람은 목이 떨어지면 팔로 싸우며 팔이 떨어지면 또 다리로 싸우다가 끝끝내 실이 다 떨어지고 뼈가 하나도 없이 부서져야 그만두는 싸움이라. 몇 시 몇 분이 못 되어 주검이 천리나 덮이고 비린내 땅에 코를 들 수 없으며, 피를 하도 뿌려 하늘까지 빨갛게 물들었도다.

한놈이 이를 보고 우주가 이같이 참악(慘惡)한 마당인가 하여 차마 못 해 눈을 감으니 꽃송이가 다시 빙글빙글 웃으며

"한놈아 눈을 떠라. 네 이다지 약하냐? 이것이 우주의 본 면목이니라. 네

가 아니 왔으면 하릴없지만 이미 온 바에는 싸움에 참가하여야 하나니 그렇지 않으면 도리어 너의 책임만 방기함이니라. 한놈아 눈을 빨리 떠라."

하거늘 한놈이 하릴없이 두 손으로 눈물을 닦고 눈을 들어 살피니 그사이에 벌써 싸움이 끝났는지 천지가 괴괴하며 풍우도 또한 멀리 간지라. 해는 발끈 들어 온 바닥이 따뜻한데 깊은 구름을 헤치고 신선의 풍류소리가 내려오니 이제부터 참악한 소리는 물러가고 평화한 소리가 대신함인가 보더라. 이 소리 밑에 나오는 사람들은 곧 별 사람들이 아니라, 아까 오원기를 받들고 동편 진에 섰던 장졸들이니, 대개 서편 진을 깨뜨려 수백만 적병을 수없이 죽이고 승전고를 울리며 돌아옴이라. 한 사람의 대장이 앞머리에서 인도하는데 금화절풍건金花折風巾[55]을 쓰고 어깨엔 어린장魚鱗章[56]이며 몸엔 조의皁衣[57]를 입었더라. 그 얼굴이 맑은 듯 위엄 있고 매운 듯 인자하여 얼른 보면 부처 같고 일변으로 범 같아 보기에 사랑스럽기도 하고 무섭기도 하더라. 그가 한놈이 앉은 무궁화 나무로 향하여 오더니 문득 꽃을 보고 눈물을 흘리며

"허허 무궁화가 피었구나."

하더니 장렬한 음조로 노래를 한 자락 한다.

이 꽃이 무슨 꽃이냐

희엿스름한 머리[58]의 얼이오

불그스름 고운 아침[59]의 빛이로다

---

55   절풍건은 삼국시대에 쓰던 고깔 모양의 모자. 금화절풍건은 금으로 만든 꽃으로 장식한 절풍건.

56   물고기 비늘 모양의 견장을 의미하는 듯하다.

57   검은 옷. 신채호는 고구려 무인 집단인 선배가 '조의'를 입어서 '조의'가 선배의 별칭이며, 연개소문은 조의의 수령이었다고 주장했다.

58   백두는 흰 머리라는 의미이므로, 신채호가 아랫구의 '불그스름'과 대를 맞추기 위해 '희엿스름'이라고 표현한 것이다.

59   조선(朝鮮)은 아침의 신선함이라는 의미이므로, 불그스름한 고운 아침이라고 풀어서 표현

이 꽃을 북돋우려면

비도 말고 바람도 말고

핏물만 뿌려주면 그 꽃이 잘 자라리

옛날 우리 전성할 때에

이 꽃에 구경 가니 꽃송이가 크기도 하더라

한 잎은 황해 발해를 건너 대륙을 덮고

또 한 잎은 만주를 지나 우수리[60]에 늘어졌더니

어이해 오늘날은

꽃이 이다지 여위었느냐

이 몸도 일찍 당년 살수 평양 모든 싸움에

팔뚝으로 빗장 삼고 가슴이 방패되어

꽃밭에 울 노릇해

서방의 더러운 물

진단晨檀(우리나라)의 봄빛에 물들지 못하도록

젖 먹은 힘까지 들이었다

이 꽃이 어이해

오늘은 이 꼴이 되었느냐

님이 이를 아시리니 물을 조금

……

　한 자락 노래가 다 마치지 못한 모양이나 목이 메여 더 하지 못하고 눈물을 씻으니, 무궁화 송이도 그 노래에 무슨 느낌이 있었던지 눈물을 흘리며 맑은 노래로 화답하는데

한 것이다.

60　흑룡강의 지류로 현재 중국 동북쪽과 러시아 사이의 국경선을 이루고 있다.

봄빔[61]의 고운 치마, 님이 나를 주시도다

님의 은덕 갚으려 하여

내 얼굴을 쓰다듬고 비바람과 싸우면서

진단의 아름다움 쉼 없이 자랑하려고

나도 이리 파리하다

영웅의 시원한 눈물

열사의 매운 핏물

사발로 바가지로 동이로 가져오너라

내 너무 목마르다

그 소리 더욱 아프고 저려 완악한 돌들이나 나무들도 모두 일어나 슬픔으로 서로 화답하는 듯하더라. 꽃송이 위에 앉았던 한놈은 두 노래 끝에 크게 느끼어 땅에 엎드려서 울며 일어나지 못하니 꽃송이가 또 가만히 "한놈아" 부르며 꾸짖되

"울음을 썩 그쳐라. 세상일은 슬프다고 잊는 것이 아니니라."

하거늘 한놈이 고개를 들어 좌우를 살피니 아까 노래하던 대장이 곧 앞에 섰더라. 그 얼굴을 자세히 뜯어보니 마치 언제 뵈온 어른 같다. 한참 서슴다가

'아 ― 이제야 생각나는구나. 눈매듭과 이맛살과 채수염이며 또 장속裝束(차림새)한 것을 둘러본즉 일찍 평안도 안주 남문 밖 비석에 새겨 있는 조각상과 같으니 자기가 꿈에라도 한번 보면 하던 을지문덕乙支文德이시구나.'

하고 일어나 절하며 무슨 말을 물으려 하나 무엇이라고 호칭할지 몰라 다시 서슴으니, 이상타 을지문덕 그이는 단군 2000년의 어른이요, 한놈

---

61   봄을 맞이하여 새로 차려 입은 옷.

은 단군 4241년(1908)에 난 아기라. 그 차이가 이천년이나 되는데 이천년 전의 어른으로 이천년 뒤의 아기를 만나 자애한 품이 마치 친구나 집안 같다. 그이가 곧 한놈을 향하여 웃으시며

"그대가 나의 호칭에 서슴느냐? 곧 선배라 부름이 가하니라. 대개 단군 한배[62]께서 태백산太白山에 내려 삼신오제三神五帝[63]를 위하시며 삼경오부三京五部[64]를 베푸시고 이를 만세萬世의 자손으로 하여금 지키게 하라 하실 때 삼부오계三部五戒[65]로 윤리를 세우시며 삼랑오가三郞五加[66]로 교육을 맡게 하시니 이것이 우리나라 종교적 무사혼武士魂이 발생한 처음이라. 이 혼이 삼국시대에 와서는 드디어 꽃피듯 불붙는 듯하여 사람마다 무사를 높이며 절하고 서로 아름다운 이름을 지어 자랑할새, 신라는 소년 무사를 사랑하여 '도령'이라 이름하니 『삼국사기』에 적힌 선랑仙郞이 그 뜻 번역이요, 백제는 장년 무사를 사랑하여 '수두'라 이름하니 『삼국유사』에 적힌 바 소도蘇塗가 그 음 번역이요, 고구려는 군자스러운 무사를 사랑하여 '선배'라 이름하니 『삼국사기』에 적힌 바 선인先人이 그 음과 뜻을 아울러 한 번역이라. 이제 나는 고구려 사람이니 그대가 나를 선배라 부르면 가하니라."

한놈이 이때 다시 고구려의 절로 한 무릎은 세우고 한 무릎을 꿇어 공손

---

62 한배는 단군을 높여 부르는 대종교의 호칭.

63 신채호는 『조선상고사』에서 천일(天一, 말한), 지일(地一, 불한), 태일(太一, 신한)의 삼일신(三一神)이 삼신이고, 돗가·개가·소가·말가·신가로 불리는 동서남북중의 오방(五方)의 신이 오제라고 했다.

64 신채호는 『조선상고사』에서 단군왕검이 삼신의 이름을 딴 마한, 변한, 진한의 세 한이 각기 삼경에 머무르고, 돗가·개가·소가·말가·신가의 다섯 가가 오방을 나누어 오부로 다스렸다고 했다.

65 신채호가 삼부오계를 별도로 설명한 적은 없으나, 대종교의 교리에 신부(神府), 영부(靈府), 철부(哲府) 삼부(三府)가 있다고 하는데 이것을 삼부(三部)로 지칭한 것이 아닌가 추정해볼 수 있겠고, 오계는 『삼국유사』에 기록된 원광법사의 세속오계를 가리킨다. 이 소설의 뒷부분에서는 단군이 세웠다는 오계를 나열하면서 세속오계의 조항으로 채우고 있다.

66 신채호는 『조선상고문화사』에서 삼랑을 삼선(三仙) 즉 낭가집단의 수뇌부로 보았고, 오가를 오부의 장 즉 공화정부의 장관으로 보았다.

히 절한 뒤에

"선배님이시여. 아까 동편 서편에 갈라서서 싸우던 두 진이 다 어느 나라의 진입니까?"

물으니 선배님이 대답하되

"동편은 우리 고구려의 진이요, 서편은 수나라의 진이니라."

한놈이 놀래며 의심 빛으로 앞에 나아가 가로되

"한놈은 듣자오니 사람이 죽으면 착한 이의 넋은 천당으로 가며 모진 이의 넋은 지옥으로 간다더니 이제 그 말이 다 거짓말입니까? 그러면 영계도 육계와 같아 항상 칼로 찌르며 총으로 쏘아 서로 죽이는 참상이 있습니까?"

선배님이 허허 탄식하시며 하시는 말이

"그러하니라. 영계는 육계의 사영射影(그림자)이니 육계에 싸움이 그치지 않는 날에는 영계의 싸움도 그치지 않느니라. 대저 종교가의 시조가 되는 석가나 예수가 천당이니 지옥이니 한 말은 별도로 염두에 둔 뜻이 있거늘 어리석은 사람들이 그 말을 집어먹고 소화가 못 되어 망국 멸족 모든 병을 앓는도다. 그대는 부디 내 말을 새겨들을지어다. 소가 개를 낳지 못하고 복숭아 나무에 오얏 열매가 맺지 못하나니, 육계의 싸움이 어찌 영계의 평화를 낳으리오. 그러므로 육계의 아이는 영계에 가서도 아이요, 육계의 어른은 영계에 가서도 어른이며, 육계의 상전은 영계에 가서도 상전이요, 육계의 종은 영계에 가서도 종이니, 영계에서 높다 낮다 슬프다 즐겁다 하는 도깨비들이 모두 육계에서 받던 꼴과 한가지라. 나를 말하더라도 일찍이 살물(살수)싸움의 승리자가 됨으로 오늘 영계에서도 항상 승리자의 자리를 차지하고 저 수나라 왕 양광楊廣은 그때의 전패자가 됨으로 오늘도 이같이 패하여 군사를 이백만이나 죽이고 슬프게 돌아감이어늘 이제 망한 나라의 종자로서 혹 부처에게 빌며 상제께 기도하여 죽은 뒤의 천당을 구하려 하니 어찌 눈을 감고 해를 보라 함과 다르리오."

을지 선배의 말이 그치자마자 하늘에 붉은 구름이 일어 스스로 글씨가 되어 쓰였으되

"옳다, 옳다, 을지문덕의 말이 참 옳다. 육계나 영계나 모두 승리자의 판이니 천당이란 것은 오직 주먹 큰 자가 차지하는 집이요, 주먹이 약하면 지옥으로 쫓기어 가느니라."

하였더라.

(후략)

독사신론讀史新論 서론[67]

국가의 역사는 민족 흥망성쇠의 상태를 서술한 것이다. 민족을 버리면 역사가 없을 것이며, 역사를 버리면 민족은 그 국가에 대한 관념이 성장하지 못할 것이다. 아아, 그러니 역사가의 책임이 또한 무겁지 않겠는가.

비록 그렇지만 고대의 역사는 동서를 막론하고 대체로 유치하였으니, 지나支那(중국)의 사마천司馬遷, 반고班固의 역사서는 모두 한 왕조의 족보일 뿐이고, 유럽의 로마나 이집트의 기록물도 한편의 재난 기록물이 아닌 게 없다. 그러한즉 우리나라 고대사도 오늘날의 새로운 시각으로 각박하게 논하는 게 옳겠는가마는, 다만 지금 현재 새로운 역사서 한편이 편찬되는 것도 더디디더디니 나도 모르게 두려운 마음을 갖게 된다.

국가는 이미 민족정신으로 구성된 유기체有機體인즉 단일 혈족血族으로 이어진 나라는 잠깐 놔두고, 혼잡한 여러 부족으로 결집된 국가일지라도 반드시 그 안에는 항상 주동하는 특별한 종족이 있어야만 그 국가가 국가로 될 수 있는 것이다. 만일 소반에 모래를 뿌리듯 동쪽에서 온 어느 종족

---

67 『대한매일신보』1908년 8월 27일~12월 31일자 중 「서론」은 8월 27일~9월 2일자; 『단재 신채호 전집』3권, 5~9면.

도 여기에 우연히 모이고, 서쪽에서 온 어느 종족도 여기에 우연히 모이며, 남쪽과 북쪽에서 온 어느 종족들도 여기에 우연히 모여서, 저 사람도 장부요 우리 사람도 장부라고 하는 이견이 있다면 이는 하나의 추장 정치도 확실하게 시행할 수 없을 것이며 하나의 부락 단체도 완전히 수립할 수 없을 것이다. 하물며 국가 건설의 문제를 어찌 더불어 논의할 것인가.

내가 지금 각 학교에서 교과서로 사용되는 역사를 보건대, 가치 있는 역사는 거의 없다. 제1장을 읽으면 우리 민족이 지나족의 일부분인 듯하고 제2장을 읽으면 우리 민족이 선비족의 일부분인 듯하며, 결국 전편을 다 읽고 나면 어떤 때에는 말갈족의 일부분인 듯하다가 어떤 때에는 몽골족의 일부분인 듯하고, 어떤 때에는 여진족의 일부분인 듯하다가 어떤 때에는 일본족의 일부분인 듯하다. 오호라, 과연 이러할진대 우리의 사방 수만 리의 토지가 이에 남만북적南蠻北狄의 아수라장이 되고, 우리 사천여년의 산업이 이에 조량모초朝梁暮楚(아침엔 양나라에 붙고 저녁엔 초나라에 붙음. 원칙 없이 바뀜)의 경매품이 되었다 할지니, 그럴 리가 있겠는가, 어찌 그럴 리가 있겠는가.

즉 고대의 불완전한 역사서라도 이를 자세히 궁구하면, 우리 동국의 주동 종족인 단군檀君 후예의 발달한 실상이 뚜렷하거늘, 무슨 까닭으로 우리 선민先民을 업신여김이 이에 이르렀는가. 오늘 민족주의로 온 나라의 완고한 꿈을 깨워 일으키며 국가 관념으로 청년의 새로운 두뇌를 만들어 내서 우존열망優存劣亡(우승열패)의 네거리에 나란히 달려가 이어져 남은 국맥國脉을 유지하고자 한다면, 역사를 버리고 다른 방법이 없다고 할 것이지만, 이 따위 역사를 역사라고 한다면 역사가 없는 것만도 못하도다.

역사의 붓을 잡은 자는 반드시 그 나라의 주인 되는 하나의 종족을 먼저 드러내서, 이것으로 주장을 세운 뒤에 그 정치는 어떻게 확장되고 위축되었는지, 그 실업은 어떻게 번창하고 몰락하였는지, 그 무공은 어떻게 진퇴하였으며, 그 습속은 어떻게 변이하였으며, 그 외래의 각 종족을 어떻게 흡수하였으며, 그 다른 나라들을 어떻게 교섭하였는지를 서술하여야 비로소 역사라고 말할 것이지, 그렇지 않다면 이는 무정신無精神의 역사이다. 무정신의 역사는 무정신의 민족을 생산하며 무정신의 국가를 제조할 것이다. 어찌 두려워하지 않을 수 있겠는가.

대저 우리나라의 옛날 역사가 허다히 이지러지고 허다히 망령되니, 이를 일제히 없애버리고 새 역사를 저술하려고 한다면 첫번째로 본국의 문헌에 속한 관찬서와 민간기록을 모두 모아서 남은 조각들과 단편들에서 재료를 채집해야 하며, 두번째로 횃불 같은 안광을 가지고 고금의 정치와 풍속의 각 방면을 정밀하고 자세히 관찰한 뒤에 붓을 휘두를 수 있는 것이다. 이는 역사학을 전공하여 재주가 높고 학식이 넓은 사람이라도 십여년의 긴 세월을 요구하는 바이다. 오호라, 진실로 어려운 것일진저.

내가 우리 동방 역사의 거칠고 성김을 비탄하여 제주와 힉식이 서둘고 모자람을 생각지 않고 저술에 애를 쓰고는 있으나, 세상사에 골몰하여 여유가 거의 없을뿐더러 옛 전적과 남은 문자를 찾아내기가 매우 어려워, 한 자루의 짧은 붓으로 주저하며 감정만 앞세울 뿐이었는데, 나날이 시국 풍조의 변천을 따라 내 두뇌가 격동되는 것이 더욱 심해지고 있다.

그러한즉 내가 말을 많이 하는 것을 즐기는 것은 아니지만, 그렇다고 어찌 말을 많이 해야 하는 사명을 피할 것인가.

그러나 바로 지금 나의 사소한 견문과 사소한 연구로 섣불리 작가로 자처하는 것은 불가할뿐더러, 그것의 시비와 득실을 스스로 판단하기도 어렵다. 다만 역사를 읽으며 틈틈이 느끼는 대로 기록한 것을 모아 국내의 동지들에게 묻고자 하는 것이니, 이는 체계적으로 조직한 하나의 학설도 아니며 찬란하게 다듬은 하나의 역사서도 아니다. 다만 이것은 마음으로 느껴지는 것에 의지하여 이것저것 뒤섞어 쓴 것일 뿐이다. 그 논의하는 범위가 우리 민족 발달의 상태를 벗어나지 않아서 민족에게 큰 화와 복을 끼친 사실이 아니면 다루지 않았고 민족에게 커다란 이익과 손해를 준 인물이 아니면 거론하지 아니하였으니, 일정한 조리는 없지만 일관된 정신은 있다.

오호라. 독자 제군은 의리에 어그러진 바가 있거든 비난하며 바로잡아 주시고, 판단에 오류가 있거든 비평해주시며, 또 혹시 논거로 삼을 만한 귀중서를 보내서 참고할 수 있게 해주시면, 이 글의 완성이 수월해질 뿐만 아니라, 뭇사람의 지혜와 노력을 합하여 조국 역사에서 묻혀버린 광명을 다시 비추는 것이 되리니, 이는 저자로서 구질구질할 정도로 간절히 희망하는 바이노라.

1. 인종

동국東國 민족을 대략 여섯 종족으로 나눈다.

① 선비족鮮卑族 ② 부여족扶餘族 ③ 지나족支那族(중국인) ④ 말갈족靺鞨族 ⑤ 여진족女眞族 ⑥ 토족土族.

선비족은 최초에 요동과 만주 일대에서 우리 민족과 나란히 서서 상호 간에 치열한 전쟁을 지속하던 종족으로, 그 뒤에 대거 축출당하게 되어 그들의 소굴을 잃고 바로 지금의 시베리아 일대에서 남은 명맥을 보존하고 있다. 부여족은 즉 우리 신성 종족 단군의 자손이니, 사천년 동방에서 오랫동안 주인이 된 종족이다. 지나족은 우리나라와 중국 두 나라의 강토가 맞닿게 되었기 때문에 기자箕子가 동쪽으로 건너오던 때부터 고려 왕조에 이르기까지 지나가 한번 혁명을 겪으면 그들의 망한 왕조의 충신과 피난 인민이 속속 탈출해온 까닭에, 부여족을 제외하면 최대 다수를 차지하고 있는 종족이다.

말갈족과 여진족은 본래 고구려에 복속되었던 부족으로 함경도, 황해도 일대에 살던 종족이었다. 고구려가 신라에 병탄되면서 고구려 유민이 이들을 이끌고 요동과 심양 등지로 옮겨 들어가 발해국渤海國을 창설한 일이 있었으며, 지나 땅의 대금大金, 대청大淸 두번의 제국도 모두 이 부족이 건설한 것이다. 토족은 고대 한반도의 남쪽과 북쪽 지방에 두루 있던 종족으로, 삼한의 각종 부락과 동해안의 예맥 등 종족이 여기에 속하는데, 우존열망의 결과로 누대에 걸쳐 도태되어 아메리카 대륙의 홍인이나 아프리카 대륙의 토인처럼 전멸된 종족이다.

그 밖에 몽골족, 일본족 두 종족이 있다. 일본족이라면 우리 민족 사천년 대외 적국 중에서 접촉과 경쟁이 가장 치열하여 가까이할수록 더욱 괴로운 감이 있으나, 지난 역사는 풍신수길豐臣秀吉(토요또미 히데요시)의 임진왜란(1592) 한번을 제외하면 대부분 변방 바닷가에 갑자기 쳐들어왔다가 갑자기 물러갈 뿐이었으니, 본토 안팎에 섞여 살며 무기를 손에 들고 접전을 벌인 일은 없었다. 몽골족은 고려 왕조의 중엽과 말엽에 접촉이 가장 많았으나 단지 정치상에서 밀접한 영향을 주었을 뿐이고, 우리 백성의 경제 생활상에는 영향이 실로 없었으니, 우리나라 역사상의 많은 부분은 실로 이 여섯 종족에 불과하다.

〔생각건대 저 몽골, 일본 두 종족이 고려말 탐라의 목호牧胡[68]와 세종 때 삼포三浦의 항왜降倭[69] 등이 본토에 섞여 살았던 특별한 예가 더러 있었지만, 나중에 모두 모반하여 진압되었다.[70] 호공瓠公[71]과 김충선金忠善[72]【이는

68 　고려시대 몽골이 말 사육을 전문적으로 담당하도록 제주도에 파견했던 몽골인.
69 　삼포는 조선 세종 때 일본인들이 거류하도록 개방한 세 포구, 즉 부산포(釜山浦), 제포(薺浦), 염포(鹽浦)를 말하는데, 여기에 항복한 일본인인 항왜를 거주하게 했던 사실에 대해서는 자세히 알 수 없으나 혹시 삼포에서 상주하던 일본인인 항거왜인(恒居倭人)을 가리키는 말로서 항왜(恒倭)의 오자일 가능성도 있다.
70 　고려시대 목호들이 1374년 반란을 일으켰다 제압된 목호의 난이 있었고, 1510년 조선 중종 때 삼포의 일본 거류민들이 폭동을 일으켰다 제압된 삼포왜란이 있었다.
71 　삼국시대 신라에 표주박을 허리에 차고 건너왔다고 전해지는 일본인으로, 탈해이사금 때 재상 관직인 대보(大輔)에 임명되었다고 한다.
72 　임진왜란 때 귀순한 일본인. 임진왜란부터 정유재란, 이괄의 난, 병자호란에 이르기까지 전공을 세워 정2품 정헌대부(正憲大夫)까지 올랐다. 원주는 일본에서 귀화한 사람만 예를 들겠다는 뜻이다.

일본 쪽만 가리킴】등 귀화한 자가 때때로 있었으나 수백년 동안 한두 사람에 불과함.

　또 생각건대 신라 때 임나부任那府를 설치했다는 설은 우리 역사에 보지 못한 바이니, 저들 역사에서 운운한 것을 믿음직한 기록으로 어리석게 의거하는 것은 옳지 않음.】

　그 여섯 종족 중에서 형질적으로나 정신적으로나 나머지 다섯 종족을 정복하고 나머지 다섯 종족을 흡수하여 동국 민족 대대로 이어지는 지위를 누린 종족은 실로 부여족 한 종족에 불과하니, 대개 사천년 동국 역사는 부여족 흥망성쇠의 역사이다.

　오늘날에는 산을 넘고 물을 건너 사방에 이르고 동서가 크게 통하니, 하늘의 뜻이 우리 민족에게 바닷가 구석에 계속 웅크리고 있는 것을 허락하지 않아서 필경 20세기 세계 무대 위에 올라 각 대륙의 민족들과 군복을 입고 서로 마주하게 되었다. 이 뒤로 우리 부여족이 웅장한 시야와 활발한 행보로 뛰쳐 나아가 만국사 중에서 우승자의 한 자리를 점유할지도 알 수 없지만, 혹은 아둔한 태도로 나약하게 움츠러들며 날마다 한걸음씩 퇴보하여 우리 조상들이 물려준 유산까지 남들에게 내어줄지도 알 수 없다. 과거의 동국 역사는 즉 우리 부여족의 역사이니, 이에 어두우면서도 앉아서 역사를 논하는 자는 실로 망언하는 역사학자에 불과하다.

　2. 지리

　역사와 밀접한 관계가 있는 것은 지리이다. 지리를 빼놓고 역사를 말하는 것은 골맥骨脉에 어두우면서 기혈氣血을 논하는 것과 다를 바 없으니 어찌 옳겠는가, 어찌 옳겠는가. 그러므로 지지地志라 하는 것은 역사를 짓고 역사를 읽는 사람이 모두 한결같이 주목해야 하는 것이다. 아아, 우리나라는 조상들의 발상지가 외국으로 넘어가버려서 변천 과정이 전해지지 못했고 논쟁이 분분하니, 실로 어디서부터 써내려가야 할지 막막하다는 개탄을 하게 된다.

그러나 그 대세를 관찰하여 간단히 평하자면, 대개 우리 부여족의 시조가 장백산長白山(백두산)의 고원高原에서 일어나서 압록강 물결을 따라 내려와 부근의 평야에 흩어져 거주하였다. 압록강 서쪽은 요동이고 압록강 동쪽은 조선【이때의 조선은 평안도와 황해도 일대만을 가리킴】이니, 민족 초기시대의 문명은 압록강 유역에서 비롯된 것이다.

그 자손들이 점차 번성함에 따라 한 갈래는 요동과 만주 각지에 분포하고 한 갈래는 조선과 삼한 각지에 분포하면서, 각각 그 본족을 결집하여 토착 야만족을 정복하거나 흡수하였으니, 이는 우리 민족 발달의 제1기이다. 그 후에 수많은 야만족이 모두 부여족의 세력 아래에 굴복하여 어떤 종족은 멸종되고 어떤 종족은 동화되었고, 이 무렵 본족 내부 경쟁이 행해져서 삼국이 대립하며 전투가 끊이질 않았으니, 이는 우리 민족 발달의 제2기이다.

곧이어 북방에 있던 민족은 안으로 동족의 침입을 만나고 밖으로 여러 종족의 동시 압박을 당하여, 앞뒤 양쪽으로 적을 마주하는 고통을 감당하기 어렵게 되었으니 먼저 고구려가 뒤집히고 뒤에 발해가 망하였던 것이다. 내부 경쟁이 끝나고 외침도 멀어지자 사나운 영웅들과 거친 도적들이 이 기회를 타고 여러 강적들을 제거하여 지존의 지위를 차지하고는 백성의 기상을 꺾고 조정의 권력을 확장하였다. 이때부터 이 삼천리 산하로 하나의 커다란 철항아리를 만들어 한 나라의 인민을 그 안에 가두고 한걸음의 월경도 허락하지 않았으니, 대개 고려 이래 역사를 읽을 때 영웅이 옷깃 가득 눈물을 흘리는 것을 금할 수 없다. 이는 제3기 발달시대를 당하여 방어력을 너무 오래 유지하게 되어 도리어 침체를 불러온 것이라 할 것이다.

이 세 시기를 나누어 우리 민족의 활동 무대를 살펴보매 그 흥망성쇠의 양상이 칼로 벤 듯이 스스로 드러난다. 대저 전국의 문명이 압록강 밖에서 발원하는 것은 무슨 까닭인가? 내가 듣건대 민족 초기의 문명은 평원과 큰 강과 바닷가에서 일어나는 것이다. 지금 우리나라 본토에는 비록 삼면으로 큰 바다가 둘러싸여 있으나 곳곳에 산마루가 겹쳐 있어서 통상과 행군에 큰 장애를 만들고 있어서 요동과 심양 같은 평원이 없으며 또 본토 하천의 크기는 요하와 압록에 비할 만한 것이 적은 까닭이다.

우리 민족이 서북에서부터 동남으로 옮겨 들어온 것은 무슨 까닭인가? 서쪽 땅은 몹시 추워 초기 민족이 거주하기에 합당하지 않은 까닭이다.

단군 이후부터 고려 초엽에 이르기까지 서쪽과 남쪽 지역이 항상 분열된 채 수천년을 이어온 것은 무슨 까닭인가? 지세로 인한 기후의 차이에 의해 민족의 특성도 달라져서 조화롭게 통합하기가 어려울뿐더러 또 산맥들과 봉우리들이 곳곳에서 험준하게 버티고 있어 교통이 불편한 까닭이다.

서쪽과 남쪽이 분열되었던 시대에 서방이 항상 이기고 남방이 항상 약했던 것은 무슨 까닭인가? 남방은 온난하여 인성이 문약하였던 까닭이다.

끝내 고구려와 발해의 무강함으로도 멸망을 면치 못했던 것은 무슨 까닭인가? 저 대륙 강국과 북쪽 여러 오랑캐가 우리 민족이 접근하여 압박하는 것을 싫어하여 전쟁의 피가 비처럼 내리며 그칠 날이 없었는데, 남방의 민족이 매양 이 기회를 이용하여 동서로 협공을 시도한 까닭이다.

우리 민족의 실력이 압록강 밖으로 건너 나아가 조상들의 발상지를 되찾을 정도가 되지 못한 것은 무슨 까닭인가? 본토의 천연자원이 풍부해서 필수품을 자급자족하였기 때문에, 득롱망촉得隴望蜀[73]의 욕망이 생기지 않았던 까닭이다.

우리나라 지형이 그리스나 이탈리아 등과 유사한 반도半島인데도, 그 인

---

[73] 후한(後漢)의 광무제가 농(隴) 지방을 평정한 후에 다시 촉(蜀) 지방까지 원했다는 데에서 유래한 말로, 만족할 줄 모르고 계속 욕심을 부리는 경우를 비유적으로 이르는 말이다.

민이 쇄국에 스스로 안주하여 배를 타고 멀리 정복할 생각이 일어나지 않은 것은 무슨 까닭인가? 이 역시 천연자원이 풍부하여 해외 교통이 아니더라도 먹고살기에 부족함이 없었기 때문이다.

인민들에게 가족을 중시하는 관념이 두텁고 국가를 중시하는 관념은 엷으며, 단결력이 거의 없어져서 고립을 즐기는 것은 무슨 까닭인가? 산골짜기가 깊어 각 지방이 서로 떨어져 있기에 중앙 정부의 간섭이 두루 미치기 어려웠고, 인민들이 조정의 안위를 나의 고통과 무관한 일로 생각했으며, 오직 저 청학동靑鶴洞, 우복동牛腹洞[74]같이 깊이 숨은 동네에서 안주하여 가족 정치만 발달한 까닭이다.

대개 지리란 그 민족의 특성과 관습을 부여하여, 모든 인심, 풍속, 정치, 산업 하나하나에 밀접한 영향을 주는 것이다. 국민된 자라면 이를 연구하여 자기 민족의 장점을 발휘하며 단점을 보완하는 것 역시 하늘이 부여한 임무라 하겠다.

조선 역사상 일천년래 제일대사건[75]

: 서론

민족의 흥망성쇠는 매양 그 사상의 동향에 달린 것이며, 사상의 동향이 좌나 우로 향하는 것은 매양 어떤 사건의 영향에 따른 것이다. 그러면 조선 근세에 종교나 학술이나 정치나 풍속이 사대주의의 노예가 된 것은 무슨 사건에 원인을 두고 있는 것일까?

---

74   난세에도 화가 미치지 않는다는 상상 속의 마을 이름들인데, 민간에서 지리산이나 속리산 지락에 이 명칭을 부여하고 촌락을 이루기도 했다.

75   『조선사연구초』, 조선도서주식회사 1929, 55~69면; 『단재 신채호 전집』 2권, 297~325면.

어찌하여 효도하라 하고 어찌하여 충성하라 하는가? 어찌하여 공자를 높이고 어찌하여 이단을 배척하라 하는가? 어찌하여 태극太極이 양의兩儀(음양)를 낳고 양의가 팔괘八卦를 낳는다고 하는가? 어찌하여 몸을 다스린 뒤에 집안을 가지런하게 하고 집안을 가지런하게 한 뒤에 나라를 다스려야 한다고 하는가? 어찌하여 두통이 나더라도 갓과 망건을 풀지 않으며 티눈이 있더라도 버선을 신는 것이 예禮였던가? 선성先聖의 말이면 그대로 좇고 선대先代의 일이면 그대로 행하여 일세一世를 몰아 잔약과 쇠퇴와 부자유의 길로 들어감은 무엇에 원인을 두고 있는 것인가?

왕건王建의 창업 때문인가? 위화도威化島의 회군 때문인가? 임진왜란 때문인가? 병자호란 때문인가? 사색당파 때문인가? 양반과 상민의 계급 차별 때문인가? 문文을 귀하게 여기고 무武를 천시하는 폐습 때문인가? 정주학설程朱學說(주자학)이 남긴 해악 때문인가?

무슨 사건이 앞서 말한 종교, 학술, 정치, 풍속 각 방면에 노예성을 낳게 하였는가? 나는 한마디로 대답하겠다. 가로되 고려 인종 13년(1135) 서경전역西京戰役(서경천도운동)[76] 즉 묘청妙淸이 김부식金富軾에게 패한 것이 그 원인이라 하겠다.

서경전역의 양측 병력이 각기 수만명에 불과하며 전역의 전체 기간도 2년이 채 안 되었지만, 그 전역의 결과가 조선 사회에 끼친 영향은 서경전역 이전에 고구려의 후예이며 북방의 대국이었던 발해 멸망의 전역보다도, 서경전역 이후에 고려 대 몽골의 60년 전역보다도 몇 갑절이나 더 컸다.[77]

76　고려 인종 13년(1135)에 승려 묘청(妙淸) 등이 서경에서 일으킨 반란으로 '서경천도운동' 혹은 '묘청의 난'이라고도 한다. 이자겸의 난 이후 어수선한 틈을 타서 일군의 평양인들이 풍수지리설을 근거로 평양으로 천도할 것을 주장했으나 좌절되자 국호를 대위(大爲), 연호를 천개(天開)라 하여 반란을 일으켰다. 김부식(金富軾, 1075~1151)이 이끄는 관군은 당시 개성에 있던 문인 정지상(鄭知常), 점술가 백수한(白壽翰) 등을 묘청과 연계된 세력이라는 혐의로 처형한 뒤에, 1년여의 작전 끝에 반란 세력을 진압했다.

77　해동성국의 번영을 자랑하던 발해가 926년 거란에 정복당하면서 우리 민족이 만주에 대한 지배권을 상실한 것도 큰일이며, 고려가 1231년부터 몽골제국의 침략에 항전하기 시작하여

대개 고려에서 조선에 이르는 1천년 동안에는, 이 서경전역에 견줄 만한 대사건이 없을 것이다. 서경전역은 역대 사가들이 다만 국왕 군대가 반란군을 친 전역으로 알았을 뿐이었으나, 이는 근시안적인 관찰이다. 그 실상은 낭가郞家, 불가佛家 두 계열 대 유가儒家의 전역이며, 국풍파國風派 대 한학파漢學派의 전역이며, 독립당獨立黨 대 사대당事大黨의 전역이며, 진취사상 대 보수사상의 전역이었다.

묘청은 곧 전자의 대표요 김부식은 곧 후자의 대표였던 것이다. 이 전역에 묘청 등이 패하고 김부식이 이겼으므로 조선사가 사대적이고 보수적이며 억압적인 사상, 즉 유교사상에 정복되고 말았다. 만일 이와 반대로 김부식이 패하고 묘청 등이 이겼다면 조선사가 독립적이며 진취적인 방면으로 진전하였을 것이다. 이 전역을 어찌 1천년래 제1 대사건이라 하지 않으리오? 아래에 전역 발생의 원인과 동기를 먼저 서술한 다음, 전역으로 인하여 생긴 영향을 논하려 한다.

2. 낭가, 유가, 불가 세 계열의 원류

서경전역의 원인을 말하려면 당시 낭가, 불가, 유가 세 계열이 정립하여 대치하였던 큰 흐름부터 논술할 필요가 있다.

① 낭교도郞教徒는 곧 신라의 화랑花郞이다. 화랑은 본래 상고 소도蘇塗 제단의 무사 곧 그 당시 '선비'라 칭하던 자인데, 고구려에서는 조의皂衣(검은 옷)를 입어 조의선인皂衣仙人이라 하고, 신라에서는 미모로 선발하여 화랑이라 하였다. 화랑을 국선國仙, 선랑仙郞, 풍류도風流徒, 풍월도風月徒

1257년 항복한 뒤 1273년 삼별초의 저항까지 완벽히 진압된 뒤에 자주독립국의 위상을 잃고 원 간섭기에 들어선 것도 큰일이지만, 1135년 서경천도운동의 실패가 훨씬 더 큰 영향을 미쳤다는 뜻이다. 가장 길게 보아야 42년인 대몽골 항쟁 기간을 신채호가 60년이라고 표현한 이유는 분명하지 않다.

등으로도 칭하였다.

『삼국사기三國史記』는 그 저자 김부식이 화랑을 적대시하고 배척하던 유교도 가운데에서도 가장 편협하고 고집스런 인물이므로, 본국 전래의『선사仙史』『화랑기花郎記』같은 것은 모두 말살하고, 다만 외국에까지 전파된 화랑의 한두 사실과『화랑세기花郎世記』의 한두 구절 즉 당나라 사람이 지은『신라국기新羅國記』『대중유사大中遺事』등에 쓰여 있는 화랑에 관한 문구만을 초록하여, 그 원류를 뒤섞고 연대를 뒤바꿔서 수많은 화랑의 아름다운 행적들을 묻어버렸다. 이 얼마나 애석한 일인가?

이에 관한 곡절은 훗날 이것만을 다룬 책으로 상론할 것이라 여기에서는 생략하지만, 화랑은 곧 신라 이래 국풍파의 지도적 위치가 되어 사회사상계에서 하나의 위치를 차지하던 자들이었다.

② 유교도儒教徒는 공자孔子를 높이 떠받드는 자들이다. 과거에 역사가들은 매양 존화주의尊華主義에 취하여 역사적 사실까지 위조하여가며 태고부터 유교적 교의가 조선에 널리 퍼졌던 것으로 말하였다. 그러나 '비치'나 '불구레'로 왕을 부르며, '말치'나 '쇠뿔한'으로 관직의 이름을 삼던 시대에는[78] 공자, 맹자의 이름을 들은 이도 전국에 몇 사람이 못 되었을 것이다.

대개 유교는 삼국 중말엽부터 그 경전이 얼마만큼 수입되어 예禮를 가르치며『춘추春秋』를 읽는 이들이 생겨나 뿌리를 내렸으며, 고려 광종 이후에 점차 융성해져 사회사상에 영향을 끼치게 된 것이다.

③ 불교도佛教徒는 인도에서 중국을 거쳐 조선에 수입된 석가釋迦의 교도이다. 삼국시대 말엽부터 성행하여 조정이나 민간에서 모두가 받들어 모시게 되어, 불교가 비록 세상 일에 관계 없는 출세간出世間(속세와 인연을

---

78 '비치'는 소지왕(炤智王)과 비처왕(毗處王)의 고유 발음, '불구레'는 혁거세(赫居世)의 고유 발음, '말치'는 대로(對盧) 혹은 막리지(莫離支)의 고유 발음, '쇠뿔한'은 각간(角干)의 고유 발음이라고 신채호는『조선상고사』에서 주장한 바 있다.

끊음)의 종교이지만 그 교도는 문득 정치상의 지위를 가지게 된 것이다.

당초에 신라 진흥대왕이 사회와 국가를 위하여 오래 유지할 정책을 정할 때에, 각 교파의 충돌을 우려하여 유교도와 불교도 양교는 평등하게 대우하고, 화랑은 삼교의 교리를 포괄한 것이라 하여 각 교파의 위에 자리하게 하였으며 각 교도가 서로 드나드는 것을 허용하였다. 그래서 신라사를 보면 전밀轉密【『김흠운전金歆運傳』에 보임】은 불교의 승僧으로 화랑 문노文努의 제자가 되고, 안상安詳【『삼국유사』에 보임】은 화랑인 영랑永郎의 고제高弟(뛰어난 제자)로 승통僧統을 잇는 국사國師가 되고, 최치원崔致遠은 유가와 불가 양교에 출입하는 동시에 또한 화랑도의 대요大要를 섭렵하기도 하였다.

그러나 세상일이 매양 시세를 따라 변천하고 사람이 바라는 대로 되지 않는 데야 어찌하리오. 진흥대왕의 각교 조화책도 불과 수백년 만에 무효가 되어버리고, 고려 인종 13년(1135)에 서경전역이 일어나게 된 것이다.

3. 낭가, 유가, 불가 세 계열의 정치상 투쟁

고려 태조 왕건이 불교로 국교를 삼고 유교와 화랑도 또한 아울러 활용하였지만, 그 후손에 이르러서는 왕왕 중화中華(중국 문명)를 숭상하고 사모하였다. 광종은 중국 남방 사람 쌍기雙冀를 등용하여 과거제도를 시행하고 더욱 유학을 장려하면서, 만일 유교의 경전에 통하는 중국인이 오면 고위 관직을 내리고 두툼한 녹봉을 주며, 또 신하들이 소유했던 아름다운 저택을 빼앗아 준 일까지 자주 있었다. 성종 때 이르러서는 최승로崔承老 등의 유학자를 등용하여 재상을 삼고 낭교도郎敎徒나 불교도佛敎徒는 모두 억압하고 오직 유교만을 받들어 모시기에 이르렀다. 불교는 원래 출세간의 종교일뿐더러 어느 국토에 수입되든지 매양 그 나라 풍속, 습관과 타협하기를 잘하고 다른 종교를 심히 배척하지 않지만, 유교는 그 의관, 예악, 윤리,

명분 등으로 그 종교의 중심을 삼아 전도되는 곳에는 반드시 겉모습까지도 동화되기를 요구하며 다른 종교를 배척하는 것이 대단히 격렬하였다. 이때의 유학 장려에는 낭교도파와 불교도파가 불평하였을 뿐 아니라 곧 전국민이 달갑게 여기지 않는 바였다.

이런 사정은 대개 공자『춘추春秋』의 "쓸 만한 것은 쓰고, 삭제할 것은 삭제한다"[79]는 주의를 받들어 모시는 역사가들에게 삭제당하여 상세한 전말을 기술할 수 없으나, 명확하지도 않고 상세하지도 않은 역사책 속에 남겨진 한두 사실로 미루어 그 전체를 대략 상상해볼 수는 있다.

『고려사高麗史』와『동국통감東國通鑑』에 따르면, 성종 12년(993)에 거란 대장 소손녕蕭遜寧이 침입하여 북방 국경을 공략하며, 격문을 보내 80만의 군사가 뒤따라 올 것이라고 협박하니, 온 조정이 두려워하여 서경西京 이북을 떼어주고 화친을 구걸하자는 논의가 일어났다.

그때 다만 서희徐熙, 이지백李知白 두 사람만 그것이 잘못된 계책임을 들어 논박하였다. 이지백은 아뢰기를, 선왕의 연등회燃燈會, 팔관회八關會, 선랑회仙郎會 등을 회복하고 남의 나라에서 온 다른 법도를 배척하여 국가 태평의 기초를 보존하며 신명神明에게 고한 후에, 싸우다가 이기지 못하면 화친해도 늦지 않는다 하였다. 이는 이지백이 성종이 중화의 문물만을 즐기고 흠모하여 국민 감정에 배반한 것을 비난한 것이라 하겠다. 이지백이 가리킨 선왕은 고려의 선대 왕(왕건)이요, 선랑회는 화랑회花郎會이다. 태조 이래로 대개 신라의 화랑회를 중흥하여 연등회, 팔관회 등과 함께 실시해오다가, 성종이 유교를 독실히 믿고 중화의 풍조를 숭상하여 낭교도와 불교도 양가의 모임을 혁파하였던 것이 명백하다.

이제 외국의 침략을 당하여 그같이 융숭한 대접을 받던 유교도의 여러

---

79   원문은 "筆則筆 削則削"으로『사기(史記)』「공자세가(孔子世家)」에 나오는 말이다. 공자가 『춘추(春秋)』를 지으면서 대의명분을 밝힌 문장을 묘사하며 나오는 말로서, 흔히 춘추필법 (春秋筆法)이라고 한다.

신하들이 외적을 물리칠 계책은 추호도 생각해내지 못하고 도리어 땅을 떼어주고 나라를 팔아먹는 행위를 국왕에게 권하는 까닭에, 이지백의 상소는 첫째로 유교도 신하들의 나약함을 통렬히 꾸짖고, 둘째로 낭교도와 불교도 두 계열을 위하여 원통함을 호소하고, 셋째로 국풍파를 대표하여 중화 숭배자를 질타한 것이다. 여기에서 낭교도와 불교도 두 계열의 국풍파들이 유교도에 대해 불만을 품은 것이 오래되었음을 볼 수 있다.

이 뒤로부터 조정의 의견 집단이 드디어 두 파벌로 나뉘었다. 낭가는 매양 국체國體상에는 독립, 자주, 칭제, 건원을 주장하며, 정책상에는 군대를 일으켜 북벌하고 압록강 이북의 옛 강토를 회복해야 한다고 강력히 주장하였다. 유가는 반드시 존화주의의 관점에서 국체는 중국의 속국이 되어야 함을 주장하고 따라서 그 정책은 비굴한 언사와 후한 공물로 대국을 섬겨서 평화로 나라를 보존해야 한다고 강력히 주장하였다. 서로 반대의 입장에 서서 맞서 싸웠던 것이다.

예를 들면 현종 말년에 발해의 중흥을 보조하여 거란을 쳐서 옛 강역을 회복하자는 곽원郭元이 있었던 반면, 본토를 삼가 지키며 백성들을 보호하자는 최사위崔士威 등이 있었다. 또 덕종 초년에 압록강 다리를 파괴하고 억류된 우리나라 사신의 송환을 거란에 요구하고 거란이 이를 듣지 않으면 단교하자는 왕가도王可道 등이 있었던 반면, 외교를 신중히 하여 전쟁의 화가 없도록 하자는 황보유의皇甫兪義 등이 있었다. 그 밖에 고려 역대 외교에 매양 자존적인 강경론을 편 인물들은 거의 낭교도이거나 혹 간접으로 낭교도의 영향을 받은 자들이었고, 비굴한 언사와 후한 공물로 큰 나라를 섬겨야 한다는 의론을 고집한 자들은 대개 유교도들이었다. 불교는 자체 성질상 정치 문제에 관하여 낭가와 같이 격렬하고 체계적인 주장을 가지지는 않았으나 대개는 낭가와 가까웠다.

팔관회를 『삼국사기』에서는 불가의 법회라 하고, 『해동역사』에서는 한나라 때의 대포大酺[80]와 같은 가례嘉禮의 경회慶會[81]라고 하였으며, 최근 이

능화李能和가 저술한『불교통사佛敎通史』에는『고려사』태조 천수天授 원년 조에 있는 "팔관회를 설치하고 (…) 그 사선악부四仙樂部 (…)"[82]와 태조의 유훈遺訓에 "팔관은 하늘 및 산천과 용신을 섬기는 바이다"[83]라는 구절과 의종 32년조에 있는 "지금부터 팔관회에서는 양반으로 가산이 풍족한 자를 미리 골라서 선가仙家로 삼으라"[84]는 등의 말을 인용하여 팔관회를 신선을 숭배하는 모임으로서 불교 의식을 겸한 것이라 주장하였다.

그러나 "사선四仙"은『삼국유사』에 의하면 화랑의 네 성인인 영랑永郎, 부례랑夫禮郎 등을 아울러 칭하는 말이고 "선가"는 그 위아래 문장을 참조해보면 또한 화랑을 가리킨 것이었는데, 대개 낭교도와 불교도 양가의 관계가 밀접해진 이래로 낭가의 소도대회蘇塗大會에 불가의 팔관계八關戒를 사용한 것이니, 팔관을 대포의 종류라 하는 것도 망녕된 판단이지만 팔관의 선가를 중국 선교仙敎의 신선으로 파악한 것도 큰 오류다.

고려 초중엽에는 화랑이 그 사상으로 사회에 전해지고 있었을 뿐만이 아니라, 실제 그 조직이 존속하여왔으므로 화랑을 반대하는 유가에서도 그 명칭과 의식을 많이 훔쳐 사용하였다. 그 한두가지의 예를 들면 최공도崔公徒, 노공도盧公徒[85] 등은 화랑의 원랑도原郎徒, 영랑도永郎徒 등을 모방

---

80   천자가 연회를 벌이고 백성들에게 술과 음식을 나누어주는 일.

81   길례(吉禮)·흉례(凶禮)·군례(軍禮)·빈례(賓禮)·가례(嘉禮)로 구분되는 오례(五禮) 중 관례나 혼례 및 생일 등 경사를 축하하는 잔치를 말한다.

82   『고려사』태조신성대왕(太祖神聖大王) 원년 11월조에 나오는 구절이다. 팔관회를 베풀고 무대를 만들어 유희를 벌였는데, 사선악부와 용, 봉, 코끼리, 말, 수레, 배는 모두 신라에서부터 전해지던 관례에 따랐다고 되어 있다.

83   태조의「훈요십조(訓要十條)」6조에 나오는 구절이다. 신채호는 "하늘 및 산천과 용신(天及山川龍神)"이라고 인용했는데,「훈요십조」의 원문에는 "하늘의 영과 오악과 명산과 대천과 용신(天靈及五岳名山大川龍神)"이라고 되어 있다.

84   저본에는 의종 32년이라고 되어 있으나, 인용한 내용은『고려사』의종 22년(1168) 3월 26일조에 의종이 내린 정치쇄신에 대한 교서에 나오는 구절이다.

85   고려시대 사교육 기관들로, 최공도는 문헌공도(文憲公徒)라고도 했으며 최충(崔沖)이 설립했고, 노공도는 광헌공도(匡憲公徒)라고도 했으며 노단(盧旦)이 설립했다. 이와 같은 사교육 기관인 도(徒)가 이 시기 과거시험 합격자를 주로 배출하여, 각 도 출신들이 학연에 기반

한 것이며, 학교의 청금록靑衿錄[86]은 화랑의 풍류황권風流黃卷[87]을 모방한 것이다. 그러나 역사가의 삭제를 당하여 화랑의 사적이 흐릿하게 어두워졌으니 어찌 탄식할 바가 아니랴?

4. 예종과 윤관尹瓘의 대 여진전쟁

고려시대에 화랑의 사상을 실행하려던 임금과 신하가 있었으니, 그들이 바로 예종과 윤관이다. 예종 본기에 의하면 그 11년(1116) 4월에 "사선四仙의 자취는 마땅히 영광을 더해야 한다. (…) 국선國仙의 직임은 근래 벼슬길로 나가는 문이 많아졌지만 마땅히 대관大官의 자손에게 맡기도록 해야 한다"[88]는 조서詔書를 내렸다. 예종이 만일 화랑의 중흥을 염원하는 임금이었다면 무슨 까닭으로 즉위한 지 10여년 만에야 비로소 영랑永郎, 부례랑夫禮郎 등 사성四聖의 유적에 영예를 더 올려주고 국선國仙의 진출 통로를 열었을까? 위 조서는 서경西京의 새 궁궐에서 내린 것이다. 서경에 새 궁궐을 지었던 일이 예종 본기本紀에는 보이지 않지만 「오연총전吳延寵傳」에 의하면 예종이 도참圖讖사상[89]에 의지하여 서경에 새 궁궐을 건설하므로 오연총이 간쟁하였으나 듣지 않았다고 하였는데, 이는 곧 여진 정벌[90] 이전

한 폐쇄적 집단을 형성하기도 했다.

86 성균관이나 향교 등의 교육기관에 소속된 유생(儒生)들을 관리하던 명부.

87 화랑도에 소속된 낭도들을 수록한 명부.

88 『고려사』 예종 11년 4월 17일조의 기사에 나오는 내용이다. 다만 여기서 신채호는, "문이 많아졌지만"과 "마땅히 대관의"라고 번역한 부분의 사이에 "국선의 직임을 구하는 자가 거의 없으니(略無求者)"라고 번역할 만한 구절을 누락하고 인용하고 있다. 신채호가 인용한 대로 해석하면 '국선이라는 벼슬을 하려는 자가 많았다'라고 이해할 수 있지만, 원문대로 해석하면 '국선이라는 벼슬을 하려는 자가 거의 없었다'라고 이해하게 된다.

89 비밀스런 언어나 상징에서 앞날의 길흉화복을 예견할 수 있다고 믿는 사상. 나뭇잎에 새겨진 '주초위왕(走肖爲王)'을 보고 조광조가 왕위를 탐낸다고 주장하거나, 묘청이 평양의 지세는 36국이 조공을 바칠 만하다는 비결을 퍼뜨리는 등의 행동이 모두 도참사상에서 나온 것이다.

의 일이다. 그런즉 서경 새 궁궐의 창건은 여진 정벌 이전의 일인 동시에 화랑중흥책과 밀접한 관계가 있는 것이다. 또한 여진 정벌과 관계된 것이니 당시의 역사책에 반드시 상세한 기록이 있었을 것이지만, 뒤에 올 김부식파의 역사가들이 서경 새 궁궐의 창건이 묘청 천도 계획의 선구였으므로 이를 삭제하는 동시에 그가 적대시하는 화랑에 관한 기록도 물론 남겨두지 않았을 것이다.

11년 조칙에 나오는 국선 운운하는 말은 화랑의 역사를 잘 모르는 저들 역사가들이 국선이 곧 화랑임을 알지 못하여 의식하지 못한 가운데에 삭제하지 않은 것이다. 이는 마치 『동국여지승람輿地勝覽』에 '仙'을 도교의 '신선'으로 오인하여 수많은 화랑의 유적을 남겨두었던 것과 같은 이치이다.

여하간 예종은 화랑사상을 가진 임금으로 여진 정벌도 이 사상을 실행한 것이라는 점은 명백하며, 윤관은 신라 화랑 김유신金庾信을 숭배하여 나라를 위해 기도하는 충성과 유월에도 강물을 얼게 할 정도의 열렬한 믿음[91]을 가진 인물로서 예종과 뜻을 같이하여 여진을 정벌하고 북방 변경을 개척하여 구성九城을 건설하였다. 9성에 대하여 『고려사』는 "옛 역사책에서는 영주英州 웅주雄州 복주福州 길주吉州 함주咸州 의주宜州의 여섯 주와 공험진公嶮鎭 통태진通泰鎭 평융진平戎鎭의 세 진이었다가, 철수할 때에는 의주와 공험진과 평융진이 없어지고 숭녕진崇寧鎭 진화진眞化鎭 선화진宣化鎭의 세 진이 갑자기 나타난 것이 의심스럽다"고 하였다. 또 "의주성은 정주定州【지금의 정평定平】이남에 있었기 때문에 여진을 공격하여 쫓아내

---

90   고려 예종 2년(1107) 윤관(尹瓘)과 오연총을 지휘관으로 하는 17만 대군으로 여진을 정벌하여 동북 9성을 확보한 일을 말한다. 이때 확보한 동북 9성은 1109년 여진에게 돌려주고 철수했다.

91   『동국여지승람』, 함경도 길성현(吉城縣) 조의 '옛 웅주〔雄州〕' 항목에 "6월에 강물이 얼어서 김유신이 군대를 건너게 할 수 있었는데 이는 지극한 정성에 의해 강물이 얼게 된 것이다"라고 하는 윤관의 발언이 기록되어 있다.

기 이전에도 축조되어 있던 성이라 하니 9성의 숫자가 의심스럽다"[92]고 하였다. 함주는 지금의 함흥咸興이요, 영주, 웅주는 길주에 합병된 것이고, 복주는 지금의 단천端川이요, 의주는 지금의 덕원德源이라 하고 공험진, 통태진, 평융진 등의 경계를 명확히 기록하지 못하여 9성 간의 거리도 분명치 못하다. 이로 인해 지금까지도 역사가들의 논란거리가 되어 있다. 그러나 이러한 사소한 문제는 일단 뒤로 미루고, 9성의 건설과 철수 사실에 대한 전말을 간략히 논하고자 한다.

여진은 삼한시대의 예맥濊貊이요 삼국시대의 말갈靺鞨이었으니, 고구려가 망한 뒤에는 발해에 소속되었다가 발해가 망하니 고려에 소속되었다. 그러나 또 한편으로는 거란을 섬겼기 때문에 『문헌통고文獻通考』에 "여진은 신하처럼 거란을 섬기고, 노예처럼 고려를 섬겼다〔女眞臣事契丹奴事高麗〕"라고 하고, 예종 4년(1109) 여진 사신의 말에도 "여진은 큰 나라【고려를 말함】를 부모의 나라로 여기고 있어서 조공을 끊이지 않게 하였다"고 했다.

예종의 아버지 숙종肅宗은 여진이 점점 강대해지는 것을 꺼려서 이를 정복하려 하였으나 헌종獻宗의 잔당殘黨이 내란을 일으킬까 두려워 군대 동원을 주저하였다가, 곧 자신이 죽을 때 여진을 정복하라는 밀지密旨를 예종과 윤관에게 내렸다. 예종과 윤관이 17만의 대병으로 여진을 정복하며 수천명의 목을 베고 불과 몇 달 만에 9성의 땅을 얻게 되었다. 고려 지리지地理志에 두만강 밖 7백리 선춘령先春嶺 아래에 "여기까지가 고려의 경계이다〔至此爲高麗之境〕"라고 일곱 글자를 새긴 윤관의 비석이 있다 하니,[93] 윤관의 개척이 이조의 김종서金宗瑞보다 훨씬 뛰어났음을 보겠다.

---

92   『고려사』「지리지」"선화진(宣化鎭)" 조에 있는 내용을 신채호가 발췌하여 인용하고 있는 부분이다.

93   『고려사』「지리지」에는 "고려의 경계(高麗之境)"라는 표현 없이 선춘령에 비석을 세워 경계로 삼았다고만 되어 있다.

윤관의 성공은 낭교도가 기뻐서 뛰어오를 일이지만 유교도들은 기뻐하지 않는 일이었다. 출병하던 처음에도 벌써 유신 김연金緣 등이 상소하여 출병을 반대하였다. 이후 9성을 설치한 뒤에 여진이 그 잃어버린 땅을 회복하고자 번갈아 침입하니, 우리 군대가 비록 연전연승했지만 몇 년 동안 인력의 징발과 재물의 소모가 적지 않았던 것은 피치 못할 일이었다. 유교도들이 더욱 이를 기회로 공박하니, 예종이 마침내 처음 품었던 뜻을 굳게 지키지 못하고 9성에서 철수하고 여진에게 되돌려주었다.

『금사金史』를 살펴보면, 이때 여진군의 참모장은 금 태조였다. 거란은 점점 쇠약해지고 여진이 발흥하던 때였으니, 만일 예종이 처음 품었던 뜻을 굳게 지켜서 한때의 곤란을 이겨내고 윤관에게 모든 일을 맡겨두었더라면 고려의 국세가 흥성하여 후세에 다른 나라에게 정복당하는 치욕을 면할 뿐 아니라, 또한 거란을 대신하여 흥한 나라가 금나라가 아니라 고려가 되었을지도 모른다.

그러나 여진은 9성 반환의 은혜에 감격하여 지금부터 대대로 자손들까지 조공을 바치고 기왓장이나 벽돌조차 고려 국경으로는 던지지 않겠다고 맹세하였다. 이 뒤에 여진이 강대하여져서 대금국大金國이 된 뒤 비록 고려에 바치던 조공은 폐지하였지만, 금나라 전기간을 통틀어 한번도 고려를 침입한 일이 없었으니, 이는 윤관이 전투를 치렀던 공 덕분이다. 윤관의 시대에 역사를 기록하던 사람들은 윤관을 원수처럼 보던 김부식의 도당들이었으니, 윤관의 전공을 그대로 기록하지 않았을 것이다. 이것도 역사를 읽는 사람이 알아두어야 할 일인 것이다.

5. 묘청과 윤언이尹彦頤의 칭제북벌론稱帝北伐論의 발생

앞서 말한 바와 같이 윤관이 비록 금태조를 전쟁에서 이겼으나 고려의 유교도들이 이를 반대하여 더 나아가는 것을 막았을 뿐만 아니라 이미 언은 9성까지도 되돌려주게 하였다. 금 태조는 이에 고려와 강화조약을 맺고 서북 방면에 전력을 기울여 즉위한 지 10년 안에 거란을 멸망시키고 만주에서부터 중국 양자강 이북까지 병탄하여 대금제국을 건설하였다.

생면부지의 먼 곳 사람은 누가 갑자기 흥하거나 망하거나 심상히 볼 뿐일 것이다. 그러나 자기 집 행랑살이하던 머슴들이 돌연히 하늘 위에 오르는 사람이 되었다고 하면 이를 볼 때 신경이 솟구쳐 오르는 것을 면치 못할 것이니 이는 거의 보편적인 사람의 마음이다. 수천년 동안 중국 대륙을 차지하던 자가 악마 같은 진시황秦始皇이거나 도적떼 두목이었던 한고조漢高祖이거나, 야만 종족인 거란의 태조이거나 모두 그다지 조선인의 뇌리를 자극할 것이 없었으나, 오직 금태조가 중국 황제가 되었을 때만큼은 거의 모두가 삐딱하게 보는 태도를 가지게 되었다.

금태조가 원래 고려에 조공을 바치던 여진족이었으며 더구나 윤관에게 패하여 9성 등 천여리의 땅을 빼앗겼던 오랑캐의 추장으로서, 하루아침에 중국 황제가 되어 지난날의 정복자였던 고려 군신들을 도리어 압박하기에 이르렀으니, 고려 군신들이 어찌 분개하지 않을 것인가?

예종이 9성의 철수 반환을 후회하는 동시에 국선의 중흥을 장려하고 서경으로 천도할 것을 계획하며, 또 성종 이래의 비굴한 언사와 후한 공물로 하는 외교 정책도 바꾸었다. 왕왕 금태조에게 보내는 국서 중에 너희 나라의 뿌리가 우리 땅에서 시작하였다느니, 너희가 원래 우리나라의 속국이라느니 하는 문구로 금나라 군신의 분노를 촉발하여 하마터면 국교상 대결렬이 발생할 뻔한 때가 허다하였다. 그러나 금태조는 전날의 맹약에 얽매여 즉시 고려를 침범하지 않았고, 예종은 9성 건설 때 여러 신하들의 반대를 겪은 뒤라 가벼이 금에 대항하지 못했으므로 피차 평화를 유지하게 되었다.

예종이 승하하고 인종이 즉위하자, 낭가와 불가와 기타 무장들과 시인들이 떨쳐 일어나 칭제稱帝(황제를 칭함)하고 북벌하기를 강경히 주장하기에 이르렀다. 칭제북벌론의 영수는 첫째로 윤언이尹彦頤였다. 윤언이는 곧 윤관의 아들로 유일한 낭가의 계통이니 칭제북벌론의 영수가 된 것이 필연적이고 당연한 일이다. 그러나 윤언이가 칭제북벌론을 주장할 때의 상소와 건의는 『고려사』 본전에 모두 삭제를 당하고 오직 서경전역 후 해명의 상소만 게재되어 있어, 후인으로 하여금 윤언이가 칭제북벌론자의 한 사람이라는 것만 알고 그 자세한 내용은 알지 못하게 만들었으니 어찌 가석하지 않은가?

둘째는 묘청이다. 묘청은 서경 승려로 도참설圖讖說을 꿰어맞춰 서경으로 천도하고 황제를 칭하고 연호를 정한 뒤에 북으로 금나라를 정벌하자는 자였다. 셋째는 정지상鄭知常이다. 정지상은 일곱살에 "누가 새 붓으로 강 물결 위에 을乙 자를 썼나〔何人把新筆, 乙字寫江波〕"라고 강가의 오리에 대한 시를 짓던 신동으로 당시에 이름을 떨치던 시인이요, 조선시대의 백호白湖 임제林悌(1549~1587)와 같이 강토의 확장을 꿈꾸던 인물이다.

이 세 사람의 칭제북벌에 대한 의견은 한가지였지만, 다만 묘청과 정지상은 서경 천도까지 주장하였고, 윤언이는 그것에 동의하지 않았다는 차이가 있다. 「묘청전妙淸傳」에는 묘청, 백수한白壽翰, 정지상 세 사람이 다 서경 사람이므로 서경 사람 김안金安 등이 떠받들어 서경삼성西京三聖이라 칭하였다 하나, 백수한은 묘청의 제자라 따로 한 파로 칠 것이 없어 여기에서 거론하지 않는다.

6. 묘청의 광망狂妄한 행동: 서경에서의 거병

『고려사』에 묘청을 요사스러운 역적〔妖賊〕이라 하였다. 이는 묘청이 음양가의 풍수설로 평양 천도를 주창했기 때문이라 한다. 대개 신라 말엽부터 평양 임원역林原驛은 크게 번영할 기세가 있다고 하여, 여기로 도읍을 옮기면 36국이 와서 조공을 바치리라는 비결秘訣이 유행하였다. 아마 고구려가 망하고 평양 옛 도읍이 황폐해진 뒤에 신라의 비굴한 외교를 분하게 여기는 불만세력이 이 한 조각의 비결을 조작하고 그것이 그대로 세간에서 하나의 미신이 되었을지도 모를 일이다.

그러므로 신라 헌덕왕憲德王 14년(822년)의 김헌창金憲昌과 17년(825년)의 김범문金梵文이 모두 평양 도읍 건설을 내걸고 반란을 일으켰으며, 그 뒤 궁예弓裔도 이상적으로 생각하는 새 도읍은 평양이었고, 고려 태조도 그 「훈요십조」에서 평양은 지덕地德의 근본이라 하여 후대 왕들이 계절마다 한번씩 순시하고 머물길 권하였으며, 혜종은 더 나아가 평양에 웅대한 궁궐을 짓고 도읍을 옮기려 하였으며, 예종도 전술한 바와 같이 평양에 새 궁궐을 건축하였다.

이같이 평양에 도읍을 세우는 것이 역대 왕들이 시도하던 것이었지만, 사실 평양으로 도읍을 옮기면 북방의 침공에 너무 가까워지게 된다. 만일 적의 기병이 압록강을 건너는 때에는 도성이 먼저 전투의 요충지가 되므로 중앙의 근본이 흔들리게 되어 한번의 작은 실패만 있더라도 전국이 동요될 수 있다. 평양은 실제 당시 도성이 될 지정학적 위치에 전혀 적당하지 않은데, 칭제북벌론자가 매양 평양 천도를 전제로 한 것은 매우 커다란 실책이었다. 윤언이가 전자(칭제 북벌)를 주장하고 후자(평양 천도)에 동의하지 않았던 것은 과연 탁견이라고 할 만하다.

그러나 비결과 풍수설로 평양 천도를 주장하는 것은 묘청에서 시작된 것은 아니니, 이것만 가지고 묘청을 요사스러운 역적이라 하는 것은 너무 억울한 판결이다. 묘청이 "풍백風伯과 우사雨師를 마음대로 지휘한다"라고 하며, 대동강 바닥에 기름떡을 가라앉히고 신룡神龍의 침이라 하여 모든 관리들에게 경축할 것을 청하는 것이 어찌 요사스러운 역적이 벌이는 일이 아니겠는가? 그러나 이러한 일은 고려 이전에는 항상 있던 일이니, 고대에 종교계나 정치계의 인물들이 매양 아득한 천신을 빙자하여 군중을 농락하던 것이다. 이것으로 묘청을 죄 주는 것도 또한 공정한 판결은 아닐 것이다.

그러면 어찌하여 묘청을 광망狂妄하다 하였는가? 「예종 본기」나 「묘청전」으로 보면 당시 칭제북벌론으로 기울어진 자들이 거의 전국인의 반이 넘으며 정치세력의 중심인 국왕 인종仁宗도 열에 아홉은 묘청을 믿고 따랐다. 비록 김부식, 문공유文公裕 등 몇몇 반대자들이 외적의 형세를 지나치게 과장하여 그 전통적 사대주의의 보루를 고수하려 하였으나, 이를 공박하고 논파함이 그다지 어려운 일도 아니었는데 이제 이같이 성숙한 기회를 제대로 활용하지 못하였던 것이다. 문득 김부식의 한 상소로 인종이 천도 계획을 정지한 것에 분노하여, 서경에서 군사를 일으켜 천견충의군天遣忠義軍이라 자칭하며 국호를 대위大爲라 하고 연호를 천개天開라 하며 평양을 상경上京으로 정하고, 인종에게 상경 새 궁궐로 옮겨와서 그 국호와 그 연호를 받으라고 요구하였으니 그 시대 신하의 예에 비추어 얼마나 오만방자한 행동인가? 이같이 오만방자한 행동을 한다고 하더라도 반드시 그 내부가 공고하고 실력이 튼튼해진 뒤에 감행해야 할 것이 아니었겠는가? 묘청이 군사를 일으키는 비밀 모의에 윤언이와 정지상이 함께 참여하지도 못하였을뿐더러, 묘청의 심복이며 제자인 백수한까지도 송도에 있어서 진행의 내막을 제대로 알지 못하였고, 그 공모자가 불과 서경에 잠시 머물던 병부상서兵部尙書 유참柳참과 분사시랑分司侍郞 조광趙匡 등뿐이었는데, 느닷없이 서경병마사西京兵馬使 이중李仲을 체포하고 그 군사를 빼앗아 거사하였던 것이다.

인종이 비록 나약하다고 해도 어찌 대위국 황제라는 허망한 명칭을 탐내서 오만방자한 신하의 근거지인 서경으로 기꺼이 옮겨갈 것인가? 윤언이가 비록 묘청의 칭제북벌론에 동의하던 사람이었다고 해도, 어찌 이같이 광망한 행동에까지 한결같이 동조해줄 수 있을 것인가? 윤언이 일파는 고사하고 묘청의 친당인 문공인 등도 군사를 일으켰다는 보고가 처음 송도에 이르렀을 때, 그러한 일은 절대 없었을 것이라고 믿을 지경이었다.

그러나 사실이 차차 명확해지자, 칭제북벌론자는 모두 와해되며 반대자들이 기뻐 깡충거렸고 김부식이 원수로 묘청의 토벌 원정에 오르게 되었다. 정지상, 백수한 등은 출병 전에 김부식에게 피살되었고, 윤언이는 묘청과 같은 칭제북벌론자임에도 불구하고 김부식의 휘하로 들어가 묘청 토벌자의 한 사람이 되었다.

정지상은 시재詩才가 고금에 짝이 될 만한 사람이 없을 정도여서 문예가들의 숭배를 받다가 김부식에게 죽었으므로, 후대의 시인들이 못마땅하게 여겨 그에 대한 일화가 많이 전해진다. 그 한두가지를 들어보겠다.

김부식이 정지상의 "절간에서 경쇠 소리 끝나고, 하늘빛은 유리처럼 맑네〔琳宮擊磬罷 天色淨琉璃〕"[94]의 시구를 달라고 하다가 정지상이 허락하지 않으므로 살해하였다는 이야기가 있다. 또 일설에 따르면 정지상이 "그대가 술 있거든 부디 나를 부르소서. 내 집에 꽃 피거든 나도 또한 청하오리. 그래서 우리의 백년 세월을 술과 꽃 사이에서"라는 시조 한수를 지었더니, 김부식이 보고 이놈이 시조도 나보다 잘한다고 하여 살해하였다고도 한다.

이와 같은 문예에 대한 시기심도 한 원인이 될 수도 있겠지만 주된 원인은 김부식은 사대주의의 괴수이고 정지상은 북벌파의 용장이었기 때문이다. 만일 정지상을 살려두어 그의 작품이 유행하게 한다면 혹 그의 주장이 다시 살아날지도 모르는 것이다. 이것이 김부식이 정지상을 살해한 가장 큰 이유였다.

7. 묘청의 패망과 윤언이의 말로

인종 13년(1135) 정월 묘청이 서경에서 군사를 일으키자 인종은 김부식

---

94   이규보의 『백운소설(白雲小說)』에서는 이 시 구절이 "절간에서 범어 외는 소리 끝나니, 하늘빛이 유리처럼 맑네(琳宮梵語罷 天色淨琉璃)"라고 되어 있다.

을 토벌군 원수로 임명하였다. 김정순金正純, 윤언이 등이 부장이 되어 중군을 인솔하고, 김부의金富儀, 김단金旦 등은 좌우의 양군을 거느리고 출정하였다. 불과 수십일 만에 조광趙匡이 묘청의 목을 베고 항복을 청하였는데, 조광이 보낸 사신 윤첨尹瞻을 하옥하니 조광이 다시 성을 지키며 항거했다. 그 이듬해 12월에야 비로소 성을 함락시키고 조광의 목을 베었다.

처음에 김부식이 행군하는 도중 보산역寶山驛에 도착하여 군사회의를 열고 공격 속도를 어찌할지 여러 장수들에게 물었다. 윤언이 등 여러 장수들은 모두 즉시 공격할 것을 주장하였으나, 김부식은 묘청이 5~6년 동안 흉계를 마음에 품고 있었기에 그 방비가 완벽할 것이니 며칠 안에 함락시킬 수 없으리라 하여 천천히 공격할 것으로 결정하였다.

그러나 묘청은 실상 음모를 쌓아온 것이 아니고, 다만 그 광망한 생각에 서경을 점거하고 병사를 일으켜 인종의 천도를 재촉하면 김부식 등의 사대주의자는 자연히 놀라 흩어지고 인종은 할 수 없이 오게 될 것이라 여겼던 것이지만, 뜻밖에 토벌군이 이르자 그 도당이 묘청에 대한 신뢰가 갑자기 떨어져서 드디어 묘청의 목을 베고 항복을 구걸한 것이니, 이는 실제 사실로 증명된 것이다. 그리고 조광 등이 묘청의 목을 벤 뒤에도 조정에서 용서해줄 뜻이 없음을 보고 이에 급작스레 반란을 일으켜 맞서 싸우게 되었다.

김부식이 만일 윤언이를 신용하였다면 단기간에 토벌하여 평정했을 것이지만, 김부식이 끝내 윤언이를 시기하고 의심하여 천천히 공격하는 전략을 쓰다가 결국 두해에 이르도록 전쟁을 끝내지 못하였다. 이로 인해 안으로 인종이 적잖이 의심하며 불안해했고 밖으로 금나라가 침입해 오리라는 염려가 급해진 뒤에, 윤언이의 말을 수용하여 공인工人 조언趙彦이 만든 석포石砲로 성문을 부수고 불덩이를 던져 성을 함락했다는 승전보를 알릴 수 있었다. 『고려사』의 묘청, 윤언이, 김부식 세 사람의 열전을 상세히 살피면, 이 전투의 성공은 모두 윤언이의 작전에서 나온 것이고 김부식에게는 조그마한 공도 없었다는 것이 명백해진다. 윤언이가 묘청과 동일한 칭제북벌론자로서 이제 도리어 묘청의 토벌에 힘을 다하니, 그는 자신의 주의를 저버린 것이 아닌가? 그러나 이는 묘청의 탓이지 윤언이의 잘못은 아니라 할 것이다.

묘청의 행동이 광망하여 그 동당 정지상 등을 속여 사지에 빠지게 하고 그 밖에 뜻을 같이하는 모든 사람을 진퇴양난의 지경에 서게 하여 칭제북벌이라는 말조차도 세상 사람들이 꺼리는 바가 되게 하였으니, 윤언이가 비록 천재라고 하더라도 어찌할 수가 있었겠는가? 승전 뒤에는 김부식이 윤언이를 정지상의 친구라 하여 엮어 죽이고자 하니, 전쟁 공로에 대한 포상도 받지 못하였을 뿐만 아니라 도리어 6년간 유배에 처했다가 간신히 살아 돌아왔다.

윤언이가 자신을 변명하는 상소문에서 "임자년(1132) 서경으로 행차하셨을 때 연호를 정하시라 청했었습니다. (…) 연호를 정하시라 하는 것은 우리 임금을 존중하고자 하는 충정에서 비롯된 것으로, 태조와 광종의 선례도 있습니다. 이전의 여러 문서를 살펴보면 신라와 발해에서도 그렇게 했었던 일이 있었습니다"라고 하여, 연호를 정하는 일만 변명하고 황제를 칭하는 일은 언급하지 않았다. 칭제북벌론자로서 사대주의의 조정에서 구차하게 살아남으려 한 것이니, 그 편안하지 못한 신세와 자유롭지 못한 언론을 상상해볼 수 있다.

윤언이 열전에 의하면 윤언이가 만년에 불교를 매우 좋아하여 승려 관승貫乘과 불도의 벗이 되었다고 한다. 관승이 일찍이 포단蒲團(방석) 하나를 만들어놓고는 두 사람 중 누구든지 먼저 죽는 자가 포단을 쓰기로 윤언이와 서로 약속하였다. 하루는 윤언이가 관승을 만나고 돌아오니 관승이 포단을 보내왔다. 윤언이가 웃으며 "대사가 약속을 어기지 않았네"라고 말하고 벽에 이런 글귀를 쓰고 포단에 앉아서 영면하였다.

봄 다시 가을, 꽃 피고 낙엽 지네

동쪽 다시 서쪽, 진군眞君(마음)을 잘 길렀네

오늘 길 위에서 이 몸을 돌아보니

만리 하늘에 한 조각 한가한 구름이라

春復秋兮花開葉落 東復西兮善養眞君

今日途中反觀此身 長空萬里一片閑雲

그 벽에 쓴 글이 겉으로는 하나의 불가의 게송처럼 보이지만, 기실 이념 실현 실패에 대한 분노가 언어 밖으로 넘치고 있다. 못난 놈 하나 때문에 통달한 여섯 사람이 죽은 것은 천하에 애통할 일이다.

묘청이 비록 그 행동이 광망하였으나 그 이념상 불후의 가치는 김부식 따위에 비할 사람이 아니었다. 이전의 역사책에서 부정적인 말만 있고 긍정적인 말이 전혀 없으니 이는 공정한 평가는 아니다.

8. 서경전역 후 『삼국사기三國史記』 편찬

묘청이 패망하고 서경전역이 마무리되자, 김부식이 드디어 수충정난정국찬화동덕공신輸忠定難靖國贊化同德功臣의 찬란한 훈호勳號에 개부의開府儀, 동삼사同三司, 검교태사檢校太師, 수태보守太保, 문하시중門下侍中, 판상서사判尙書事, 겸이예부사兼吏禮部事의 영광스런 관직에다가 또 집현전태학사集賢殿太學士, 감수국사監修國史의 문헌 편찬 직임을 맡아, 고려 당시의 국사를 감수하는 동시에 신라, 고구려, 백제의 『삼국사기』를 편찬하였다. 선유先儒들이 말하되 "삼국의 문헌이 모두 병화에 없어져 김부식이 참고할 사료가 부족하므로 그가 편찬한 『삼국사기』가 그렇게 빈약하다"라고 했지만, 기실은 역대의 병화보다 김부식의 사대주의가 사료를 없애버린 것이다.

김부식의 시대에 단군의 『신지神誌』나 부여의 금간옥첩金簡玉牒이나 고구려의 『유기留記』나 『신집新集』이나 백제의 『서기書記』나 거칠부居柒夫의 『신라사新羅史』 같은 것이 남아 있었는지 여부는 알 수 없으나, 이제 『삼국사기』 인용서목으로 보면 『해동고기海東古記』 『삼한고기三韓古記』 『고려【고구려】고기高麗古記』 『신라고사新羅古事』 『선사仙史』 『화랑세기花郎世記』 등은 다 김부식이 보았던 것이며, 고구려와 백제가 멸망하여 신라와 발해가 대치한 지 불과 2백년 만에 고려 왕씨왕조가 되었던즉 고구려, 백제, 신라, 발해의 옛 비석에 남은 글과 민간 전설이 많이 남아 전해졌을 것이니, 이것도 모두 채록할 수 있었을 것이 아닌가?

그뿐 아니다. 김부식 이후 오륙백년 만에 외국인의 손으로 저작한 『성경지盛京志』 『직례통지直隸通志』 등 책에도 고구려 대 수당 전쟁의 유적지인 고려성高麗城, 고려영高麗營, 개소둔蓋蘇屯과 당 태종이 말에서 떨어진 곳, 황량대謊糧臺(가짜 곡식 창고) 등이 다수 기록되어 있는 것을 보면, 김부식 당시에는 사료가 될 만한 유적이 더욱 풍부하였을 것이니 김부식이 요나라와 송나라에 왕래할 때 마음만 먹으면 수습할 수 있었을 것이다.

김부식 이후 수백년 곧 고려 말엽에 저술된 『삼국유사三國遺事』에는 이두문史讀文으로 작성된 향가鄕歌를 다수 게재하였고, 이조 초엽 편찬한 『고려사』에는 고구려의 「내원성來遠城」과 백제의 「무등산無等山」【이 둘도 모두 이두문으로 쓰여진 시가이다】의 의미를 해석한 증거가 있다. 그러니 김부식의 시대에는 삼국의 국시國詩인 이두문의 시가를 풍부하게 망라할 수 있을 것이건만, 이는 다 김부식이 원수처럼 여기는 것이고 채록하고자 하는 사료가 아니었다. 무슨 까닭인가 하면, 김부식이 생각한 이상적 조선사는 ① 조선의 강토를 바싹 줄여 대동강 혹 한강으로 국경을 정하고, ② 조선의 제도·문물·풍속·습관 등을 모두 유교화하여 삼강오륜三綱五倫의 교육이나 받으면 되고, ③ 그런 뒤에 정치란 것은 오직 외국에 사신 다닐 만한 비굴한 외교의 사령辭令이나 감당할 만한 사람을 양성하여 동방군자국의 칭호나 유지하면 그만이라고 생각하였던 것이다.

그러나 김부식 이전의 조선사는 거의 김부식의 이상과 배치된다. 강토는 요하를 건너 몽골 동쪽까지 연접한 때가 있으며, 사회는 낭가의 종교적 무사풍武士風의 영향으로 공자와 맹자의 가르침과는 다른 면이 많았으며, 정치계에는 왕왕 광개토왕廣開土王, 동성대왕東城大王, 진흥대왕眞興大王, 사법명沙法名(백제의 장군으로 후위 수십만 대군에 맞서 싸움), 을지문덕乙支文德, 연개소문淵蓋蘇文같이 외국과 맞서 싸운 인물이 자주 등장하여, 김부식의 골칫거리가 한둘뿐만이 아니었다.

이제 천년에 한번 만날 만한 서경전역의 승리를 기회로 삼아 사대주의에 기반한『삼국사기』를 지을 때, 그 주의에 부합하는 사료는 부연하고 찬탄하며 혹 개작하기도 했고 부합하지 않는 사료는 평가절하하거나 엉뚱하게 고치며 혹 삭제하기도 하였다. 나의 말을 믿을 수 없다면『삼국사기』를 보라.

부여와 발해를 뽑아버렸을 뿐 아니라, 백제의 위례慰禮는 직산稷山이라 하고, 고구려의 주군州郡을 절반도 넘게 한강 이남으로 옮기고, 신라의 평양주平壤州를 삭제하여 북방 강토를 외국에 할양한 것이 그 이상에 맞추려 한 것이 아닌가? 조선의 고유한 사상에서 발전한 화랑의 성인인 영랑, 부례랑 등은 이름조차 기재하지 않고 당나라 유학생으로 거의 당나라에 동화된 최치원崔致遠 등을 숭배하며, 당나라와 혈전을 벌인 부여복신扶餘福信은 열전에 올리지도 않고 투항한 흑치상지黑齒常之를 특별히 다룬 것이 그 이상에 맞추려 함이 아닌가? 그 밖에 이 같은 종류가 허다하여 일일이 거론할 수도 없다.

대개 자신의 이상과 배치되는 시대의 역사에서 자신의 이상에 부합하는 사실만을 수습하려 하니 그 사료도 채우기 어려우니, 또 부득이 공자의 필삭주의筆削主義(춘추필법)를 써서 그 사실을 가감하거나 개작할 수밖에 없었을 것이다. 그중 가장 많이 삭제당한 것은 유교도의 사대주의에 정반대되는 독립사상을 가진 낭교도의 역사인 것이다. 아아, 이적李勣과 소정방蘇定方이 고구려, 백제의 문헌을 쓸어버렸다고 하지만 그것이 사학계에 미친 불운이 어찌 김부식이 서경전역을 진압하고 나서 사료를 삭제한 결과에 미칠 것인가?

김부식이 화랑의 역사를 증오하였을 것인데, 무슨 까닭에『삼국사기』가운데에 그 사실을 완전히 삭제하지 않았는가? 김부식은 대개 중국사를 존중하는 자이다. 화랑의 사실이 당나라 사람의『신라국기新羅國記』『대중유사大中遺事』등의 책에 기재된 까닭에 김부식이 부득이 몇 줄의 낭가 전고를 적어준 것이다. 낭가에서 여교사를 원화源花라 하고 남교사를 화랑이라 한 것이거늘『삼국사기』에는 원화와 화랑의 구별을 혼동하였으며,「사다함전斯多含傳」에 사다함이 진흥왕 26년(565)에 화랑이 되었는데「본기」에 진흥왕 27년에 원화와 화랑이 시작되었다 하여 그 연대를 착오하였으며, 화랑은 고구려 조의선인을 모방한 것이거늘 그 내력을 말살하였으니, 어찌 애석한 일이 아닌가?

내가 일찍이『고려도경高麗圖經』[95]을 열람하다가 그 목록에「선랑仙郎」이 있어서 매우 반갑게 그 편을 펼쳐보니, 항목 전부가 한 글자도 없이 누락되어 있었다. 중국인들이 삼국과 발해에 관해 기록한 기사로『동번지東蕃志』『발해국지渤海國志』등 허다하였지만 한권도 전한 것이 없고, 그 전하여온 서적에도 우리가 구하고 싶은, 조선이 자랑할 만한 사실로『삼국사기』나『고려사』에 빠진 기사는 매양 항목이 누락되어 있다.『남제서南齊書』에 적힌 동성대왕과 사법명의 전투 기록 두 항목이 모두 누락되어 있고『고려도경』에는 선랑 전고典故의 여러 항목이 누락되어 있다. 이 어찌 후내에 고의로 저지른 것이 아닌가?

---

95   『선화봉사고려도경(宣和奉使高麗圖經)』. 송나라 서긍(徐兢)이 지은 고려에 관한 저술.

9.『삼국사기』가 유일하게 남은 고대사가 된 원인

모든 옛 기록들,『선사』와『화랑세기花郎世記』등은 모두 멸종되고 오직
『삼국사기』라는 한 책만 세상에 전해지고 있으니, 이는 저들 여러 역사서
의 가치가 모두『삼국사기』보다 못하다는 명백한 증거가 아닐까? 그러나
그것은 역사서의 우열로 생긴 결과가 아니라 대개 아래의 몇 가지 사건에
서 비롯된 것이다.

① 서경전역의 뒤에 다시 두번째로 남경전역南京戰役이 일어나지 못하
였다. 윤언이, 정지상 등 뛰어난 인물은 처형 아니면 유배를 당하여 다시
그 주의를 사회에 제공하지 못하게 되었으며, 낭교도 여러 사람이 지은 역
사서는 다시 독자가 찾지 못하게 되었다. 김부식이『삼국사기』를 편찬한
뒤에 일체의 사료【곧 앞서 서술한 옛 기록들】를 궁중에 숨겨두고 다른 사
람들이 열람할 수 있는 길을 끊어 자기가 박학하다는 명성을 유지하는 동
시에, 국풍파國風派의 사상 전파를 금지하는 방법으로 삼은 것이다. 그리하
여『삼국사기』가 홀로 당시 사회에서 유일하게 유통된 역사가 된 것이다.

②『삼국사기』가 유통된 이후에 고려의 국세가 더욱 쇠약으로 향하게
된 지 불과 백여년 만에 몽골이 발흥하여 그 세력이 유럽과 아시아 두 대
륙을 가로질러 중국을 병합하자, 고려는 오직 비굴한 언사와 후한 공물로
겨우 나라 이름은 유지하게 되었다. 마침내 저들의 압박이 정치뿐만 아니
라 사회 각 방면에 미치게 되어 황도皇都, 황궁皇宮 같은 용어는 쓰지 못하
게 되었으며, 심지어 팔관회에 쓰는 악부시가까지 가져다가 천자天子, 일
인一人 등의 표현을 고치게 하고, 왕건 태조 이래의 실록을 가져다가 대대
적으로 삭제 수정하였다. 이에 오직『삼국사기』같은 역사책에 의지하여
우리가 예로부터 큰 나라를 정성스럽게 섬겨왔다는 것을 자랑하게 되었을
때 궁중에 숨겨둔 고대 역사서가 더욱 깊이 감추어지게 된 것이다.

③ 몽골의 세력이 쫓겨나게 되자 고려왕조의 운명 또한 종말을 고하였

다. 조선왕조가 창업되자 비록 내정과 외교를 모두 자주적으로 행하여 다른 나라의 견제를 받지 않았으나, 다만 그 창업의 출발이 위화도威化島의 회군l回軍이 되므로『삼국사기』이외의 역사를 세상에 공포할 뜻이 없어서 전 왕조의 송도에 숨겨두었던 것을 다시 새 왕조의 한양에 숨겨둘 뿐이었다. 정도전鄭道傳이『고려사』를 편찬할 때에도,『삼국사기』의 체제를 받들어서 몽골제국 시기에 미처 다 수정하지 못한 나머지까지 수정하더니, 그 뒤에 세종이 김종서金宗瑞, 정인지鄭麟趾 등을 명하여 태조 이래 실록 가운데 조詔, 짐朕 등, 정도전이 교敎, 여予 등의 글자로 고친 것을 다시 원래대로 회복하였다.[96] 그러나 그 전부가 거의 정도전이 수정한 원본이었으니, 하물며 몽골제국 시기에 수정을 당한 것이야 어찌 회복하였으랴? 그런즉 고려의 사료도 가치 있는 것은 삼국의 사료와 같이 모아 숨겨지게 된 것이다.

④ 중국에서는 자기 왕조의 역사를 자유롭게 저술하지 못하는 악습이 있었거니와, 우리 조선에서는 앞서 서술한 것과 같이 이전 왕조의 역사까지도 사관이나 준사관 이외에는 마음대로 보거나 쓰거나 하지 못하는 괴상한 습관이 있었다. 그러므로 회재悔齋 이언적李彦迪이 일찍『사벌국전沙伐國傳』을 지어서 비밀스레 집에 보관하였다가 우연히 벗이 가져가버려 큰 화를 당할 뻔한 일이 있었다. 그래서 상고 이래 고대의 비장본들이 수백년 동안 경복궁에 숨어서 외간남자를 피하는 처녀와 같은 서적으로 되었다가 임진왜란(1592)의 전란에 불타서 장례를 치르게 되고 말았다.

삼국의 사료가 될 여러 역사서가 모두 멸종되고 오직『삼국사기』만 전해져온 이유는 위에서 말한 몇 가지 원인에서 벗어나지 않을 것이다. 혹

---

96 황제의 명령을 조(詔)라 하고 황제의 1인칭 표현을 짐(朕)이라 하는데, 고려 왕들이 황제를 자칭한 표현을 정도전이『고려사』를 편찬하면서 제후 왕의 명령인 교(敎)와 제후 왕의 1인칭 표현인 여(予)로 고친 것을, 세종 때 다시 원래대로 회복하여 고려 왕들의 지위를 황제로 복권시켜주었다는 뜻이다.

자는 그러면 『삼국유사』는 어찌 전해졌는가 하고 묻는다. 이는 다만 불교의 원류源流를 서술하고 정치를 혹 언급했더라도 대체로 『삼국사기』를 기준으로 비슷하게 할 뿐, 사대주의에 상충되는 곳이 없는 까닭이다. 대각국사大覺國師의 『삼국사三國史』는 김부식 『삼국사기』 이전의 저술인데 『동국이상국집東國李相國集』 가운데 「동명왕편東明王篇」 주에 인용된 것으로 보면 그 사료적 가치가 『삼국유사』보다 몇 배는 뛰어날 것이지만, 이것도 마침내 멸종된 것은 김부식의 『삼국사기』와 취지가 같지 않은 까닭이다. 『고려사』는 정도전이 저술하다가 역모로 몰려 죽은 뒤에 김종서가 이어서 완성하였으나, 그도 또한 정변에 죽으므로 세조世祖가 드디어 정인지가 지은 것이라 이름하여 세상에 간행된 것이다.

10. 결론

이상 서술한 것을 다시 간략히 총괄하여 말하면, 조선의 역사가 원래 낭가의 독립사상과 유가의 사대주의로 분립하여오다가 갑자기 묘청이 불교도로서 낭가의 이상을 실현하려다가 그 거동이 너무 광망하여 패망하고, 사대주의의 천하가 되고 낭가의 윤언이 등은 겨우 유가의 압박 아래에서 그 남은 목숨을 구차하게 보전하게 된 것이다.

그 뒤에 몽골의 난을 겪으며 더욱 유가의 사대주의가 득세하게 되고, 조선왕조의 창업도 곧 이 사대주의로 성취되면서 낭가는 아주 멸망하여버렸다. 정치가 이렇게 되자, 종교나 학술이나 기타 모든 것이 사대주의의 노예가 되었다. 불교를 믿으면 방할棒喝[97]을 답습하고 전수하는 태고太古(보우)가 날지언정 평지에서 새로운 사상을 일으키는 원효元曉가 날 수 없으며, 유교를 따른다 하면 정주程朱의 틀을 철저하게 준수하는 퇴계退溪(이황)

---

97   불교 선가에서 조사들이 초보자들을 몽둥이로 때리고 고함을 지르며 가르치는 과격한 교육
       방법.

나 율곡栗谷(이이)이 될지언정 학문의 길을 스스로 세우는 정죽도鄭竹島(정여립)는 존립할 땅이 없다. 비록 세종의 훈민정음이 창제된 뒤일지라도 원랑도原郞徒의 송가가 나지 않고 당나라 사람의 달과 이슬을 읊는 한시 작가만 가득하며, 비록 갑오년(1894), 을미년(1895)의 격변기를 맞이할지라도 진흥대왕 같은 경세가가 나지 않고, 외세를 따라 움직이는 사회가 될 뿐이다. 아아 서경전역이 끼친 영향이 어찌 중대하다 하지 않겠는가?

3장
혁명의 드래곤

조선혁명선언[1]

1.

강도 일본이 우리의 국호를 없이하며, 우리의 정권을 빼앗으며, 우리 생존적 필요조건을 다 박탈하였다. 경제의 생명인 산림·천택川澤·철도·광산·어장 내지 소공업 원료까지 다 빼앗아 일체의 생산 기능을 칼로 베며 도끼로 끊고, 토지세·가옥세·인구세·가축세·백일세百一稅[2]·지방세·주초세酒草稅[3]·비료세·종자세·영업세·청결세·소득세… 기타 각종 잡세가 날로 증가하여 혈액은 있는 대로 다 빨아가고, 어지간한 상업가들은 일본의 제조

---

[1] 이 글은 의열단장 김원봉(金元鳳, 1898~?)의 부탁으로 의열단원 유자명(柳子明, 1891~ 1985)의 보조를 받아 작성한 것으로, 일명 「의열단선언」이라 하여 의열단원들이 거사할 때에 지니고 다니기도 했다. 『단재 신채호 전집』 8권, 891~901면.

[2] 시장 판매액의 100분의 1을 시장세라는 명목으로 징수할 것을 공포한 1909년 4월 통감부령의 세금에 대한 별칭.

[3] 술과 담배에 대한 세금.

품을 조선인에게 매개하는 중개인이 되어 차차 자본 집중의 원칙하에서 멸망할 뿐이요, 대다수 인민 곧 일반 농민들은 피땀을 흘리며 토지를 갈아도 그 일년 소득으로 제 한 몸과 처자의 끼니 거리도 남기지 못하고 우리를 잡아먹으려는 일본 강도에게 갖다 바치어 그 살을 찌워주는 영원한 우마牛馬가 될 뿐이요, 끝내 우마의 생활도 못 하게 일본 이민의 수입이 해마다 높고 가파른 비율로 증가하여 '딸깍발이'⁴ 등쌀에 우리 민족은 발 디딜 땅이 없어 산으로 물로, 서간도로 북간도로, 시베리아의 황야로 몰리어 가 굶주린 귀신이 아니면 떠도는 귀신이 될 뿐이다.

강도 일본이 헌병정치, 경찰정치를 가혹하게 행하여 우리 민족이 한 걸음의 행동도 맘대로 못하고, 언론·출판·결사·집회에 일절 자유가 없어 고통과 분한憤恨(분하고 한스러움)이 있어도 벙어리의 가슴이나 만질 뿐이요, 행복과 자유의 세계에는 눈뜬소경이 되고, 자녀가 나면 "일어를 국어라, 일문을 국문이라" 하는 노예양성소 곧 학교로 보내고, 조선 사람으로 혹 조선사를 읽게 된다 하면 "단군을 속여 소잔오존素盞嗚尊(스사노오노 미꼬또)⁵의 형제"라 하며, "삼한시대 한강 이남을 일본 영지"⁶라 한 일본놈들 적은 대로 읽게 되며, 신문이나 잡지를 본다 하면 강도정치를 찬미하는 반半일본화한 노예적 문자뿐이며, 똑똑한 자제가 난다 하면 환경의 압박에서 염세 절망의 타락자가 되거나 그렇지 않으면 음모사건의 명칭하에 감옥에 구류되어, 주리 틀기, 사슬 채우기, 단근질, 채찍질, 전기질, 바늘로 손톱 밑과 발톱 밑을 쑤시는, 수족을 달아매는, 콧구멍에 물 붓는, 생식기에 심지를 박는 모든 악형, 곧 야만 전제국가의 형률 사전에도 없는 갖은 악형을 다 당하고 죽거나, 요행히 살아 옥문에서 나온다고 해야 종신 불구의 폐질자가 될 뿐이다. 그렇지 않을지라도 발명 창작의 본능은 생활의 곤란에서

단절하며, 진취 활발의 기상은 환경의 압박에서 소멸되어 "찍도 쩍도" 못
하게 각 방면의 속박, 채찍질, 구박, 압제를 받아 바다로 둘러싸인 삼천리
가 하나의 큰 감옥이 되어, 우리 민족은 아주 인류의 자각을 잃을 뿐 아니
라, 곧 자동적 본능까지 잃어 노예로부터 기계가 되어 강도 수중의 사용품
이 되고 말 뿐이다.

　강도 일본이 우리의 생명을 초개草芥로 보아, 을사(1905) 이후 13도의 의
병 나던 각 지방에서 일본 군대가 행한 폭행도 이루 다 적을 수 없거니와,[7]
즉 최근 3·1운동 이후 수원, 선천 등의 국내 각지부터 북간도, 서간도, 노
령(러시아령) 연해주 각처까지 가는 곳마다 거주민을 도륙한다, 촌락을 불
지른다, 재산을 약탈한다, 부녀를 욕보인다, 목을 끊는다, 산 채로 묻는다,
불에 사른다, 혹 일신을 두 동가리 세 동가리로 내어 죽인다, 아동을 악형한
다, 부녀의 생식기를 파괴한다 하여 할 수 있는 데까지 참혹한 수단을 써
서 공포와 전율로 우리 민족을 압박하여 인간 산송장을 만들려 하는도다.

　이상의 사실에 의거하여 우리는 일본 강도정치 곧 이족 통치가 우리 조
선민족 생존의 적임을 선언하는 동시에, 우리는 혁명 수단으로 우리 생존
의 적인 강도 일본을 살벌殺伐(쳐 죽임)함이 곧 우리의 정당한 수단임을 선
언하노라.

　2.

　내정독립이나 참정권이나 자치를 운동하는 자가 누구이냐.

　너희들이 '동양평화' '한국 독립 보전' 등을 담보한 맹약[8]이 먹도 마르
지 아니하여 삼천리 강토를 집어먹던 역사를 잊었느냐? '조선 인민 생명,

7　일제는 1909년 의병 저항의 기반을 와해시키려는 의도로 각지에서 '남한대토벌'이라는 대
　규모 초토화 작전을 수행하며 학살과 만행을 자행했다.
8　1905년의 을사늑약을 가리킨다.

재산, 자유 보호' '조선 인민 행복 증진' 등을 거듭 밝힌 선언[9]이 땅에 떨어지지 아니하여 2천만의 생명이 지옥에 빠지던 실제를 못 보느냐? 3·1운동 이후에 강도 일본이 또 우리의 독립운동을 완화시키려고 송병준宋秉畯(1858~1925), 민원식閔元植(1887~1921) 등 한두 매국노를 시키어 이따위 광론狂論(미친 논의)을 외침이니, 이에 부화뇌동하는 자는 맹인이 아니면 어찌 간적奸賊(간사한 도적)이 아니냐?

설혹 강도 일본이 과연 관대한 도량이 있어 개연히 이러한 요구를 허락한다 하자. 소위 내정독립을 찾고 각종 이권을 찾지 못하면 조선 민족은 일반의 굶주린 귀신이 될 뿐이 아니냐? 참정권을 획득한다 하자. 자국의 무산계급 혈액까지 착취하는 자본주의 강도국의 식민지 인민이 되어 몇몇 노예 대의사代議士의 선출로 어찌 굶어 죽는 화를 면하겠느냐? 자치를 얻는다 하자. 그 어떤 종류의 자치임을 묻지 않고 일본이 그 강도적 침략주의의 간판인 제국이란 명칭을 갖고 있는 이상에는, 그 지배하에 있는 조선 인민이 어찌 구구한 자치의 허명虛名(실속 없는 명분)으로써 민족적 생존을 유지하겠느냐?

설혹 강도 일본이 갑자기 불보살佛菩薩이 되어 하루아침에 총독부를 철폐하고 각종 이권을 다 우리에게 돌려주며, 내정 외교를 다 우리의 자유에 맡기고, 일본의 군대와 경찰을 일시에 철수하며, 일본의 이주민을 일시에 소환하고 다만 허명의 종주권만 가진다 할지라도 우리가 만일 과거의 기억이 전멸하지 아니하였다 하면, 일본을 종주국으로 떠받든다는 것은 '치욕'이란 명사를 아는 인류로는 못 할지니라.

일본 강도정치하에서 문화운동을 부르는 자가 누구이냐?

문화는 산업과 문물의 발달한 총적總積(총체적 집합체)을 가리키는 명사니, 경제 약탈의 제도하에서 생존권이 박탈된 민족은 그 종족의 보존도 의

---

9   1910년의 강제병탄조약을 가리킨다.

문이거든, 하물며 문화 발전의 가능이 있으랴? 쇠망한 유대족, 인도족도 문화가 있다 하지만, 하나는 금전의 힘으로 그 조상의 종교적 유업을 계속하는 것이며, 하나는 그 토지의 넓음과 인구의 많음으로 상고上古에 자유롭게 발달했던 나머지의 혜택을 지켜 간직하는 것이니, 어디 모기나 등에 같이, 승냥이나 이리같이 사람의 피를 빨다가 골수까지 깨무는 강도 일본의 입에 물린 조선 같은 데서 문화를 발전 혹 지켜 간직한 전례가 있더냐? 검열·압수 모든 압박 중에 몇몇 신문·잡지를 가지고 '문화운동'의 목탁으로 스스로 떠들어대며, 강도의 비위에 거스르지 아니할 만한 언론이나 주창하여 이것을 문화 발전의 과정으로 본다 하면, 그 문화 발전이 도리어 조선의 불행인가 하노라.

이상의 이유에 의거하여 우리는 우리 생존의 적인 강도 일본과 타협하려는 자【내정독립, 자치, 참정권 등의 논자】나 강도정치하에서 기생하려는 주의를 가진 자【문화운동자】나 다 우리의 적임을 선언하노라.

3.

강도 일본의 구축驅逐(쫓아냄)을 주장하는 가운데 또 다음과 같은 논자들이 있으니,

제1은 외교론이니, 이조 오백년 문약文弱 정치가 외교로써 호국의 좋은 계책을 삼아 더욱 그 말세에 더욱더 심해져, 갑신(1884)이래 유신당維新黨, 수구당守舊黨의 성쇠가 거의 외국 원조의 유무에서 판결되며, 위정자의 정책은 오직 갑국을 끌어들여 을국을 제압함에 불과하였고, 그 믿고 의지하는 습성이 일반 정치사회에 전염되어 즉 갑오(1894), 갑진(1904) 양 전역10에 일본이 수십만의 생명과 수억만의 재산을 희생하여 청나라와 러시

---

10   1894년의 청일전쟁과 1904년의 러일전쟁을 가리킨다.

아 양국을 물리고, 조선에 대하여 강도적 침략주의를 관철하려 하는데 우리 조선의 "조국을 사랑한다, 민족을 건지려 한다" 하는 이들은 한자루의 칼과 한발의 탄환으로 혼용탐포昏庸貪暴[11]한 관리나 역적에게 던지지 못하고, 탄원서나 여러 나라의 공관公館에 던지며, 청원서나 일본 정부에 보내어 국세國勢의 외롭고 약함을 서글프게 하소연하여 국가 존망, 민족 사활의 큰 문제를 외국인 심지어 적국인의 처분으로 결정하기만 기다리었도다. 그래서 '을사조약' '경술합병' 곧 '조선'이란 이름이 생긴 뒤 몇천년 만에 처음 당하던 치욕에 조선 민족의 분노 표출이 겨우 하얼빈의 총, 종현의 칼, 산림유생의 의병이 되고 말았도다.[12]

아! 과거 수십년 역사야말로 용기 있는 자가 보면 타매唾罵(침 뱉으며 욕함)할 역사가 될 뿐이며, 어진 자가 보면 상심할 역사가 될 뿐이다. 그러고도 국망 이후 해외로 나가는 모모 지사들의 사상이, 무엇보다도 먼저 외교가 그 제1장 제1조가 되며, 국내 인민의 독립운동을 선동하는 방법도 "미래의 일미전쟁, 일러전쟁 등 기회"가 거의 천편일률의 문장이었고, 최근 3·1운동의 일반 인사의 "평화회의, 국제연맹"에 대한 과신의 선전이 도리어 2천만 민중이 용기 있게 힘써 앞으로 나아가는 의기를 없애는 매개가 될 뿐이었도다.

제2는 준비론이니, 을사조약의 당시에 열국 공관에 빗발치듯 하던 종이쪽지로 넘어가는 국권을 붙잡지 못하여 정미년의 헤이그밀사[13]도 독립 회복의 복음을 안고 오지 못하매, 이에 차차 외교에 대하여 의문이 되고 전쟁이 아니면 안 되겠다는 판단이 생기었다. 그러나 군인도 없고 무기도 없

---

11   어리석고 용렬하며 탐학하고 포악함.
12   하얼빈의 총은 1909년 10월 안중근의 이토오 히로부미 사살 사건을, 종현(명동)의 칼은 1909년 12월 이재명의 이완용 암살 미수 사건을, 산림유생의 의병은 1908년 십삼도창의군의 서울 진공 작전으로 정점을 이루는 다양한 의병 활동을 가리킨다.
13   1907년 고종이 만국평화회의가 열리는 헤이그에 이상설, 이준, 이위종을 밀사로 파견하여 을사늑약의 불법성을 폭로하려 시도했던 사건을 가리킨다.

이 무엇으로써 전쟁하겠느냐? 산림 유생들은 춘추대의春秋大義(대의명분)에 성패를 헤아려보지 않고 의병을 모집하여 아관대의峨冠大衣[14]로 지휘의 대장이 되며, 사냥 포수의 화승총 부대를 몰아가지고 조일전쟁朝日戰爭의 전선에 나섰지만, 신문 쪽이나 본 이들, 곧 시세를 짐작한다는 이들은 그렇게 할 용기가 아니 난다. 이에 "금일 금시로 곧 일본과 전쟁한다는 것은 망발이다. 총도 장만하고, 돈도 장만하고, 대포도 장만하고, 장군이나 사졸감까지라도 다 장만한 뒤에야 일본과 전쟁한다" 함이니, 이것이 이른바 준비론 곧 독립전쟁을 준비하자 함이다. 외세의 침입이 더할수록 우리의 부족한 것이 자꾸 감각되어 그 준비론의 범위가 전쟁 이외까지 확장되어 교육도 진흥해야겠다, 상공업도 발전해야겠다, 기타 무엇 무엇 일체가 모두 준비론의 부분이 되었다.

경술 이후 각 지사들이 혹 서·북간도의 삼림을 더듬으며, 혹 시베리아의 찬 바람에 배부르며, 혹 남·북경으로 돌아다니며, 혹 미주나 하와이로 돌아가며, 혹 경향京鄕에 출몰하여 십여년 내외 각지에서 목이 터질 만치 준비! 준비!를 불렀지만, 그 소득이 몇 개 불완전한 학교와 실력이 없는 단체뿐이었다. 그러나 그들의 정성의 부족이 아니라 실은 그 주장의 착오이다. 강도 일본이 정치, 경제 양 방면으로 구박을 주어 경제가 날로 곤란하고 생산기관이 전부 박탈되어 의식의 방책도 단절되는 때에 무엇으로? 어떻게? 실업을 발전하며? 교육을 확장하며? 더구나 어디서 얼마나 군인을 양성하며? 양성한들 일본 전투력의 백분의 일의 비교라도 되게 할 수 있느냐? 실로 한바탕의 잠꼬대가 될 뿐이로다.

이상의 이유에 의하여 우리는 '외교' '준비' 등의 미몽을 버리고 민중 직접 혁명의 수단을 취함을 선언하노라.

---

14   높게 쓴 관과 넓게 만든 도포, 즉 선비의 복장.

4.

조선 민족의 생존을 유지하자면, 강도 일본을 구축驅逐할지며, 강도 일본을 구축하자면 오직 혁명으로써 할 뿐이니, 혁명이 아니고는 강도 일본을 쫓아낼 방법이 없는 바이다.

그러나 우리가 혁명에 종사하려면 어느 방면부터 착수하겠느냐?

구시대의 혁명으로 말하면, 인민은 국가의 노예가 되고 그 위에 인민을 지배하는 상전 곧 특수 세력이 있어 그 소위 혁명이란 것은 특수 세력의 명칭을 변경함에 불과하였다. 다시 말하면 곧 을이란 특수 세력으로 갑이란 특수 세력을 변경함에 불과하였다. 그러므로 인민은 혁명에 대하여 다만 갑·을 양 세력 곧 신·구 양 상전이 누가 더 어질며 누가 더 포악하며, 누가 더 선하며 누가 더 악한가를 보아 그 향배를 정할 뿐이요, 직접의 관계가 없었다. 그리하여 "주기군이조기민誅其君而弔其民"[15]이 혁명의 유일한 취지가 되고 "단사호장이영왕사簞食壺漿以迎王師"[16]가 혁명사의 유일한 미담이 되었거니와, 오늘날의 혁명으로 말하면 민중이 곧 민중 자기를 위하여 하는 혁명인 고로 '민중혁명'이라 '직접 혁명'이라 칭함이며, 민중 직접의 혁명인 고로 그 비등팽창沸騰澎漲의 열도[17]가 숫자상 강약 비교의 관념을 타파하며, 그 결과의 성패가 매양 전쟁학의 정식 궤도에서 벗어나서, 돈 없고 군대 없는 민중으로 백만의 군대와 억만의 부력富力을 가진 제왕도 타도하며 외적도 구축하나니, 그러므로 우리 혁명의 제일보는 민중 각오의 요구니라.

민중이 어떻게 각오하느냐?

민중은 신인神人이나 성인이나 어떤 영웅호걸이 있어 '민중을 각오'하

---

15   그 임금의 목을 베어 그 백성들을 위로한다.『맹자』에 나오는 구절이다.
16   대그릇에 밥을 담고 병에 마실 것을 담아 왕의 군대를 맞이한다.『맹자』에 나오는 구절이다.
17   끓어오르고 불어나는 온도. 혁명의 폭발과 확산의 시점을 비유하는 표현이다.

도록 지도하는 데서 각오하는 것도 아니요, "민중아, 각오하자" "민중이여, 각오하여라" 그렇게 열렬하게 부르짖는 소리에서 각오하는 것도 아니다.

오직 민중이 민중을 위하여 일체 불평등, 부자연, 불합리한 민중 향상의 장애부터 먼저 타파함이 곧 '민중을 각오하게' 하는 유일한 방법이니, 다시 말하자면 곧 먼저 깨달은 민중이 민중의 전체를 위하여 혁명적 선구가 됨이 민중 각오의 첫번째 길이니라.

일반 민중이 배고픔, 추위, 곤궁, 고통, 처의 부르짖음, 아이의 울음, 납세의 강요, 사채의 독촉, 행동의 부자유 모든 압박에 졸리어, 살려니 살 수 없고 죽으려 하여도 죽을 바를 모르는 판에, 만일 그 압박의 주요 원인이 되는 강도정치를 만들어낸 강도들을 쳐죽이고, 강도의 일체 시설을 파괴하고, 복음이 사해四海에 전하여 만민이 동정의 눈물을 뿌리어, 이에 사람마다 그 아사餓死 이외에 오히려 혁명이란 일로가 남아 있음을 깨달아, 용기 있는 자는 그 의분에 못 이기어, 약자는 그 고통에 못 견디어, 모두 이 길로 모여들어 계속적으로 진행하며 보편적으로 전염하여 거국일치의 대혁명이 되면, 간사 교활 잔인 포악한 강도 일본이 필경 구축되는 날이리라. 그러므로 우리의 민중을 각성시켜 강도의 통치를 타도하고 우리 민족의 신생명을 개척하자면, 10만 양병養兵이 한번의 폭탄 투척만 못 하며 억천장 신문 잡지가 한번의 폭동만 못 할지니라.

민중의 폭력적 혁명이 발생치 아니하면 그만이거니와, 이미 발생한 이상에는 마치 깎아지른 절벽에서 굴리는 돌과 같아서 목적지에 도달하지 아니하면 정지하지 않는 것이라. 우리 이왕의 경과로 말하면 갑신정변甲申政變은 특수 세력이 특수 세력과 싸우던 궁궐 안 한때의 활극이 될 뿐이며,[18] 경술庚戌(1910) 전후의 의병들은 충군애국의 대의로 분격하여 일어난

---

[18] 갑신정변은 1884년 김옥균 등의 급진개화파가 민씨 일당의 수구파를 물리력으로 제거하려던 쿠데타였는데, 신채호는 그것의 성격을 귀족계급 내부 권력투쟁으로 규정하고 있는 것이다.

독서계급의 사상이며,[19] 안중근安重根(1879~1910), 이재명李在明(1890~1910) 등 열사의 폭력적 행동이 열렬하였지만 그 후면에 민중적 역량의 기초가 없었으며,[20] 3·1운동의 만세소리에 민중적 일치의 의기가 언뜻 보였지만 또한 폭력적 중심을 가지지 못하였도다.[21] '민중, 폭력' 양자에서 그 하나만 빠지면 비록 굉렬장쾌轟烈壯快[22]한 거동이라도 또한 번개같이 사그라지는도다.

조선 안에 강도 일본이 제조한 혁명 원인이 산같이 쌓였다. 언제든지 민중의 폭력적 혁명이 개시되어 "독립을 못 하면 살지 않으리라" "일본을 구축하지 못하면 물러서지 않으리라"는 구호를 가지고 계속 전진하면 목적을 관철하고야 말지니, 이는 경찰의 칼이나 군대의 총이나 간활한 정치가의 수단으로도 막지 못하리라.

혁명의 기록은 자연히 참절장절慘絶壯絶[23]한 기록이 되리라. 그러나 물러서면 그 후면에는 깜깜한 함정이요, 나아가면 그 전면에는 빛나는 활로이니, 우리 조선 민족은 그 참절장절한 기록을 그리면서 나아갈 뿐이니라.

이제 폭력 즉 암살, 파괴, 폭동의 목적물을 열거하건대,

1. 조선 총독 및 각 관공리
2. 일본 천황 및 각 관공리

19　1907년 군대해산 이후부터 강제합방 전후로 활동한 의병을 정미의병(丁未義兵)이라 부르며 유생 이외에 평민, 천민 의병장도 동참하여 계급연합적 의병전쟁으로 볼 수도 있겠으나, 신채호는 여기서 그것의 기본 성격을 양반 유생들의 대의명분에서 벗어나지 못한 것으로 규정하고 있다.

20　1909년 안중근의 이또오 히로부미 사살과 이재명의 이완용 암살 미수 사건의 한계를 신채호는 민중 참여 부족에서 찾고 있다.

21　1919년 3·1운동의 한계를 신채호는 폭력 배제를 천명한 지도부의 비폭력주의에서 찾고 있다.

22　천지를 울릴 정도로 세찬 소리를 내며 가슴 벅찰 정도로 통쾌함.

23　더할 나위 없이 비참하고 비교할 바 없이 장엄함.

3. 정탐꾼, 매국노

4. 적의 일체 시설물

이외에 각 지방의 신사나 부호가 비록 현저히 혁명운동을 방해한 죄가 없을지라도 만일 언어 혹 행동으로 우리의 운동을 완화하고 중상하는 자는 우리의 폭력으로써 갚아줄지니라. 일본인 이주민은 일본 강도정치의 기계가 되어 조선 민족의 생존을 위협하는 선봉이 되어 있은즉 또한 우리의 폭력으로 구축할지니라.

5.

혁명의 길은 파괴부터 개척할지니라. 그러나 파괴만 하려고 파괴하는 것이 아니라 건설하려고 파괴하는 것이니, 만일 건설할 줄을 모르면 파괴할 줄도 모를지며 파괴할 줄을 모르면 건설할 줄도 모를지니라. 건설과 파괴가 다만 형식상에서 보아 구별될 뿐이요, 정신상에서는 파괴가 곧 건설이니 이를테면 우리가 일본 세력을 파괴하려는 것이 제1은 이족異族 통치를 파괴하자 함이다. 왜? '조선'이란 그 위에 '일본'이란 이민족 그것이 전제專制하여 있으니, 이족 전제의 밑에 있는 조선은 고유적 조선이 아니니, 고유적 조선을 발견하기 위하여 이족 통치를 파괴함이니라.

제2는 특권 계급을 파괴하자 함이다. 왜? '조선 민중'이란 그 위에 총독이니 무엇이니 하는 강도단의 특권 계급이 압박하여 있으니, 특권 계급의 압박 밑에 있는 조선 민중은 자유적 조선 민중이 아니니, 자유적 조선 민중을 발견하기 위하여 특권계급을 타파함이니라.

제3은 경제 약탈제도를 파괴하자 함이다. 왜? 약탈제도 밑에 있는 경제는 민중 자기가 생활하기 위하여 조직한 경제가 아니고 민중을 잡아먹으려는 강도의 살을 찌우기 위하여 조직한 경제니, 민중생활을 발전시키기 위하여 경제 약탈제도를 파괴함이니라.

제4는 사회적 불평균을 파괴하자 함이다. 왜? 약자 위에 강자가 있고 천한 자 위에 귀한 자가 있어 모든 불평등을 가진 사회는 서로 약탈, 서로 박탈, 서로 질투·원수시하는 사회가 되어, 처음에는 소수의 행복을 위하여 다수의 민중을 잔인하게 해치다가 말경에는 또 소수끼리 서로 잔인하게 해치어 민중 전체의 행복이 필경 숫자상의 공空(0)이 되고 말 뿐이니, 민중 전체의 행복을 증진하기 위하여 사회적 불평등을 파괴함이니라.

제5는 노예적 문화사상을 파괴하자 함이다. 왜? 유래하던 문화사상의 종교·윤리·문학·미술·풍속·습관 그 어느 무엇이 강자가 제조하여 강자를 옹호하던 것이 아니더냐? 강자의 오락에 이바지하던 도구가 아니더냐? 일반 민중을 노예화했던 마취제가 아니더냐? 소수 계급은 강자가 되고 다수 민중은 도리어 약자가 되어 불의의 압제에 반항치 못함은 전적으로 노예적 문화사상의 속박을 받은 까닭이니, 만일 민중적 문화를 제창하여 그 속박의 철쇄를 끊지 아니하면, 일반 민중은 권리 사상이 박약하며 자유 향상의 흥미가 결핍하여 노예의 운명 속에서 윤회할 뿐이라. 그러므로 민중문화를 제창하기 위하여 노예적 문화사상을 파괴함이니라.

다시 말하자면 '고유적 조선의' '자유적 조선 민중의' '민중적 경제의' '민중적 사회의' '민중적 문화의' 조선을 건설하기 위하여 '이족 통치의' '약탈 제도의' '사회적 불평등의' '노예적 문화사상의' 현상을 타파함이니라. 그런즉 파괴적 정신이 곧 건설적 주장이라. 나아가면 파괴의 '칼'이 되고 들어오면 건설의 '깃발'이 될지니, 파괴할 기백은 없고 건설할 어리석은 생각만 있다 하면 오백년을 경과하여도 혁명의 꿈도 꾸어보지 못할지니라. 이제 파괴와 건설이 하나요 둘이 아닌 줄 알진대, 민중적 파괴 앞에는 반드시 민중적 건설이 있는 줄 알진대, 현재 조선 민중은 오직 민중적 폭력으로 신조선新朝鮮 건설의 장애인 강도 일본 세력을 파괴할 것뿐인 줄을 알진대, 조선 민중이 한편이 되고 일본 강도가 한편이 되어, 네가 망하지 아니하면 내가 망하게 된 '외나무다리 위'에 선 줄을 알진대, 우리 2천만 민중은 일치로 폭력 파괴의 길로 나아갈지니라.

민중은 우리 혁명의 대본영大本營이다.
폭력은 우리 혁명의 유일 무기이다.
우리는 민중 속에 가서 민중과 손을 잡고
끊임없는 폭력, 즉 암살·파괴·폭동으로써
강도 일본의 통치를 타도하고
우리 생활에 불합리한 일체 제도를 개조하여
인류로써 인류를 압박치 못하며 사회로써 사회를 수탈하지 못하는
이상적 조선을 건설할지니라.

4256년(1923) 1월
의열단義烈團

문제 없는 논문[24]

1.

한 사람이 떡장사로 이익을 얻었다 하면 온 동네에 떡방아 소리가 나고, 동편 집이 술 팔다가 손해를 입었다 하면 서편 집의 노파도 용수(술 제조용 거름망)를 떼어 들이며, 나아갈 때에 같이 와 — 하다가 물러날 때에 같이 우르르 하는 사회가 어느 나라의 사회이냐. 제 흥을 제가 봄이 좀 얼없는

---

24 『동아일보』 1924년 10월 3일자; 『단재 신채호 전집』 6권, 198~99면.

일이지만 우리 조선의 사회라고 자인할 수밖에 없다. 삼국 중엽부터 고려 말기까지 염불과 목탁이 세가 나매 제왕이나 평민을 불문하고 남자는 여자에게 권하며 조부는 손자에게 전하여 나무아미타불의 한 소리로 천년의 긴 세월을 보내었으며, 이조 이래로 유교를 숭상하여 오백년 동안이나 서적은 사서오경이나 사서오경의 뒤풀이요, 학술은 심성心性과 이기理氣의 강론뿐이었나니 이같이 단조單調로 진행되는 사회가 어디 있느냐. 예수교를 믿어야 한다 하면 세 두락밖에 못 되는 토지를 톡톡 팔아 교회당에 바치며, 정치 운동을 한다 할 때에는 몇 칸 상점을 뜯어 엎고 덤비나니 이같이 맹종하고 부화附和하는 사회가 어디 있느냐.

2.

세계대전 이전까지 서양 각국인이 유대인을 조롱하고자 하면 지전 한 장을 내어들고, "유대국의 국기를 보시오. 이것이 유대국의 국기올시다" 하였다 한다. 그러더니 그 국기 밑에서 유대국이 마침내 부활하였다. 그러나 나의 우견愚見에는 조선인이 유대인 되기는 그리 지난한 일이 아니라 한다.

어찌 그러냐 하면 대개 세상의 장단을 맞추어 나아가는데 조선인도 썩 재주 있는 민족이라 전술한 바와 같이 염불 시대에는 전사회가 석가釋迦가 되고 유교 시대에는 전사회가 공자孔子가 되던 조선이라. 그리하여 효孝하라 하면 아픈 줄을 모르고 넓적다리 살을 베어내며, 충忠하라 하면 아까운 줄 모르고 제 몸과 집안을 희생하였으니, 지금 이후로 이 시대는 금전이 제일이라는 구호가 높아질수록 전사회가 금전만 알게 되리니 유대인 되기야 무엇이 어려우리오.

그러면 유대인같이 부활도 되겠느냐. 아 — 이는 실로 지난한 일이라 하노라. 유대 부활의 원인은 그 금전의 국기뿐이 아니라 곧 언어, 종교, 문화, 단결력 등의 무기로써 그 국기를 보호하며 세계 도처에 임시국가를 삼아 가지고 다니던 민족이라 원래 정신이 멸망치 아니하였으니 금일의 부활도 그리 희귀할 것이 없거니와, 조선인은 자고이래 단조로 나아가는 사람이라 공자를 외운다 하면 문전옥답이 물에 떠내려가든지 조상 대대로 물려받은 보물이 불에 타든지 다 불고하고 공자만 외웠으니, 조선인이 만일 금전주의로 나아간다 하면 인류의 상애相愛니 호조互助니 하는 것은 명사까지도 잊어버리기 쉬울지며, 사회적 민족적 운동 같은 것은 꿈속에 재현하기도 어려울지며 조선어, 조선문이 만일 금전벌이에 불편할진대 헌신짝 벗어버리듯 하리니, 유대같이 부활할 조건이 어디 있느뇨.

내가 조선인이 유대인 되기 쉽다 함은 금전을 생명으로 보게 될 한가지 일을 가리킴이요, 다른 여러 방면을 다 들어서 한 이야기가 아니니라.

보라, 남녀 학생의 결혼에 금전이 제1장 제1조가 아니냐. 동지들의 이합집산이 모두 금전의 관계가 아니냐. 일이천원의 금전이면 바닷가 소무蘇武의 고절苦節[25]이라도 빼앗을 수 있는 줄로 생각하는 이때가 아니냐. 오래지 않아 부자, 친척, 붕우 등의 실오라기만 한 정과 의리가 금전이란 그것의 관계하에서 존재할 것이 아니냐. 그러므로 만일 유대와 같이[26] 조선을 부활시키려다가는 조선은 아주 지옥에 들어가는 날이라 하노라.

3.

그러면 조선을 구하자면 금전을 배척하여야 될 것인가. 아아 전세계가 하나의 거대한 공산사회가 되기 전에는 개인이나 나라를 물론하고 안연

---

25 고통 속에서도 변치 않는 절개. 한나라 관료 소무(蘇武, ?~BC 60)는 흉노의 포로가 되어 북해(北海)에 유폐되어 추위와 굶주림에 시달리면서도 절개를 변치 않고 19년 만에 송환된 일이 있었다.

26 금전을 중시하는 방향으로.

顏淵의 청빈주의[27]를 가지고는 살아가지 못할 것이다. 그러나 우리 사회는 매양 단조로 진행하여 금일에 사람을 살리기 위하여 공자를 존봉한다 하면 명일에는 사람을 죽여 공자에게 바처 올리는 사회이다. 아직까지도 금전 모으는 자에게 왜 금전을 모으느냐 물으면 사회의 구제를 위하여 모으느니 조선의 부활을 위하여 모으느니 하는 교활한 회답도 있을 것이요, 자손을 위하여 모으느니 일신의 안락을 위하여 모으느니 하는 진솔한 회답도 있으려니와, 만일 이로부터 10년을 지나 금전주의가 팽창하게 되는 날에는 그 회답이 보통으로 금전을 위하여 금전을 모으노라 할 것이다.

과거의 조선도 모두 금일같이 빈한하였더냐 하면 역사로 추구하면 꼭 그랬던 것은 아니다. 황금을 좇아가다가 멸망한 사실도 적지 않은 듯하다. 고대의 기록이 왕왕 에누리가 많으니 1원에 90전은 버리고 본다 할지라도 『삼국사기』 『삼국유사』 기타 여러 책에 의거하여 신라 헌강왕 시대의 전국 부력富力을 추적해볼 수 있으며, 『송막기문松漠紀聞』[28]에 의하여 발해 말년 곧 그 망국 이후까지 재산의 풍족함을 상상할 수 있지만, 그러나 하나는 궁예, 견훤 등의 내란에 전국토가 유린되고 하나는 거란, 여진 등의 외환에 종족이 진멸하였도다.

고려로 말하여도 페르시아, 사라센 등 여러 나라의 상인들이 빈번함을 보면 상공업도 그리 소조蕭條(쓸쓸함)하지 않았던 듯하며 송도의 왕공귀족들은 민영휘閔泳徽(1852~1935) 이상의 토지 소유자[29]도 많았던 듯도 하다마는, 급기 무엇에 멸망하였느냐 하면 군함이나 대포나 비행기 같은 것이 아니요, 불과 백보 밖에서 솔방울을 쏘아 떨어뜨리는 이태조 대왕의 활 그것

---

27 안연의 본명은 회(回)였는데, 가난 속에서도 공부를 열심히 하여 공자가 가장 아끼던 제자였다. "대그릇에 담긴 밥 한 그릇과 표주박에 담긴 물 한 모금만 가지고 가난한 동네 길가에 서 있다면 모두들 근심을 감당하기 어려워하겠지만, 회는 그의 즐거워하는 일을 포기하지 않을 것이다. 현명하도다, 회여"라고 공자가 칭찬한 바 있다.

28 중국 남송의 홍호(洪皓, 1088~1155)가 지은 저술로, 중국 동북 지역에 대한 기행문이다.

29 친일파 민영휘는 당시 조선 최고의 땅부자로 알려져 있었다.

이었다. 그 활을 들고 위화도에서 회군하매 북벌에 나섰던 장졸 5만명이
고개를 숙이고 양경오부兩京五府[30]의 방백들과 수령들이 떨며 복종하여 끝
내 왕위까지 점거했지만 전국이 고요하여 이강년李康年(1858~1908), 최익현
崔益鉉(1833~1906) 같은 대항자가 한 사람도 없었도다. 그러므로 송도의 멸
망이 어찌 단지 태조의 활의 위력이랴. 당시 황금에 목을 맨 송도 신민들이
그에 대항할 기력이 완전히 사라진 까닭이니라. 누가 두문동杜門洞의 72현
賢[31]을 충의지사忠義之士라 하느뇨. 다만 태조 초년에 관직에 나섰다가는
궁궐의 건축이나 군대의 확장 같은 데 원납願納(성금 납부)이나 시킬까 두려
워 금을 안고 문을 막음이니라.

4.

이조 초년에 송도의 유금주의唯金主義를 통징痛懲(엄중하게 징계함)하여,
밥 굶는 선생 운곡耘谷 원천석元天錫(1330~?)을 찬탄하며 밥 굶는 재상 황희
黃喜(1363~1452)를 등용하여 거의 부를 버리고 빈을 취하려 할 만큼 풍기를
바꾸어놓았도다. 이를 금일의 시선으로 보면 민족에게 해害된 곳도 적지
않으나, 그러나 누구든지 20만원에 몸을 판 박영효朴泳孝(1861~1939)의 낯
에 침을 뱉으며 400만원에 나라를 판 이완용李完用(1858~1926)의 죄를 꾸짖
어 인심이 송도 말년같이 되지 않으니 그 효력이 아주 없지도 않으니라.
   20세기 오늘날에 앉아 정권을 잃은 빈민이 경제적 지위를 획득할 수 있
다 함은 망론이거니와 금전이 고려시대의 석가나 이조의 공자보다도 더
신성하여가는 것은 목하의 사실이다. 이 사실이 굳어갈수록 진眞이었든지
가假이었든지 사천년 역사 이천만 민족의 무엇을 위하여 다니노라 하던

---

30   고려의 행정구역. 양경은 개성과 평양을 가리키고, 오부는 5도를 가리킨다.
31   조선 건국 후 고려에 대한 충의를 지켜 마을 문을 막고 밖으로 나가지 않았던 고려 유신
      72명. 여기서 신채호는 그들의 행위를 매우 부정적으로 인식하고 있다.

인물들은 모두 서리 맞은 낙엽이 될 뿐이며, 몇 개의 청담淸談(맑은 담론)을 지키기로 자처하던 망명객들은 송병준宋秉畯(1858~1925)이나 민영휘閔泳徽 (1852~1935)의 문전의 거지가 되고 말 것이며, 금전을 목적하지 않은 해내외의 모모 단체들은 토붕와해土崩瓦解(흙더미 무너지듯 기왓장 깨지듯)에 귀착될 것이며, 일반의 을사 이래 피를 흘린 선민先民에 대한 감정은 중국 통감通鑑(역사책)에서 옛사람의 성명을 대함과 같으리니 차후에도 그대로 존재한 조선 종자가 있다 하면 이는 일본인, 중국인 혹 러시아인이 되어서 존재한 조선 종자요, 조선인으로 존재한 조선 종자는 아닐지니라.

그러면 이런 참화를 무엇으로 구하겠느뇨. 만일 금전 출입하는 곳마다 하나의 커다란 흑면적혈黑面赤血[32]의 신이 따라다니면서 외워 가로대

금전 이외에 조선도 있느니라. 금전 이외에 동지도 있느니라. 금전 이외에 동족도 있느니라. 금전 이외에 치욕도 있느니라.

하여 금전 가진 자의 귓구멍에 항상 끊임없는 천둥소리가 되어, 금전으로 수단을 삼고 그 이외의 목적을 찾도록 하면 조선 만구挽救(바로잡아 구제함)의 방책이 되리라 하노라. 그러나 그 신은 무엇이냐, 염불이냐, 나팔이냐, 문사文士의 붓이냐, 노동자의 노력이냐, 포은圃隱 정몽주鄭夢周(1337~92)의 「단심가丹心歌」냐, 창해역사滄海力士의 철추鐵椎냐.[33]

---

32   검은 얼굴에 붉은 피를 뒤집어씀.
33   창해역사는 나중에 한 고조 유방(劉邦)의 모사(謀士)가 되는 장량(張良)과 모의하여 120근의 철추로 진시황(秦始皇)의 행차 수레를 공격하고 도주했다.

낭객浪客의 신년 만필[34]

신년의 만필漫筆이 무엇이냐? 신년의 연하장을 올리려 하나 시각대변時刻大變[35]의 병자에게 만수무강의 축사를 드림과 같고, 신년의 감상感想이나 쓰려 하나 운유雲遊의 낭객浪客[36]이 너무 명사名士의 구문口吻(말투)을 배움이 주제넘은 지라, 신 것, 매운 것, 단 것, 쓴 것 생각나는 대로 쓴 글인 고로 「신년의 만필[37]」이라 제하노라.

1. 도덕과 주의의 표준

옛날의 도덕이나 오늘의 주의主義(이념)란 것이 그 표준이 어디서 났느냐? 이해利害에서 났느냐? 시비是非(옳고 그름)에서 났느냐? 만일 시비라는 표준에서 났다 하면 『청구이담집靑丘俚談集』[38]에 보인 것과 같이 나무 그늘에서 여름 석달 더위를 피하고는 겨울에 그 나무를 베어 불을 때는 인류며, 소를 부리어 농사를 짓고는 그 소를 잡아먹는 인류며, 연암燕巖 박지원朴趾源(1737~1805)이 「호질虎叱」[39]에서 말한 것 같이 벌과 황충이의 양식을 빼앗는 인류니, 인류보다 더 죄악 많은 동물이 없은즉 먼저 총으로 폭탄으로 대포로 세계를 습격하여 인류의 종자를 절멸하여야 할 것이 아니냐? 그러므로 인류는 이해 문제뿐이다.

이해 문제를 위하여 석가도 나고 공자도 나고 예수도 나고 맑스Karl

---

34   『동아일보』1925년 1월 2일자;『단재 신채호 전집』6권, 200~03면.
35   이 순간 시시각각 병세가 악화되는 것과 같은 정도의 사태에 놓임.
36   구름 따라 떠도는 유랑객, 여기서는 고국을 떠나 해외에서 정처없이 떠도는 망명객을 뜻함.
37   『동아일보』에는 함부로 쓴 글이라는 의미의 난필(亂筆)이라고 되어 있으나, 자신의 글 제목을 설명하는 문맥이므로 수필이라는 의미의 만필(漫筆)로 보는 것이 맞을 듯함.
38   청구는 우리나라, 이담은 속담.『청구이담집』은 우리나라 속담집인 듯하나 자세한 것은 미상.
39   『열하일기』에 실려 있는 한문 단편소설.

Marx(1818~83)도 나고 끄로뽀뜨낀Pyotr Kropotkin(1842~1921)도 났다. 시대와 경우가 같지 않으므로 그들의 감정의 충동도 같지 않아, 그 이해 표준의 크고 작음과 넓고 좁음은 있을망정 이해는 이해이다. 그의 제자들도 스승님의 정밀한 뜻을 잘 이해하여 자기 학파의 이익을 구하므로, 중국의 석가가 인도의 그것과 다르며, 일본의 공자가 중국의 그것과 다르며, 맑스도 카우츠키Karl Johann Kautsky(1854~1938)의 맑스와 레닌Vladimir Ilyich Lenin(1870~1924)의 맑스와 중국이나 일본의 맑스가 다 다름이다.

우리 조선 사람은 매양 이해 이외에서 진리를 찾으려 하므로 석가가 들어오면 조선의 석가가 되지 않고 석가의 조선이 되며, 공자가 들어오면 조선의 공자가 되지 않고 공자의 조선이 되며, 무슨 주의가 들어와도 조선의 주의가 되지 않고 주의의 조선이 되려 한다. 그리하여 도덕과 주의를 위하는 조선은 있고, 조선을 위하는 도덕과 주의는 없다.

아! 이것이 조선의 특색이냐. 특색이라면 특색이나 노예의 특색이다. 나는 조선의 도덕과 조선의 주의를 위하여 곡하려 한다.

2. 이해와 권형權衡

도덕과 주의가 인류의 이해의 표준에서 생겼다 하면 우리가 손해를 피하고 이익만 취함이 가할지니, 그러면 나라를 팔아 제 한몸, 제 집안의 온포溫飽(따뜻함과 배부름)를 구함도 가할까? 한규설韓圭卨(1848~1930)과 같이 이또오 히로부미伊藤博文(1841~1909)의 호령에 어린아이처럼 울고 도주하여 재산 문서를 안고 일생을 애첩의 품에서 보냄도 가할까?[40] 일진회一進會

---

[40] 한규설은 무관 출신으로 을사조약 당시 의정부 참정대신으로 조약 체결에 반대하다 해직되었고, 강제병탄 후 일제의 작위를 거절했으며, 이상재와 함께 조선교육회를 창립하기도 하였다. 다만 여기서는 그가 일제 침략에 정면으로 맞서지 못한 것을 비판하면서 많은 재산을 품고 있던 것까지 아울러 비판하고 있는 것으로 보인다. 장지연(張志淵, 1864~1921)도 「시일야방성대곡(是日也放聲大哭)」(『황성신문』 1905년 11월 20일자)에서 참정대신이란 자가

같이 합병을 선언하여 노예의 구차한 삶을 취함도 가할까?[41] 참정권 같은 것이라도 운동함이 가할까?[42] 이러한 근시안의 이해는 이해가 아니다. 입과 배를 채울 수 있을지라도 사람의 몸이 개 돼지로 타락한다 하면 이익이 아니라 손해뿐이며, 일신의 안락을 얻을지라도 부모·형제·자매·친척, 눈앞의 동포, 미래의 자손을 노예 장부에 올릴진대 이익이 아니라 손해뿐이다. 그러므로 개인이 되어서는 이완용李完用(1858~1926)이나 한규설이 되지 않고 민영환閔泳煥(1861~1905)이 되어야 하며,[43] 단체가 되어서는 일진회가 되지 않고 해산, 체포 등을 당하는 단체가 되어야 하며, 사회를 위하여는 미국 보호의 선정善政을 받는 이보다 차라리 자유의 가정苛政하에서 생활함을 좋아한다는 필리핀 어느 지사志士의 언론이 있으니, 이는 다 소극적 방면에서 따져본 이해이다.

혹은 민족의 자유를 혹은 계급의 평등을 위하여 목전에 흘린 피가 천리에 흐르고 엎어진 시체가 백만이 되는 참담한 피해가 있어도 망설이지 않고, 미래의 실제상 혹 정신상의 어떤 한 이익을 취하나니, 그러므로 성공한 러시아의 공산당이나 실패한 아일랜드의 신페인(Sinn Fein)당[44]같이 인류에 교훈을 끼침이니 이는 적극적 방면에서 타산한 이해이다.

매양 눈앞의 이해만 타산하여 "인구 감소의 화만 있으리라"고 갑의 행

고작 조약 체결을 거부한 것 정도로 명예를 구하는 게 옳겠냐며 비난하고 있는데, 한규설을 지칭한 것이다.

41 일진회가 1909년 12월 한일합방을 청원하는 소위 「합방성명서」를 발표한 것을 가리킨다.

42 1920년대에 국민협회 등의 단체가 일제에 식민지 조선의 자치권을 요청한 참정권 청원 운동을 가리킨다.

43 이완용처럼 친일파가 되거나 한규설처럼 자기 책임을 방기하지 말고, 민영환처럼 저항으로 자결하는 정도의 의기를 보여주어야 한다는 말이다.

44 1905년 창립하여 1916년의 부활절 봉기와 1919년 발발한 아일랜드 독립전쟁을 주도하며 1921년 아일랜드 자유국이라는 자치령을 얻어낸 정당이다. 완전 독립에 대한 이견으로 아일랜드는 1923년까지 내전을 겪었고, 신채호가 이 글을 쓰는 1925년 1월까지도 분란이 끝나지 않고 있었다. 신채호는 신페인당이 폭력봉기와 독립전쟁을 주도하여 수행했던 것에 대해 적극적 의미를 부여하고 있는 것이다.

동을 비난하며, "경제 손실의 해만 있으리라"고 을의 주장을 조소하는 자가 많으므로, 이미 고인이 된 모공某公이 말하되 "나는 학자를 보기가 싫습니다. 누구의 무슨 경영에든지 학자들은 대소강약의 숫자적 비교의 안목으로 필패의 단안을 내립니다. 필패하고 필망할지라도 아니할 수 없는 일이 있는 줄은 요새 학자가 모르는 일입니다" 하였다.

아! 눈앞에만 보이는 대소와 다과의 차이나 비교하는 근시안의 학자야 무슨 학자이냐? 우리의 경우는 아무리 반드시 성공하고 반드시 흥하는 합리적 숙명적 운동이라도, 최근의 근거리 내에서는 실패와 사망뿐일 것이 명백하다. 학자나 주의자나 운동자나 그 같은 천근한 언론 행동을 버려라. 그리하여 저승에 간 모공의 영혼이 돌아와 꾸짖는 일을 겪지 말지어다.

3. 병을 따라 약을 쓰자

우리 조선이 고대부터 변치 않은 계급 제도가 있어 고구려의 오부五部,[45] 백제의 팔성八姓,[46] 신라의 삼골三骨[47]이 모두 귀貴와 부富를 소유한 자의 별명이다. 고구려 미천왕美川王(?~331)이 어린 시절에 품팔이 노비가 되어 주인이 편히 잠들게 하기 위하여 문 앞에 못 속에 우는 개구리를 금지하

---

45   고구려 국가 운영의 주축이 된 5개의 단위 정치체다.『삼국지』에는 소노부(消奴部), 절노부(絶奴部), 순노부(順奴部), 관노부(灌奴部), 계루부(桂婁部) 등 5부의 이름이 등장하며,『삼국사기』에는 비류나부(沸流那部), 연나부(椽那部), 환나부(桓那部), 관나부(貫那部) 등으로 표기되어 있다.

46   백제의 대표적 귀족 가문. 중국 역사서에는 백제에 큰 성씨 여덟 개가 있었다고 나오는데,『수서』와『신당서』에는 사씨(沙氏), 연씨(燕氏), 협씨(劦氏), 해씨(解氏), 정씨(貞氏), 국씨(國氏), 목씨(木氏), 백씨(苩氏)라고 적혀 있으며,『북사』에는 사씨(沙氏), 연씨(燕氏), 협씨(劦氏), 해씨(解氏), 진씨(眞氏), 국씨(國氏), 목씨(木氏), 묘씨(苗氏)로 나온다. 또한『통전(通典)』에는 사씨(沙氏), 연씨(燕氏), 협씨(劦氏), 해씨(解氏), 진씨(眞氏), 국씨(國氏), 목씨(木氏), 백씨(苩氏)라고 적혀 있으며,『한원(翰苑)』에 인용된「괄지지(括地志)」에는 사씨(沙氏), 연씨(燕氏), 협씨(劦氏), 해씨(解氏), 진씨(眞氏), 목씨(木氏), 수씨(苩氏)로 나온다.

47   신라의 귀족 계급을 이루던 성골(聖骨), 진골(眞骨), 육두품(六頭品)을 말한다.

느라고 밤을 새웠으며, 김유신金庾信(595~673)이 큰 공을 세웠음에도 왕경 귀족들이 그와 같은 자리에 앉지 않으려 한 모든 역사가 그 생활의 큰 차이와 차별의 심각함을 말한다. 우리 선민들이 이것을 타파하여 사회 문제를 해결하려 하여 반역 혁명의 종적이 그 모호하고 허술한 역사의 기록 속에도 자주 출몰하였으나 당나라 외적이 고구려, 백제 두 나라를 유린하매 그 맹아가 꺾였으며, 고려 시대에 특히 양반 대 군주의 쟁투, 노예·잡류【잡류는 상공계급의 총칭인 듯】대 양반의 쟁투에 누차의 유혈까지 있었으나 몽골 외적이 침입하여 그 영향이 조용히 사라졌으며, 태조 이성계李成桂(1335~1408)가 고려 대의 사제유폐四制遺弊[48]를 개혁하여 빈부의 조화를 도모하였으나 그 귀천의 계급이 존재하였기 때문에 오래지 않아 다시 그 틈이 벌어져서 소년계少年稧, 검계劍稧, 양반살육계兩班殺戮稧 등 비밀혁명단체가 분기하더니 또한 임진란 8년(1592~98)의 병화로 말미암아 팔도가 병들어 쇠약해지매 드디어 그 종자까지 멸절되었다.

이와 같이 사회 진화의 경로를 개척하려는 혁명이 매양 반혁명적 외적 때문에 붕괴됨을 보면 이제 송곳 못으로 박을 땅도 없이 타인에게 빼앗기고 소수의 소상업가들은 선진국 생산품의 수입을 소개하는 중간에서 떨어지는 밥풀을 주워 먹게 되고, 경찰과 군대가 끊임없이 위압을 주는 판에서 사회의 조직부터 개혁하려 함은 너무 어리석은 행동이 아닌가 한다. 오직 소작인 운동 같은 것은 지주의 잔악을 저지하여 일시의 급박한 동포의 궁민을 구하는 유일 방법이니 이는 시대조류의 여택餘澤(영향 받은 혜택)이 아니라 할 수 없다.

---

48   태조 이성계는 정도전을 앞세워 토지, 노비, 군사, 조세 제도 등에 대한 개혁을 시도했던바, 신채호는 이 네가지를 사제유폐라고 표현한 듯하다.

4. 유산자보다 나은 무산자의 존재를 잊지 마라

몇 년 전 상해에서 『민중民衆』이란 주간신문에 어떤 문사가 이러한 논문을 썼다. "조선인 중에도 유산자는 세력 있는 일본인과 같고 일본인 중에도 무산자는 가련한 조선인과 한가지니 우리 운동을 민족으로 나눌 것이 아니요, 유무산으로 나눌 것이라"고.

유산계급의 조선인이 일본인과 같다 함은 우리도 승인하는 바이거니와 무산계급의 일본인을 조선인으로 본다 함은 몰상식한 언론인가 한다. 일본인이 아무리 무산자일지라도 그래도 그 뒤에 일본 제국이 있어 위험이 있을까 보호하며 재해에 걸리면 보조하며 자녀가 나면 교육으로 지식을 주도록 하여, 조선의 유산자보다 호강한 생활을 누릴뿐더러 하물며 조선에 이식한 자는 조선인의 생활을 위협하는 식민의 선봉이니 무산자의 일인을 환영함이 곧 식민의 선봉을 환영함이 아니냐. 조선인들은 수백년 비열한 외교하에서 생장한 식민들인 까닭에 무엇보다도 외교를 중시하여 매양 위급 멸망의 순간을 마주하면 제3자에 대한 외교는 물론이거니와 곧 위급 멸망의 화를 가하려는 상대자에 대한 외교까지도 급급하였다. 갑진, 을사의 사이에[49] 일본 정부에 올린 장서가 매일 날아다니듯하며, 일본인 통감 이또오 히로부미伊藤博文(1841~1909)에게 바치는 공함公函(공문 서함)이 빗발치듯하였다. 오조약(을사늑약, 1905) 체결할 때의 신문지에 오적을 베이는 칼 같은 붓이 삼엄하지만 일본 대사 이또오 히로부미 공작에게는 애걸의 뜻을 표하며 독립자강으로 주장을 삼는다는 대한자강회大韓自强會에 일본인 협잡배인 오가끼 다께오大垣丈夫(1862~1929)를 어른으로 모시기까지 하였다. 그러더니 오늘에 와서 다시 독립자강의 주장을 부르고 강권을 반대한다 하지만 기실은 정부가 민중으로 변할 뿐이며 집정대신이 일본 무

---

49   만주와 한반도의 패권을 두고 발생한 러일전쟁(1904~05)의 시기를 말한다.

산자로 변할 뿐이며 통감 이또오 히로부미와 군사령관 하세가와 요시미찌 長谷川好道(1850~1924)가 카따야마 센片山潛(1859~1933)과 사까이 도시히꼬 堺利彦(1871~1933)[50]로 변할 뿐이니, 변하는 자는 그 명사뿐이요 정신은 의구하다. 그러나 민중의 외교도 매양 생활의 이해로 낙착되느니, 일본 무산자를 조선인으로 본다 함이 강족에게 아첨하는 못난 비열卑劣이 아니면 종로 거지가 도승지를 불쌍해하는 지나친 인후仁厚가 될 뿐이다.

5. 신청년도 도로 구청년이 아니냐

"사십 이상은 다 죽여야 되겠다"는 소리가 신청년의 입에 오르내린 지 오래이다. 몇 마디 조리 없는 연설로 일시에 선생이란 존칭을 얻은 20년 전의 구청년 사십 이상들은 마치 가치 없는 물건이 의외의 시세로 폭등하다가 그 시세가 지나가면 다시 폭락하듯이 아주 시세를 잃고 죽은 사람들이니 더 죽일 것도 없거니와, 삼십 이하의 신청년들은 산 것이 무엇이냐? 과거를 부인하지만 옥탑玉塔도 부수며 보탑寶塔도 부수어라 하는 러시아 허무당[51] 시대의 부인이 아니라 다만 소극적 부인뿐이며, 시대의 낙오자가 되지 말자 부르짖지만 열혈과 용기가 없으므로 다만 시대에 아부하는 노예가 될 뿐이며, 서간도의 십만명 양병과 미국의 일억만원 차관을 장담하던 구청년의 과대광망도 밉지만 이삼백명 유학생의 사회에서 매달 삼사원의 비용을 들여 간행하는 십여장의 속쇄판[52] 잡지는 더욱 가련하며, 신구

50 　두 사람 모두 일본의 노동운동가, 사회주의자였음.

51 　19세기 후반 암살 및 파괴 행위에 집중하던 체르니솁스끼(Nikolay Chernyshevsky, 1828~89), 도브롤류보프(Nikolay Dobrolyubov, 1836~61), 네차예프(Sergey Nechayev, 1847~82) 등 혁명적 민주주의의 한 분파. 새로운 질서 수립을 위해 도덕과 예술을 포함한 구체제 일체를 극단적으로 파괴해야 한다는 주장을 했다. 이들의 극단적 주장과 과격한 행동 때문에 일부에서는 끄로뽀뜨낀의 아나키즘 계열과 다른 분파로 보기도 하지만, 여기서 신채호는 허무당을 호의적으로 보고 있다.

52 　소량의 인쇄물을 신속하게 제작할 수 있는 인쇄술로서 등사, 공판 등으로도 불린다.

서적 간 한권의 책자도 보지 않고 다만 예배당의 찬미와 무쇠주먹 돌근육의 광가狂歌로 생활하던 구청년의 거동도 찬미할 수 없지만 정치적·경제적 현실의 고통에서 탈출하여 신시 신소설의 피난 생애로 일생을 마치려는 신청년의 심리야 참말 애석할 만하다. 이 같은 퇴패한 지기志氣로는 설혹 학업을 성취할지라도 학교의 교사가 되거나 혹 외국인의 사회의 직원이나 되어 자기의 호구餬口(입에 풀칠함)나 할 뿐이요, 설혹 해군 육군 비행대의 장교가 될지라도 그 소득의 월급으로써 자기 집의 온포溫飽(따뜻하고 배부름)나 경영하며 빈궁한 동포나 깔볼 터이니 뜻없는 자의 지식이 쓸 데 있으랴. 마치 민영휘閔泳徽(1852~1935)의 금전이 공공 운동에 쓸데없음[53]과 일반일 것이다. 아아 끄로뽀뜨낀의 「청년에게 고하노라」[54]란 논문의 세례를 받자. 이 글이 가장 병에 맞는 처방이 될까 한다.

6. 통척할 사회의 두 거대 악마

우리의 통척痛斥(통렬히 배척함)할 바는

1) 형식화形式化이니, 삼강오륜三綱五倫이 지금에는 붕괴하지 않을 수 없는 도덕이 되었지만 정암靜庵 조광조趙光祖(1482~1519), 충암冲庵 김정金淨(1486~1521) 등 기묘선현己卯先賢[55]이 주고받은 편지와 그들의 행동을 보면

---

53 민영휘는 명성왕후의 후원으로 부와 권력을 장악했던 여흥민씨의 일원으로 합방 후에는 기업가로 행세하며 친일반민족행위자의 대표적 존재가 된다. 그가 휘문의숙을 설립하는 등 공공사업에 돈을 안 쓴 것은 아니지만, 신채호는 민영휘의 그런 짓조차 전혀 가치가 없다고 본 것이다.

54 끄로뽀뜨낀이 1880년에 발표한 저술. 청년 지식인들에게 보내는 편지 형식을 취하여, 모순된 제도에 안주하여 이기적 욕망을 추구하지 말고, 고통받는 인민들과 함께 세상을 바꾸기 위해 헌신하고 실천하라는 도덕적 권유를 담고 있다. 신채호가 이 글에서 호소하는 대상과 주장하는 방향이 거의 일치하는 글이다.

55 중종의 지원으로 성리학적 도덕의 원칙에 입각한 개혁을 추진하던 신진사림에 대한 훈구파의 공격과 중종의 변심으로 발생한 기묘사화(1519, 중종 14) 때 숙청되었던 사람들. 기묘제현(己卯諸賢)이라고도 한다.

수천년 낡은 풍속을 소탕하고 공자의 가르침이 실현되는 이상국을 건설하려던 참된 정성과 노력에 존경으로 복종할 만하다. 그러나 세월이 오래이매 그 정신은 없어지고 형식만 남아 어떤 마누라(마님)의 상사喪事인지도 모르고 통곡부터 하는 충비忠婢도 있었다 하거니와 눈물 한 방울도 없이 삼년시묘三年侍墓하는 효자도 없지 않았다. 그리하여 한성漢城 말년[56] 집집마다 효자, 사람마다 충신이었던 사회가 마침내 소수의 역적 관료를 주멸誅滅(베어죽임)하지 못하였음은 정신 없는 형식이 사람 사는 세상에서 전쟁하는 무기가 아닌 까닭이다. 오늘날에 주의의 간판을 붙이며 자유·개조·혁명의 명사를 외우는 형식적 인물의 많음보다 주의대로 명사대로 혈전血戰하는 정신적 인물이 하나라도 있어야 할 것이다.

2) 피난의 심리이니, 온 조선 사람이야 다 죽든 말든 나 한 몸 한 가족이나 살면 그만이라고 『정감록鄭鑑錄』의 십승지十勝地[57]를 찾아다니는 치인癡人(미친 사람)은 오늘에 거의 멸종되었겠지만 그러나 그 심리는 의구依舊하다. 불평등한 이 세계를 한번 뒤집어 모든 동포가 더 행복을 누리자는 심리가 아니요, 오직 한 몸 한집 살자는 생각으로 찾아가면 각 과학科學(분과학문)의 지식을 얻는 중학교, 대학교… 모든 학교도 『정감록』의 청학동이며, 시와 소설을 짓는 문단이나 논설, 기사 등을 편집하는 신문사도 『정감록』의 철옹성이다. 난을 토벌하고 평정할 인물은 많이 나지 않고 난을 피하는 인사만 있으면 그 난을 구하지 못할 것이니 우리가 모두 피난 심리의 대적을 토멸하여야 할 것이다.

---

56 서울이 식민지 시기에는 경성으로 불렸으므로, 한양 혹은 한성으로 불리던 마지막 시기 즉 구한말을 가리킨다.

57 조선 후기에 유행했던 예언서 『정감록』에서 난리를 피할 안전할 장소로 지정된 10개의 지역. 『정감록』의 이본이 많아 십승지가 일정하지는 않지만, 대개 외침에 대한 대피를 염두에 두어 주로 내륙 산지가 거론된다. 『정감록』의 이본 중에서도 청학동이 거론된 예는 없지만 『개벽』 등에서 청학동을 십승지의 하나라고 하며 오히려 십승지를 제유하는 대표적 지역으로 지목하고 있어, 신채호가 이 뒷 문장에서 "정감록의 청학동"이라 말한 인식이 식민지 시기 일반적이었던 것을 짐작해볼 수 있다.

위의 두 대전人戰에 성공하면 그다음 선을 행하나 악을 행하는 것은 오히려 문제가 아니니 선과 악은 절대적이 아니요 상대적인 고로 악이 없으면 선도 없는 까닭에 사회를 위하여 공을 못 이루거든 차라리 죄라도 지으라고 해야 할 것이다.

7. 문예운동의 폐해

낭만주의, 자연주의, 신낭만주의의 구별도 잘 못하는 자로서도, 현대에 가장 유행하는 요란한 서방 문예가들의 유명한 소설이나 극본 등을 거의 눈에 대어보지 못한 완전히 문예의 문외한이 게다가 십여년 해외에 앉아 조선 문단의 소식이 격절하여 무슨 작품이 있는지, 얼마나 났는지, 어떤 것이 환영을 받는지 알지 못하니, 어찌 조선 현재 문예에 대하여 가부를 말하랴. 다만 3·1운동 이래 가장 현저히 발달된 것은 문예운동이라 할 수 있다. 경제 압박이 아무리 심하다 하나 굶어 죽은 귀신의 금강산 구경 같은 문예 작품의 독자는 없지 않으며, 경성의 신문지에 끼어 오는 책사冊肆(서점) 광고를 보면 다른 서적은 거의 50년 전 그때와 같은 꼴이나 시인과 소설 선생의 작품은 비교적 다수인 듯하다. 그래서 나의 맘대로 쓰는 글이 문예에 대해 망론을 한마디 하려 하나, 아, 재료가 없어 남의 말이나 소개하고 모으려 한다.

일찍 중국 광동廣東의 『향도嚮導』란 잡지에 그 호수가 몇째던지 작자가 누구이던지를 지금에 다 기억하지 못하는 중국 신문예에 대한 탄핵彈劾의 논문이 났었는데 그 대의를 말하면

중국 연래에 제1혁명, 제2혁명, 오사운동, 오칠운동…[58] 등이 모두 학생

---

[58] 청나라를 부정하고 공화정을 선포한 신해혁명의 과정을 나누어, 1911년의 신해혁명을 제1혁명, 1913년 원세개 타도 운동을 제2혁명으로 나누기도 한다. 또한 1919년의 반제국주의

이 중심이었다. 그러더니 근일에 와서는 학생사회가 왜? 이렇게 적막하냐 하면 일반 학생들이 신문예의 마취제를 먹은 후로 혁명의 칼을 던지고 문예의 붓을 잡으며 희생의 피를 흘려야 하겠다는 관념을 버리고 신시·신소설의 저작에 고심하여 문예의 도원桃源59으로 안락국安樂國60을 삼는 까닭이다. 몇 구의 시나 몇 줄의 소설을 지으면 이를 팔아 그 생활비가 넉넉히 될 뿐더러 또한 독자의 환영을 받아 시인이라 소설가라 하는 명예의 월계관月桂冠을 쓰며, 연애에 관한 소설을 잘 지으면 어여쁜 여학생이 그 뒤를 따라 무한한 염복艶福(여자 복)을 누리게 되므로, 혁명이나 다른 운동같이 체포되어 갇히고 총 맞아 죽는 위험은 없고 명예와 안락을 얻으며 연애의 단꿈을 이루게 되므로 문예의 작자가 많아질수록 혁명당이 적어지며 문예 작품의 독자가 많을수록 운동가가 없어진다.

하였다. 나는 이 글을 읽을 때에 3·1운동 이후에 적막하여진 우리 학생사회를 연상하였다. 중국은 광대침흑廣大沈黑61한 대륙인 고로 한가지의 풍조로써 전국을 명석말이 할 수 없는 나라이거니와, 조선은 청명협장淸明狹長62한 반도인 고로 한가지의 운동으로 전사회를 곶감꼬치 꿰듯 할 수 있는 사회니, 즉 3·1운동 이후 신시·신소설의 성행이 다른 운동을 섬멸한 것이 아닌가 하였다.

반군벌 운동인 5·4운동을 당시 언론이 나누어, 5월 4일 천안문광장에서 전개된 1차 시위를 5·4운동, 5월 7일부터 전개된 2차 시위를 5·7운동으로 지칭한 듯하다.

59 무릉도원(武陵桃源). 별천지의 이상향.

60 불가에서 괴로움이 없는 세상을 가리키는 말로 극락(極樂)이라고도 한다.

61 넓고 크며 어둠에 잠김.

62 투명하고 좁고 긺.

전술과 같이 설혹 신시와 신소설이 성행하는 까닭에 사회의 모든 운동이 적막하다 할지라도 만일 순예술주의자에게 말하면 "빈처貧妻의 단속곳을 팔아서라도 훌륭한 몇 짝의 신시를 사는 것이 가하며, 강토의 전부를 주고라도 재미있는 몇 줄의 신소설을 바꿈이 가하다" 하리니 그까짓 운동의 적막 여부야 누가 알겠느냐 하리라. 존화주의尊華主義를 위하여 조선이 존재하며, 삼강오륜을 위하여 인민이 존재하며, 권선징악을 위하여 역사와 소설이 존재하며, 기타로 모든 것이 스스로가 존재할 목적이 없이 남의 무엇을 위하여 존재한 것으로 단정한 수백년래 노예 사상에 대한 반감으로, 현세계에 인도주의의 문예가 예술주의의 문예를 대신해야 함에도 불구하고 나는 곧 예술지상주의도 찬성하려고 하였다.

그러나 예술도 고상하여야 예술이 되거늘 부잣집 탕자의 육체적 노예가 되려는 자살 귀신 강명화康明花도 열녀 되는 문예[63]가 무슨 예술이냐. 수백만의 굶어 죽은 귀신을 곁에다 두고 1원 내지 5원의 소설책이나 팔아 한번 포식하기를 구하려는 문예가들이 무슨 예술가이냐. 금강산의 경치가 아무리 좋을지라도 굶주린 아이의 눈에는 밥 한 숟가락만 못하며, 솔거率居가 그린 소나무가 아무리 명작이라 할지라도 물에 빠진 사람의 눈에는 목판 한 조각만 못하며, 살지도 죽지도 못하게 된 조선 민중의 귀에는 모든 미려한 가극과 소설의 이야기가 백두산 속의 미신 귀신인 조선생趙先生의 강신필降神筆[64]만 못하리니, 1원이면 한집 식구가 며칠 생활할 민중의 눈에 들어갈 수도 없는 2원, 3원의 고가되는 소설을 지어놓고 민중문예라 부르는

---

63   이해조의 소설 『강명화실기』를 말함. 기생 강명화가 부잣집 아들 장병천과 사랑을 했으나 주변의 격렬한 반대를 못 이겨 자살하고, 얼마 뒤 장병천도 자살한 실화를 소설로 엮은 것이다.

64   강신필은 신 내린 듯 글을 잘 쓰게 만들어주는 붓을 뜻하는 듯한데, 백두산 조선생에 대해서는 미상.

것도 얄미운 짓이거니와, 민중생활과 접촉이 없는 상류사회 부귀남녀의 연애사정을 그리는 것을 위주로 하여 음란을 부추기는 문자는 더욱 문단의 수치이다. 예술주의의 문예라 하면 현 조선을 그리는 예술이 되어야 할 것이며 인도주의의 문예라 하면 조선을 구하는 인도가 되어야 할 것이니, 지금에 민중에 관계가 없이 다만 간접의 해를 끼치면서 사회의 모든 운동을 소멸하는 문예는 우리의 취할 바가 아니다. 유럽 각국에는 매양 문예의 작품이 혁명의 선구가 되었다 하나 이는 그 역사와 환경이 다른 까닭이니 조선의 현재에 비할 것이 아니다.

용과 용의 대격전[65]

1. 미리님의 내리심

내리신다, 내리신다, 미리龍님이 내리신다.

신년이 왔다고 신년 무진戊辰(1928)이 왔다고 미리님이 동방 아시아에 내리신다.

태평양의 바다에는 물결이 친다. 몽골의 사막에는 대풍이 인다. 태백산 꼭대기에는 오색 구름이 모여든다. 이 모든 것의 모두가 다 미리님이 내리신다는 보고다.

미리님이 내리신다는 보고에 우랄산 이동의 모든 중생들이 일제히 머리

---

65   신채호의 미발표 원고로 "1928년 북경에서 부침, 연시몽인(燕市夢人)"이라는 서명을 통해 1928년 북경에서 집필했던 것을 알 수 있다. 북한에서 출간한 『용과 용의 대격전』(조선문학예술총동맹출판사 1966) 소재 작품과, 북한에서 자료를 필사해 와서 출간한 김병민의 『신채호문학유고선집』(연변대학출판사 1994) 소재 작품을 참조해볼 수 있는데, 각기 『단재 신채호 전집』 7권, 5~20면과 333~50면에 수록되어 있다. 여기에서는 『한국현대대표소설선』 1, 창작과비평사 1996, 12~30면에 정본으로 제시된 텍스트도 참조했다.

를 들었다. 부자들과 귀자貴子들은 물론 미리님의 입에 맞도록 중국요리, 서양요리 등 갖은 음식을 장만하여 미리님의 귀에 흐뭇하도록 거문고, 가야금, 피아노 등 모든 음악을 대령한다. 그러나 가련하게 헐벗고 굶주린 빈민들은 미리님께 정성을 드리려 하나 아무 가진 것이 없다. 가진 것은 그 빨간 몸뿐이다. 이에 하릴없이 피를 뽑아 술을 빚고 눈물을 짜 떡을 만들어 장엄한 제단 위에 창피하게 모양 없이 벌여놓고 미리님의 내리심을 기다린다.

1월 1일 상오 2시 첫 닭이 홰를 치자 아무 기별 없이 구름의 비행기 탄 미리님이 닥치셨다. 일반 부귀자들은 노래하고 춤추며 거룩하신 미리님을 맞이하는데 모든 빈민들은 일제히 땅에 엎어져 운다. 울면서 미리님께 빈다.

"님이시여, 님이시여, 미리님이시여. 금년에는 세납稅納이나 많이 안 물리도록 하여주옵소서. 금년에는 도조賭租(소작료)나 많이 안 달라게 하여주옵소서. 금년에는 감옥 구경이나 않게 하여주옵소서. 금년에는 생활난에 철도 자살이나 않게 하여주옵소서. 금년에는 타국 타향에 비렁거지나 안 되게 하여주옵소서. 금년에는 ○○○○○○○(저본 그대로)이 흥왕興旺하게 하여주옵소서."

하면서 손이 발이 되도록 빈다.

그러나 그 비는 소리가 미리님의 귀에는 들리지도 아니하고 다만 그 가련하고 모양 없는 제물만 미리님의 눈에 띄었다. 그래서 미리님이 골을 잔뜩 낸다.

"이놈들, 정성을 내지 않고 행복을 찾는 놈들 죽어보아라."

하고 아가리를 딱 벌린다.

아이구 어머니, 그 아가리가 놀부의 박이던가. 그 속에서 똥통 쓴 황제며, 쇠가죽 두른 대원수며, 이마가 반지라운 재산가며, 대통이 뒤로 달린[66] 대지주며, 냄새 피우는 순사 나리며 기타… 모든 초라니[67]들이 쏟아져 나온다. 나와서는 모든 빈민들을 모조리 잡아먹는다.

피를 짜 먹고 살을 뜯어 먹고 나중에는 뼈까지 바싹바싹 깨물어 먹는다. 먹히지 않으려면 탄알의 밥이요, 감옥의 책임이다. 아, 지옥의 세계! 가련한 인민!

2. 천궁의 태평연, 반역에 대한 걱정

죽음에 빠진 인민들의 애호분규哀呼憤叫[68] 그 소리가 구중천문九重天門을 진동하여 잠 깊었던 상제가 깜짝 놀라 깨었다. 그래서 이것이 웬 소리인가 알아보라고 천사에게 명령하였다.

천사가

"이것은 미리가 생존을 요구하는 인민들을 죽이어 내는 소리올시다."

라고 회주回奏(임금에게 답하여 아룀)하니 상제가 가라사대

"어, 미리는 참 총명한 현신賢臣이여! 요구가 세면 반항이 되고 반항이 세면 혁명이 되나니, 요구하는 인민을 죽여야지! 어, 미리는 참 현신이여."

하시고 미리를 불러 인민 죽이는 공으로 훈장을 주시며 작위를 높이신다. 그리고 천상의 모든 신선, 지상의 모든 귀령鬼靈, 역대의 제왕·장상將相들을 소집하여 천궁에서 태평연을 베푼다.

지상의 인민들은 배가 고파 죽는데 천궁의 연회에는 배들이 터져 죽을 지경이다. 상제가 뱃가죽을 틀어쥐고 모든 귀신들을 돌아보시며

"인민들이란 것은 선천적으로 반역성을 타고나 툭하면 반기를 드나니 어쩌면 좋으랴? 공중에다 지구만 한 대포를 걸고 탕탕 쏘아 모조리 죽이자

---

66 담뱃대를 옷과 등 사이에 꽂아 담뱃대 끝의 담배통이 뒤통수로 보이도록 하고 거만하게 다니는 모양.

67 구마(驅魔) 의식인 나례(儺禮)에서 기괴한 계집 탈을 쓰고 등장하는 인물. 여기서는 각종 괴물을 뜻함.

68 슬피 외치며 격분하여 부르짖는 소리.

한즉, 전지구가 파괴하여 인민들이 씨가 져서 우리들이 빨아먹을 피가 없어지리니 그것도 안 될 일이요, 그놈들의 자유해방을 허하자 한즉 해방된 뒤에는 그놈들이 우리에게 피를 빨리지 아니하려 하리니 그것도 안 될 일이라. 어찌하면 고놈들의 반역성을 쏙 뽑아내어 산송장을 만들어놓고 우리들이 아무 염려 없이 고놈들의 정수리부터 발끝까지 깨물어 먹고, 거죽부터 속까지 빨아먹고, 아비, 자식부터 손자까지, 손자부터 그 몇 대 손까지 잡아먹게 되랴? 너희 제신諸臣들은 각기 방책을 올리어라!"

하시니 천사 여쭙되

"소와 같이 코뚜레하고 굴레하고 채찍질하여 끕시다."

"하하 딱한 사람, 우리가 만든 정치 법률이 코뚜레보다 더 잔악하지 아니하냐? 윤리 도덕이 굴레보다 더 흉참하지 아니하냐? 군대의 총과 경찰의 칼이 채찍보다 몇만배나 더 전율한 무기가 아니냐? 그래도 고놈들이 반역을 도모하는구나!"

"그러면 일등 닥터를 불러 마취약을 제조하여 고놈들을 영원히 마취시켜 우리에게 잡혀 먹히는 줄 모르고 잡혀 먹히게 합시다."

"흥! 그 약도 내가 써보았지! 공자놈을 시켜 명분설名分說[69]을 지어 '빈자貧者, 천자賤者는 빈천의 천분을 안수安受(만족하고 받아들임)하여 세력자의 명령을 잘 받아 충신, 열사의 명예를 후세에 끼처라' 하고 속이며, 석가놈과 예수놈을 시켜 '너희들이 남에게 고통을 받을지라도 이것을 반항 없이 간과하면 죽어서 너희의 영혼이 천국으로, 연화대蓮花臺로 가리라' 하고 속였다. 이러한 마취약들이 또 어디 있겠느냐? 이천년 동안이나 크게 그 약효를 보았더니 지금에는 그 약의 효력도 다하여 그놈들이 점점 자각하여 반역이니 혁명이니 하고 떠드는구나."

---

[69] 사람마다 자기 명색의 본분을 지켜야 한다는 유교의 윤리. 여기서는 타고난 계급을 숙명적으로 지켜야 한다는 논리로 활용하여 하층계급이 상층계급에게 반항하지 못하도록 하는 반동적 교리로 사용됨.

"그러면 오늘은 과학, 문학 등이 크게 위력을 가진 때니 다수한 과학자들, 문학자들을 꾀어다가 부자 귀자, 즉 지배 계급의 주구走狗를 만들어 학설로써 지배 계급의 권리를 옹호하며 시와 소설로써 지배 계급의 장엄을 구가하면 될까 합니다."

"오! 이것은 내가 방금 실시하여 비상한 효력을 보는 것이다. 그러나 학자놈들이 간혹 나의 명령을 어기고 민중 속으로 뛰어들어가 반역을 꾀하는 놈이 있구나."

3. 미리님이 안출案出한 민중 진압책

이와 같이 상제께서 반역성을 품은 인민에 대하여 무수히 걱정하시다가 한숨을 후 쉬며

"인세人世에 백년의 장책長策이 없거든 천세天世에 어찌 만년의 장책이 있으랴! 술이나 마시고 고기나 먹고 그러그러 해를 보낼 일이지 걱정이 쓸데 있으랴."

하고,

"천황당天皇堂 앞뒤 뜰이 무너진들 어떠하리, 만수산 두렁칡이 얽혀진들 어떠하리."

하는 후렴 없는 시조 한장을 부르신다. 미리가 앞으로 나와 부복하고 여쭈되

"상제는 존엄하사 억만 중생이 첨앙瞻仰(우러러 봄)하는 바올시다. 어찌 이 같은 불상不祥한 말씀을 하시나이까? 지상의 인민들이 비록 반역성을 가졌으나 이를 진압하여 영원한 활지옥活地獄에 가둘 수 있습니다."

상제 가라사대

"오! 미리야, 너는 참 지용智勇 겸비한 귀물이니 장책이 있거든 말하여라."

미리가 다시 여쭈되

"지상의 민중을 대개 두 부분으로 나눌 수 있으니 하나는 강국의 민중이요, 또 하나는 식민지의 민중이올시다. 강국의 민중은 아직 그 타력惰力(관성)의 애국심을 가진 동시에, 국國을 지배 계급의 국으로 오인하여 지배 계급의 세력을 확장 증진하게 하는 일을 애국으로 오신誤信(잘못 확신함)하여 그 애국심이 위애국심偽愛國心이 되고 말았습니다. 그런즉 강국의 민중에게는 얼마만큼 보통 선거의 권리 같은 것, 노동 임금의 증가 같은 것이나 허하여주고, 일면으로 그 위애국심을 장려하여 약소국의 민중을 정복하게 하며 식민지의 민중을 압박하게 하여 지배 계급, 즉 자본주의의 선봉이 되게 하면 피등彼等(저들)의 고픈 배가 다시 이 이익 없는 허영에 불려져 우리가 비록 몇십년 동안 피등의 피를 빨아먹어도 아픈지를 모를 것이오. 식민지의 민중은 그 고통의 정도가 다른 민중보다 만배나 되지만 매양 그 허망한 요행심을 가져 굶어 죽는 놈이 요행의 포식飽食을 바라며, 얼어 죽는 놈이 요행의 난의暖衣(따뜻한 옷)를 바라며, 교수대絞首臺에 목을 디민 놈이 요행의 생을 바랍니다. 그래서 반항할 경우에도 반항을 잘 못 합니다. 그런즉 식민지의 민중처럼 속이기 쉬운 민중이 없습니다. 철도, 광산, 어장, 삼림, 양전良田, 옥답沃畓, 상업, 공업… 모든 권리와 이익을 다 빼앗으며 세납과 도조를 자꾸 더 받아 몸서리나는 착취를 행하면서도 겉으로 '너희들의 생존 안녕을 보장하여주노라'라고 떠들면 속습니다. 혁편革鞭(채찍질), 철추鐵椎(철퇴), 죽침竹針질, 단근질, 전기뜸질, 심지어 구두口頭에 올리기도 참악한 ○○○○○○(저본 그대로) 같은 형벌을 행하면서도 군대를 출동하여 부녀를 찢어 죽인다, 소아小兒를 산 채로 묻는다, 전촌全村을 도륙한다, 곡식 가리에 방화한다… 하는 전율한 수단을 행하면서도 한두 신문사의 설립이나 허가하고 '문화 정치의 혜택을 받으라'고 소리하면 속습니다. 학교를 제한하여 그 지식을 없도록 하면서도, 국어와 국문을 금지하여 그 애국심을 못 나도록 하면서도, 피국彼國의 인민(여기서는 '강국의 민중'을 가리킴)을 이식하여 그 본토의 민중을 살 곳이 없도록 하면서도, 악형과 학살을 행하여 그 종족을 멸망토록 하면서도, 부어터질 동족동문同族同文[70]의 정의情誼를 말하면 속습니다. '건국' '혁명' '독립' '자유' 등은 그 명사까지도 잊어버리라고 일체 구두(입)나 필두(붓끝)에 오르지도 못하게 하지만, 옴(옴진드기) 올라갈 자치참정권 등을 주마 하면 속습니다. 보십시오, 저 망국제亡國祭를 지낸 연애문단戀愛文壇에 여학생의 단 입술을 빠는 청년들이 제 세상을 자랑하지 않습니까. 고국을 빼앗기고 구축을 당하여 천애 외국에서 더부살이하는 남자들이 누울 곳만 있으면 제2 고국의 안락을 노래하지 않습니까! 공산당의 대조류에 독립군이 떠나갑니다. 거러지 정부의 연극에 대통령의 자루도 찢어집니다. 속이기 쉬운 것은 식민지의 민중이니, 상제시여, 마음 놓으십시오. 세계 민중들이 다 자각한다 하여도 식민지 민중만은 아직 멀었습니다. 우리가 식민지의 민중만 잡아먹더라도 몇십년 동안은 아무 걱정 없을 것이올시다."

상제께서 이 말을 들으시고

"아이고, 요 내 자식 놈아, 나도 악독하지만 너는 나보다도 더 악독하구나. 네가 아니면 내가 어찌 이 자리를 보전하랴."

하시며 미리의 등을 툭툭 두드리신다.

4. 부활할 수 없도록 참사慘死한 야소耶蘇

"드래곤이 왔다. 드래곤이 왔다. 인제는 천국의 말일末日이다."

아, 이 소리가 무슨 소리냐? 어디서 오는 소리냐? 상제가 미리님의 진주陳奏(아랫사람이 윗사람에게 아뢰는 말씀)를 들으시고 심신心神이 상쾌하여 한창

---

70   같은 문자를 쓰면 같은 겨레가 된다는 주장. 한자 문명의 천하에서 한자를 공유하는 민족들끼리는 같은 문명 공동체의 일원이라는 개념이 있었는데 이를 차용하여, 일제가 식민지 동화 정책의 표어로 사용했다.

뛰노는 판에 이 무슨 소리냐, 이 소리 나는 곳을 빨리 알아내라고 상제께서 동동걸음을 치시니 미리 이하 제신들이 다 황공하여 사방으로 정찰하나 아무것도 보이는 것은 없고 다만 "드래곤이 왔다. 드래곤이 왔다. 인제는 천국의 말일이다"의 소리만 어디서부터 꽝꽝 울려 와서 천궁의 벽, 천장, 문, 창, 기둥, 마루, 주초가 들먹들먹한다. 서천불조석가여래西天佛祖釋迦如來(부처)를 불러 온갖 주문呪文, 온갖 진언眞言을 다 읽어도 그 소리가 더욱 높아가고 천궁 전체가 더욱 들먹들먹한다. 상제께서 크게 불안하사 연회를 파하여 제신들을 다 돌려보내고 궁녀들과 밤을 새우시는데 너무 초조하사 입에 침이 바싹 마르신다.

아니나 다르랴. 그 익일翌日 새벽에 "호외! 호외! 호외를 사시오!" 하는 소리에 천경天京 수십만 귀중鬼衆들이 단잠을 깨었다. 천사가 상제를 조현朝見(아침 문안)할 차로 오는 길에 그 호외를 사니 곧 천경天京에서 발행하는 30만년의 노령을 먹은 『천국신문』의 호외이다. 벽두에 특호 대자로 "상제의 외아들님 야소 기독耶蘇基督(예수 그리스도)의 참사라" 쓰고 그 곁에 2호 대자로 "드래곤의 선동이라" 쓰고 기사를 아래와 같이 썼다.

상제의 외아드님 야소 기독이 지방의 농촌 야소교당에서 상제의 도道를 강연하더니, 불의에 동 지방 농민들이 "이 놈! 제 아비 이름을 팔아 1천9백년 동안이나 협잡하여 먹었으면 무던할 것이지 오늘까지 무슨 개소리를 치고 다니느냐?"고, "1천9백년 동안 빨아간 우리 인민의 피를 다 어디다 두었느냐?"고, "서양에서 협잡한 것도 적지 않을 터인데 왜 또 동양까지 건너 와 사기하느냐?"고, "당일 예루살렘의 십자가 못 맛을 또 좀 보겠느냐?"고 발길로 차며, 주먹으로 때리며, 말내末乃(마침내)에 호미날로 퍽퍽 찍어 야소 기독의 전신이 곤죽이 되어 인제는 아주 부활할 수 없이 참사하고 말았다… 야소 기독의 참사의 하수인들은 민중이지만 그 하수의 수범首犯은 드래곤이라 한다. 드래곤은 아직 출처가 불명한 괴물인데 수일 전부터 동지同地에 와서 상제를 "잡아먹어도 시원치 못할 악물"이라고 욕설하며 야소 기독을 "제 아비보다 더 간흉한 놈"이라고 지척指斥하고, 상제 및 기독의 죄악을 열거한 90조의 격문을 돌리고 동일에 마침 기독의 내림來臨(왕림)함을 기회로 하여 민중의 선봉이 되어 이같이 기독을 참살하는 흉행兇行을 범한 것이다.

하고, 동지同誌(같은 지면)에 다시 "부활할 수 없는 야소 기독"이란 제하題下에 논설하여 가로되

야소 기독은 그 성부聖父인 상제를 빼쏘듯 한 간흉하고 험악한 성질을 골고루 가지신 성자聖子이었다. 그 출생 후에 성부의 도를 펴려다가 겨우 30이 넘어 예루살렘에서 유대인의 흉수에 걸리었다. 그러나 그때의 유대인은 너무 얼뜬 백성이었던 때문에 다 잡히었던 야소를 다시 놓쳐 십자가를 진 채로 도망하여 '부활'했다 자칭하고, 구주歐洲(유럽) 인민을 속이시사 모두 그 교기敎旗(종교의 깃발)하에 들게 하셨다. 십자군 그 뒤에 '십자군 동정十字軍東征' '30년 전쟁' 같은 대전쟁을 유발하여 일반 민중에게 사람이 사람 잡는 술법을 가르쳐주었으며, 늘 "고통자가 복 받는다, 핍박자가 복 받는다"는 거짓말로 망국 민중과 무산 민중을 거룩하게 속이사 실제의 적을 잊고 허망한 천국을 꿈꾸게 하여 모든 강권자와 지배자의 편의를 주었으니 그 성덕신공聖德神功은 만고 역사에 쓰고도 남을 것이다.

그러나 이번에는 너무 참폭慘暴(참혹하고 포악함)하게 피살하였을 뿐만 아니라, 오늘의 자각의 민중들과 비기독동맹非基督同盟의 청년들이 상응하여 붓과 칼로써 죽은 기독을 더 죽이니 종금 이후의 기독은 다시 부활할 수 없도록 아주 영영 참사한 기독이다. 기독이 영영 참사하였은즉 노경老境(나이가 든 때)에 참척慘慽[71]을 본 상제의 신세도 가련하거니와 저 기독교인이 다

---

71 북한본과 김병민본에 모두 '참멸(慘滅)'로 되어 있으나 '참척(慘慽)'의 오자로 보임. 참척은
    자식이 먼저 죽은 부모의 애통을 말한다.

시 누구의 이름으로 상제께 기도하랴…

천사, 그 호외를 보다가 종편終篇이 못 되어(기사를 미처 다 읽지 못하고) 안색이 토장(된장)빛이 되어 천궁으로 달려 들어가 손을 벌벌 떨며 그 호외를 상제께 올린다.

5. 미리와 드래곤의 동생이성同生異性

상제께서 그 호외를 보시고는 얼빠진 사람같이 물끄러미 마주 선 천사를 바라보다가 상 위에 폭 엎어지신다. 천사가 달려들어 상제를 붙들어 일으키며

"상제 폐하시여, 이같이 천국 존망에 관계되는 중대 사건을 당하여 폐하께서 정신을 놓으시면 어찌 됩니까! 폐하 폐하…"

라고 목멘 말로 상제를 진정시키는 판에 미리 이하 모든 귀신대감, 귀신영감이 상제를 위문하려고 차례로 들어온다.

천사가 미리를 보더니 두 눈에 불이 뚝뚝 떨어지고 노기 충천, 얼굴이 새빨개지며

"이놈! 미리야 네가 동양의 '똥똑'인가 무엇이 되어 어떻게 인민을 잘 감화하였기에 이 같은 언어도단의 흉참한 사건, 상제님의 외아들이신 지긋지긋하신 야소 기독을 부활할 수도 없게 아주 죽여버린 사건이 발생하도록 하였느냐. 이놈! 네 대가리에는 칼이 들지 않느냐…"

하고 주먹으로 천궁의 벽을 치며 미리를 질책하니, 미리는 아무 말 없이 냉가슴을 앓는 벙어리같이 얼굴만 찌푸리고 앉았다. 이러는 판에

"왔다, 왔다, 드래곤이 왔다. 인제는 천국의 말일이다!"

란 소리가 또 천궁에 진동한다. 천사는 말을 뚝 그치고 미리는 눈만 둥그렇다.

혼도하셨던 상제가 상에서 벌떡 일어난다.

"드래곤! 드래곤! 내 자식 야소를 죽인 드래곤! 그놈 드래곤을 잡아 바치라!"

고 풍전한[72] 어조로 엄급嚴急한 명령을 내리신다. 이에 천경의 경찰대, 정탐대가 총출동하여 야단법석을 떨지만 다만 "왔다, 왔다, 드래곤이 왔다…"의 소리만 사방에서 일고 드래곤의 정체는 그림자도 보이지 않는다. 이와 같이 천경의 경찰대, 정탐대의 대활동에도 아무 단서를 못 얻은 드래곤의 사진과 역사가 익일에 대지 동서 유일한 민중의 신문으로 등登하는[73] 『지민신문地民新聞』에 게재되었다. 그러나 "드래곤의 진영眞影(사진)"이란 한 장에는 다만 다수한 "0"을 그릴 뿐이요, 그 좌방에 5호 소자小字로 설명을 가하였다. 그 설명은 아래와 같으니

천국이 전멸되기 전에는 드래곤의 정체가 오직 "0"으로 표현될 뿐이다. 그러나 드래곤의 "0"은 수학상의 "0"과는 다르다. 수학상의 "0"에는 "0"을 가하면 "0"이 될 뿐이지만 드래곤의 "0"은 1도, 2도, 3도, 4도 내지 십, 백, 천, 만 등 모든 숫자로 될 수 있다. 숫자상의 "0"은 자리만 있고 실물은 없지만 드래곤의 "0"은 총도, 칼도, 불도, 벼락도 기타 모든 "테러"가 될 수 있다.

금일에는 드래곤이 "0"으로 표현되지만 명일에는 드래곤의 대상의 적이 "0"으로 소멸되어 제국도 "0", 천국도 "0", 자본가도 "0" 기타 모든 지배세력이 "0"으로 될 것이다. 모든 지배세력이 "0"으로 되는 때에는 드래곤의 정체正體적 건설이 우리의 눈에 보일 것이다.

하고 "드래곤의 역사"란 제하題下에는 이렇게 썼다.

---

72 북한본에서는 '풍전', 김병민본에서는 풍을 한자로 바꾸지 못한 채 '풍癲'으로 표기되어 있는데, 풍전(瘋癲)으로 보면 중풍으로 떨린다는 뜻이 된다.

73 오르는, 꼽히는 정도의 의미.

드래곤은 무엇이냐? 상제가 태고 인민들의 미신적 봉대奉戴(떠받듦)를 받아 제위에 오르던 제5년에 허공 중에서 탄생한 일태쌍생의 괴물이 있었던 바 하나는 드래곤이 곧 그것이요 또 하나는 곧 현금現今 천궁天宮의 시위대장으로 동양 총독을 겸한 유명한 미리이니, 미리 혹은 드래곤을 한자로는 다 "용"이라 역한다. 그 뒤에 미리는 늘 조선, 인도, 중화 등 국에서 장성하여 드디어 동양의 용이 되어 석가, 공자 등의 소극적 교육을 받아 상제의 충신이 되어 늘 복종을 천직으로 알므로 지배 계급의 주구인 종교가들과 윤리가들이 모두 미리를 인세人世(인간세상) 모범의 신으로 존봉하여왔으므로 조선의 신화에나, 중화의 유경儒經(유교 경전)에나, 인도의 불경에 다 용을 비상히 찬미하여 상제에 배配하였다. 그래서 상제께서 미리를 발탁하여 동양 진수鎭守(군사 요충지를 지킴)의 대임大任을 준 것이요. 드래곤은 늘 그리스, 로마 등지에 체재하여 드디어 서양의 용이 되어 늘 반역자 혁명자 들과 교유하여 '혁명' '파괴' 등 악희惡戲(못된 장난)를 즐기어 종교나 도덕의 굴레를 받지 않는 고로 서양사에 매양 반당叛黨과 난적亂賊(역적)을 드래곤이라 별명別名하여왔었다. 근세에 와서는 드래곤이 또 허무주의(무정부주의)에 침혹沈惑(깊이 빠짐)하여 더욱 격렬한 혁명 행위를 가지더니 마침내 야소 기독을 참살한 흉범이 된 것이다.

하였다.

이 신문을 받은 천국의 궁신들이 비로소 미리와 드래곤의 본래 형제임을 알고 놀라지 않은 이 없었다.

6. 지국地國의 건설과 천국의 공황

미리가 비록 상제의 총신寵臣으로서 누천년 동양 총독의 중임을 맡아왔으나, 이제 반적 드래곤이 상제의 애자愛子를 참살한 사실이 그 관리 구역 내에서 발생하는 동시에 그 미리가 드래곤의 친형제인 증거가 민중의 신문에까지 발표됨에 천경의 여론이 모두 미리가 드래곤과 동당同黨이 아닌가를 의문하며 상제도 진노치 않을 수 없었다.

그래서 미리의 동양 총독의 직을 빼앗고 천사로서 대하여 즉일 임소任所에 치부馳赴(부임)하여 드래곤을 체포하고 반민들을 도살하라 엄명하셨다.

천사가 명령을 받아 천폐天陛에서 사은하고 발정發程(출발)하려 할 즈음에 천국 통신관이 할딱할딱하며 뛰어 들어와 한장의 지상 통신을 상제께 올린다. 상제께서 받아본즉

지국 민중들이 야소를 죽인 뒤 미구未久에 공자, 석가, 마호메트… 등 종교 도덕가 등을 다 때려죽이고 정치, 법률학교, 교과서 등 모든 지배자의 권리를 옹호한 서적을 불지르고 교당, 정부, 관청, 공해公廨(청사), 은행, 회사… 등 건물을 파괴하고 과거의 사회 제도를 일체 부인하고 지상의 만물은 민중의 공유임을 선언하였다. 모든 지배 계급들이 반민을 정복하려 하여 군인을 소집하나 원래 민중의 속에서 온 군인들인 고로 다 민중의 편으로 돌아가버렸다. 다수의 상금을 걸고 신군新軍을 모집하나 한 사람의 응모자도 없었다. 그래서 산포山砲, 야포野砲, 속사포… 등이 산적하였으나 일환一丸(한 발)도 발사할 수 없었다. 이에 지배 계급들이 각기 자기들이 혈전하기로 결의하였으나 민중보다 너무 소수일뿐더러 또 돈, 계집 기타 모든 소유를 가진 자로서 전사하기가 원통하여 모두 철옹성으로 도망하였다가 민중의 포위를 입어 먹을 것이 없어 아사하였다. 그러나 그 아사자들은 수중에 평균 백만원의 금전을 잔뜩 쥐고 죽었다. 지배 계급이 이미 멸망함에 민중들은 이에 전 지구를 총칭하여 지국地國이라 하고 천국과의 교통 단절을 선언하였다.

고 하였다. 다른 사건이야 어찌 되었든지 가장 상제의 머리를 찌르는 것

은 "천국과의 교통 단절"이라는 구어句語이다. 왜? 상제나 천사나 기타 천국의 귀중들이 몇만년 동안이나 아무 노동도 않고 지상에서 올리는 공물과 제물을 받아먹고 살아왔다.

그런데 이제 지국이 건설되어 교통의 단절을 선언하니 공물 제물이 올 수 없다. 그러면 모든 귀중이 다 아사할 수밖에 없다. 상제도 아사할 것밖에 없다.

상제가 이 통신을 모든 귀신鬼神들에게 돌려 보이니 다 비상히 분격하여 즉일에 상제의 명령을 발하여 전체 민중을 다 박살하여버리자고 주장한다. 하나 상제는 고개를 흔든다.

"민중이 우리를 믿던 때에 우리가 세력이 있었지 지금에야 우리가 무슨 세력이 있느냐. 세력 없는 우리로서 민중을 박살하려다가는 한갓 박살을 당할 뿐이니 민중 박살, 쓸데도 없는 말이다."

이 말씀에 모든 불같은 분격들이 푹 꺼지고

"그러면 사자使者를 지국에 보내어 교통의 회복과 제물 공물을 전과 같이 진봉進奉(바쳐 올림)해줄 것을 민중에게 간청하여봅시다."

한다. 그러나 인정세태에 경험 많으신 상제는 공물이니 제물이니 하는 말도 한갓 민중을 더 격노시킬 유해무익한 말로 아시므로 이것도 불가하다 하신다.

"그러면 어찌 하나요? 앉아서 굶어 죽을까요?"

상제가 한참 묵묵하시다가

"인제는 한가지밖에 없다. 무엇이냐 하면 곧 사자를 민중에게 보내어 우리 천국의 귀중의 수효대로 바가지나 하나씩 달라고 청구하자."

"바가지는 무엇 하게요."

상제가 눈물을 흘리시며

"별 도리가 있느냐. 우리들이 매일 민중의 문 앞에 가서 바가지를 두드리며 민중 할아버지 밥 한술 담아주오 하지…"

하고 목이 막혀 말을 그치지 못한다.

"그것이야 어찌… 저희들이야… 하물며 존엄하신 상제…"

하고 모든 귀신들이 목을 놓고 운다. 신선의 바둑, 천녀天女의 거문고가 다 어디 가고 울음소리가 천궁을 진동한다. 그러나 금일에 울고 명일에 울어 365일을 울지라도 쓸데 있으랴. 마침내 울음을 걷고 바가지의 청구의 발론發論이 가결되고 말았다.

7. 미리의 출전과 상제의 우려

"그러면 바가지 청구의 사자로 누구를 보내랴."

고 상제께서 군귀群鬼에게 하순下詢(아랫사람에게 물음)하였다. 천사가 대답하되

"이것은 미리가 가장 합당합니다. 신이 작일에 확신確信(믿을 만한 정보)을 들은즉 민중들은 아직 그렇게 천국을 배척하지 않는데 원수놈의 드래곤이 민중의 머릿속으로 돌아다니며 상제와 상제 이하 내지 인세人世의 지배 계급의 세력은 모두 민중의 시인是認으로 존재한 것인즉 민중이 만일 철저히 부인만 하면 모든 세력이 추풍의 낙엽이 되리라고 자꾸 민중들을 꾀어 민중이 이같이 반기叛起(봉기)하였다 합니다. 그래서 민중들이 금일의 드래곤을 전일의 상제보다 더 믿는다 합니다. 만일 드래곤의 동의라면 민중들이 우리에게 바가지 하나씩은 줄 듯합니다. 미리는 드래곤의 친형인즉 미리를 보내면 아마 드래곤의 동의를 얻기가 쉬울까 합니다."

상제가 "옳다" 하시고 즉일에 미리를 옥중에서 불러 손목을 잡고 눈물을 흘리며

"내가 총명치 못하여 하마터면 너 같은 현신을 죽일 뻔하였구나."

하고 바가지 청구의 결의된 경과를 일일이 말씀하신즉

"안 됩니다, 안 됩니다, 그것은 절대로 안 됩니다. 바가지는 거지가 차는

것이요, 상제가 차는 것은 아니오리다. 거지가 바가지를 차고 민중의 문 앞에 가서 한술 주시오 하면 민중이 동정의 밥을 줍니다. 그러나 상제께서 바가지를 차신다면 '야, 상제 거지, 전일의 존엄을 어디다 두었느냐?'고 손가락질을 할 것이오리다. '전일에 우리에게서 빨아먹은 피를 다시 토하여 내놓으라'고 주먹질이나 할 것이오리다. 바가지를 주기는커녕, 차고 간 바가지나 깰 것이오리다. 그리고 황송하오리다마는 상제의 이마까지도… 안 됩니다, 안 됩니다. 바가지 청구는 절대 안 됩니다."

하고 미리가 울면서 간한다.

"그러니 어찌하잔 말이냐. 철도 자살이나 하였으면 좋겠다만 천궁에 어디 철도가 있느냐? 칼로 자살은 차마 못하겠고…"

"신이 입을 한번 벌리면 제왕, 통령, 자본가… 등물等物(등등의 물건) 들이 쏟아져 나옵니다. 신이 지국에 내려가 또 입을 벌리어보겠습니다."

"오늘날에야 똥작대기만 한 힘도 없는 제왕, 통령 등물을 아무리 토하여 놓은들 민중이 무서워하겠느냐. 그것도 전날 말이지."

"신이 지상에 내려가 강국 민중의 애국심을 고취하여 식민지 민중을 잡아먹게 하고, 식민지 민중에게는 자치나 참정권을 준다고 속이어 강국 민중에게 잡혀 먹게 하여 민중이 상식相食하는 틈에 천국의 권리를 회복할까 합니다."

"자각한 민중들이 그런 꾀임에 속느냐. 그것도 옛말이지."

"그렇지만 상제께서 절대로 바가지를 차서는 안 됩니다. 하여간 신이 지국에 내려가 친히 실지의 정형을 정찰하고 돌아오리다. 싸울 만하면 싸우고 그렇지 않으면 천국 군신이 다 손을 잡고 아사할 뿐이언정 바가지를 차서는 안 됩니다."

하고 미리가 곧 상제께 하직하고 운거雲車(구름 수레)를 타고 지국으로 향하여 발정發程할새 상제, 천사 이하 선관仙官, 선리仙吏, 선녀 권속眷屬이 모두 주린 가슴을 움켜쥐고 운두雲頭(구름 끝)까지 따라 나와 일제히 손을 들고 목멘 소리로 "미리님 만세!"를 부르니 이 소리가 곧 천국의 흥망 존폐를 한 등에 실은 미리를 지송祗送(공경히 배웅함)하는 소리더라.

'미리님? 내가 작일에는 천상의 미리놈이요 지상의 미리님이더니, 금일에는 천상의 미리님이요 지상의 미리놈이로구나. 천지의 위치가 이다지 변환하였구나'라고 미리가 속으로 홀로 생각하고 눈물이 두 뺨에 젖는다. 반공半空에 이르지 못하여 천사가 헐떡이며 쫓아와서

"다시 잠깐 돌아오시랍니다. 상제께서 할 말씀이 있다고 그럽니다, 미리님."

하고 부르거늘 미리가 곧 회군하여 상제를 가본즉

"오늘 격노한 민중을 위력으로 눌러서는 안 될 일이니, 아무쪼록 정리情理로 애걸하소. 이 말이 혹 나의 그대에게 주는 최후의 부탁이 아니 될까…"

하고 상제가 미리의 손을 잔뜩 쥔다. 미리가

"예, 상제는 너무 우려치 마소서. 지국에 가서 신이 모든 일을 천사만사千思萬思(천번 만번 생각함)하여 행하리이다."

하고 다시 총총히 등차登車(승차)한다.

8. 천궁의 대란大亂, 상제의 비거飛去

미리를 발송發送시킨 뒤에 상제 이하 온 천궁 귀중들이 모여 앉아 운다. 이 울음이 미리의 떠남을 우는 울음이 아니라 곧 천국의 멸망을 우는 울음이다. 천국의 멸망을 우는 울음이 아니라 각기 자신의 불행을 우는 울음이다.

그런데 가장 처참하게 우는 이는 상제의 가장 총애하는 선녀 '꼭구'다.

상제가 꼭구에 대한 불쌍한 생각이 너무 나서, 자기의 울음을 그치고 귀를 기울여 꼭구의 소리를 가만히 들으니 우는 소리가 아니요 곧

"왔다, 왔다, 드래곤이 왔다. 인제는 천국의 말일이다."

하는 저주를 하는 소리다. 상제가 대노하여

"이년아, 드래곤이 오면 네게 시원한 일이 무엇이냐."

하고 칼을 빼어 꼭구의 목을 치니 아! 불쌍한 꼭구, 목이 뚝 떨어져 죽는다. 상제가 꼭구를 죽이고는 다른 '년' '놈'의 울음소리를 들은즉 모두가 다 꼭구다. 꼭구와 같이

"왔다, 왔다, 드래곤이 왔다. 인제는 천국의 말일이다."

하는 소리다.

'아, 이것이 웬일이냐. 천궁의 친속들이 다 반叛하여 드래곤 당黨이 되었느냐?' 하고 이에 자기가 울며 자기의 귀로 들어본즉, 자기의 울음소리도 울음소리가 안 되고

"왔다, 왔다, 드래곤이 왔다. 인제는 천국의 말일이다."

하는 저주가 되고 만다. 상제가 하릴없어 이에 자기의 울음을 그치고 곧 엄혹한 명령을 내려

"천궁 안에 만일 우는 자가 있으면 사형에 처하리라."

한다.

'그러나 내가 왜 평생 애인인 꼭구를 죽였느냐? 미리의 회보가 왜 없느냐? 천국이 망하면 내가 어찌 되냐?' 하여 회한과 우울과 고통이 자꾸 상제의 머리로 올라와 견딜 수 없는 두통이 생긴다. 상제가 손으로 그 머리를 받치고 지통止痛(진통)할 약을 좀 달래려 하여 약실에 들어간즉 아! 참 기괴하다. 약실 안에는 우는 이도 없건마는

"왔다, 왔다, 드래곤이 왔다. 인제는 천국의 말일이다."

란 소리가 맹렬하게 난다.

상제가 매우 의혹하여 그 소리 나는 곳을 가만가만 찾아본즉 초강수硝強水(질산)의 병 속이다. 상제가 대노하여 칼을 빼어 초강수 병을 치니 초강수는 어디 가고 불칼이 번쩍 나와 천궁의 들보를 친다, 기둥을 친다, 지붕을

친다, 주추를 부순다 하여 뚝-딱-꽝-꽉-와르르-우르르 천궁 전체가 불지옥이 되었다.

상제께서 '비가비'【우신雨神】를 불러 비를 좀 주어 불을 꺼라 하시더니 비가비는 아니 오고 '바람가비'【풍신風神】가 달려들어 냅다 맹풍을 불어 불이 더욱 만연하여 천궁부터 천경까지를 소탕燒蕩(불타 없어짐)한다. 대세가 가고 보니 위권威權이 행해질쏘냐, 상제가 하릴없어 불을 피하여 궁문으로 나아가다가 맹풍에 휩싸인 바 되어 어디로 날려가버린다.

천사가 상제를 구하려다가 바람이 너무 세므로 어찌 하지 못하여

"인제는 천국의 말일이로구나."

부르짖는다. 그러나 천사는 상제의 충신이라 어찌 시세를 따라 방향을 바꿀쏘냐, 흥하나 망하나 상제를 따르리라, 천상에서 또 천상, 지하에서 또 지하를 갈지라도 내가 기어이 상제를 찾으리라 하고, 이에 조선의 행객같이 짚신 감발을 차리며 중국의 쿨리〔苦力〕(노동자)같이 노동복을 입고 상하 팔방으로 돌아다니며 상제의 계신 곳을 탐문한다.

9. 천사의 행걸行乞과 도사道士의 신점神占

천사가 '상제를 찾자면 먼저 독일무이獨一無二, 전지전능의 상제를 잘 찾던 구미歐美 각국으로 가보리라' 하고 런던이니, 파리니, 로마니, 베를린이니, 뉴욕이니… 하는 유명한 도시를 다 지나보았다.

그러나 신부나 목사 등물만 눈에 뜨이지 아니할 뿐 아니라 곧 황제 대왕이니, 대통령이니, 국무총리니… 하는 명사도 들을 수 없고 은행이니, 회사니, 트러스트니… 하는 건물도 볼 수 없고 풍속이나 풍관이 하나도 옛날 것대로 있는 것이 없다. 그러나 천사는 상제를 찾기에 다른 것을 알은체하지 못하고 모두 주마간산走馬看山 격으로 지날 뿐인 고로 그 상황은 알지 못하였다.

예루살렘을 지나다가 바울을 만나 '바울은 독신한 상제의 신도信徒니 상제의 계신 곳을 알리라' 하여

"바울아 상제가 어디 계시냐?"

하고 묻다가 바울이

"이놈, 미친놈! 지금에도 상제를 찾는 미친놈아!"

하고 천사의 뺨을 쥐어지르는 통에 천사가 뺨이 통통 부어 달아났었다.

중국 북경에 들어와 정양문正陽門[74] 밖 10리허 잣나무 밭 속 천단天壇을 지나니 면류관에 곤룡포 잡수신[75] 대청국 대황제가 천제를 올린다고 구경꾼이 모여든다.

"허허, 그래도 중국이 거룩한 나라여, 복벽復辟[76]이 또 되어 제천례祭天禮를 회복하였구나."

하고 천사가 달려들어 상제를 찾았더니 웬 사람이 손바닥을 보기 좋게 짝 펴들고

"이놈아, 꿈꾸지 말아라, 이것은 민중 경절慶節(경축절)의 연극이다. 상제가 무슨 똥 쌀 상제냐!"

하고 또 천사의 뺨을 내갈긴다. 아, 상제의 충신 노릇 하느라고 천사의 뺨에 붓기가 내릴 날이 없다.

천사가 아픈 뺨을 만지며 천교天橋【천단서天壇西】[77]를 향하여 나오니 길가에 머리를 쫓고[78] 도건道巾을 쓰신 노도사老道士가 점상占床을 받쳐놓고 상 위에는 "유문필답 예금십매有問必答禮金十枚"[79]의 한자 여덟 글자를 크

---

74   중국 북경 내성곽의 남문.

75   먹다의 높임말 이외에 "제사를 잡수다"처럼 의식을 행한다는 뜻으로도 쓰였던 말인데, 여기서는 곤룡포와 면류관이라는 황제의 옷과 관 같은 특별한 복장을 차려입는다는 뜻.

76   물러났던 임금이 다시 왕위에 오름.

77   천단은 중국 북경에서 군주가 제천 의식을 행하던 유교 제단이고, 천교는 황제의 궁궐인 자금성에서 천안문과 정양문을 거쳐 천단으로 가는 길에 놓여 있던 다리다.

78   상투나 낭자 따위를 틀어 죄어 맴. 여기서는 청나라식 변발을 한 것을 말한다.

79   묻는 것엔 반드시 답함. 복채는 열닢.

게 써 붙인 것을 보고 '하, 저 노도사 참 희귀한 노인이다. 오늘까지 머리도 깎지 않고 복희씨伏犧氏의 팔괘八卦를 신봉하는구나. 예금 십매라니 불과 동전 열닢이면 상제 계신 곳을 물어보겠다' 하고 주머니를 뒤져본다. 하나 '동전 열닢은 그만두고 귀 떨어진 엽전 한푼도 없다'고 주머니가 방귀를 픽 뀐다.

이 지경에는 천사도 눈물을 안 흘릴 수가 없다.

'드래곤이 오기 전 내가 상제의 좌우에서 시종할 때에는 내 손이 한번 주머니에 들어가기만 하면 금강석도, 홍보석도, 백금도, 황금도, 미국의 달러도, 프랑스의 프랑도, 원세개袁世凱의 대가리[80]도 나오라는 대로 나오더니 오늘에는 동전 열닢에 주머니의 퇴박을 만났구나…'

그러나 천사가 점쳐보고 싶은 마음이 간절하여 미소를 띠고 노도사의 앞에 허리를 굽히며

"여보 도사님, 점 한괘 쳐주시오. 내가 지금은 돈이 없습니다마는 일후에 돈이 생기거든 예금 십매는 말할 것도 없고 천매, 만매라도 바치지요."

"그러시오, 오늘은 돈이 쓸데없는 세상이지만 나는 애전愛錢(돈을 좋아함)의 구습을 잊지 못하여 장난으로 하는 것이올시다. 하니 예금이 무슨 관계 있으리까. 점을 쳐드리이다. 대관절 점은 무슨 점인가요?"

천사가 상제를 들추다가는 또 뺨이나 맞을까 싶어 한참 머뭇머뭇하다가

"예, 다른 점이 아니라 상전을 찾는 점이올시다. 우리 상전이 어디 가신지 몰라서요…"

"허허 요새 세상에도 상전을 찾아다니는 이가 있단 말이요? 당신은 참 충노忠奴올시다."

---

80   원세개가 중화민국 총통으로 권력을 독점하게 된 1914년부터 제작되어 중국에서 사용하던 은화. 원세개의 두상이 새겨져 있었다. 원세개는 황제를 참칭하다가 1916년에 죽었는데, 이 소설이 지어진 1928년 무렵에도 원세개 은화는 손문(孫文)이 새겨진 메멘토 은화와 동시에 유통되고 있었다.

하고 점통占筒을 흔드니 건지둔괘乾之遯卦가 나온다. 도사가 대경하여

"아! 어! 건乾은 천天이니 상제요, 둔遯은 도망이니 당신이 상전을 찾는 노자가 아니라 도망한 상제를 찾는 천사인가 봅니다."

천사가 이 말에 놀라지 아니할 수 없다. 그래서 두 무릎을 꿇고 공손히

"상제의 계신 곳을 가르쳐달라."

하니 도사가 풀어 가로되

"건괘乾卦 초효初爻의 '자子'가 둔괘遯卦 초효初爻의 '진辰'으로 변하고 '진'이 회두回頭하여 '자'를 극克하였습니다. 진은 용이요, 자는 쥐니 상제가 용【드래곤】의 난에 도망하여 쥐구멍으로 들어갔습니다. 고어古語에 '천개어자天開於子'라 하더니 오늘은 '천폐어자天閉於子'올시다.[81] 쥐구멍에 가서 상제를 찾으시오."

10. ○ ○ ○ (저본 그대로)

천사가 상제를 찾을 마음이 바빠 즉시 도사를 배사拜謝(절하며 사례함)하고 쥐구멍을 찾아간다. 쥐구멍을 찾다가 의외의 용신묘龍神廟를 발견하고 천사가 대경하였다.

'용은 미리의 별명이니 미리가 여기에 와 있는 것이다' 하고 묘 중에 들어가보니 과연 미리가 있기는 있다마는 석일昔日(옛날)에 풍風, 우雨, 뢰雷(천둥), 정霆(번개)의 조화를 부리던 '미리'가 아니요, 일개 토우상土偶像[82]의

---

[81] 건괘와 둔괘는 모두 『주역』 64괘의 이름 중 하나인데, 점을 친 결과 건에서 둔으로 옮겨가는 점괘가 나온 상황이다. 초효는 점괘를 내는 여섯개의 효(爻) 중 맨 밑에 있는 효로, 점괘에서 첫번째 순서로 해석한다. '천개어자(天開於子)'는 중국 송나라 철학자 소옹(邵雍, 1011~77)이 자신의 독특한 시간관인 원회운세설(元會運世說)을 주장하기 위해 지은 『황극경세서(皇極經世書)』에 나오는 구절로, 첫번째 1만 800년 단위의 자회(子會)에 하늘이 생성된다고 하는 구절이다. 여기서 도사는 이 말을 패러디하여 천자가 쥐구멍에 갇혔다는 뜻으로 '천폐어자(天閉於子)'를 지어낸 것이다.

[82] 흙으로 빚어 만든 형상.

미리이다. 귀가 떨어졌고 눈이 빠졌고 이마가 깨어졌다. 그 앞에는 한 접시 제물도 놓이지 않았으니 드래곤에게 패전하고 이곳에 와서 퇴거한 것이 명백하다.

"미리야 이놈, 상제는 어디다 두고 너 홀로 여기에 와 있느냐? 나는 상제를 잊지 못하여 이렇게 찾아다니는 길이다…"

하고 천사가 미리를 대책大責(몹시 꾸짖음)한다. 미리는 냉소한다.

"천사야, 이놈, 상제는 찾아 무엇하느냐? 천궁이 있던 때에 상제이지 천궁이 깨어진 뒤에도 상제가 있느냐. 상제가 있다면 죽은 상제이다. 죽은 상제는 산 쥐새끼만도 못하다. 말하자면 상제도 멸망하여야 옳지, 기실 내나 네나 상제가 모두 상고上古 민중이 일시 미신으로 지어낸 것이 아니었더냐. 민중이 지어낸 것이지만 얼마나 민중에 해를 끼쳐왔느냐. 상제 자신만 호강하였을 뿐 아니라 상제의 제물, 공물이라 핑계하고 민중의 돈을 협잡한 놈이 없었더냐. 상제의 명을 봉승奉承하였다 하며 세세 황제로 행악한 놈이 없었더냐?

최근 세계대전에 다수한 민중을 죽이어낸 각국 황제, 원수, 총사령관이 모두 상제의 이름을 가지고 하지 않았느냐? 남의 나라를 먹고 그 나라의 유민遺民의 뼈다귀를 녹이는 놈들도 또한 상제의 뜻이라 하지 않았느냐? 오늘은 미신이 깨어지니 상제도 또 깨어졌다. 상제에 부속하였던 네나 내가 안 깨어질쏘냐? 억만 민중들은 고양이가 되고 과거 모든 세력자는 쥐가 되었다. 상제를 찾으려거든 쥐구멍으로 가보아라…"

천사가 미리의 말을 듣고 괘씸히 생각하였지만, 그 마음이 벌써 상제에게 떠나 돌릴 수 없는 바에야 다언多言이 쓸데 있으랴. 상제나 찾아가리라고 묘문을 나오니 서역鼠疫[83] 방지를 위하여 쥐를 박멸하려고 출동한 민중들을 만났다. 천사 문득 도사의 점에 상제가 쥐구멍에 있으리란 말을 생각

---

[83] 쥐로 인한 유행병.

하고 울면서

"여보시오, 쥐를 잡지 말으시오, 쥐는 곧 하늘에서 도망하여 온 상제올시다."

하나 이 말에는 대답이 없고 다만

"왔다, 왔다, 드래곤이 왔다. 인제는 쥐의 말일이다."

하는 소리만 사방에 일 뿐.

한용운 연보*

*1896년 을미개혁 전후로 음력(전)과 양력(후)이 구분되며, 국외 사건은 양력으로 표기한다.

연도	한용운	국내외 주요 사건
1879년 (고종 16년)	• 8월 29일(음력 7월 12일), 충청남도 홍성군 결성면 성곡리 491에서 한응준의 둘째 아들로 태어남. 어머니는 온양 방씨. 본관은 청주, 자는 정옥(貞玉), 속명은 유천(裕天), 득도(得度) 때의 계명은 봉완(奉玩), 법명은 용운(龍雲), 법호는 만해(萬[卍]海).	
1884년 (고종 21년)	• 향리의 사숙에서 한문을 배움. (6세)	• 갑신정변 발발.
1886년 (고종 23년)	• 홍성읍 오관리 212로 이사. • 홍성서당에서 『서상기(西廂記)』 『통감』 『서경』 『대학』 등을 배우며 한학의 기초를 다짐.	
1898년 (고종 35년)	• 향리에서 전정숙과 결혼. (14세, 17세, 20세설이 있음)	
1904년 (고종 41년)	• 12월 21일, 맏아들 한보국 태어남(보국의 내외는 이후 북한에서 사망, 다섯 딸을 두었음). (26세)	• 2월, 러일전쟁 발발.
1905년 (고종 42년)	• 1월 26일, 백담사에서 김연곡(金連谷)을 스승으로 불교에 귀의, 전영제(全泳齊)에게서 수계함. • 이학암(李鶴庵)에게 『기신론』 『능엄경』 『원각경』을 수료. • 한용운의 회고에 따르면 세계여행을 계획하고 러시아 블라지보스또끄에 도착하였다가 일진회원으로 오해받아 구사일생으로 살아서 귀국함.	• 11월, 을사늑약 강제 체결.
1907년 (고종 44년, 융희 隆熙 1년)	• 4월 15일, 강원도 건봉사에서 수선안거(최초의 선禪 수업)를 성취. (29세)	• 7월, 헤이그 밀사 사건으로 고종이 양위하고 순종이 즉위. • 8월, 대한제국 군대 해산. • 정미의병 봉기.
1908년 (순종 1년)	• 강원도 유점사에서 서월화(徐月華) 스승에게 『화엄경』을 수학. • 4월, 일본의 마관·궁도·경도·동경·일광 등지를 주유하며 신문물을 시찰. 동경 조동종대학(현 코마자와駒澤 대학)에서 아사다(淺田) 교수의 주선으로 불교와 서양철학 수강. • 10월, 건봉사 이학암에게 『반야경』과 『화엄경』을 수료. • 12월 10일, 경성 명진 측량강습소 소장에 취임.	• 1월, 각지에서 항일 의병운동 지속. • 통감부의 토지조사사업실시에 저항하기 위해 측량에 관한 계몽운동 시작됨.

1909년 (순종 2년)	* 7월 30일, 강원도 표훈사 불교 강사에 취임.	* 10월, 안중근, 이등박문 사살.
1910년 (순종 3년)	* 3월에 '중추원 헌의서'를, 9월에 통감부 건백서를 제출하여 승려 결혼 허용을 청원함. * 『조선불교유신론』을 백담사에서 집필. * 9월 23일, 경기도 장단군 화산강숙의 강사에 취임. (32세)	* 8월 29일, 경술국치.
1911년	* 1월 15일, 박한영·진진응·김종래·장금봉 등과 순천 송광사에서 승려 궐기대회를 개최하고 이회광이 일본 조동종과 체결한 한일불교동맹 조약을 분쇄하기로 함. * 3월 15일, 송광사에서 조선 임제종 종무원을 설치하여 서무부장 취임하고 16일 임제종 관장에 취임.	* 10월, 중국 신해혁명.
1912년	* 『불교교육 불교한문독본』을 펴냄. * 임제종 중앙포교당 설립 모금으로 인해 조선총독부 관련 법령 위반으로 기소되어 벌금형에 처해짐. * 회고에 따르면 가을에 만주로 가서 독립군의 정세를 살피다가 일본 첩자로 오해받아 총을 맞고 수술을 받아 겨우 살아났다고 하나 실제 신문기사 기록으로 대조하면 1912년 가을에 일어난 일로 추정됨.	* 중화민국 수립.
1913년	* 5월 19일, 통도사 불교 강사에 취임. * 5월 25일, 『조선불교유신론』을 불교서관에서 발행. * 12월, 경전을 대중화하기 위해 『불교대전』 편찬을 계획하고 경남 양산 통도사의 대장경 1천여부를 열람.	* 5월, 샌프란시스코에서 안창호 등 흥사단 재결성. * 1차 발칸전쟁 종전하고 곧이어 2차 발칸전쟁 발발.
1914년	* 4월, 불교강구회(佛敎講究會) 총재에 취임. * 4월 30일, 『불교대전』을 범어사에서 발행. * 8월, 조선불교회 회장에 취임. (36세)	* 1차대전 발발.
1915년	* 영남·호남 지방의 사찰(내장사·화엄사·해인사·통도사·송광사·범어사·쌍계사·백양사·선암사 등)을 순례하며 곳곳에서 강연회를 열어 열변으로써 청중들을 감동시킴. * 10월, 조선선종 중앙포교당 포교사에 취임.	
1917년	* 4월, 『정선강의 채근담』을 신문관에서 발행. * 12월 3일, 밤 10시쯤 오세암에서 좌선하던 중 바람에 물건이 떨어지는 소리를 듣고 진리를 깨치고 「오도송」 남김.	* 10월, 러시아혁명으로 소비에뜨 정권 수립.

1918년	• 9월, 월간지 『유심(惟心)』 창간하여 편집인 겸 발행인이 됨(12월까지 3권을 발행하고 중단). 창간호에 여러 편의 논설을 비롯해 신시(新詩) 「심」(心)을 발표. 일반적으로 신시의 선구를 주요한의 「불놀이」로 보지만 만해의 시는 그보다 1년 앞서서 발표됨. 이때부터 더욱 문학 창작에 힘을 기울임. • 불교계 교육기관인 중앙학림의 강사로 임용. (40세)	• 1월, 미국의 윌슨, 민족자결 원칙 발표. • 11월, 1차대전 종전, 조선 총독부의 토지조사 사업 완료.
1919년	• 3·1운동에 불교계 대표로 참가. • 3월 1일, 경성 명월관 지점 태화관에서 민족을 대표하여 독립선언 연설을 하고 일본 경찰에게 체포됨. 투옥될 때에는 변호사·사식·보석을 거부할 것 등 투쟁 3대 원칙을 실천함. • 7월 10일, 서대문 형무소에서 일본 검사의 심문에 대한 답변으로 「조선독립에 대한 감상의 개요」를 기초하여 제출. (독립신문 52호 1919년 11월 4일자에 「조선독립에 대한 감상의 대요」라는 제목으로 전문이 게재됨.) • 투옥 중 일제가 3·1운동을 회개하는 참회서를 써내면 사면해주겠다고 회유했으나 이를 거부.	• 1월, 고종 승하. 파리 강화회의. • 2·8독립선언. • 3·1운동. • 4월, 상해 대한민국임시정부 수립. • 5월, 중국 5·4운동.
1920년	• 10월 30일, 경성복심법원 손병희 등 민족대표 48인에 대한 판결. 한용운·손병희·최린·권동진·오세창·이종일·이인환(이승훈)·함태영 등 8인은 최고형인 3년형 받음.	• 1월, 국제연맹 발족. • 3월, 『조선일보』 창간. • 4월, 『동아일보』 창간. • 6월, 『개벽』 창간. • 봉오동·청산리 전투.
1921년	• 12월 22일, 출옥.	• 부산 부두노동자 총파업.
1922년	• 9월, 불교의 대중화와 역경사업을 목적으로 법보회를 발기함. (팔만대장경 번역과 2천년간 조선 불교 역사에서 고승대덕의 독특한 학설의 자료를 수집·출판하기 위함). • 11월, 민립대학 기성준비회에 참여.	• 이딸리아, 무솔리니 내각 수립.
1923년	• 2월, 조선물산장려운동을 적극 지원. • 4월 18일, 서울 종로 청년회관에서 열린, 민립대학 설립운동을 지원하는 강연에서 「자조」라는 연제로 청중을 감동시킴. (45세)	• 1월, 조선물산장려회 발족. • 관동 조선인 대학살.
1924년	• 1월 6일, 사찰령 폐지를 일제에 적극적으로 요구하고 불교개혁운동 주도함. '조선불교청년회' 총재에 취임. • 10월 24일, 장편소설 『죽음』 탈고, 이때를 전후하여 민중 계몽과 불교 대중화를 위해 일간신문의 발행을 구상했으며, 마침 『시대일보』가 운영난에 빠지자 이를 인수하려 했으나 뜻을 이루지 못함.	• 7월, 『불교』 창간.

1925년	• 6월 7일, 오세암에서 『십현담주해』 탈고. • 8월 29일, 백담사에서 『님의 침묵』 탈고.	• 4월, 조선공산당 창립. • 카프(KAPF) 조직. • 일제, 치안유지법 공포.
1926년	• 5월 15일, 『십현담주해』를 법보회에서 발행. • 5월 20일, 시집 『님의 침묵』을 회동서관에서 발행. • 6월 7일, 6·10만세운동 예비검속으로 검거되었으나 일주일 후에 풀려남.	• 6·10만세운동.
1927년	• 1월 19일, 신간회 발기인으로 참여하여 6월 10일 신간회 경성지회장에 당선. • 12월 3일, 경성지회장 사임(사표 제출). • 조선불교청년회의 체제를 개편하여 조선불교총동맹으로 개칭하고 제자들인 김상호·김법린 등과 일제의 불교 탄압에 맞서서 불교 대중화에 노력함.	• 2월, 민족협동전선 신간회 창립. • 5월, 근우회 창립. • 6월, 미·영·일 군축회의 개최.
1928년	• 11월, 『건봉사 및 건봉사 본말사 사적』을 편찬하여, 건봉사에서 발행. (50세)	
1929년	• 12월 광주학생운동에 대한 결의문을 권동진, 홍명희, 조병옥 등 10인의 명의로 발표하여 보안법 위반 혐의로 서대문형무소에 구속됨.	• 1월, 원산총파업. • 11월, 광주학생운동. • 세계대공황 발발.
1930년	• 1월 6일, 석방됨. • 김법린·김상호·이용조·최범술 등이 조직한 청년 승려비밀결사 만당(卍黨)의 영수로 추대.	
1931년	• 6월, 『불교』지를 인수하여 불교사 사장으로 취임하고 많은 논설을 발표(6·7월로 합집, 84·85호 합집부터). • 7월, 전북 전주 안심사에 보관되어 있던 한글 경판 원본(『금강경』『원각경』『은중경』『천자문』『유합』)을 발견 조사함. • 9월, 윤치호·신흥우 등과 나병 구제연구회를 조직하고 여수, 대구, 부산 등지에 간이수용소 설치 결의함. (53세)	• 5월 16일, 신간회 해산. • 7월, 만보산사건. • 9월, 만주사변.
1932년	• 3월, 불교 대표인물 투표에서 총 477표 중 422표를 얻어 압도적인 지지를 받음(『불교』 93호에 발표).	• 3월, 만주국 건국. • 이봉창과 윤봉길 의거.
1933년	• 유숙원 씨와 재혼. (55세)	• 1월, 히틀러, 독일 수상에 취임. • 3월, 런던 세계경제회의 개최. • 한글맞춤법통일안 제정.
1934년	• 9월, 딸 영숙(英淑) 태어남. • 백양사 승려 김벽산이 집터를 기증하고, 방응모·박광 등의 성금으로 성북동에 '심우장(尋牛莊)'을 지음. 이때 총독부 돌집을 마주보기 싫다고 북향으로 짓도록 하였다는 유명한 이야기가 전해짐.	• 5월 진단학회 창립. • 신건설사 사건.

1935년	* 4월 9일, 장편소설 『흑풍』을 『조선일보』에 연재하기 시작(1936년 2월 4일까지 연재). 이 시기부터 본격적으로 신문 연재소설 집필 시작함.	* 카프 해체.
1936년	* 장편소설 『후회』를 『조선중앙일보』에 연재하다가 신문 폐간으로 55회로 중단. * 단재 신채호의 묘비를 세움(글씨는 오세창). 비용은 『조선일보』에서 받은 원고료로 충당. * 7월 16일, 정인보·안재홍 등과 경성 공평동 태서관에서 다산 정약용의 서세(逝世) 백년기념회를 개최.	* 8월, 손기정 베를린올림픽 마라톤 우승. * 스페인 내전 시작. * 조선사상범 보호관찰령 공포.
1937년	* 3월, 광복운동의 선구자 일송 김동삼이 옥사하자 유해를 심우장에 모셔다 오일장을 지냄. * 3월 1일, 재정난으로 휴간되었던 『불교』를 속간하고 고문이 됨. * 소설 『철혈미인』을 연재하기 시작(2회까지 연재하고 중단됨).	* 7월, 중일전쟁 발발. * 12월, 일본군 난징대학살.
1938년	* 5월 18일, 장편소설 『박명(薄命)』을 조선일보에 연재하기 시작(이듬해 3월 12일까지 연재). * 11월, 만당(卍黨) 당원들이 일제에 피검되자 더욱 감시를 받음. 이때를 전후하여 조선불교사를 정리하려는 구상의 일단으로 연대별로 고려불교사의 자료를 정리 편찬하려고 자료를 뽑기 시작(미완성).	* 2월, 조선육군지원병제 창설. * 3월, 중등학교 조선어과 폐지. * 4월, 일제 국가총동원법 공포.
1939년	* 8월 26일(음력 7월 12일), 회갑을 맞아 서울 '청량사'에서 회갑연을 엶. 오세창, 권동진, 홍명희, 이경희, 박광 등이 참석함. * 11월 1일부터 『삼국지』 번역하여 『조선일보』에 연재 시작, 이듬해 8월 11일 신문이 폐간되면서 연재 중단. (61세)	* 문예지 『문장』 창간. * 문예지 『인문평론』 창간. * 2차대전 발발.
1940년	* 『불교』에 『유마힐소설경강의』 발표. * 창씨개명에 대해 박광·이동하 등과 반대운동을 벌임.	* 창씨개명 실시. * 『조선일보』 『동아일보』 폐간. * 한국광복군 창설.
1942년	* 신백우·박광·최범술 등과 신채호 선생 유고집을 간행하기로 결정하고 원고를 수집했으나 뜻을 이루지 못함.	* 10월, 조선어학회사건.
1943년	* 조선인 학병의 출정을 반대함. * 경허선사의 문집인 『경허집』을 편집하여 서문과 경허의 약력을 서술함.	* 1월, 조선인 학병제 실시.

1944년	* 6월 29일, 심우장에서 입적. 유해는 제자 남정 박 광, 해오 김관호 등이 미아리 화장장에서 다비한 후 망우리 공동 묘지에 안장함. (66세)
1948년	* 5월, 만해 한용운 전집 간행위원회가 최범술·박 광·박영희·박근섭·김법린·김적음·장도환·김관 호·박윤진·김용담에 의하여 결성되어 자료를 수 집하기 시작함.
1970년	* 3월 1일, 『용운당 대선사비』를 탑골공원에 세움.
1973년	* 7월 5일, 『한용운전집』 전 6권 간행(신구문화사).
1974년	* 만해문학상 제정(창작과비평사).
1979년	* 9월 10일, 『증보 한용운전집』 간행(신구문화사).

* 한용운 연보 작성에 아래의 자료를 참고했다.

한용운 『증보 한용운전집』(전 6권), 신구문화사 1979.
이선이 『근대 문화지형과 만해 한용운』, 소명 2020.
만해기념관 '한용운 연보'(https://www.manhae.or.kr/history.html?html=history1.html).

신채호 연보*

*1896년 을미개혁 전후로 음력(전)과 양력(후)이 구분되며, 국외 사건은 양력으로 표기한다.

연도	신채호	국내외 주요 사건
1880년 (고종 17년)	• 11월 7일, 충청도 대덕군 산내면(山內面, 현재 대전광역시 중구)에서 아버지 신광식(申光植)과 어머니 밀양박씨(密陽朴氏)의 차남으로 출생. • 초명은 채호(寀浩), 본명은 채호(采浩), 호는 일편단생(一片丹生)·단재(丹齋), 필명으로는 무애생(無涯生)·금협산인(錦頰山人)·열혈생(熱血生)·검심(劍心)·연시몽인(燕市夢人)·한놈·적심(赤心)·진공(震公) 등을, 망명 이후 가명으로 유병택(劉炳澤)·유맹원(劉孟源)·박철(朴鐵)·옥조숭(玉兆崇)·왕국금(王國錦)·윤인원(尹仁元) 등을 사용.	• 수신사 김홍집, 황준헌(黃遵憲)의 『조선책략』고종에게 바침. • 12월, 통리기무아문 설치.
1887년 (고종 24년)	• 아버지 신광식이 38세로 별세. • 할아버지 신성우(申星雨)의 서당에서 전통 한학(漢學) 수학. (7세)	• 2월, 영국이 거문도에서 철수.
1895년 (고종 32년)	• 풍양조씨(豊壤趙氏)와 결혼. (15세)	• 8월 20일, 을미사변.
1897년 (고종 34년)	• 먼 친척이었던 학부대신 신기선(申箕善)의 목천(木川) 사저에 출입하며 공부. (17세)	• 대한제국 수립.
1898년 (고종 35년)	• 신기선의 추천으로 성균관에 입교하여, 수당(修堂) 이남규(李南珪)를 사사함. • 12월 25일, 독립협회 활동 혐의로 투옥.	• 중국 변법자강운동 시작. • 파쇼다사건 발발.
1899년 (고종 36년)	• 형 신재호(申在浩) 27세로 요절.	• 중국 의화단의 난.
1901년 (고종 38년)	• 신규식(申圭植)과 함께 고향 부근 인차리에 설립한 '문동학원(文東學院)'에서 교사 생활. (21세)	• 영국령 오스트레일리아 연방 출범. • 의화단운동 진압됨.
1904년 (고종 41년)	• 성균관에서 조소앙 등과 더불어 항일성토문 작성.(24세)	• 2월, 러일전쟁 발발.
1905년 (고종 42년)	• 성균관 박사에 임명되었으나 곧 사직. • 고향에서 신백우·신규식 등과 '산동학당(山東學堂)' 개설.	• 11월 17일, 을사늑약. • 특수상대성이론 발표.

연도		
1907년 (고종 44년, 융 희隆熙 1년)	• 『황성신문』 논설위원으로 있다가, 『대한매일신보』 주필로 옮김. • 안창호·이갑·이동녕·이동휘·이승훈·이회영·전덕기 등과 더불어 국권 회복을 위한 비밀결사 조직인 신민회(新民會)를 결성하고 국채보상운동에도 참여하여 활동. • 대한자강회(大韓自强會) 회원으로 활동. (27세)	• 헤이그 특사 파견. • 7월 19일, 고종 퇴위, 순종 즉위.
1908년 (순종 1년)	• 『대한매일신보』외에 순한글 잡지 『가뎡잡지』 주필로도 참여. 『대한협회회보』에도 기고.	• 3월, 장인환과 전명운이 전 외교 고문 스티븐스를 사살.
1909년 (순종 2년)	• 아들 관일(貫日)이 이 해에 태어났다가 사망. 부인 풍양조씨와 별거. • 8월, 윤치호·안창호 등과 더불어 청년학우회(靑年學友會) 조직.	• 10월 26일, 안중근이 이등박문(伊藤博文, 이토오 히로부미) 사살.
1910년 (순종 3년)	• 4월, 정주 오산학교를 거쳐 중국으로 망명. • 9월, 길림성 밀산부를 거쳐 러시아령 블라디보스토크에 도착. • 『신한국보(新韓國報)』에 「독사신론」 연재. • 『해조신문(海潮新聞)』의 후신 『대동공보(大東共報)』에 참여.	• 8월 29일, 경술국치.
1911년	• 이갑·이동휘·윤세복 등과 광복회(光復會) 조직, 부회장 활동. • 6월, 블라디보스토크 청년권업회(靑年勸業會) 기관지 『대양보(大洋報)』 주필.	• 중국 신해혁명.
1912년	• 『권업신문(勸業新聞)』 주필. (32세)	• 중화민국 수립.
1913년	• 신규식의 초대로 상해로 이동. 동제사(同濟社)에 참여. 박은식·정인보·문일평·홍명희·조소앙·김규식 등과 교류를 가졌으며, 박달학원(博達學院)에서 청년 교육.	• 원세개(袁世凱, 위안스카이)가 중화민국 총통으로 정식 취임. • 1차 발칸전쟁 종전, 2차 발칸전쟁 발발.
1914년	• 윤세용·윤세복 형제의 초청으로 만주 봉천성 회인현으로 이동. 대종교에 입교. 동창학교에서 교사. 동창학교 국사 교재로 『조선사(朝鮮史)』 집필 시작. 북만주 일대 답사 후 다시 북경으로 이동.	• 1차대전 발발.
1916년	• 소설 『꿈하늘』 집필. (36세)	• 박중빈, 원불교 창립.

1917년	• 형 신재호의 딸 향란(香蘭)의 혼사 문제로 밀입국하여 진남포에서 논쟁하다 의절 단지(斷指)함. 서울로 잠입하여 요절한 애제자 김기수(金箕壽) 조문 후 중국으로 재출국. • 7월, 박은식·신규식·윤세복 등 14명과 함께 임시정부수립을 제창하는 "대동단결선언(大同團結宣言)" 참여.	• 러시아 볼셰비끼혁명 발발.
1918년	• 북경에서 『중화보(中華報)』, 『북경일보(北京日報)』 등 중국 언론에 기고. • 신규식 주도로 결성된 신한청년단(新韓青年團)에 참여.	• 1차대전 종전. • 이광수, 『매일신보』에 「무정」 연재
1919년	• 2월, 만주 길림의 대한의군부 주도의 '대한독립선언서(大韓獨立宣言書)'에 참여. • 3월, 한성정부의 평정관으로 선임. • 4월, 임시의정원에서 충청도 대표 위원으로 선임. • 8월, 임시정부 이승만 대통령 반대 운동 전개. • 10월, 신대한동맹단 기관지 『신대한(新大韓)』 발행하고 김두봉·한위건·방효상 등과 무장투쟁론 전개. (39세)	• 3·1운동 발발. 대한민국임시정부 수립. • 9월, 노인동맹단 대표 강우규 신임 조선총독 사이또오 마꼬또(齋藤實)에게 폭탄 투척. • 대한국민의회와 상해 임시정부가 통합에 합의함.
1920년	• 4월, 북경에서 박용만·고일청·김창식 등과 제2회 보합단(普合團) 조직. • 이회영의 부인 이은숙의 중매로 연경대학(燕京大學) 의학과에서 수학하던 26세의 박자혜(朴慈惠)와 재혼. • 9월, 군사통일촉성회(軍事統一促成會)를 조직. • 11월, 북경군사통일회의에 참여.	• 1월, 국제연맹 발족. • 3월, 『조선일보』 창간. • 4월, 『동아일보』 창간. • 6월, 천도교 종합지 『개벽』 창간.
1921년	• 장남 수범(秀凡) 출생. • 1월, 박숭병(朴崇秉)·김창숙과 『천고(天鼓)』 간행. • 4월 19일, 김원봉·김창숙·장건상 등과 더불어 이승만의 위임통치건을 비판하는 「성토문(聲討文)」을 발표. • 4월 20일, 박용만·신숙 등과 함께 북경군사통일회의 개최. • 6월, 국민대표회의 선전 활동을 위한 『대동(大同)』 창간호 간행.	• 끄로뽀뜨낀 사망. • 상해에서 중국공산당 창당.
1922년	• 극심한 생활고로 인해 부인과 아들을 귀국시킴. • 국민대표회의에서 창조파의 맹장으로 개조파와 대립. • 의열단장 김원봉의 초청으로 상해로 이동.	• 1월, 모스끄바 극동인민 대표자 대회 개최(김규식 참석). • 이딸리아, 무솔리니 내각 수립.

1923년	• 1월, 『조선혁명선언(朝鮮革命宣言)』, 일명 의열단선언』 발표. (43세)	• 히틀러, 뮌헨 폭동 주동.
1924년	• 3월, 북경 관음사(觀音寺)에 승려로 들어가 생활고 해결. • 이규준이 중심이 되어 조직된 다물단(多勿團) 선언문 기초. • 이즈음 홍명희의 주선으로 『동아일보』에 역사논문을 발표하고 원고료를 귀국한 부인에게 보내 달라고 홍명희에게 부탁함.	• 1월, 중국 광저우에서 제1회 국민당 전국대표자대회를 개최하고 제1차 국공합작 결정. • 3월, 만주에서 김좌진 등 신민부 조직.
1925년	• 4월, 승려 생활 청산. • 여름 대만인 임병문(林炳文)의 소개로 무정부주의 동방연맹 준비 모임에 참여.	• 3월, 임시정부 대통령 이승만 탄핵, 2대 박은식 임시대통령 취임. • 4월, 조선공산당 창립.
1927년	• 홍명희의 요청으로 신간회(新幹會)의 발기인으로 참여하고, 중앙위원으로 선임. • 9월, 북경에서 개최된 무정부주의 동방연맹 창립대회에 한국인 대표로 참가. (47세)	• 2월, 민족협동전선 신간회 창립.
1928년	• 부인과 장남을 북경으로 불러 한 달 간 생활한 후 다시 환국시킴. • 4월, 천진에서 개최된 무정부주의 동방연맹 한국인 아나키스트 대회에 참가. • 5월, 위조 외국환을 환전하려다 대만 기륭항(基隆港)에서 일경에게 피체. 중국 대련(大連) 감옥으로 호송됨.	• 홍명희, 『조선일보』에 「임꺽정」 연재.
1929년	• 차남 두범(斗凡) 출생. 부인 박자혜는 서울에서 산파(産婆)로 일함.	• 1월, 원산총파업. • 11월, 광주학생운동.
1930년	• 5월, 10년형 판결. 중국 여순(旅順)감옥으로 이감. • 홍명희의 주선으로 『동아일보』에 연재했던 조선사 관련 기사를 모아 『조선사연구초(朝鮮史硏究草)』 간행.	• 간디, 비폭력 불복종 운동 '소금행진' 시작.
1931년	• 안재홍의 주선으로 『조선일보』에 「조선사」, 「조선상고문화사(朝鮮上古文化史)」 등을 연재. (51세)	• 마오쩌둥, 중화 소비에뜨 임시정부 수립. • 신간회 해소.
1935년	• 지병 악화. 지인들이 보석을 준비하였으나 친일파의 도움이 있음을 안 신채호는 거부. • 『삼천리』 『신동방』 등에 기고문 발표.	• 7월, 한독당, 조선혁명당, 의열단, 신한민족당, 대한독립당이 통합하여 민족혁명당 결성.

1936년	• 2월 18일, 뇌일혈로 의식불명 상태가 되자, 소식을 접한 부인 박자혜·아들 수범·친구 서세충이 여순 감옥으로 달려감. 21일 오후 4시 20분, 여순 감옥에서 순국. 23일, 여순에서 화장. 24일, 유해 서울역에 도착. 25일, 당국이 묘소를 불허하여 귀래리 고두미 옛 집터에 암장됨. (56세)	• 스페인 내전 발발. • 손기정, 베를린 올림픽 마라톤 우승.
사후	• 1946, 『조선사론』(광학서림), 『조선사연구초』(연구사) 간행. • 1948, 『조선상고사』(종로서원) 간행. • 1962, 대한민국 건국공로훈장 대통령장 수여. • 1972, 『단재신채호전집』(단재신채호전집편찬위원회, 을유문화사, 상하 2책) 출간. • 1973, 『단재신채호전집 보유편』(단재신채호전집편찬위원회, 을유문화사, 1책) 출간. • 1977, 『단재신채호전집』(형설출판사, 4책) 출간. • 2007, 『단재 신채호 전집』(독립기념관 한국독립운동사연구소, 9책) 출간.	

찾아보기

창비 한국사상선 22

한용운·신채호

담대한 수행과 치열한 혁명

초판 1쇄 발행 / 2026년 2월 20일

지은이 / 한용운 신채호

편저자 / 백지연 김진균

펴낸이 / 염종선

책임편집 / 박주용 박대우

조판 / 신혜원

펴낸곳 / (주)창비

등록 / 1986년 8월 5일 제85호

주소 / 10881 경기도 파주시 회동길 184

전화 / 031-955-3333

팩시밀리 / 영업 031-955-3399 편집 031-955-3400

페이지 / www.changbi.com

전자우편 / human@changbi.com

ⓒ 백지연 김진균 2026

ISBN 978-89-364-8116-2 94150